Laying the Foundation

苏联援华156项工程始末

（文献资料）

陈夕 主编

编选说明

一、本册文献资料，按时间顺序编选。

二、文献资料中的错字，在〈〉中核正，文献资料中的漏字，在〔〕中补充。

三、为便于读者了解相关文献资料，尽可能整段选编，并对删节之处注明［上略］、［中略］、［下略］。

四、各文献资料标题下的日期一律用阿拉伯数字表示，文献资料中的年代日期和数字，一仍其旧。

目　录

文献资料

中央关于对外贸易方针问题的指示

（1949年2月16日）..3

关于同意苏中两方组织共同委员会给刘少奇等的电报

（1949年7月4日）..4

刘少奇：关于向苏联学习党和国家建设经验问题给联共（布）中央斯大林的信

（1949年7月6日）..6

关于苏联专家在中国工作的待遇问题

（1949年8月9日、9月29日）......................................10

中央关于苏联专家在华工作条件协定事给刘少奇等的电报

（1949年8月10日）..12

中央关于苏联专家来华事给高岗等的电报

（1949年8月10日）..13

刘少奇：为准备迎接苏联专家到北平给中央的电报

（1949年8月26日）..14

刘少奇：为给苏联专家配备办公及生活设施给周恩来的电报
　　（1949年8月27日）..15
中央关于苏联专家来北平事给东北局的电报
　　（1949年9月7日、9日）..16
刘少奇：在中苏友好协会总会成立大会上的报告
　　（1949年10月5日）..17
毛泽东：关于苏联专家薪金问题给柯瓦洛夫的信
　　（1949年10月20日）...22
毛泽东：关于为全总聘请苏联顾问问题给斯大林的电报
　　（1949年11月8日）..23
柯瓦洛夫：改善和提高东北和华北各发电厂之经营和工作效率的简要措施
　　（1949年11月）...24
毛泽东：关于准备对苏贸易条约问题给中央的电报
　　（1949年12月22日）...27
刘少奇：关于向苏联订购电业和钢铁设备问题给毛泽东的电报
　　（1949年12月26日）...28
中央关于苏联专家带家属来中国问题给东北局的电报
　　（1949年12月28日）...29
刘少奇：关于请苏联专家修理小丰满水电站问题给毛泽东等的电报
　　（1949年12月）...30
刘少奇：关于交通部所请苏联专家有关事宜给张锡俦的信
　　（1950年1月1日）...33
毛泽东：答塔斯社记者问
　　（1950年1月2日）...34
关于赴莫斯科进行中苏谈判的电报和批语
　　（1950年1月）..35

刘少奇：关于铁道部要求聘请苏联专家问题的批语和电报

（1950年1月5日、18日）..39

刘少奇：关于派在华苏联专家与周恩来同去莫斯科等问题给张锡俦的信

（1950年1月7日）...40

周恩来：关于订购苏联货品和设备问题给米高扬的信

（1950年2月5日、8日）..42

新华社：接受苏联专家改进重工业技术作业建议

（1950年2月13日）...44

中苏两国关于缔结友好同盟互助条约与协定的公告

（1950年2月14日）...47

中华人民共和国中央人民政府苏维埃社会主义共和国联盟政府关于贷款给
中华人民共和国的协定

（1950年2月14日）...50

毛泽东：关于由李富春主持中苏贸易谈判等问题的电报

（1950年2月17日、20日）..52

毛泽东：关于请允许延长全总苏联顾问在中国工作时间问题给斯大林的电报

（1950年3月12日）...54

中央：关于中苏贸易协定问题的电报

（1950年3月）...55

认真向专家学本事

（1950年4月3日）...58

中央关于中苏贸易协定问题给李富春等的电报

（1950年4月9日）...59

毛泽东：缔结中苏条约和协定的重大意义

（1950年4月11日）...61

中华人民共和国与苏联对外贸易组织交货的共同条件

（1950年4月19日）...63

3

中华人民共和国中央人民政府、苏维埃社会主义共和国联盟政府之间的贸
易协定
　　（1950年4月19日）..70
刘少奇：就负责处理有关苏联专家各种问题给周恩来的信
　　（1950年4月26日）..73
周恩来：关于专家问题给刘少奇的信
　　（1950年4月27日）..74
刘少奇：对东北局关于请苏联专家去桓仁勘察可否建水电站电报的批语
　　（1950年5月5日）..75
周恩来：对伍修权关于苏联对华技术援助问题报告的批语
　　（1950年7月26日）..76
周恩来：对高岗关于东北派人赴苏联学习工业技术电报的批语
　　（1950年12月2日）..77
外贸部国外贸易司林海云司长与新华社记者的谈话
　　（1951年2月13日）..78
谢尔玖润夫：关于增加中国纸浆生产的报告（节录）
　　（1951年2月）..79
斯特洛夫柴夫、捷金：苏联专家对吉林人造橡胶设计的意见（节录）
　　（1951年5月10日）..80
莫谢耶夫：对"中国西北天然石油产地开采草案"的意见（节录）
　　（1951年8月14日）..81
苏联专家：关于制定一九五一年至一九五五年度恢复和发展中华人民共和
国人民经济国家计划方针的意见书
　　（1951年12月27日）..85
中财委：一九五二年对苏新国家贸易出入口计划
　　（1951年11月8日）..87

4

张闻天：关于我国今后工业化问题的意见给总理并报主席及中央的信（节录）
　　（1952年1月16日）..89

陈云：向苏联聘请工厂设计组及订购装备的办法
　　（1952年2月、3月）..92

高唐：苏建议我在建设工业中要注意轴承厂等问题
　　（1952年2月5日）..99

中财委：关于成套设备订货问题
　　（1952年2月8日）...100

陈云、李富春：关于恢复、改建、新建工厂的设计情况和意见
　　（1952年2月9日）...102

陈云、薄一波、李富春：关于苏联专家工薪标准问题
　　（1952年2月18日）..105

中财委：1952年派赴苏联留学生实习生名额
　　（1952年3月1日）...107

毛泽东：关于感谢苏联专家对鞍钢建设的援助给高岗的复电
　　（1952年3月4日）...108

王鹤寿、吕东、安志文：佳木斯造纸厂设计报告（节录）
　　（1952年4月3日）...109

抽调技术员工支援鞍钢建设
　　（1952年4月）..110

扎布罗金：对发展东北人造液体燃料工业及石油工业的几点意见（节录）
　　（1952年5月22日）..112

苏联专家：对东北主电力系统的建议
　　（1952年7月12日）..114

宋劭文：关于派赴苏留学生给李富春的信
　　（1952年7月24日）..116

5

高竞生：请即派去苏学习专门技术之人员
　　（1952年7月25日）..117
李富春：派赴留苏学生应规定严格制度
　　（1952年8月1日）..118
刘少奇：对全总关于聘请苏联专家培养工会干校教员报告的批语
　　（1952年9月4日）..119
周恩来：关于提供技术资料问题给莫洛托夫的信
　　（1952年9月6日）..120
陈云、李富春：五年计划中的对苏贸易问题
　　（1952年9月9日）..121
中财委：关于编制五年计划轮廓的方针
　　（1952年9月）...123
中央人民政府燃料工业部煤矿管理总局局长刘向三：苏联专家的帮助对中国煤矿工业的恢复和发展起了巨大作用
　　（1952年11月16日）..129
中央轻工业部：关于苏联专家工作报告（节录）
　　（1952年12月2日）...131
毛泽东：接受苏联驻华大使潘友新呈递国书时的答词
　　（1952年12月15日）..132
东北计委会：财经部门三年来苏联专家工作检查报告（节录）
　　（1952年12月21日）..133
中央关于编制一九五三年计划及五年建设计划纲要的指示
　　（1952年12月22日）..135
中财委：关于各部行署一九五三年赴苏留学生名额分配问题
　　（1952年）..138
毛泽东：转发肖向荣关于各军事部门与苏联顾问的关系的总结的批语
　　（1953年1月1日）..139

关于与苏联国家计委商谈我国五年计划等问题给李富春的信

　　（1953 年 2 月 14 日）..................................140

国家统计局：报告历年特殊订货及成套设备进口情况（节录）

　　（1953 年 3 月 11 日）..................................143

毛泽东：接受苏联新任驻华大使库兹涅佐夫呈递国书时的答词

　　（1953 年 4 月 3 日）...................................146

中央关于计划设计项目协定内容、组织工作给李富春的指示

　　（1953 年 4 月 14 日）..................................147

中央关于纠正"技术一边倒"口号提法错误的指示

　　（1953 年 4 月 26 日）..................................149

中央关于中苏协定问题给李富春的指示

　　（1953 年 4 月 30 日）..................................151

关于苏维埃社会主义共和国联盟政府援助中华人民共和国中央人民政府发

　　展中国国民经济的协定

　　（1953 年 5 月 15 日）..................................152

关于苏维埃社会主义共和国联盟政府援助中华人民共和国中央人民政府发

　　展中国国民经济的协定的议定书

　　（1953 年 5 月 15 日）..................................175

李富春：关于二百名设计专家分配问题给中央的报告

　　（1953 年 5 月 27 日）..................................177

中共中央给李富春同志的复电

　　（1953 年 5 月 31 日）..................................179

中华人民共和国中央人民政府对苏联政府备忘录和苏联国家计划委员会关

　　于中国五年计划任务的意见书的回文

　　（1953 年 5 月）......................................180

李富春：关于我国五年计划的方针任务的意见

　　（1953 年 6 月 23 日）..................................182

7

重工业部关于国外设计工作经验的初步总结报告
　　（1953年7月18日）..................188
中共中央批转中央重工业部关于国外设计工作经验的初步总结报告
　　（1953年8月21日）..................196
中央关于加强与苏联专家合作问题的指示
　　（1953年8月22日）..................197
李富春：关于与苏联政府商谈苏联对我国经济建设援助问题的报告
　　（1953年9月3日）..................198
中共中央关于加强发挥苏联专家作用的几项规定
　　（1953年9月9日）..................212
李富春：编制第一个五年计划应注意的问题
　　（1953年9月15日）..................215
毛泽东：关于感谢苏联政府援助我国经济建设的电报
　　（1953年9月15日）..................219
张闻天：中国人民开始了为国家工业化的斗争
　　（1953年10月1日）..................221
国家计委：请各部抓紧苏联设计项目的各项准备工作
　　（1953年10月13日）..................224
国家计委关于委托苏联设计项目设计准备工作进行情况的综合报告
　　（1953年10月18日）..................227
驻苏大使馆商务参赞处关于委托苏联设计工作中的一些问题及意见
　　（1953年10月20日）..................228
国家计委：国外设计准备工作中应注意事项
　　（1953年10月27日）..................235
国家计委：请中央批转建筑部党组（关于）设计机构调整方案的报告
　　（1953年11月3日）..................237

国家计委：关于加强驻苏使馆商参处的建议

（1953年11月13日）..................................238

国家计委：转发张大使关于委托苏联设计中的一些问题及意见

（1953年11月23日）..................................239

国家计划委员会办公厅关于与苏联顾问合作、向苏联顾问学习情况的检查
报告

（1953年12月8日）....................................240

中共中央批转中央财政部专家工作检查报告

（1953年12月8日）....................................242

毛泽东：接受苏联驻华大使尤金呈递国书时的答词

（1953年12月15日）..................................246

刘少奇：对苏联希望中国按时确定新项目设计任务书建议的批语

（1954年1月25日）....................................247

毛泽东：祝贺中苏友好同盟互助条约签订四周年给马林科夫的电报

（1954年2月11日）....................................248

国家计委关于向苏联政府提出一些补充要求与修改意见向周恩来的请示报告

（1954年2月17日）....................................249

国家计委：关于郭维尔所提问题的研究意见向中央的请示报告

（1954年4月17日）....................................254

陈云：关于第一个五年计划的几点说明

（1954年6月30日）....................................260

周恩来：把我国建设成为强大的社会主义的现代化的工业国家

（1954年9月23日）....................................268

对于一九五三年五月十五日关于苏联政府援助中华人民共和国中央人民政
府发展中国国民经济的协定的议定书

（1954年10月12日）..................................283

9

中苏关于签订科学技术合作协定的联合公报
（1954年10月12日）..285

中华人民共和国、苏维埃社会主义共和国联盟科学技术合作协定
（1954年10月12日）..286

中国政府请苏联政府增加设计和帮助建设某些企业的备忘录
（1954年10月12日）..287

毛泽东：答谢苏联赠送机器设备和提供技术帮助的两封信
（1954年10月12日）..291

毛泽东等为苏联经济及文化建设成就展览会的题词
（1954年10月25日）..293

国家统计局：一九五四年一至三季度成套设备进口合同完成情况报告
（1954年11月25日）..294

中央关于进一步作好编制地方经济五年计划纲要的工作的指示
（1954年12月3日）...296

赫鲁晓夫致毛泽东的信
（1954年）..298

国家计委关于一四一项一九五五年度设备分交国内供应部分中的几个问题
（1955年1月11日）...299

刘少奇：对周恩来关于商请苏联按期为鞍钢提供设备等问题给尤金信的批语
（1955年1月12日）...301

李强：苏联对我国"141项"企业进行技术援助的具体进展情况及今后工作
（1955年1月26日）...302

国家计划委员会关于苏联帮助七七四厂安装与开工措施的请示
（1955年1月27日）...305

周恩来：节约和改善生活
（1955年2月3日）..307

毛泽东等祝贺中苏友好同盟互助条约签订五周年的电报
　（1955年2月12日）..316

国家统计局关于一九五四年成套设备进口合同等完成情况（节选）
　（1955年3月21日）..318

阿尔希波夫：对中国发展国民经济的第一个五年计划（草案）的意见
　（1955年4月19日）..322

刘少奇：对苏联顾问关于中国"一五计划草案"书面意见的批语
　（1955年4月22日）..331

国家计委1955年度国民经济计划提要（节录）
　（1955年4月）..332

周恩来：关于推迟西安四个电工厂和太原磺胺厂的建设问题（节录）
　（1955年5月2日）...337

苏联国家计划委员会对中华人民共和国一九五三——一九五七年发展国民经济五年计划草案中个别问题的意见
　（1955年5月27日）..338

国家建委："141项"设计审批工作中的一些问题
　（1955年6月5日）...340

国家计委党组：关于苏联顾问和苏联国家计划委员会对我国发展国民经济的第一个五年计划草案的意见的研究结果的报告
　（1955年6月9日）...342

中华人民共和国发展国民经济的第一个五年计划（节录）
　（1955年7月30日）..351

国家计委党组、地质部党组关于提请苏联政府对我国地质工作进行技术援助的报告
　（1955年8月12日）..354

毛泽东：答谢苏联军事顾问团祝贺我国国庆的复信
　（1955年10月2日）..357

11

毛泽东：关于朱德、聂荣臻访问民主德国、苏联时应注意事项的批语
（1955年11月28日）..359

国家计委党组关于一机部追加新建北京铣床厂项目问题的报告
（1955年12月14日）..360

国家计委申请批准将武汉重型工具机厂一次建成的报告
（1955年12月22日）..362

毛泽东：关于检查同苏联专家、顾问关系的批语
（1956年1月30日）..364

中华全国总工会党组：关于苏联先进生产者代表团到各地传授先进经验的
    情况报告
（1956年7月18日）..365

毛泽东：对周恩来关于发展国民经济第二个五年计划建议的报告稿的批语
（1956年9月13日）..368

周恩来：关于第二个五年计划建议的若干主要问题
（1956年9月16日）..370

周恩来：争取外援，但不依赖
（1956年10月11日）..378

国家计委党组：关于第二个五年计划和十五年远景计划的汇报（节录）
（1956年）..380

毛泽东：关于向苏联派遣留学生、实习生问题的批语
（1957年4月27日）..381

国家计委党组关于修改在第一个五年计划期间签订的苏联援助我国建设项
    目两国协议的报告（节录）
（1957年8月14日）..382

中共中央批准计委党组关于修改中苏两国经济协议的两个报告
（1957年9月18日）..386

李富春：伟大的榜样——祝十月社会主义革命四十周年

（1957年11月5日）..388

李富春：关于我国第一个五年计划的成就和今后社会主义建设的任务、方针的报告

（1957年12月7日）..391

关于修改和补充苏联在技术上援助中华人民共和国建设和改建工业企业和其他项目的中苏协定的议定书

（1957年12月14日）...404

毛泽东：对待苏联经验只能择其善者而从之

（1958年3月）..427

毛泽东：对《苏联专家对"多快好省"路线的看法》一文的批语

（1958年5月19日）..429

毛泽东：对苏联请求在我国建立特种长波无线电台问题的批语

（1958年6月7日）...431

毛泽东：对驻苏大使馆关于中苏北京会谈以来苏联各方面情况报告的批语

（1958年10月）...432

毛泽东：对驻苏使馆关于中苏关系中一些问题的处理意见的批语

（1959年1月15日）..433

中共中央关于在对外关系中切实纠正骄傲现象的指示

（1959年2月16日）..434

国家统计局关于发展国民经济的第一个五年（1953年到1957年）计划执行结果的公报

（1959年4月13日）..437

周恩来：外贸工作十四条

（1959年5月11日）..447

毛泽东：对一份关于苏联建设中遇到问题的材料的批语

（1959年7月19日）..452

13

毛泽东：对苏联报刊摘登周恩来《伟大的十年》一文情况报告的批语
（1959年10月）...453

周恩来：目前社会主义建设的四项任务
（1959年12月24日）..454

聂荣臻：关于立足国内发展科技等问题向中央并毛泽东的报告
（1960年7月3日）..457

毛泽东：在关于最近苏联对中国大使馆的态度变化情况报告上的批语
（1960年7月）...460

周恩来：在聂荣臻关于立足国内发展科技等问题向中央并毛泽东的报告上的几段批语
（1960年7月11日）...461

中共中央关于全党大搞对外贸易收购和出口运动的紧急指示
（1960年8月10日）...462

中华人民共和国政府和苏维埃社会主义共和国联盟政府关于处理过去双方所签订的苏联在技术上援助中国建设和扩建工业企业及其他项目的各项协定和有关文件的议定书
（1961年6月19日）...465

"一五"时期156个重点项目的建设情况
（1983年）..467

文献资料

奠基：苏联援华156项工程始末

156

中央关于对外贸易方针问题的指示 [1]

（1949年2月16日）

我们对外贸易的基本方针，应该是凡苏联及东欧各新民主国家所需要的货物，我们当尽量向苏联及新民主国家出口，凡是苏联及新民主国家能供给我们的货物，我们当尽量从苏联及新民主国家进口，只有苏联及新民主国家不需要及不能供给的货物，我们才向各资本主义国家出口或进口。根据这个方针，望华北局及彭叶、黄黄[2]立即派可靠人员向苏联商业机关接洽，和他们讨论我们与他们进行贸易的有关各项问题，并将我们对外贸易的各项政策告知他们，以便首先了解我们与苏联及东欧各国进行贸易的可能性，然后决定我们对各资本主义国家进行贸易的范围。

中　央
丑　铣

---

[1] 这是中央关于对外贸易方针问题给华北局的指示的一部分。
[2] 彭叶，指彭真、叶剑英。黄黄，指黄克诚、黄敬。

关于同意苏中两方组织共同委员会给刘少奇等的电报

（1949年7月4日）

刘高王[1]：

冬酉电[2]悉。我们完全同意苏中两方组织共同委员会来把借款及定货等问题具体化。但由于我们全国经济机关方开始成立，地区不断扩大，专家缺乏，材料缺乏，故目前实无法提出全部货单。可否商请AC[3]同意，将共同委员会设在中国，由柯兄[4]先带主要专家来华与我们共同商定全部或主要部分货单。根据目前情况，借款在地域上使用，东北为主，次之华北，再次为西北；在种类上，约为铁路的制钢轨、压钢板的机器，电机器材，某些机器的母机，煤矿及煤油矿开采的器材及扫雷艇、飞机、高射炮和反坦克炮、反坦克枪等。地域和种类的各自比例，现在无法准确计算，只能说东北要占半数以上。各项机器物品的名称，正在收集中。如AC同意先派人来华组织共同

---

[1] 指刘少奇、高岗、王稼祥。

[2] 指一九四九年七月二日刘少奇、高岗、王稼祥给朱德、周恩来等的电报。电报说：斯大林要柯瓦廖夫告诉我们，苏联方面不久会提出中国向苏联借款条约的具体条文，所借款项均须折成机器物品，并希望我们提出货单。我们回答：因为我们经济机关不健全，缺乏专家，故无法提出全部货单，某些急需的机器是可以提出的；借款是用在恢复钢铁、煤炭、电力、铁路、机器制造及购买扫雷艇、飞机等，用在恢复东北重工业，及河北、山西、山东工业。因此，请中央即示下列各项：借款在地域上的使用大概比例，借款用在恢复哪几项工业及大概比例，急需的机器物品名称及数量。电报还说：斯大林表示，由苏中两方组织共同委员会，来把借款及订货等问题具体化。我们表示同意。柯瓦廖夫，又译柯瓦略夫、柯瓦洛夫。当时是来华帮助工作的苏联专家组负责人。

[3] 似指斯大林或联共（布）中央。

[4] 指柯瓦廖夫。

委员会，请柯兄最好先带铁路、电力、钢铁、煤矿、煤油矿、军事等专家同来。如何，望复。

A　D[1]

午支寅

---

[1] 似指毛泽东或中共中央。

刘少奇：关于向苏联学习党和国家建设经验问题给联共（布）中央斯大林的信

（1949年7月6日）

联共中央斯大林同志：

我们在自己的报告中已经提出许多问题向斯大林同志及联共中央请示，关于借款及专家问题，斯大林同志已有指示。此外，在我们动身的时候，毛泽东同志要我们将关于国际形势，新的战争危险，苏联与帝国主义美英间的关系等问题的估计与分析，向斯大林同志请示，以便作为中共估计国际形势的指南。

第二，我们想利用在莫斯科的短短时间学习苏联，想要知道的问题大概如下：

一、苏联的国家组织。其中包括：

各级政权机构；

政府中的各部门；

中央与地方的关系；

政权的基层组织；

党的组织、政府的组织及群众团体的组织相互之间的关系；

经常的武装组织、法院组织与公安组织；

财政经济机构；

文化教育机构；

外交机构与外交斗争。

二、苏联经济的计划与管理。其中包括：

工业、农业与商业的配合；

国家预算与地方预算，个别工厂、机关、学校与农场的预算；

国家企业、地方企业，个别工厂、机关、学校的企业与合作社企业之间的相互关系；

银行的组织与作用；

合作社的组织与作用；

海关与对外贸易的组织与作用；

税收制度与税收机构；

运输机构。

三、苏联的文化教育。其中包括：

各级学校的组织与制度；

学校与生产部门的联系；

学生的招收及对学生的待遇；

学校课程；

其他文化艺术工作；

学术研究机关。

四、党的组织与群众团体的组织。其中包括：

党的组织方式；

党务工作部门；

党的教育组织；

党委制；

党的干部管理；

工会的组织方式；

青年的组织方式。

学习的方式，是请苏联各方面工作的负责同志与我们谈话，我们想请下列各机关能派出负责同志与我们谈话：

部长会议；

内务部；

教育部及文化高级机关；

外交部；

国家计划局；

银行；

合作社；

商业部；

对外贸易部；

财政部；

党的组织部；

工会；

青年团；

一个至两个工厂的厂长，支部书记，工会主任，莫斯科州委、市委、市政府；

另外我们还想参观一二工厂，一二农庄，一二学校。

第三个问题是我们想请苏联政府为新中国的建设管理人才办一专门学校，好像过去的中国劳动大学一样。开始收学生一千人以下，内分各系，如工业、商业、银行、法律、教育等系，并分速成班学期一年，普通班学期两年，及正式班学期三—四年。这样可以很快地培养人才，可以从现在的工作岗位上调一些人来学习，可以免除语言不通之困难，因上课参观，均可以经过翻译。现在分散在各学校之中国小孩的学习，照旧不变。

此外，我们想派一些各方面负责工作的同志来苏联作学习性质的短期参观，时间三四个月，一方面亲自参观，一方面听一些讲演与谈话。这也是提高我们干部学习管理国家与管理经济的办法之一。

再，就是希望苏联能够派各方面的教授到中国去工作，这样可以帮助我们在本国培养各方面管理国家的干部。

第四个问题是苏中交通问题，通邮，通电，通车，通海运，通航空，由苏联经哈尔滨，沈阳，大连，由沈阳到北平，由北平经库伦至苏联等航空线，组织中苏航空公司，帮助中国建立飞机修理厂，培养空军干部等，这些问题，希望具体谈一谈，具体解决。

第五个问题是苏联帮助我们训练海军干部，帮助我们一些扫雷艇，打捞船只，海岸设防等问题的具体化。

第六个问题是关于苏联帮助我们解放新疆。毛主席来电完全赞成提早占领新疆，并嘱我们关于苏战斗机帮助及空运军队问题具体化，我们希望供给我们关于新疆情况的材料及具体商谈空军帮助。

第七个问题是关于东北的几个问题：

1. 贸易问题，今年冬季东北可向苏联出口粮食八十——一百万吨以换机器。

2. 东北与大连币制统一以沟通大连与东北的经济来往，减少我们外汇负担，更好地恢复大连的工业。

3. 大连海口开放问题，以便输出煤块和盐等到香港、日本。又如上海、天津被封锁，能否利用大连作为中国出入口货物的海口？能否允许英美商船出入大连？

4. 鸭绿江水电站的电力供给问题，东北方面要求该电力站以一半电力给东北，该电站建设时中国出资7500万日元，朝鲜出资5000万日元，希望苏联方面帮助解决这个问题。

第八个问题是中苏文化交流。中苏文化交流这是密切两民族关系的重要工作，如通讯社、电影、中苏文化协会工作，工人、农民、学者相互拜访参观，在中国培养俄文人才，在苏联培养中文人才，在中国成立俄文图书馆，开设书店，发行苏联及新民主主义国家之报纸、刊物、书籍和电影，书籍翻译问题。关于这些问题我们希望能与一定的负责同志商谈。

以上诸问题请给以指示，或指定专人与我们商谈。

致布尔赛维克敬礼

中共中央代表团主任　刘少奇
一九四九年七月六号

关于苏联专家在中国工作的待遇问题

（1949年8月9日、9月29日）

一

中央、毛主席：

此间拟好一个由两党中央代表签字的关于苏联专家到中国工作的待遇条件的协定，原准备刘在此签字后即走。现因行期推迟，可待数日签字，特将协定全文电告，请指示是否可即签字，文字已经我们若干修改。

刘　王[1]

未　佳

二

陈薄[2]：

申敬[3]信悉。苏联专家临时薪资，暂订最高标准为二千五百斤小米，在最高标准以下各级苏联专家具体薪资数额，请与柯瓦洛夫同志商量决定。除这种薪资规定外，仍须适当规定食堂饭食价格并设特别商店。关于设立特别

---

[1] 指刘少奇、王稼祥。
[2] 指陈云、薄一波。
[3] 即九月二十四日。

商店及特别商店的货品价格与食堂饭食价格之规定等事，均请事先与柯瓦洛夫同志商量办理。

中　央

九月廿九日

中央关于苏联专家在华工作条件协定事给刘少奇等的电报

（1949年8月10日）

刘王[1]：

未佳电[2]悉。同意由两党中央代表签字的关于苏联专家到中国工作的待遇条件的协定全文，望即照此签字。你们经过东北时，望将此协定全文交高李阅看，并与他们商定具体执行办法。

中　央

未　灰

---

[1] 指刘少奇和王稼祥。
[2] 指一九四九年八月九日刘少奇、王稼祥给中共中央和毛泽东的电报。

中央关于苏联专家来华事给高岗等的电报

(1949年8月10日)

高李[1]：

　　刘约于八月十四日乘车返国，同来者有柯兄及苏联专家二百多名，其中除二三十人到北平外，余均留东北工作，望即准备招待。专家的工作条件和待遇，待刘回来当面告诉你们，并与你们面商具体执行办法。

中　央

未　灰

---

[1] 指高岗和李富春。

刘少奇：为准备迎接苏联专家到北平给中央的电报

（1949年8月26日）

中央：

　　我同柯兄及苏联重要专家二百廿人，全体已于有[1]安抵沈阳。现已大致安置妥当，情绪一般还好，个别病者已送院医治，拟于感[2]由党内干部参加开一欢迎会，我准备关于与苏专家合作问题作一报告。我拟于廿八日晚与柯兄及高级专家卅余人和三个将军，一道来平，请准备妥当招待，具体启程时间另告，有何指示望告。

刘少奇
未　宥

---

[1] 有，即二十五日。
[2] 感，即二十七日。

刘少奇：为给苏联专家配备办公及生活设施给周恩来的电报

（1949年8月27日）

恩来同志：

（一）来平专家共为卅八人。其中三个将军（即接管阿洛夫工作，及整理苏联情报工作者）。此外尚有十二三名译员、随员、打字员等技术工作者。故来平人员共约五十名左右。住处招待办法可分两级，即卅八人均为高级干部，其余均为初级干部。我们意见，给每一高级干部能保证一个寝室、一个办公室、一个会客室，如有可能再另设几处公共会客室即可，不必一人单独住一个院子。其余人员可二人合住一室，但必须给他们另设办公室，或公共办公室。

（二）柯兄意见，观音寺与铁狮子胡同两处住宅是够用的。但如系砖石或水泥地面，则希望设置地毯，另外此两处到冬季恐有困难。

（三）柯兄拟筹汽车十六辆，但需过一时期才能运到北平，东北再调不出汽车来，我建议高岗同志从苏联再购置若干辆汽车，供苏专家使用。

（四）在招待方面希望给每个人能准备好床铺、被、褥、单子、毯子，洗脸、洗澡、整容等必需用品，以及纸张、笔记簿、铅笔、钢笔、墨水等办公用具的全套。

刘少奇

未　感

中央关于苏联专家来北平事给东北局的电报

（1949年9月7日、9日）

东北局：

申支电[1]悉。

莫斯科副市长率领的专家二十余人（据柯兄告只十四人）待车通后可派人负责送来北平，此事已商得柯兄同意。惟动身前务望电告车到日期，以便布置招待，至要。

中　央
申　虞

东北局：

此间正在招待政协代表，腾出较好房屋极端困难。与高岗等同志来平的已有三十位苏联专家，因此，请将苏联市政专家二十余位推迟至十四日以后再送其来平。

中　央
申　佳

---

[1] 指一九四九年九月四日中共中央东北局给中央的电报。电报请示：莫斯科副市长率领市政专家二十余人已到沈阳，待车通时是将他们全部送往北平，还是留几人在东北。周恩来在电报上批示："送杨尚昆同志办（住解放饭店，派赖祖烈负责招待）。"

刘少奇：在中苏友好协会总会成立大会上的报告

（1949年10月5日）

各位代表，各位来宾们！

我们中苏两大国的人民，由最近三十多年来的历史清楚地证明：是如像兄弟一样地相互友爱的。

在三十多年以前，由于俄皇政府实行侵略中国的政策，曾经引起了中国人民的反抗。这种反抗是完全正当的。但自俄皇政府被推翻，十月革命胜利之后，情形就完全改变了，苏联人民就在伟大的列宁和斯大林领导之下对中国人民实行了从来未有的友好的政策，而中国的人民也就开始以从来未有的友好态度来接受苏联人民和苏联政府的友好。

伟大的十月革命的成功，给了全人类、同样也给了被压迫的中国人民以极大的希望。诚如斯大林同志所说："十月革命，大大促进了西方和东方的被压迫民族的解放事业……在社会主义的西方和被奴役的东方之间架起了一道桥梁。"正因为十月革命的感召，我们中国的先进分子才从长期的摸索中获得了马克思列宁主义这个武器，并用这个武器来认真地分析与解决中国问题。于是，一九二一年就产生了中国共产党，并使中国革命的面貌为之一新。

这一历史的发展，领导过辛亥革命的孙中山先生是理解的。他在旧中国的现实和英美式的旧民主主义中感到失望之余，欢迎了十月革命和中国共产党，因而在一九二四年便有了联俄、联共和援助农工的三大政策的建立。在这种时候，苏联政府自动取消了在中国的一切特权，废除了帝俄时代和中国旧政府间缔结的一切不平等条约，并对孙中山及当时的革命政府给了真正友谊的帮助。正由于有了这些帮助，革命的北伐战争乃得胜利的〈地〉举行。在一九二五年三月，孙中山先生临终时留下了遗嘱给他的后继者们，谆谆告诫，必须"联合世界上以平等待我之民族共同奋斗"，这就是说必须联合苏联。

　　但是，在孙中山先生去世以后，他的遗嘱便完全被他的后继者蒋介石反动集团所背叛了。在一九二七年，中国的大革命在国共合作与苏联援助之下正获得辉煌胜利的中途，蒋介石出卖了中国革命，出卖了中国人民，出卖了孙中山先生，由联俄、联共一变而为反苏、反共，由援助农工一变而为摧残农工，并举行了残酷的十年内战。蒋介石集团成了帝国主义的走狗，封建买办阶级利益的代表人，中苏两大民族的友谊与合作，乃受到了严重的阻碍与破坏。

　　但在一九三七年，日本帝国主义武装侵入中国，中国的抗日战争爆发，苏联仍是不念旧恶地首先以人力物力援助中国抗战。又在欧洲战争获得胜利以后，苏联尽管遭受了很大的破坏，仍然是很快地参加了对日战争，消灭日本关东军，帮助中国解放了东北。在这一次人民解放战争中间，苏联又给我东北解放区以通商的便利。特别是由于苏联的强大存在和世界人民民主力量的发展，牵制了帝国主义很大的力量，因而就使得中国人民解放战争能够很快地获得胜利。

　　现在中国人民解放战争和人民大革命已经获得基本的胜利，很快就要获得完全的胜利，中国人民政治协商会议已经召开，在今年十月一日已经宣告了中华人民共和国中央人民政府的成立。苏联在我中华人民共和国宣告成立的第二天，就首先承认了中国人民政府并建立了新的外交关系。

　　三十多年来，由于以上这些事实，证明苏联人民和苏联政府对中国人民的友爱是始终不渝的。

　　孙中山先生在他临终时给苏联的遗书上说："希望不久即将破晓，斯时苏联以良友及盟国来〔而〕欢〔欣〕迎强盛独立之中国，两国在争世界被压迫民族自由之大战中，携手并进，以取得胜利。"可以说，孙中山先生所怀抱的这个希望，在今天不独是已经破晓，而且完全变为现实了。中国历史从此已经进入一个完全新的时代，这也就使中苏两国人民的友谊进入一个完全新的时代，现在世界上已经没有一种力量能够阻止与破坏我们两国人民的友谊与合作了，我们两国人民的友谊与合作，从此可以无限量地发展和巩固起来了。我们两大民族的亲密合作，在世界上将是无敌的，对于世界今后的发展方向将要发生决定的作用。因此，我们两大民族的亲密合作，乃是世界人类的最大利益之一，特别是我们中国人民的最大利益。因此，我们十分重视和珍贵这种友谊与合作，任何破坏和阻碍这种友谊与合作的行为，我们是不能允许的，因为这种行为违背中国最大多数人民的最大利益。

中国是一个经济落后的国家，工业生产只占总生产的十分之一，现在中国的经济又受到了极大的破坏，今天中国人民的首要任务，就是要迅速恢复和发展中国的人民经济，使中国工业化。但是，如果没有苏联人民和苏联政府的完全友谊的帮助，那是要困难得多的。例如：我们铁路的很快恢复，就得到了苏联的帮助。又如鞍山、石景山等钢铁工业的恢复，有了苏联的帮助，就要快得多。所以，苏联对中国人民的真诚友谊的帮助，是恢复和发展中国经济的有利条件之一。由于这样的原因，中国人民应该特别重视和珍贵对苏联人民的友谊与合作。

除此以外，我们之所以特别重视和珍贵中苏两国人民的友谊与合作，还因为苏联人民是在伟大的列宁和斯大林的教育培养之下的人民，这种人民对我们中国人民以至全世界的人民是具有无限真诚的国际主义的友爱的。他们对中国人民的帮助是无条件的，不要求报酬的。正如我们中国共产党人为人民服务是无条件的不要求报酬的一样。这种国际主义的友爱精神，是具有旧的资产阶级观点的人所不能理解的。例如，我们在以前的时候到工厂或农村中去为工人农民服务，人们看到我们那种不怕麻烦、不畏艰苦、不怕危险地替他们办事而不要求任何报酬的时候，人们就常常用一种奇怪的眼光看待我们，因为他们从来没有看见过这样一种大公无私的人，能够这样无条件地为人民服务。苏联的共产党人和苏联的人民也和中国共产党人一样，是大公无私的，能够无条件地为中国人民服务的。因为世界上的共产党人，我们中国的共产党人也在内，是世界上一种完全新的人物，在过去历史上没有过的人物，这种人物是具有无限真诚的国际主义友爱精神的，能够无条件地、无分别地为世界任何地方的人民服务。毛泽东同志说：真正友谊的帮助，只能从苏联这一方面去找，正是这个道理。

譬如说吧，现在苏联已经派了两百多位专家到中国特别是到东北来服务，我曾经问过他们在中国服务的条件，他们说：斯大林应中国共产党之请派遣他们到中国来服务，指示他们：要把他们所有的一切知识和技能告诉中国人，什么时候中国人能够学会，能够没有困难地管理他们的工厂和企业，而不需要他们在中国服务的时候,他们就回苏联去。他们来到中国,由中国分配他们的工作,在他们被分配到各工厂、各企业和各经济机关去的时候,他们在各工厂、企业和机关的中国负责人领导之下工作,他们只做顾问。他们的薪资,只领取和中国同等工程师一样的薪资,而不是如英国美国工程师一样,领取很高的薪资。他们在中国的这些工作条件,是过去外国工程师从来没有过的,只有苏联的专家才自动提出这些条件。苏联与中国的商业,现已开始进行,苏联所提出的通商条件,也是完全友谊的和克己的,是其他资本主义国家所不能有的。这就是苏联人民国际主义精神的一些具体表现。这种大公无私的国际主义精神,在剥削阶级中是不能产生的,而且也是他们认为"奇怪"和不能理解的。

我们之所以特别重视和珍贵中苏两国人民的友谊与合作,还因为苏联人民所走过的道路正是我们中国人民将要走的道路。苏联人民建国的经验值得我们中国人民很好地学习。我们中国人民的革命,在过去就是学习苏联,"以俄为师",所以能够获得今天这样的胜利。在今后我们要建国,同样也必须"以俄为师",学习苏联人民的建国经验。现在苏联有许多世界上所没有的完全新的科学知识,我们只有从苏联才能学到这些科学知识。例如:经济学、银行学、财政学、商业学、教育学,等等,在苏联都有完全新的一套理论,为世界其他国家所没有的。至于苏联进步的政治科学与军事科学那就更不待说了。苏联的文化完全是新的文化。吸收苏联新的文化作为我们建设新中国的指针,是中国人民目前的迫切任务。因此我们特别需要苏联人民的友谊的帮助与合作。

在三十二年以前,俄国还是一个落后的国家。但是,到现在,这种情况变化了,俄国已经不是落后的国家,而是一个先进的国家了。不只是它的政治制度、军事制度是世界上最进步的,而且苏联的科学和技术也已经赶上和超过了世界上最先进的国家。有一部分中国人认为俄国还是落后的观点,必须改正。改正这种观点,才能使中国人民无阻碍地广泛地向苏联学习。

资本主义国家的工业化,需要一百多年的时间,但是苏联工业化就只需要二三十年。我们中国工业化,因为我们有了苏联对于中国人民的国际主义的帮助,我们也可能在二十年之内达到。因此中国人民和苏联人民亲密的友谊与合作,乃是特别值得重视与珍贵的事件。

中苏两国人民的友谊与合作，既有如此重大的意义，我们的敌人——帝国主义者和反动派不是看不到的，因此他们就必然要集中注意来破坏我们这种友谊与合作，他们正用各种方法，例如造谣、挑拨、引诱、中伤等等来破坏，企图引起我们两国人民之间的猜疑和分裂，这是我们必须加以警惕的。

正由于以上这些原因，我们代表全中国人民的意志，进行了中苏友好协会的筹备工作，其目的就是要增进与巩固中苏两国人民的兄弟般的友谊和合作，促进中苏两大民族的一切智慧和经验的交流。我们的总会决定设在新的人民首都北京，并将在全国各地设立总分会、分会和支会。总会已经筹备就绪，在今天宣告成立。各地总分会、分会和支会，有的已经成立，如像东北，有的正在筹备中，即将成立。各地人民群众踊跃参加本会的事实，证明了中国人民非常恳挚而迫切地需要和苏联人民密切合作。

我们很荣幸，在今天的成立大会上，有了法捷耶夫同志和西蒙诺夫同志所领导的苏联文化艺术科学工作者代表团参加，这就象征了我们今天的大会是真正的"中苏友好"的大团结。法捷耶夫同志和西蒙诺夫同志所率领的各位苏联同志们，你们已经参加了十月一日我们的开国典礼，二日和三日的中国保卫世界和平大会，今天又承蒙你们来参加中苏友好协会总会的成立大会，你们便是我们开国时期的很好的国际朋友。你们一定已经看出我们中国人民的共同志趣。中苏友好和保卫世界和平的工作是分不开的，和我们的建国工作也是分不开的，我们开国时期的大事件之一，便是要加强中苏友好，保卫世界和平。

在这里，我们敬祝苏联代表团和其他国际代表的健康！敬祝大会的成功！

伟大的中国人民万岁！

伟大的苏联人民万岁！

中苏两国人民永远不朽的友谊与合作万岁！

伟大的全世界劳动人民的革命导师斯大林大元帅万岁！

毛泽东：关于苏联专家薪金问题给柯瓦洛夫的信

（1949年10月20日）

柯瓦洛夫同志：

一九四九年十月十六日来信关于规定苏联专家薪资的建议，我已阅悉。我完全同意你的这个建议，并已将你的建议发交中央财政经济委员会转令各有关机关于本年十月一日起实行。特此奉复。

毛泽东
49年十月廿日

毛泽东：关于为全总聘请苏联顾问问题给斯大林的电报

（1949年11月8日）

菲里波夫[1]同志：

中华全国总工会要求苏联总工会派三个顾问和三个教员来中国帮助他们的工作。前已由中国总工会代表刘宁一在莫斯科向库兹尼作夫[2]同志提出过。三个顾问是：工资问题顾问一人，劳动保险问题顾问一人，劳动立法问题顾问一人。三个教员是：世界职工运〔动〕史教员一人，苏联职工运动史教员一人，一般工会工作教员一人。以上要求是否可行，请酌定示复。

毛泽东

一九四九年十一月八日

---

[1] 斯大林的代号。

[2] 通常译为库兹涅佐夫。

柯瓦洛夫：改善和提高东北和华北各发电厂之经营和工作效率的简要措施

（1949年11月）

近两个月，苏联电气工程组，在中国专家的参加下，了解了东北和华北几个主要发电厂的情况和工作，如抚顺、丰满、石景山。

由于战争和国民党的统治，几个经过调查的发电厂的装备，都存在着严重的问题，其装备之使用不能令人满意，在各发电厂的工作中，其缺点大致相同。因此，可以有根据地说：这样的缺点在别的发电厂也会有的。

这些发电厂在经营方面的基本缺点是：

1. 缺乏在技术上使用装备的标准和规章。
2. 对于装备之日常检查和修理没有按期进行。
3. 对继电器、绝缘设备、装备的配整和测量等重视不够。
4. 各发电厂有关安全的工作做得不好。
5. 在锅炉房和机器间缺乏起码必须具备的热力测量器，对用水和蒸气之质量、对变压器及其他高电压机械内之滑机油的状况检查不够。
6. 对电缆的使用保护不当。
7. 发电厂工作人员的劳动纪律很差。
8. 对保护发电厂的一切问题注意不足。

由于经营方面的缺点而又没有及时修理发电厂的装备，因此各个机器的工作能力已经降低，以下材料可资证明：

表1

	厂名	应有能力（千瓦）	实际的负荷（能力）冬（千瓦）	实际的负荷（能力）夏（千瓦）	降低之百分比 冬	降低之百分比 夏
1	抚顺	95000	60000	60000	37	37

（续表）

	厂名	应有能力（千瓦）	实际的负荷（能力）		降低之百分比	
			冬（千瓦）	夏（千瓦）	冬	夏
2	石景山	55000	40000	30000	27	45.5
3	天津一厂	30000	24000	22000	20	26.66
4	天津二厂	20400	18000	14000	21.5	31.3
5	唐山	25000	19000	19000	24	24

此外各工业企业的发电厂尚存在着未加利用的能力，如利用起来，可增加电力。目前摆在各发电厂面前的有两个基本任务：

1. 使装备走上正规的状态。

2. 进行组织工作使在技术上能正确运用装备。

为此苏联专家建议：

一、亟待实行的措施：

1. 尽快任命各发电厂掌握技术的副厂长、总分厂各主要部门的领导人，使管技术的副厂长，即是总工程师，指导发电厂的营业科和修理科以及各总分厂之生产技术科。

2. 每一企业做出消除装备方面现有缺点的计划，费用不大，但能预防今后装备之磨损，提高其工作效能。

3. 大大加强对发电厂的保护，提高发电厂全体工作人员之警惕性，经常教育他们关心爱护企业及其财产。

4. 用共产党员加强发电厂领导干部和技术干部，因为电气企业对提高整个人民经济有决定意义。

二、一九五〇年应实行的措施：

1. 每一企业要做出使装备走上正常状态的工作计划，以保证恢复机器的应有能力，以消除各企业和各发电系统的缺点，安装现在没有的滑机油，换置或装置大变压器，变换发电厂之整流装置，设置热力测量器，及组织利用废滑机油的工作。

为了完成计划，必须在材料和机器供应方面得到帮助，委托燃料工业部编制详细的计划。

2. 加强各总厂之送电部门的工作，补充以熟练专家，责成他们配合在同一电气系统网中工作的工业企业的发电厂的工作。

3. 燃料工业部，应与各总厂一道，制定使用发电厂的技术规则，编制有关爱护装备的手册。

4. 吸收工程师技术人员参加，以指导工人，提高他们的热情程度和生产劳动纪律，教育工作人员遵守生产工作中之安全规章。

在实行这些措施上，苏联电气工程师将予以帮助。

毛泽东：关于准备对苏贸易条约问题给中央的电报

(1949年12月22日)

中央：

（一）据稼祥说，波兰、捷克、德国都想和我们做生意。似此，除苏联外又有这三个国家即将发生通商贸易关系。此外，英国、日本、美国、印度等国或已有生意或即将做生意。因此，你们在准备对苏贸易条约时应从统筹全局的观点出发，苏联当然是第一位，但同时要准备和波、捷、德、英、日、美等国做生意，其范围和数量要有一个大概的计算。（二）廿一日来电已收到，已与斯大林约好廿三或廿四日谈一次。在这次谈话后可以确定方针电告你们。

毛泽东
十二月廿二日上午三时

刘少奇：关于向苏联订购电业和钢铁设备问题给毛泽东的电报

（1949年12月26日）

毛主席：

东北高岗同志已送给稼祥的关于东北电业及鞍山钢铁厂的主要设备的订货单，我们同意。请向苏方提出，并希望你向苏方表示盼望这个订货单上的东西能早日送来东北。上项订货此间苏专家开不出价格，请苏方告我们该货价格。

少　奇
亥　寝

中央关于苏联专家带家属来中国问题给东北局的电报

（1949年12月28日）

东北局：

在中国工作的苏联专家，我们从来赞成他们应带家属来，但苏联方面还不赞成他们的家属即来中国。如果他们的家属能来，我们应随时准备欢迎，不能拒绝。请即将此种态度告诉苏联同志。

中　央
十二月廿八日

刘少奇：关于请苏联专家修理小丰满水电站问题给毛泽东等的电报

（1949年12月）

一

毛主席：

关于小丰满水电站发生严重危机，必须请苏联专家来鉴定水电工程及拟定修理计划问题，根据东北要求，我已将下列电文发给菲里波夫同志。特此报告，望你在见到菲里波夫同志时就此问题加以商讨和决定。

刘少奇

十二月廿二日

二

菲里波夫同志：

松花江丰满水力发电厂的建设，于一九四四年完成，该厂原计划装置八部水力发电机，每部发电量为七万基罗瓦特，该厂是水堤式水力发电厂，水轮发电机用的水压高六十九米。

水堤是重力式的，在岩石基础上以混凝土作成，长一千零八十米，高九十一米。

现在水堤漏水的观测，每秒钟达五百公升，由于混凝土中的石灰被分解游离，致使混凝土遭受破坏，最近二三年中，漏水量已增加两倍，并在该厂主要工程与机器的地基上，亦已发现裂痕。

水堤与主要工程的现状，已严重威胁该厂之正常工作。经苏联专家研究后，认为欲修理丰满发电厂水利工程，必须鉴定其漏水原因与拟定具体修理方案，故特电请你派研究漏水、混凝土与装置洋灰工程的优秀专家工作组前来中国加以鉴定和指导。是否可行？望复。同样的电报，我已发给毛泽东同志。

刘少奇
一九四九年十二月廿二日

三

东北局：

关于请苏联专家来修理小丰满堰堤事，除我已直接电请远方派研究漏水、混凝土与装置洋灰工程的优秀专家前来帮助外，并已电请主席办理矣，特复。

刘少奇
廿三日

四

毛主席：

东北局亥养[1]电据现在东北的苏联电业专家马梁可夫同志说，小丰满堤的漏水是一种"崩解现象"。前已专电请苏联派堰堤专家去东北察看补救。此种判断，如属确实，则必须迅速补救。否则不仅东北浩大的电力工程废于一旦，且堤崩之后，松花江下游几百万人的生命财产将遭毁灭，哈尔滨和吉

---

[1] 即十二月二十二日。

林亦将全部沉没。请你向苏方提出速派堰堤专家来华。

刘少奇

亥　陷

刘少奇：关于交通部所请苏联专家
有关事宜给张锡俦的信

(1950年1月1日)

张锡俦同志：

　　交通部所请的四位苏联专家及两位翻译，如果均已到东北，请你即以我的名义要求史屠格诺夫同志去电请来，并使河流港口专家尽可能于一月四日左右到南京参加交通部的一个会议。如果他们不是在东北，而要请求莫斯科派遣，则又当别论。

　　敬礼！

刘少奇

一月一日

毛泽东：答塔斯社记者问

（1950年1月2日）

（新华社北京二日电）塔斯社莫斯科二日电：塔斯社记者对中华人民共和国中央人民政府主席毛泽东先生的访问记。

记者问：中国目前的情势如何？

答：中国的军事正在顺利进行中。目前，中国共产党和中华人民共和国中央人民政府正在转入和平的经济建设。

问：毛泽东先生，您在苏联将逗留多久？

答：我打算住几个星期。我逗留苏联时间的长短，部分地决定于解决有关中华人民共和国利益的各项问题所需的时间。

问：您所在考虑的是哪些问题，可否见告？

答：在这些问题当中，首先是现有的中苏友好同盟条约问题，苏联对中华人民共和国贷款问题，贵我两国贸易和贸易协定问题，以及其他问题。

此外，我还打算访问苏联的几个地方和城市，以便更加了解苏维埃国家的经济与文化建设。

文献资料

关于赴莫斯科进行中苏谈判的电报和批语

(1950年1月)

一

毛主席：

　　一月二日下午十一时及三日上午四时两电均悉。政治局同志当于三日夜开会讨论，完全同意来电所示各项办法。恩来决于九日晚车由北京动身，十九日可抵莫斯科。各项谈判的准备工作，计中苏友好同盟新约中有同盟年限、旅顺租借期限及军港双方指挥权、大连自由港、中长路合作期限等问题待研究；贷款协定有从何时算起为好一个问题；通商协定有是否包含一九五〇年双方各以若干种类货品互相交换的问题，我们所准备的今年对苏出口货单计有大豆、猪鬃、油脂、茶叶、丝绸、钨砂及其他矿物等约八千万至一亿美金，而我们所需从苏联入口的货物单除飞机、飞机油及海军炮另计外，尚不足此数，因此必须同时谈定今年进口的上述军事物资的货单和价格，以便达借款九千万美元（去年三千万），确定今年进口货单，同时，还需商定新疆与苏联成立地方通商协定的原则；民航协定包括线路、年限及双方资本比例等问题。此外，尚有中苏经济合作，如新疆中苏合组公司或投资、租借等问题及与新民主国家通商问题是否亦可谈谈。有关上述各项材料文件，已指定各方从事准备。我们同意李富春并带东北两三个专门人员同去，现正电东北局征求同意。此间除恩来及叶季壮外，并拟带七八个随员。为便于谈谈新疆通商问题，拟令包尔汉（已入党）、邓力群及伊犁贸易部长亦往莫斯科参加部分谈判。如此总数将有十六七人，是否同意，请商复。关于在政府中传达问题，已拟定五日开全国委员会常委及中央人民政府委员的协商会商谈此事，然后六日开政务会议、七日开中央人民政府委员会会议通过。在商谈及会议中，均将遵照来电所示方针解释。此外，尚有何事须作准备，望即示知。

刘 朱 周
一月四日七时半

二

高岗富春两同志：

得主席电告，恩来决定九号由北京动身赴莫斯科谈判，并签订中苏友好同盟条约及通商、贷款、民航等协定。为便于商定一九五〇年通商协定中的出入口货单，东北关系最大，除贸易部叶季壮前往外，毛主席曾提到富春是否需要前往，我们认为甚有必要，并望富春带〈同〉鞍山、小丰满、抚顺两三个负责工业的同志同往。你们意见如何，如同意，望即准备，并以确定的姓名、年龄、籍贯、职务电告。

中 央
一月四日八时

三

毛主席：

（一）东北来电，提议随同去苏者十一人，计：李富春、欧阳钦、吕东（工业部副部长）、张化东（对外贸易部副部长）、柴树藩（工业部计划处长）、程明升（东北电业局长）、王勋（鞍钢公司副经理）、聂春荣（东北机械局副局长）、罗维（东北煤矿局计划处长）、常彦卿（东北对外贸易部处长）、赵洵（女，东北俄文学校副校长，译员），我们已同意。由北京动身者七人，计：周恩来、叶季壮、伍修权（外交部苏联东欧司司长）、赖亚力（外交部办公厅副主任）、沈鸿（中央财经计划局处长）、何谦（政务院行政秘书）、苏农官（中央贸易部机要秘书）。两地总共十八人。此外，同行者，尚有中国驻苏大使馆商务参赞二人：廖体仁、高竞仁及一外交信差。

（二）苏大使馆代办已告我，苏联政府已决定其驻中国商务代表米古诺夫及其副代表苏阿琴科夫随我们去莫，并派专车于十一日至满洲里来接，其外交部秘书长至边界奥特泡迎接，另由大使馆派第二参赞华司考送至满洲里，我们亦拟由外交部办公厅副主任阎宝航伴送至满洲里。

周恩来
一月七日八时

四

少奇同志：

我与陈云同志同意这两位苏联同志去莫斯科，你如同意请你签字，交张锡俦向代理首席专家交涉，并由他向莫斯科请示决定。

周恩来
一、七

五

东北局：

一月六日电悉。同意由苏联专家熟悉我情况者抽两三位适当人员同周李等去苏联，其人选和决定，统望与留沈专家洽商并请莫斯科直接批准为快。苏联政府已决定苏驻华大使馆商务代表米古诺夫及其副代表苏阿琴科夫同去莫斯科，并已决定派专车于十一日至满洲里来接，其外交部秘书长则在奥特泡迎接，望令东北铁路局派负责人至满洲里招呼。

中　央
一月七日

六

毛主席：

　　新疆贸易谈判代表包尔汉主席因本月中旬需参加西北军政委员会开会，故改由邓力群带三人并约同在新疆的苏联商务代表同去。

　　邓等一行的名单，已由彭德怀同志去电询问，结果即由外交部转王大使。他们在新疆等候，二十号后由新疆乘飞机到阿里木图，经苏联同意后赴莫斯科。请即告王大使交涉，并将结果电告外交部李克农办。

周恩来
一月九日六时半

刘少奇：关于铁道部要求聘请苏联专家问题的批语和电报

（1950年1月5日、18日）

一

代远：

因为没翻译，又没房子住，这些专家是否可暂时不请？望复。

刘少奇
一月五日

二

毛主席：

一、铁道部要求向苏联聘请专家及教员二十八人。其中为：（一）关内六个铁路局每局请苏专家车务一人，机务一人，共十二人。（二）铁道兵团干部学校，现附属在军大，要求聘苏联技术教员十人。（三）铁道部本身要求增聘计划、软水、电焊、电务、会计专家各一人共六人。

二、滕代远原要聘请苏专家六十人，经商谈后减少为二十八人。这些专家是否聘请？如决定聘请，即请你向苏联负责方面提出，我不另发电报了。

刘少奇
一月十八日

刘少奇：关于派在华苏联专家与周恩来同去莫斯科等问题给张锡俦的信

（1950年1月7日）

一

张锡俦同志：

恩来同志决定本月九日去莫斯科。将讨论中苏商约并订购重要企业的机器和电机。重工业部和东北李富春均要求苏联顾问同恩来同志去莫斯科，以便保证机器的订购能够没有差错并能及时送来中国安装。我同意他们的要求。请你即将此事告诉史屠格洛夫同志，并问他的意见以派哪几个人去为适宜？在北京的及在东北的一起都请他提出意见，日内将名单交我，并通知他们准备，同时由他请示莫斯科决定，以便我告知恩来同志。

原信请退回。

敬礼！

刘少奇
一月七日

二

张锡俦同志：

我和恩来同志都同意波波夫、波一佐夫、莫雅洛夫、邓尼索夫四位同志同恩来同志一起去莫斯科。请告史屠格洛夫同志要他们准备，特别是关于各企业订货材料的准备。

关于召集各部门和专家会〈汇〉报问题，定了时间再通知。

又，专家前提议规定中国度量衡制，现已由轻工业部办理，清理各地机器装备事准备由财经委员会及各城市成立专门委员会来办理。只有食品工业部的干部配备及管理的工厂现在还难于决定。以上专家的提议都提交了政治局并作出了决定，请告史屠格洛夫同志。

敬礼！

刘少奇
一月七日

周恩来：关于订购苏联货品和设备问题给米高扬的信

（1950年2月5日、8日）

一

米高扬同志：

兹附上中华人民共和国中央人民政府贸易部急需从苏联购入的货单，请察〈查〉收为幸。这个货单包括三部分，即中国内地、东北和新疆三部分需要入口的农业种子、机械及牲畜的货品，均须于二三两月入口，方能应生产上的急用。为偿付这个货单所需要的代价，中华人民共和国政府愿意同时供给苏联所急需入口的原料货品。希望能得到您满足我们请求的答复。

同样的货单，也送给苏联对外贸易部一分〈份〉。

谨致敬意。

周恩来
一九五〇、二、五

二

米高扬同志：

兹送上中华人民共和国中央人民政府贸易部所提出的一九五零年关于工农业的主要设备的订货简表，请察〈查〉收为幸。这一工农业的主要设备的详细订货单，业已送交苏联对外贸易部。我送这一订货简表给您的目的，是请求您审查这一货单可否能在一九五零年满足我们的需要，因为这批设备对于我们恢复和发展工农业来说是最迫切最基本的了。

  谨致敬意。

周恩来
一九五零年二月八日

新华社：接受苏联专家
改进重工业技术作业建议

（1950年2月13日）

　　苏联的经验对于恢复发展新中国经济建设的重要性，现在已为若干重工业部门中不断出现的新纪录所充分说明。在太原，苏联专家到了西北钢铁公司一个多月，一吨炼铁炉的产量即较日寇时的定额提高了一倍，炼钢提高四分之一，炼焦增加五分之一；炼一炉钢的时间也由九至十小时减到七小时四十三分。东北鞍山钢铁公司的二号高炉开工后，因接受苏联的经验，产量超过伪满时最高产量的百分之二十一；炼焦时间则由二十四小时减为十六小时。天津制钢厂在苏联专家具体帮助下，改进了劳动组织和操作方法，一月份的钢锭、盘条、钢丝绳产量平均超过原订计划百分之六十二强。由于同样的原因，北京石景山一号炉铁炉在去年年底也创造了日产量超过日本和国民党统治时最高产量百分之七十四的新纪录；炼焦则较改进作业方法以前增加约百分之二十。

　　要确切地认识在苏联专家的帮助下所达到的这种新纪录的意义，几种情况是不能忽略的：第一，机器设备是老旧的，它已经被日寇和国民党使用多年并曾遭受过程度不同的破坏损毁。第二，长期在日寇和国民党统治下，工人特别是技师、工程师的技术思想常是局限于日本的水平，对于接受社会主义国家先进的生产经验，开始多是抱着怀疑态度，对于突破旧的生产水平没有信心。因此，在苏联专家帮助下所获得的成就，不但在提高生产效率上有巨大贡献，而且以事实打破了不少技工人员对于日本和英美资本主义技术盲目崇拜的保守思想。鞍山钢铁公司炼焦厂创造十六小时一炉纪录的某号炼焦炉，曾经是遭受破坏和两次重修的炉子，炉墙裂缝很宽，温度经常不够，冒火冒黑烟，厂内职工都对它失去信心，认为能对付一天就用一天，反正以后得重修。有的工程师说，按伪满时候的经验，这炉子出一炉焦最少得二十四小时，现在做到二十二小时，已经不错了。所以对于苏联专家所提缩短炼炉时间的建设，起初大家都没有信心，连厂长也是半信半疑。但按照苏联的经验改进以后，炉子面貌完全改变，炉温增加了，炉身也不漏黑烟了，不但达到十六小时的纪录，而且延长了炉子的寿命。这时大家才完全信服了"苏联的技术经验是世界上最先进的"，其他炉上的工人也纷纷提出要求，请苏联专家予以帮助指导。

各种新纪录出现的一个共同原因，就是大胆地改进技术作业方法，使机器效能合理地充分地发挥出来。而技术作业方法的改进，都是苏联专家经过亲自调查设计以后才提出来的。苏联专家在太原西北钢铁公司，计算出一号炼铁炉产铁一吨所占的容积，并计及太原的焦炭和矿石的质量，然后提出了应占的容积。苏联专家基于这种科学的调查计算提出改进办法后，一号炼铁产量即提高了一倍。炼钢部以前沿用着日本的烤炉方法，每次需时二十五天才能装料生产，而且因炉子温度或高或低，使炉砖受损不耐用。苏联专家分析了砖的特性，提出了改进计划。按照他的详细计划实行后，烤炉时间由二十五天缩短到四天，因而大大增加了出钢的数量。过去炼钢炉每出四五次钢即需修炉底一次，苏联专家建议将原来的修理方法改变后，改进到出二十次钢才修理一次。全月因此即减少十三次修炉时间，以此时间用于生产，可增产钢二百七十吨；同时十三次的修理费和所需劳力也完全节省下来了。最近苏联专家在天津参观了该市电业局所属发电所，并提出充分发挥机器效能、注意机器保存等项建议。结果可使该局增放现有发电量三分之一的电力，大体上解决了津市电力不敷的困难。苏联专家在参观天津中纺公司各厂后，亦提出了若干关于机器保全、原棉使用及技术研究等方面的建议，而且行之有效。对于工厂安全卫生设备以及其他工厂福利设施，苏联专家表示了高度的关心。他们参观北京公共汽车修理厂时，看到焊工工作时没有戴眼镜，立即追问原因。他们说：如果没有买眼镜，厂方要负责，如果买了不戴，工会要负责。

苏联专家对于帮助中国人民建设新生活的无限热情，以及他们的勤劳刻苦的作风，是上述各项新纪录的重要来源之一。每当一种改进的建议付诸实施的时候，苏联专家们常常吃饭睡觉都不离开工作现场。在太原西北钢铁公司铺炼二号马丁炉炉底的五天五夜中，苏联专家赫力浩夫除了每天休息四五小时以外，从未离开现场一步。天津制钢厂修马丁炉时，苏联专家马里谢夫一直在现场待了十九个钟头。在鞍山，苏联专家曾亲自爬到黑油油的炼焦炉上工作。在北京的苏联专家曾亲自下到下水道检查，结果发现北京的下水道并不需要重换，只需部分修理即可。因为这样，苏联专家们在他们新到的工作部门中，无论在技术上或工作作风上，都获得了极高的信誉。工人们都为苏联朋友的这种感人的刻苦作风所感动，无限地提高了自己的生产热情。天津制钢厂在苏联专家的指导下修马丁炉时，因炉内出了故障，领班潘长有即把棉衣手套鞋全用冷水浸湿，进入炎热的炉内抢修，其他工人也用同样办法相随入炉，结果克服了故障，只用一小时半，就把工作作完了。苏联专家为此十分感动。在太原西北钢铁公司的苏联专家，听到炼钢创造了七小时四十分的新纪录后，立刻解下自己的手表，送给创造纪录的工人，作为庆贺他的成功的礼物。苏联专家们谦逊地把创造上述各项新纪录的大部分功绩都归功于中国工人。当鞍山钢铁公司七号、八号炉因为接受了苏联专家的建议而生产迅速增加以后，公司方面便向苏联专家表示敬意和感谢。他们都谦逊地说："这是工人同志们的功劳。"苏联专家们常常对工厂中的技术人员说：一个技术人员要有"冷静的头脑"，要做到"肚子饿脚底暖"。所谓肚子饿就是不讲享受，脚底暖就是要多跑腿，勤检查。对于这一切，苏联的专家们是完全做到了的。为了培养和提高中国工人的技术水平，苏联专家们都亲自参加操作并随时向工人讲解。除此以外还利用工余时间组织工人进行技术学习。在太原西北钢铁厂作工十九年的霍聚元，经过苏联专家的讲解，现在才知道了水封上按压力表的作用。

中苏两国关于缔结友好同盟互助条约与协定的公告

（1950年2月14日）

最近时期内，在莫斯科，一方面由中华人民共和国中央人民政府毛泽东主席与政务院周恩来总理兼外交部部长，另一方面由苏联部长会议主席斯大林大元帅与苏联外交部维辛斯基部长举行了谈判，在谈判期间，曾经讨论了中华人民共和国与苏联双方有关的重要的政治与经济问题。

谈判是在恳切与友好的互相谅解的气氛之中进行的，并确定了双方愿意多方巩固和发展他们之间的友好与合作关系，同样确定了他们为保证普遍和平与各国人民的安全而合作的愿望。

谈判业经于二月十四日在克里姆林宫签订下列文件而告结束：（一）中苏友好同盟互助条约；（二）关于中国长春铁路、旅顺口及大连的协定，根据此协定，在对日和约缔结后，中国长春铁路将移交为中华人民共和国完全所有，而苏联军队则将自旅顺口撤退；（三）关于苏联政府给予中华人民共和国政府以长期经济贷款作为偿付自苏联购买工业与铁路的机器设备的协定。

上述条约与协定，中华人民共和国方面由周恩来总理兼外长签字，苏联方面由维辛斯基外长签字。

由于签订友好同盟互助条约及关于中国长春铁路、旅顺口及大连的协定，周恩来总理兼外长与维辛斯基外长互换照会，声明一九四五年八月十四日中苏间所缔结之相当的条约与协定，均失去其效力，同样，双方政府确认蒙古人民共和国之独立地位，已因其一九四五年的公民投票及中华人民共和国业已与其建立外交关系而获得了充分保证，同时，维辛斯基外长与周恩来总理兼外长对苏联政府将苏联经济机关在东北自日本所有者手中所获得之财产无偿地移交中华人民共和国政府的决定，以及苏联政府将过去北京兵营的全部房产无偿地移交中华人民共和国政府的决定，亦互换了照会。

上述条约与协定的全文公布如次：

中华人民共和国
苏维埃社会主义共和国联盟
友好同盟互助条约

中华人民共和国中央人民政府与苏维埃社会主义共和国联盟最高苏维埃主席团具有决心以加强中华人民共和国与苏维埃社会主义共和国联盟之间的友好与合作，共同防止日本帝国主义之再起及日本或其他用任何形式在侵略行为上与日本相勾结的国家之重新侵略，亟愿依据联合国组织的目标和原则，巩固远东和世界的持久和平与普遍安全，并深信中华人民共和国与苏维埃社会主义共和国联盟之间的亲善邦交与友谊的巩固是与中苏两国人民的根本利益相符合的；为此目的，决定缔结本条约，并各派全权代表如左〈下〉：

中华人民共和国中央人民政府特派中国政务院总理兼外交部部长周恩来；

苏维埃社会主义共和国联盟最高苏维埃主席团特派苏联外交部部长安得列·扬努阿勒耶维赤·维辛斯基。

两全权代表互相校阅全权证书认为妥善后，同意下述各条：

第一条 缔约国双方保证共同尽力采取一切必要的措施，以期制止日本或其他直接间接在侵略行为上与日本相勾结的任何国家之重新侵略与破坏和平。一旦缔约国任何一方受到日本或与日本同盟的国家之侵袭因而处于战争状态时，缔约国另一方即尽其全力给予军事及其他援助。

双方并宣布愿以忠诚的合作精神，参加所有以确保世界和平与安全为目的之国际活动，并为此目的之迅速实现充分贡献其力量。

第二条 缔约国双方保证经过彼此同意与第二次世界大战时期其他同盟国于尽可能的短期内共同取得对日和约的缔结。

第三条 缔约国双方均不缔结反对对方的任何同盟，并不参加反对对方的任何集团及任何行动或措施。

第四条 缔约国双方根据巩固和平与普遍安全的利益，对有关中苏两国共同利益的一切重大国际问题，均将进行彼此协商。

第五条　缔约国双方保证以友好合作的精神，并遵照平等、互利、互相尊重国家主权与领土完整及不干涉对方内政的原则，发展和巩固中苏两国之间的经济与文化关系，彼此给予一切可能的经济援助，并进行必要的经济合作。

第六条　本条约经双方批准后立即生效，批准书在北京互换。

本条约有效期间为三十年，如在期满前一年未有缔约国任何一方表示愿予废除时则将延长五年，并依此法顺延之。

一九五〇年二月十四日订于莫斯科，共两份，每份均以中文与俄文书就，两种文字的条文均有同等效力。

中华人民共和国 中央人民政府全权代表	周　恩　来
苏维埃社会主义共和国 联盟最高苏维埃主席团 全　权　代　表	安・扬・维辛斯基

中华人民共和国中央人民政府
苏维埃社会主义共和国联盟政府
关于贷款给中华人民共和国的协定

（1950年2月14日）

苏维埃社会主义共和国联盟政府同意满足中华人民共和国中央人民政府的请求，给予中国以贷款作为偿付苏联所同意交付给中国的机器设备及其他器材之用；据此，双方政府议定本协定，其条文如左〈下〉：

第一条　苏维埃社会主义共和国联盟政府给予中华人民共和国中央人民政府的贷款，以美元计算，总数共为三万万美元；其计算法，系以三十五美元作为一盎司纯金。

苏联政府鉴于中国因其境内长期军事行动而遭受的非常破坏，同意以年利百分之一的优惠条件给予贷款。

第二条　第一条中所指的贷款，自一九五〇年一月一日起，在五年期间，每年以同等数目即贷款总数的五分之一交付之，用以偿付为恢复和发展中国人民经济而由苏联交付的机器设备与器材，包括电力站，金属与机器制造工场等设备，采煤、采矿等矿坑设备，铁路及其他运输设备，钢轨及其他器材等。

机器设备与器材的品类、数量、价格及交付期限，由双方以特别协定规定之，其价格将根据世界商场的价格来决定。

在一年期限中所未使用而剩余的款额，可移用于下一年期限内。

第三条　中华人民共和国中央人民政府将以原料、茶、现金、美元等付还第一条所指的贷款及其利息。原料与茶的价格、数量及交付期限将以特别协定规定之，其价格将根据世界商场的价格来决定。贷款的付还以十年为期，每年付还同等数目即所收贷款总数的十分之一，于每年十二月三十一日前实施之。第一期的付还于一九五四年十二月三十一日前实施之，而最后一次的付还，于一九六三年十二月三十一日前实施之。贷款的利息系以使用贷款的实数并自其使用之日起实行计算，每半年交付一次。

第四条　为了对本协定所规定之贷款进行结算起见，苏联国家银行与中国人民银行各建立特别账目，并共同规定对本协定的结算与计算的手续。

第五条　本协定自签字之日起生效，应经批准并在北京互换批准书。

一九五〇年二月十四日订于莫斯科，共两份，每份均以中文与俄文书就，两种文字的条文均有同等效力。

中华人民共和国
中央人民政府全权代表　周　恩　来

苏维埃社会主义共和国
联盟政府全权代表　安·扬·维辛斯基

毛泽东：关于由李富春主持中苏贸易谈判等问题的电报

（1950年2月17日、20日）

一

少奇同志并中央政治局：

（一）我们一行十四人于今十七日夜车离莫归国。离莫时将发表车站告别词，故应公开报道。我们准备在西伯利亚途中参观一两处工厂，抵沈亦将停留一两天，故行程较通常日期为长，亦可稍为错乱一般人的计算。

（二）我们走后，尚有贸易问题、新疆经济合作问题、民用航空问题、军事问题、专家合同问题留待解决，故将富春及东北、新疆各同志加上叶季壮（尚须开刀）、伍修权、沈鸿、李强、苏农官等共二十二人，另刘亚楼等三人均留下，并由富春、稼祥、亚楼、季壮、赛福鼎组成代表团，富春负总责，继续商谈上述各项问题，约二十天左右可解决。届时，我们已回至北京，当可最后决定各项协定的内容及签字时间。

（三）各协定内容，民用航空协定已商妥，由刘亚楼负责在校正文字。新疆经济合作为石油及有色和稀有金属两件，原则已商妥，由稼祥、赛福鼎继续商谈。专家合同已由苏方提出草案，大体与去年交少奇同志带回者相同，惟加了须我方按月以卢布一千五百至三千付给各专家在苏的薪俸及政府机关的损失。军事问题，亦由亚楼继续商谈。其中最费事者为贸易合同及出入口货单的厘定，尤以货单的规格价目为最难确定。富春电告陈薄各事，请仔细研究，价目不宜提得太高，致与苏联方面相差悬殊，颇能影响商谈，望告陈薄注意。

（四）我们在途中尚可与大使馆通电，中央有要事亦可经大使转告我们，并请中央直接指示富春等代表团。

毛泽东
二月十七日七时

二

王大使并告富春：

十九日廿时电悉。同意关于专家及新疆二公司问题的两个代表团的组织，均以稼祥同志为首，并隶属于以富春同志为首的总的代表团组织之下。

毛泽东
二月二十日

毛泽东：关于请允许延长全总苏联顾问在中国工作时间问题给斯大林的电报

（1950年3月12日）

菲里波夫同志：

　　由全苏联总工会派来中华全国总工会为顾问和教员的柯雷班诺夫同志等六人，他们已在中国工作了三个月。据中华全国总工会同志报告，他们工作得很好，对中国工会工作有很大的帮助，但是他们原定在中国工作四个月，不久他们就要回国。现在中国工会建设正在全国范围内普遍发展，职工学校亦正在扩大，亟需他们继续在中国帮助工作一个时期。中华全国总工会请求全苏总工会允许他们在中国工作的时间延长六个月，连原定四个月，共为十个月。因此，我请你将中华全国总工会这个要求转致全苏总工会允许柯雷班诺夫同志等六人在中国延长六个月的工作时间。是否可行？请予答复。

毛泽东

一九五〔〇〕年三月十二日

中央：关于中苏贸易协定问题的电报

（1950年3月）

一

富春同志并告高岗同志：

一七日电悉。根据贸易谈判证明，我们工业设备，必须先从设计制图入手，然后才能提出准确而需要的定货单。因此，同意你的提议，即与苏联政府谈判设计合同，并由你负责谈定并签字。

中　央
三月十九日

二

毛主席：

各项文件已征询过各方（陈薄及贸易部、银行）意见，现拟电如下，请即批发，因李王来电话催复。

周恩来

三

李、王、蔡、伍[1]：

（一）贸易协定、过境货物议定书及双方换文三个文件，各方均无不同意见，望即照来件签订。

（二）中苏贸易协定之共同条件，在名称上改为"中苏对外贸易组织交货的共同条件"，同意；在内容上，我贸易部提出：第一条规定边境交货，请注意南方货物因封锁关系须运至北方海口或边境交货，不得不提高价格。第二条铁路交货应明确规定站上抑〔或〕车上。第八条应规定检验时间及手续。第十二条应规定购方船只如晚到亦须赔偿。第十九条"超过上述优待日以前"或"以后"，文字欠明确。以上各点请酌定需否修改后即签订。

（三）中苏银行关于中苏贷款协定结算与计算办法的协议，我中国人民银行方面，亦无不同意见，可即照原件签订。

（四）另在文字上，贸易协定第七条第四节中"金价"二字，是否"金量"译误，第十二条第三节所称"将根据本协定第八条第四节"系"第七条第四节"之误；银行结算计算办法协议中，凡年息一分，均请直译为："年利百分之一"，以免误解。

（五）贸易协定是否全文公布请询苏方意见，如只发公报，亦请苏方拟稿。

（六）各公司定货合同，即以"中国贸易总公司"名义，并以张化东为代表签字。

（七）各项文件均可同时签字。

（八）叶季壮既已出院，贸易协定及其附件即由贸易部长签字。

（九）高岗同志已到，我们正在磋商挤出对苏出口外汇购买军事定货，请你们估计刘亚楼三次货单（即共值一亿四千万美元者）最少在今年内须购

---

[1] 李，指李富春。王，指王稼祥。蔡，应为叶，指叶季壮，当时任中央人民政府贸易部部长。伍，指伍修权。

入多少，即电告。

（十）专家协定即照廿四日来电定案，并由王大使签字。

中　央

三月二十六日

四

李、王、叶、伍：

（一）廿九日电悉。同意关于贸易与设计需与各公司签订合同时，先在莫签俄文合同，然后带回北京翻成中文再签中文合同。

（二）请富春同志考虑，可否将贸易协定及其重要附件谈定后，即交季壮同志留莫签字，并主持续谈各种贸易与设计合同，你则先带必要人员，于四月初飞回北京，参加中央政治局有关统一财政及统一国营工业生产计划的讨论，并与高岗同志面商调你来中央人民政府担任主持工业方面的工作。同意否，望复。

（三）关于争取出口货平均增价百分之五，入口货减价百分之五，如能做到，当然很好，但亦须估计到，万一争取不到，出入口相抵，只能多出三千万美元。我今年亦须购入大批军事货品，其价值约在八千八百万美元，故请你们考虑，尚有何种货品，可以向苏出口，以资弥补外汇。关于此点，亦须富春同志飞回面商为妥。

中　央

三月三十一日

认真向专家学本事 [1]

（1950年4月3日）

专家协定，可以不必再发公报。关于专家待遇增加经费事，已在政务会议报告过，拟在政府委员会开会时再行提及，使大家认识既请专家便要准备花钱，因此，就必须请好的、必要的，一改过去多请、滥请而又想讨便宜的作风。同时，也逼得请专家的部门赶快在一两年内向专家学好本事，免得专家走了仍然不能自立。为着花钱学乖，学本事，故协定一经签字，我们就须认真履行，认真向专家学本事；同时，也有责任帮助专家了解中国情况，了解我们政策，更重要的是帮助他们工作，并解决他们生活困难，不使他们来中国一回，反而印象不佳。这就是我们请专家的方针。

中　央
四月三日

---

[1] 这是中共中央起草的给政务院财政经济委员会副主任李富春、外交部副部长王稼祥、贸易部部长叶季壮、外交部苏联东欧司司长伍修权电报的第二部分。

中央关于中苏贸易协定问题给李富春等的电报

(1950年4月9日)

李王叶伍：

八日午电，九日晨到。

（一）我们同意签订贸易协定及其有关各项文件和进出口总货单。但在签字前，我方必须声明：中苏进出口货的价格，我们同意最后商定的数目，惟必须说明在这些商定的价格中，多数是满意的，有些出口货价格的确是赔本的（如关内谷种平均成本运至边境交货每吨值一百四十美元，现定价九十五美元，亏损四十五美元，全部详单十号晚电告）；有些进口货价格我们虽觉着订高了，出口货价格订低了，但因国际贸易经验缺乏，并无充分证据说明，故愿保留将来对这一部分货物价格的声明权，以便作中苏双方今后谈判新的易货协定时的参考。

（二）你们已经减少或推迟的进口货单，甚妥。请你们考虑陈薄四月七日去电所提的三项办法，有无在签字前提出的可能。如签字前对货单已不便再改，则第一项所提减少订货之议，便作罢论，而第二、第三两项办法仍可提出商谈。

（三）汇兑问题，同意你们所提办法。

（四）军事订货单原按空海军顾问意见已将刘亚楼在莫经手的三个货单分为今年与明年一、二、三月交货的两类，今年货单约值八千八百万美元，明年一、二、三月货单约值四千五百万美元，总数为一亿三千三百万〔美〕元。估计今年尚须付专家外汇一千二百万美元上下，连前已用去的借款货单近四千万美元，故今年须付上述三项支出共一亿四千万美元。如进出口差额照来电估计只有六千二三百万美元，加上借款六千万美元，仍不足近二千万美元。现空军方面又提出增加今年进口货单，正审查中。如必须增加，则差额更大。此点请你们特别注意。

（五）军事分期订货单全部完成，须迟至本月十二日飞机送去，须十五日才能到达。李叶伍最好等货单到后与王大使约米高扬、维辛斯基及对外贸易部长面谈一次，然后将这项交涉完全交王大使负责继续办理。如能约布尔加宁一道商谈更好。

中　央
四月九日夜

文献资料

毛泽东：缔结中苏条约和协定的重大意义[1]

（1950年4月11日）

一

我们曾经指出，实行人民民主专政和团结国际友人是巩固革命胜利的两个基本条件。这次缔结的中苏条约和协定，使中苏两大国家的友谊用法律形式固定下来，使得我们有了一个可靠的同盟国，这样就便利我们放手进行国内的建设工作和共同对付可能的帝国主义侵略，争取世界的和平。

二

中华人民共和国中央人民政府成立以后，我们的政府做了一件重要的工作，签订了中苏条约。这件工作对于我们国家，有重大的意义。全国人民对此都有所表示。在座的同志们中间，今天有许多人说了话，都说是有伟大的意义的。我们是处在一种什么情况之下来订这个条约呢？就是说，我们打胜了一个敌人，就是国内的反动派，把国外反动派所扶助的蒋介石反动派打倒了。国外反动派，在我们中国境内，也把他赶出去了，基本上赶出去了。但是世界上还有反动派，就是我们国外的帝国主义。国内呢，还很困难……，在这种情况之下，我们需要有朋友……。我们同苏联的关系，我们同苏联的友谊，应该在一种法律上，就是说在条约上，把它固定下来，用条约把中苏两国的友谊固定下来，建立同盟关系……。帝国主义者如果准备打我们的时候，我们就请好了一个帮手。这个条约是爱国主义的条约。同志们刚才提到

---

[1] 这里选辑的两段文字，是毛泽东在中央人民政府委员会第六次会议上讲话的节录。

这一点，这是对的。这个条约又是国际主义的条约，它是国际主义的。周恩来总理兼外交部长，在座的许多的委员都发表了意见，都很好。现在没人再说话了，那么，我们付表决，就是说批准这个条约。

中华人民共和国与苏联对外贸易组织交货的共同条件

（1950年4月19日）

由中华人民共和国向苏联与由苏联向中华人民共和国之货物交接，应遵照下列条件执行之。如因货物交接具有特殊情况时，则由中苏对外贸易组织间另行协议之。

第一，交货条件

一、海运交货应遵照合同之规定，在中国或苏联港口在船上进行交货。依购方之请求，售方可租借船舶，并将货物运至购方的地址，但购方须遵照合同规定之条件，支付售方租借船舶之实际费用。

货物自装船后所受之损失，由购方担负。

二、铁路运输交货，于满州里（今满洲里）或绥芬站应按照宽轨车辆交货条件进行之，在图门（今图们）或安东站则按照购方车辆交货条件进行之。

在上述各车站接交货物时，必须制定证件，由售购双方代表签字，货物自交接证件签字之日起，所发生之损失由购方担负。

第二，交货期限

三、交货之具体期限于合同内规定之，海运交货日期，以货物装船完竣之证件为根据，铁路运输则以货物交接证件之日期为根据。

四、于每季度开始前四十五日，售方应向购方提出下一季度货物运到交接地点之概略计划，并须按合同上规定之交货期限，注明每月的交货计划。

第三，货物之数量与质量

五、售方向购方所交货物、件数与重量之计算方法如下：

（一）海运：以货物装船交接证件所开之件数与重量为根据。

（二）铁路运输：以货物交接证件所开之件数与重量为根据。

六、苏联货物之质量，应以苏联国家统一规格或合同规定之技术条件为标准，并应有售方或该项货物生产者之质量证件证明之。

七、当苏联商品须经试验室鉴定其质量时，须由售购双方之代表共同选择货样，交付售购双方指定之试验室鉴定之。

八、中国货物之质量，应以中国国家统一规格或合同规定之技术条件为标准，并应有售方或该项货物生产者之质量证件证明之。

须经试验室鉴定之货物，特规定质量接交办法如下：

（一）粮谷、面粉、植物油、豆饼之质量，在各口岸站，由中苏双方对外贸易组织共同设立之试验室鉴定之，此等试验室所提出之质量证件，在双方代表签字后，为结账时之最后的必须根据。

（二）煤炭质量，以中国试验室之质量证件为根据，但购方有权于售购双方指定之试验室进行煤炭质量之抽验。

（三）五金选矿与矿石之质量，以售购双方代表，共同选定之样品化验为根据，此项选定之样品，亦须经售购双方指定之试验室化验之。

第四，装袋、包扎、标记

九、货物之装袋与包扎，必须遵照合同规定之技术条件。

十、每件必须注明标记如下：

（一）货物标记（售方之商标、件数之编号、毛重、净重、品名与种类，而易碎货物则必须注明："小心"并画出"瓶""杯"等形状）。

（二）运输标记（"上""下""不要颠倒"）。

（三）特殊标记，如该项货物必须注明时。

上述标记，必须以浓固的漆料涂印之，如包装物上不能涂印时，则应另附牌票标记之。

计件货物，除上述标记外，应有每箱或每捆的货单。

每一车厢，应附有该车厢内所载货物之货单。

十一、装袋费用，或计入货价内，或根据合同所规定之条件另行支付之，大豆与粮谷散装，面粉与去皮谷物袋装，植物油由购方油车油船灌装之。

第五，交货通知书

十二、海运交货，售方至迟应在货物运抵发港四十五日前，以电报通知购方，准备起运货物之日期。

购方于接获上述电报通知后，必须于十五日内，将其轮船登记事项，以电报通知售方。

如因货物未能按时运到，以致延误装船时，则售方需赔偿购方船只停泊费，及因延误所引起之一切其他费用。

如售方货物已准备就绪，随时可以装船，但购方船只自协议到船日起三十日内，未能装运此项货物，则购方自三十日以后应交纳港口保管费。

购方按照本条第四段，应向售方支出的金额将按每一具体情况，经售购双方协议规定之。

十三、如售方依购方请求而租借船舶，并将货物运抵购方之地址时，则售方必须于货物装船日起三日内，将起运日期以电报通知购方。

十四、铁路运输，售方应按合同规定项目与期限，将货物起运情况以书面通知购方。在中华人民共和国与苏联铁路间未签订协定前，在铁路运输上按合同规定之期限延误接交所引起之一切费用，应由责任方面偿付之。

第六，偿付手续

十五、偿付已交货物及偿付与货物运输有关的费用，在苏联经莫斯科苏联国家银行，在中国则经北京中国人民银行，根据一九五零年四月十九日中苏贸易协定及以上两银行协商之手续进行之。

十六、为偿付提交货物的价款，购方须按合同内规定的期限，经由当地国家银行签发不可取消的信用证，按合同所指定的有效期限及金额，并须在售方所在地的国家银行付给售方。

信用证内之价款，于售方提出根据合同内规定的证件时，在售方所在地的国家银行偿付之。

签发信用证的费用，及银行的手续费均由购方担负。

十七、在信用证有效期内，如售方以电报通知购方提交货物之总值超过信用证规定的总额时，购方需按售方提出的金额，在接获通知后十天内补发不可取消的信用证，或就原信用证增大限额。

十八、因延期开出信用证（如第二十条），或信用证限额未被充分使用（如第二十一条）时，所应计出的罚金，由购方或售方通过有关银行提出个别的清单，其责任方面，应于接到银行交来清单后十天内清付之。

第七，罚　金

十九、一般货物之交货期限，按合同规定延误三十日以上，而机器设备延误四十五日以上者，售方应向购方交纳罚金，此项罚金对一般货物，按超过期限三十天优待日后，以每周计算之，而对于机器设备，则按超过交货期限四十五天优待日后，以每周计算之，罚金如下：

超过上述优待日后延误期间在四周以内者，每周罚金百分之点三，如再继续延误，则自第五周起至第八周止每周罚金百分之点六，自第九周以后，则每周之罚金皆为百分之一，但罚金总额，不得超过该项被罚货物总值的百分之八。

售方除照付罚金外，尚需付足延误期限之货物。

二十、如购方不按合同规定的期限开出信用证，则购方应按照未开出信用证的金额，按过期的日数，每日向售方交千分之一的罚金，同时售方在购方开出信用证以前，有权停止发货。

二十一、如购方所开出的信用证，在其有效期内，未用到百分之七十或全部未用，则售方须依照信用证未曾动用部分的金额，按千分之五的比率计出罚金交于购方。

二十二、售方如在船面交货，违犯合同规定装船吨位定额时，应向购方交付罚金，如货物数量不足时，则售方应向购方支付未足数量之运费。

如售方能提前完成船面装货，则购方应向售方支付提成奖金。

二十三、如售方依购方请求租借船舶，并将货物运抵购方地址，而购主违反其卸货标准期限时，则购方得向售方支付罚金，如购方提前完成卸货时，则售方得向购方支付提成奖金。

第八，提出异议

二十四、无论对数量与质量之异议，只能于下列情况下提出：

（一）如货物数量与包装签票上注明之数量不符（包装内部不足），同时系因船面装货，或国境铁路站接交中，不能确定该项不符时。

（二）如货物质量与合同所规定者不符时。

但售方不负责船面或国境铁路车站交货后，在运输过程中所发生货物质量之变化。

二十五、上述条款之异议，可于交货后六个月以内提出之。

异议书内必须指明所提货物之数量与品种，异议之内容与根据，以及购方之具体要求。

异议书必须附有一切证明该项异议之文件，用挂号信按合同规定之地址寄交售方，异议书提出之日期，按邮件寄发之日期计算之。

二十六、购方对质量恶劣之货物，有权要求售方减价或重换，售方有权要求购方退还不合规格的货物，并将购方对此项货物所支付的金额，退还购方，至于被退还货物之运输与重新包装费用，则由责任方面支付之。

二十七、根据对一批货物的异议，购方无权拒绝接收合同中规定的以后之各批货物。

二十八、根据合同期限对交货延误的异议，可在合同规定交货期限后之六个月内提出之。

二十九、本共同条件书内第二十四与二十八条所指之异议书，必须于接到后四十五日内处理之。

第九，仲　裁

三十、因合同或与合同有关所发生的一切争执，不得向一般的法庭起诉，而须由仲裁办法解决之。

（一）如被告为苏联组织，应在莫斯科根据全苏商务院之法规，在该院之对外贸易仲裁委员会，进行仲裁。

（二）如被告为中国组织，应在北京或其他城市，根据中华人民共和国现行的仲裁法律进行仲裁。

第十，附　则

三十一、合同之改变与补充，必须以书面形式，并由有权代表双方之人员签字后提出之，由合同签订时起，已往关于该合同之一切谈判，及所交换之文件尽行作废。

三十二、任何一方无对方之书面同意，无权转让本合同之权利与义务。

三十三、与执行合同有关的各种通知声明与异议书，任何一方皆须按照合同内指明之法定地址，直接向对方发寄之。

三十四、由于不可克服之力量，所引起的情况变化，以致影响合同之部分或全部不能完成时，合同双方可解除对该部分或全部合同未能完成之责任。

如发现不可克服之力量，所引起的情况而影响合同之完成时，因此种情况造成不能完成合同之一方，应立即以电报通知另一方，并以挂号信及提出之证件证明之。

当由于不可克服之力量所引起的情况已行完结时，有关之一方应按上述手续立即通知另一方。

中华人民共和国中央	苏联驻中华人民
人民政府贸易部代表	共和国商务代表
张化东	维·比·米古诺夫
（签字）	（签字）

中华人民共和国中央人民政府、苏维埃社会主义共和国联盟政府之间的贸易协定

(1950年4月19日)

中华人民共和国中央人民政府与苏维埃社会主义共和国联盟政府为发展两国间的货物周转同意签订下列各条：

第一条　由中华人民共和国运往苏联及由苏联运往中华人民共和国之货物将按照双方协议及专门议定书所规定之货单执行之。双方政府将根据上述议定书保证货物之供应。

第二条　中国贸易组织与苏联对外贸易组织间，对供应前述货单中所规定的货物将订立合同，在合同中将规定货物之数量、品种、价格、交货之期限及地点。

第三条　中国贸易组织与苏联对外贸易组织之间，遵守两国关于出入口货物的现行条例及根据本协定的条件，于本协定第一条所述之货物以外有所增加及补充时，仍可订立供应货物之合同。

第四条　第一条所述货物单中货物之价格及第三条合同中所述货物之价格，皆按世界市场价格之基础规定以卢布计算之。

第五条　根据本协定所供应货物之付款，中华人民共和国将由中国人民银行，苏联将由苏联国家银行执行之。

为此目的，上述银行将相互建立以卢布计算之特别的无息账户，并即时相互通报此类账户中之一切收入。

某方银行在收到此类通知后，应立即进行付款。

除本协定第二条及第三条所述合同外，中国贸易组织与苏联对外贸易组织间，经双方主管机关之准许，可签订供应货物之其他合同，此项合同或以货易货或以黄金、美元、英镑付款，并经由中国人民银行及苏联国家银行进行之，此项付款不许入前述之账户中。

第六条　本协定第五条之规定适用于下列各项：

一、根据本协定所供应货物之付款；

二、两国间与货物周转有关开支之付款及船舶修理与过境运输开支之付款；

三、银行间协议后所同意之其他开支。

第七条　除第五条末节所述之付款外，双方一切付款之总值应彼此平衡，同时在本协定有效期内每半年期限应使此种平衡得以保持。

不过如在六个月期限终了后，一方付款额超过另一方付款额在六百万卢布以内时，则并不认为系破坏上述付款之平衡。

第五条所载账户中构成之债务经双方协议可用货物、黄金、美元或英镑偿付。

卢布折合为美元或英镑时，以付款之日苏联国家银行的牌价计算之，卢布折合为黄金时，以卢布所含之金量计算之。

第八条　中华人民共和国中央人民政府及苏维埃社会主义共和国联盟政府分别委派中华人民共和国中央人民政府贸易部之代表及苏联驻中国商务代表，每六个月检查一次本协定之执行情况，并在必要时对本协定货物相互供应之执行及保持支付平衡提出适当之建议。

第九条　中国人民银行及苏联国家银行根据本协定相互订立有关相互间核算技术程序之书面协议。

第十条　为使本协定出入口货物按时送到，双方政府相互保证给以铁路运输及港口使用之便利条件。

第十一条　本协定规定之出入口货物其在每方国境内之关税由该缔约方面之贸易机关缴付之。

第十二条　在本协定有效期满后，中国人民银行及苏联国家银行将继续在第五条所述之账目中接收进款，根据本协定之规定，并按照其有效期内所订立之合同进行支付。

同时为在第五条所述之账目中有一方发生负债时，该方必须在本协定有效期满后三个月期限内以双方间补充协议之办法以货物、黄金、美元或英镑偿付之。

卢布折合为黄金、美元及英镑时，将根据本协定第七条第四节之规定进行之。

　　第十三条　本协定自一九五〇年一月一日起即予适用并至一九五〇年十二月三十一日有效。协定应经过批准。

刘少奇：就负责处理有关苏联专家
各种问题给周恩来的信

（1950年4月26日）

恩来同志：

　　送上苏联专家名单两份。这是柯瓦洛夫走后，由他的代理人交给我的。在某一部门专家名单中划有横道者，为该部门专家中的负责人。此名单请你抄送主席及陈云同志或者还有其他必要的人。并送我一份。

　　又，在我们方面处理有关苏联专家各种问题，以你负责较为适宜。因你经常与陈薄及各部门负责人联系，又与苏大使馆经常联系，而苏专家都在各部门工作，故较为方便。而我则与各部门负责人联系不经常，有问题常须临时去找他们。如果你同意的话，就请你以后负责处理他们的问题，并通知各部负责同志与苏联专家。如何？请告！

　　敬礼！

刘少奇

四月廿六日

周恩来：关于专家问题给刘少奇的信

（1950 年 4 月 27 日）

少奇同志：

廿六日信悉。专家两份名单已交师哲同志抄送各处。专家处理问题顷与师哲、张锡俦、张行言（赖祖烈去广州不在）三同志谈过，待提书记处一谈。现照你指示，我先将有关问题接触和研究下再提具体意见。

敬礼！

周恩来
一九五〇、四、廿七

刘少奇：对东北局关于请苏联专家去桓仁勘察可否建水电站电报的批语

（1950年5月5日）

陈薄：

　　此事请你们办理。听说冀东滦河也有一个未完工的水电工程。这些根本建设的事，望给以应有注意。

刘少奇
五月五日

周恩来：对伍修权关于苏联对华技术援助问题报告的批语

（1950年7月26日）

毛、刘、朱、富春、一波、季壮传阅。

请富春、季壮准备商谈第二批设计小组及飞机装备工厂的设计问题。

关于飞机工厂、汽车工厂、造船厂及兵工厂四项工业，曾请聂荣臻召集空、海军、后勤及重工业部会商建设和生产计划，请富春同志约聂、何长工、刘鼎、杨立三等一谈，以便在第二批设计专家中加入此计划。

退周恩来

七、廿六

周恩来：对高岗关于东北派人赴苏联学习工业技术电报的批语

（1950年12月2日）

昂[1]：

请告富春同志提意见告我。原中财委所订参观计划已分三批在开始交涉中。如派人学习，则所费甚大，须考虑。

周

十二、二

---

[1] 指刘昂，当时任总理办公室秘书。

外贸部国外贸易司林海云司长与新华社记者的谈话

（1951年2月13日）

在中苏贸易过程中，苏联政府为帮助我国人民恢复生产，对于他们本可自给无须进口的许多货物，也都设法增加其国内消费量，向我国大量购买。例如我东北的鱼产、苹果等土产，去年都曾大宗地卖给苏联。另一方面，对于我国临时特殊需要的各种商品，虽在中苏贸易合同规定的范围以外，苏联也都尽量供给。例如去年秋季，苏联曾从其远东地区调拨大量食糖卖给我国，帮助我国稳定糖价。

［中略］

在进口货物方面，苏联各货价格平均比美、英市价便宜百分之二三十。其中为我国所急需的重要工业设备如有些工作母机等，更比美、英市价便宜百分之三十到六十左右，这样就帮我国降低了工业生产成本。另一方面，我国向苏联输出各货的价格也极为合理，根本不同于美、英资本家对我压价套买的情况，因而使得我国政府能以合理价格向农民收购，增加了农民的收入。以花生油、大豆、西宁羊毛、茶叶等对苏联出口的四种土产为例，去年六月份天津平均市价（折合小米计算）要比国民党反动统治时代一九四八年一月平均提高百分之一百二十八点五。

谢尔玖润夫：关于增加中国纸浆生产的报告（节录）

（1951年2月）

中国造纸工业，为了造纸颇感纸浆不足，而不得不让纸浆进口，由于这个原因，在一九五〇年许多造纸厂工作常中断，没有充分利用生产能力。为了增加纸浆的生产，曾规定建设纸浆工厂，包括在汉口设立年产量一万五千吨的苇浆工厂一处，在内蒙古区设立制造木浆工厂一处和在关内设立两个七千五百吨纸浆生产能力的苇子加工制造厂。新纸浆厂的建设，无疑问地是合适的，但同时必须首先充分地利用正在开工的纸浆工厂的生产能力和内在能力。建设一个新的具有年产量一万五千吨的纸浆厂，需美金五百万元左右，并且要用二三年的时间。但这样数量的纸浆，是可能在六七个月中，支出少许倍的资金，在天津和营口的综合工厂中得到的。

斯特洛夫柴夫、捷金：
苏联专家对吉林人造橡胶设计的意见（节录）

（1951年5月10日）

我们深刻确信在今天制定东北化学工业的发展计划时应当把吉林看作一个最良好的地点，并在日本占领时已开始了建设的基础上发展这两个对国民经济和国防很重要的制造合成氨、甲醇、合成橡胶及合成乙醇的工厂。合成乙醇的世界生产近几年是一直增加着，因为它不仅是合成橡胶的原料，而且可充作喷气式飞机的燃料。

中国橡胶工业，现使用外来的天然橡胶生产，因此依赖于外国市场，取消这个重要国防原料依赖外国供应的问题，是发展中国国民经济最迫切的任务之一，此外许多橡胶制品（耐酸、耐碱、耐油、耐汽油、耐寒胶）的制造，如不使用合成橡胶是不可能的。合成橡胶富有许多天然橡胶所没有的贵重性质，这就是在许多有着天然橡胶的国家，其中包括美国，合成橡胶的生产也是在大规模增长的原因，沈阳橡胶厂现在虽然还有天然橡胶供应的保证，但因为没有合成橡胶而不能承接重要军用产品的订货。

根据上述我们认为不仅有必要保留吉林作为最经济最有利制造上述各产品的地点，还应当开始着手制订这个中国很大的化工厂的整体设计。

因为在设计中必须解决的问题很复杂，所以在这块土地上的设计工作，是要花费很长时间的，为了在一九五三——一九五四年间开始建设合成橡胶厂及其他有机合成物［乙醇·斯替林（乙烯苯——Styiol）·丁醇·醋酸］，现在应当着手设计工作。

在没有制订工厂的总平面图以前，把现有的房屋、工厂的设备，或尚未动工的厂址，另作他用是不可以的，因为如此，可能使在这一地点花费的巨额投资冻结，并丢掉了在将来把工厂按最合理形式建设起来的可能。

莫谢耶夫：对"中国西北天然石油产地开采草案"的意见（节录）

（1951年8月14日）

1. 所提的草案是整个发展石油工业计划的一部分，但它只谈到甘肃和陕西两省的石油开采和石油加工。在草案中一点也没有谈到发展人造石油和天然气开采的企业。然而，要想整个解决以本国的石油产品来保证全国的需要的问题，必须把发展天然石油与人造石油完全配合起来。

2. 其中所说在七百六十平方公里的面积上，储藏石油的数量达十六亿吨，有些过高，因为许多区域远没有发现一个良好的油田（花海子、库库达巴苏、阿拉善、民乐、丰源等盆地），或者只发现了一个油田（敦煌及民和盆地）。最好先将从油井中采油的地区（酒泉盆地和陕北盆地）作为计划的基础，然后再谈到其他很好地探察过的油田。

其中所说在探勘过的油田内，蕴藏石油二亿一千三百万吨，估计过高。实际上它们只有一亿三千四百万吨，即少七千九百万吨。

在草案中所引述的石油总蕴藏量没有按种类分列出来。如果草案制定者按种类来区分蕴藏量时，他们将会更客观地估计石油产区的可能性，更准确选择发展石油工业的正确方向。

在陕北地区的永坪和枣园两处预定了无结果的钻探，因为在一九五四年探察完成后，并没有规定进一步的营业钻探。

草案制定者对于窖水盆地（甘肃省永昌县），寄以极大的希望。在这个盆地中，按其地质蕴藏量约有五千九百万吨石油（C_2类），但并未从油井中取得石油。

3. 草案制定者想从永昌地区取得主要数量的石油（二百万吨），而该区从未由油井中得到过石油，并且远离铁路达一千公里之遥。陕北油田距离铁路只有五十至二百公里，过去与现在都是从油井中开采石油（延长、永坪、四郎庙油田），然而只拟定开采少于前述油田六七倍的石油（二百四十吨至三百吨）。

草案制定者关于如果在永昌失败时，还可以由老君庙取得石油的论据是可以由石油的蕴藏量和现有丰富的喷油井来证明的，但在运输方面却无所根据，因为需要建筑一千五百公里的铁路。

4. 在草案中，没有说明主要的地质探勘和地球物理工作的方向，也没有与深入探勘及产地开采配合起来。

目前最重要的事情是正确建立与大量开展地质探勘和地球物理工作，只有明白提出中国境内石油层的分布，才能选择最便于开采和最丰富的区域，保证石油的开采量不断增加，并可能正确地规定石油加工工厂的规模和分布地点。

5. 探勘钻鉴与营业钻鉴主要都规定在甘肃省（约63%），即在远离铁路一千公里至一千五百公里的地点。钻鉴分散在十二个场地。这样的分散是不合理的，因为它将使探勘工作拖延多年。永坪和枣园的探勘工作却没有规定建立营业钻鉴。

甘肃省的营业钻鉴规定由一九五四年开始。在这里面没有计算老君庙的采油业。为了保证该地现有石油加工工厂的工作，似乎应当早于一九五四年钻鉴营业油井。

6. 草案中所列甘肃省预计开采石油的计算数字，是值得怀疑的。八十六口油井将于一九五六年生产一百万吨石油，而在一九五八年由于油层能力的低落将生产五十万吨。但在一九五七年和一九五八年将钻鉴的八十四口油井，只能弥补降低量而不能保证预计增加。因此，草案材料中甘肃省的石油开采不是二百万吨，而只是一百五十万吨。若加上老君庙产地的采油量则可能达到一百六十五万吨。一九五八年从陕、甘两省油井中可采取约二百万吨的石油，这不仅保证了全国所需的石油产品，并为石油工业的进一步发展创造了基础。

7. 不将石油开采计算清楚，则会影响到建立石油蒸馏厂问题的决定。

为了提炼从陕西省采取的石油，草案制定者计划于一九五三年在铜川安装由锦西迁来的石油蒸馏厂。草案规定陕西石油的开采将开始于一九五二年，不清楚为什么决定了这个时期。在每年炼油能力为十八万吨的工厂安装之后，必将有十二万吨石油（这是最低限度，如再加上永坪和枣园两地产量可达三十五万吨以上）运往上海或大连。草案中规定此种运输的适当与否，是值得怀疑的。

甘肃石油蒸馏厂的设计和建设期间晚于预定开采石油的计划。甘肃将保证开采大量的石油。根据草案制定者的意见，一九五六年将开采达一百万吨，而设计中的工厂却要到一九五七年才开工。甘肃在一九五四、一九五五和一九五六年所采取的石油将在哪里提炼和怎样运出，这些都是草案中所没有规定的。

8. 设计中的工厂之预计生产的石油产品目录中，包括可供反射式发动机用的燃料和合成橡胶。这一问题需要专门决定，应当由草案中取消。

9. 石油运输和油管对石油的预计产量配合不够。陕北油管的建立没有计算永坪和枣园的采油，并且也没有计算到由于新产地增加而引起石油开采的继续发展，直径四英寸显然太小。为了从甘肃省运出石油，预定了油车运送，但为了从陕西运油并未规定使用油车的运送。关于可以用油管将采自甘肃的石油导致兰州工厂的问题，亦未列入。

10. 草案制定者所提出的费用计算法，由于没有价格表和实际材料而不能检查。但是一般地感觉到提出的数字有些低。例如，铜川石油蒸馏厂的迁建费将高于草案的规定，探勘钻鉴一公尺的价值（六百七十万元）与营业钻鉴一公尺的价值（四百七十万元）的比例极大。通常，营业钻鉴的价值较低；应为探勘钻鉴价值之半。

总生产价值的计算有些高。如果不降低原油的成本，则开采二百五十万吨石油的价值将达一万二千五百亿元。计算运输、加工以及其他费用，未必能达到草案制定者所计划的三万七千九百七十一亿元。

11. 草案中很正确地提到中国石油工业的发展，将直接决定于中国其他国民经济部门的发展和干部的培养，但是，这些问题讲得尚不够明确肯定。在制定发展石油开采的远景计划时，应确切地规定石油设备和材料目录，并编成图表、说明国内有哪些工厂能够制造。

草案中讲到，将铁路修至兰州以至酒泉，其唯一目的是保证石油工业的工作，这种说明，本质上是不正确的。对石油的货载和原油的运输，固然有很大的意义，但这并不是百分之百的货运量。恐怕除掉石油之外，还要运输其他有用的矿产（煤、有色金属等）及对于这些矿产加工所需要的一切，还要运输农产品和畜产品，每段铁路完工的日期并无任何根据。

关于培养干部问题提出得很及时。干部的质量需要详细研究和计算，这一工作的进行，只有以整个石油工业发展的远景计划为根据。

在聘请苏联专家方面，应该指出草案制定者提议聘请许多钻探专家，而很少地质学家及采油专家，而且根本忽略了地球物理学家和机械师。

关于技术供应问题只是一般地谈了一下，这个问题须由燃料工业部和重工业部专门地共同研究。

12. 草案中根本没有谈到石油工业的管理问题。发展石油开采和人造石油的全部计划，只有在解决全国所有石油工业的管理组织问题的条件之下，才能够制定和执行。

苏联专家：关于制定一九五一年至一九五五年度恢复和发展中华人民共和国人民经济国家计划方针的意见书

（1951年12月27日）

（一）规定生产能力的尽量利用和新旧企业最高的工作量，将每一部门的发展分按五年计划的各年度配合地联系起来。

为了更合理地利用设备并使企业负担正确的工作量起见，应制定并采用部（署）内和它们彼此之间的分工合作的供应制度。

（二）提高劳动生产率是五年计划工业方面的中心任务之一。

在五年计划期内，必须提高劳动生产率平均百分之……其具体方法为生产设备的现代化和合理的使用，生产技术过程的合理化与改善，采用先进的作业法，提高工人的技能，广泛展开劳动竞赛，实施计件工资制，工作时间的合理运用，以及适当的工业劳动分工和企业的专业化。

（三）根据工业中现有的工作经验，目前制造产品成本仍嫌过高，因此，对于降低生产成本认为有展开积极斗争的必要，并且将这种斗争放在全国党、工会和经济机关工作的中心。在五年计划期内，应争取减低工业品成本最低的百分之……以上，其中一九五一年度百分之……。为此，首先应在每一工业部门中制定并在生产中推行每一产品单位使用原料和材料、燃料、电动力和劳动力的技术经济定额。在各部、署和企业当中，应动员广大工人群众和企业的技术人员，对于使用原料、工具、燃料和电动力的节约与爱护展开斗争运动。

（四）着手将一切企业逐渐地转入经济核算制，对于生产上的不经济浪费和非生产性的消耗展开坚决的斗争。争取将废品和不合规格的制品生产大量减低；促使经济机关注意内部资源的利用和节约制度，并坚决而认真地争取提高一切工业生产部门的产品质量。

以厉行节约和减少金钱与物资的消耗为基础，提高生产的利润，并以此增加国营工业的收入。

（五）根据政务院的决定，应在工业部门，首先是机器制造，采用统一的万国度量公制，作为一切设计、生产与会计核算的基础，并采用统一的公差制。

（六）制定并在每一工业部门内实行关于安全设备和劳动保护的条例和办法。同时对于各企业，特别是在损害健康和艰苦的工作中，关于改善安全设备和卫生技术条件的工作，应加强监督与检查。

（七）为了工业的顺利发展，应在主要的生产中心和主导的工业部门建立部门之间的专门的设计调查机关网，以便委托制定生产系统图表并制作企业恢复和建设的设计案。

（八）在确立五年计划工作大纲时，必须尽先加强生产工具的制造，以期今后国家经济得依靠自己的，足以解决人民经济一切部门日益增长的生产问题的工业基础的发展。因此，重工业部门应最速发展，以提高国家的经济力量和国防能力，使旧日的半封建半殖民地的经济得在民主的原则下迅速改造。同时，更应特别注意重工业各部门迅速的〈地〉恢复和发展，如钢铁和有色金属冶炼业、煤矿、石油、电动力、机器制造和化学工业，特别是为农业发展所必需的农业机械和肥料。

制造日常消费品的工业，应较制造生产工具的工业部门发展略缓，而它的发展应根据人口消费定额提高的程度来确定。首先须考虑如何迅速充实纺织工业、制鞋工业和轻工业主要部门设备的工作量，以及大量发展食品工业，特别是鱼品、制糖、制茶、制油和烟草工业，以保障农业原料的增长，并促进农民就业率的增加。

在五年计划内应规定新型工业品的制造，如铁路机车、车辆、载重汽车、汽力和水力的透平机、新型车床、冶金和矿山器材、拖拉机和农业机械等。

中财委：一九五二年对苏新国家贸易出入口计划

(1951年11月8日)

总理并毛主席、中央：

关于一九五二年对苏联及新民主主义国家出入口贸易的计划如下，请中央批示。

一、出口总值计划约为189000万卢布。其中大豆67万吨，值25460万卢布，占第一位，钨锡锑值22540万卢布，占第二位，猪鬃19360万卢布，占第三位，花生17800万卢布，占第四位，烤烟12000万卢布，占第五位。大豆出口与否问题，许多同志以及某些民主人士，都不主张出口，省下来作豆饼用。这有一定道理。一九五一年大豆出口数量是118万吨，一九五二年出口量减少51万吨。大豆不出口不行，因为一则苏新国家要，不给很难说通，二则我们缺少外汇。至于粮食则基本上不出口。但亦有困难，比如波兰旱灾为百年所未有，要求10万吨不给不行，朝鲜更不用说。

二、进口首先满足军事需要，第二，基本建设，设计和专家的费用，第三，工业器材、机器需要，其他第四。

军事费用保留74000万卢布（合70000亿人民币），包括军事订货贸易付款部分、军事专家费用、军事贷款利息等项。

基本建设付款296000万卢布，包括四类：(一)一九五一年以前已订货，按合同一九五二年交货付款之成套设备总值约13720万卢布。大宗的是289500K.W的发电机及鞍山50000吨薄板压延设备。(二)前已提出订货，尚未签订合同，希望一九五二年到货之设备，到货总值约3400万卢布，主要是鞍钢的设备。(三)一九五二年提出之成套设备新订货，希望在1952年到货的，总值约8398万卢布。其中大项是220750K.W的发电机，65000纱锭，五套制糖机器。此项订货，估计不可能按希望全部到货。(四)一九五二年零星设备订货，总值约4000万卢布。设计费用4000万卢布，东北3000万，关内 1000 万。

工业器材与日用品进口总值 108200 万卢布，其中生产资料约占 75%，生活资料约占 25%。工业器材中钢材五金器材占 34172 万卢布，机械类占 26900 万卢布。民用品中主要是石油、纸张、糖三项。

三、外汇收支。

收入总计 225562 万卢布。其中包括出口总值 188700 万卢布，贷款 31600 万卢布（包括一九五〇、一九五一年贷款余额），非贸易收入 25262 万卢布。

支出总计 224850 万卢布，其中包括军事支出 74000 万卢布，基本建设 30000 万卢布，专家费用、设计费、贷款利息约 5951 万卢布，工业器材日用品进口总值 108200 万卢布，一九五一年贸易差额 18108 万卢布，其他非贸易支出 2000 万卢布。

从苏新国家总的出入口看，外汇收支是平衡的。但从苏联入超约 1000 万卢布，其中基本建设新订货中，估计一九五二年不可能全交货（各单位要求早交，故列入），货单所列 8390 万卢布，可能省下 400 万卢布，这样还差 600 万卢布。此数须要从东德、捷克多余的外汇中调度。如东德、捷克的调度不过来，则将钻探机及其配件，普通机器业转移一部分到东德、捷克去订。如果这样还平衡不了，则只有削减订货。估计我方向苏方要求供给的五金器材、机器，不一定能全部满足我方要求（一九五一年订货就是这样），因此，下余外汇差额，问题可能不大；如有问题，由出国代表团来电向国内请示解决。

张闻天：关于我国今后工业化问题的意见给总理并报主席及中央的信（节录）

（1952年1月16日）

关于我国今后工业化问题，我想说一点我的感想。我认为我国今后工业化的方针，必须把自力更生同充分依靠与信任苏联的援助密切结合起来。我认为，对于我国今后工业化有决定意义的大工厂，如钢铁工厂、机器工厂、汽车工厂、主要矿等的建设，必须完全依靠与信赖苏联的援助；从初步设计、技术设计、施工详图直到成套设备订货及安装，都应全部地、彻底地采用苏联的计划、装备与专家，只有这样，我们才能一开始就真正建立起最新式的，最进步的，最现代化的工业之工厂。只有这样的工厂，我们才能大量生产出质量最好数量最多的钢铁与最新式的机器及其他工业设备，把我国工业化的基础放在现代重工业之最新的科学技术的成绩的水准之上。这样工厂的建设，自然需要较长的时间及较多的资本，但是在它们一经建立起来之后，由于它们具有最高的生产率，所以它们就会无可比拟地加速我们工业化的速度，节约我们的人力、物力与财力。建设这样的工厂，是中国工业化的真正捷径。这样的工厂，只要充分依靠与信任苏联的帮助，即可最迅速地建立起来，用不着走什么弯路，用不着摸索又摸索，而且也不会发生什么乱子。因为苏联同志们有着充分建设这样工厂的经验，有着建设这样工厂的一切设备，并且有着最可靠的政治保证，在中国革命胜利之后，今后苏联对中国革命的最大的、最有效的援助，就在这一方面。

［中略］

当然，我的意思，完全不是主张一切要依靠苏联，而不要自力更生。我只是主张自力更生要同苏联的外援正确结合起来。我想，凡是次要的工厂，尤其是轻工业工厂的建设，一切比较简单的设计与比较简单的装备，以及各种各样的日用的机器与工具，我们应该尽量自力更生，自己设计，自己生产，力求在中国现有的技术生产基础上，吸收苏联的经验，提高一步。在这方面我们要做的事，实在太多，我们还有许许多多这类的事要做而来不及做的，也有许多要做而不会做的，我们在这方面，在加强我们的领导与监督之下，还大可发挥我们工程技术人员及现有工厂的技术与生产力的潜力。在这种工程与生产方面，即便发生一些差池，也无损于大局。但对于那些使中国工业化的工厂之工厂，我们必须全部地，彻底地依靠与信赖苏联的援助。有了这样的工厂，我们不但可以生产最好的钢铁，最好的机器，而且可以真正培养出优秀的新式的中国工程师及大批熟练的工程技术人员，他们是我们工厂之工厂，又是我们技术干部的学校。我们必须以最先进的工业技术与科学成就，来武装我们的工业，来武装我们的工程技术干部与工人。只有这样，我们才能经过一个相当时期之后，打下今后工业化自力更生的稳固的与健全的基础。

我国的工业化要根据新中国所有的各种条件，稳步前进的这种主张，是正确的，因为离开了中国现有的各种条件，而要加速工业化，显然是一种急性病，是不对的，但我们必须指出，在中国所有的各种条件中，有一个非常重要的条件，这就是我们邻近有一个高度工业化的社会主义的苏联，它可以而且愿意诚心诚意地给予我们以科学技术的、各种专家与各种设备的援助，依靠与信任这一援助，我们就把我们工业化的速度，提高许多倍，使我们真正能做到不是"跟上"先进的资本主义国家，而是"迎头赶上"。

［中略］

此外，我认为，为了新中国的迅速工业化起见，我们必须集中使用我们有限的资金到重工业中心与全国性的具有决定性的工厂的建设上去。这类"工业中心"与重要工厂的建设，从设计到开工，需要较长的时间，其建设过程是比较缓慢的，但是当它们一旦开工之后，工业化的真正速度就会开始鲜明地表现出来。我从我国与苏联的商务谈判中，深深感觉到我们要搞的花样太多，外汇用的不集中。有些真正可以用自力更生的方法解决的一些次要的设备或可以不要的东西，我们却要在苏联订货，而一些带有决定性的东西，却又要节省。中国是一个大国，各方面提出的要求确实是多得很，为了多少满足每一个单位的要求（叫作"照顾"吧），我们有限的一点外汇，实在不够分配。这样，我们当然可以从苏联买得很多名堂的东西，但最主要的大工厂的成套设计与成套设备却并没有买到，或买的很少，或买了这样没有买那样。我希望中央在这方面，还要抓得更紧些。我觉得为了我国的工业化，我们应该忍受一切其他方面的困难与缺乏，以保证最主要的一面的充分供给。这是苏联工业化的一个重要经验，也是我们应该学习的模范。为此，我认为中央再进一步地加强在这方面的集中领导，十分必要。关于这点，我过去曾经有过建议，这里不多说了。

最后，关于钢铁中心的建立，我想除改造与扩大在东北的"鞍钢"之外，我们必须立即在西北开始建立第二个钢铁中心，并准备在西南或中原方面建设第三个钢铁中心，而且必须严格地规定每年建设的计划程度及完成的时间，不得以任何借口，推迟拖延，因为，没有这些钢铁中心，中国的工业化根本就谈不上，而建立一个钢铁中心，需要很多时间，每一年的推迟，都会很大地影响到我国工业化的速度。因此，我们不能等到有了充分的一切条件之后再来开始。我们要现在立即开始，我们要在坚决与顽强的斗争中，克服一切困难，创造一切必要的条件。资金不够吗？我想，只要我们到处去挤，一定会挤出来的。而且在开始时期，如聘请专家勘测设计，定制成套设备，建立工人宿舍、办公室、厂房等等，并不需要很多的资金，但却需要时间，故必须现在立即动手，即使需要较多的资金吧，我想在充分动员群众的基础上，甚至以募捐或发公债的方法，也是可以解决困难的，依靠中国人力物力的丰富，建设几个钢铁中心，不会是不可克服的困难。像东欧许多人民民主国家，那些只有一二千万人口的国家，他们自一九四六年后即开始着手于全新的钢铁中心的建立，其规模之大，技术科学水平之高，令人羡慕不止。我去年夏天曾经参观过这些中心，当时我曾经想，一二千万人口的小国，尚能如此，我们五万万人口的大国，应该建立多少这类的中心呵。固然，朝鲜的战争消耗着我们国家很大的财力、物力，但无论如何，我们除东北外，立即着手建立西北与准备建立西南（或中原）的钢铁中心，决不会是过高的要求，没有这类钢铁中心，真正国防工业的建设，就没有可靠的基础。

随笔写来，不觉写得太长了。由于我知道国内的情况，不够全面，故以上所说，只能当作一种不成熟的意见，供中央参考。是否妥当，请指示。

陈云：向苏联聘请工厂设计组及订购装备的办法[1]

（1952年2月、3月）

一

毛主席、总理并中央：

闻天同志的信道理完全对的，过去这种毛病也发生过。有些问题富春已写有意见。我意如下：

（一）外汇使用严格说来还可集中些，将来也一定要更集中。这次订货是把次要的削了又削，削了六七道，基本上保证三点：第一，军事订货之贸易付款（七点四亿卢布）。第二，重要装备及国内维持生产所需的原材料。这些原材料如不买，国内现有工厂有许多要停工。第三，贸易市场上所需的物资，无此不能平稳市场（占外汇的很少部分）。

（二）关内订几个电厂，但未提设计，确是事实。这因为去冬想到五年计划未定，何处用电多少也算不出，但估计今后几年一定缺电，但电站要两年才交货，故想订上十几万千瓦，以便今后机动使用。这倒不是不愿苏联设计，而是暂说不出安装地点，但又要先订，怕用时赶不上。我还是希望实现这样要求，可以向苏方说明道理。敢于先订电站而未提设计的原因，我们已请苏方设计了不少同样的电站，万不得已时，可以参用这些设计。同时估计到我们也常把某处的电站移往另一处应急（例如江西有余调武汉）。

（三）第二个钢铁中心（大冶）正在准备。除此以外，包头也在勘察。但我看五年之内把鞍山、大冶搞起（二者之中心又是鞍山），已经是大事，

---

[1] 本篇一是陈云给毛泽东、周恩来并中共中央的报告。本篇二是陈云给周恩来的报告。本篇三是陈云起草的，以他和薄一波、李富春名义给周恩来并中共中央的报告。

除勘察工作之外，不可能再树第三中心。否则，摊子愈多，可能一事无成，反而集中两处为妙。

（四）一个工厂的订货上"要这不要那"的问题。如果说初步设计后的技术设计施工详图或重要机器，则必须一切都要。但新工厂的全部订货中，一些粗糙材料（如较小吊车等等），鞍钢设计组长、哈尔滨及抚顺两个设计组长都当面对我说，这些粗货应该由中国自己做，对中国说既省了外汇又锻炼了自己的制造能力，对苏联说减轻了不必要的负担。他们这些话是在中财委审查初步设计的会议上正式讲的，其他在中国的苏联专家则对我讲过无数次。我相信他们的意思完全是善意。在我审查的三个初步设计中，苏方装备制造都分三类：（甲）苏方制造；（乙）用苏方的图样，由我方制造；（丙）用我方的图样，由我方自造，但图样须交苏方设计院批准，未批准前规定不准制造——这是充分表现他们的负责精神和善意。我当时还在会议上说，这是真正国际主义精神。过去，中国老百姓熟悉的是另一种情况：凡属美国设计的住宅，其地板木头必来自菲律宾，自来水龙头是美国货。

两年来国内的主要倾向，不是不愿向苏联要货，而是许多不必要的粗货也向苏联要，怕自己的货不好。今后的方针，一切重要的装备决不节省地向苏联订，但可以自造的粗货必须自造，以便集中使用外汇，但以确能自造为条件。

陈　云

二月八日

闻天很关心工业和订货，可否将原信交我，让党组会讨论一下，我复他一信，赞成他的意见，说明某些情况。

陈　云

二

周总理：

中财委党组对张闻天同志一月二十四日发来关于我派往各国商务代表团请示事件答复太迟、一月二十五日关于在商务谈判中苏方不满于我们只要设备不要设计和订单变动太多两电已作专门讨论，认为来电所提的意见是正确的，工作中的缺点必须加以克服。现将讨论的结果报告如下：

一、各商务代表团（尤其是对苏商务代表团）请示事件答复迟缓确是事实，迟答的电报大部属于询问货物的规格。迟复原因如下：

甲、过去我国原有工业装备的绝大部分来自英、美、日本，目前则大部需向苏联订购材料零件。因为二者的规格不同，目前我国技术人员又未熟悉苏联规格，所开订单常常是英、美、日本的规格，这就增加了订货的困难和往返磋商的时间。

乙、过去英、美、日本的进口货，是经过成百上千家帝国主义在中国的洋行或专做进口的华商进口公司办理的，他们又有几十年经营的历史，熟悉各种进口货的品种规格。现在转向苏联订货时，只能经过中央贸易部的进口公司一家办理，进口货物既多，品种规格又不熟悉，因此工作乱，速度慢。

丙、过去为了慎重对外关系，避免浪费外汇，故规定关于工业交通部门订货问题的电报需经中财委批核。这个规定今后仍是必要的。但目前需要改变的是货物规格，以上询问答复电报，可由中贸部直接与订货厂矿协商答复，以提高工作速度。

根据上述情况，决定如下：（一）中贸部进口公司应专设对苏联和新民主主义国家的进口机构，加强工作，力求逐步熟悉业务。（二）在不变动中财委所核准的货物种类和金额内，对于货物规格问题上往返询问的电报，不必经过中财委与各部，可由进口公司直接与订货厂矿磋商后由中贸部答复。（三）一般情况下，电到之后十天之内，中贸部必须负责答复。

二、我们提出的进货单常有变动是事实。一种变动是追加订货，另一种变动是减少订货。减少订货的原因，或是由于对于苏方能够接收我们的出口物资数量估计太多，或是由于进口货的价格估计过低，因此外汇不足而不得不减少订货。虽然尚有其他原因，但上述原因是主要的。今后办法：

甲、出口货数量必须确实，我之对苏外汇必须留有若干机动数量。

乙、进口货必须分成两类，一类是必需的，另一类在外汇有余时则订，外汇不足时不订。

丙、待各商务代表团回国后，总结一次对苏新国家的贸易办法，求得改进工作。

三、关于只要订货、不要设计问题。一般新工厂或旧工厂的较大规模的恢复工作，我们必须依靠苏联的设计。不但订货和设计是如此，而且在施工方面尚需聘请专家组，操作方面必须派出实习组，派往苏方工厂实习，不要节省这一方面的经费，力求有效地办成工厂。但苏方的总顾问和各个设计组一再严格地向我们提议，为了减少苏联方面不必要的负担，把装备中可在国内制造者，尽量自造。我们认为，他们的意见是正确的。苏联集中制造我所不能自制的装备，凡我能制者力求自制。这种办法于苏我两方都是有利的。目前的倾向不在于不愿向苏联订货，而在于可能自制者不愿自制。因此，苏方要求我们增加自制的能力。

关于几个电站只订货而未提设计则是事实。原因有二：其一，我们估计到今后几年关内需电必然增加，但因为长期计划未定，许多新设工厂的地点未最后确定，因此电站地址也不能确定。但电站如不预订，用时无法立办。因此，除各地最低数量的电站已在一九五〇年、一九五一年按照规定地点早已订货外，必须趁早再订一批电站在手，以便明后年内按照需要安装于一定地点。其二，电站虽也是极复杂的工业，但估计到苏方已为我们设计了许多个电站，电力部门的苏联专家不少，国内对此工业亦稍有基础，可能在苏专家帮助之下自行安装。目前在电站方面的困难是：电站地点尚难最后确定，但今年不能不订货。如待确定地点初步设计之后再订货，则必然推迟一年半。因此，我们还是希望先定电站。

四、上次闻天同志来信说到我们订货工厂必须派人在苏联接洽催货，同时我们认为外交信使也太少，因此提议下列各项：

甲、凡属向苏联订制成套装备或有大量订货的工厂，必须派出一个订货小组专驻苏联接洽催货。其组长人选必须是该厂的第二至少是第三负责人。

乙、在苏联大使馆中专配足够的信使，保证十天一次专送信件及各种设计文件。其人选由东北工业部负责挑选三人（略懂俄语），经中财党组及外交部审查批准后派出。

丙、减少电报的滞延，提高工作的速度。

以上各点，是否妥当，请示。

二月九日

三

周总理并报中央：

中财委党组干事会于二月十八日讨论了张闻天同志一月十六日关于"我国今后工业化的方针，必须把自力更生同充分依靠与信任苏联的援助密切结合起来"的信，讨论了闻天同志一月二十四日关于商务谈判中请示电报答复太迟的来电。党组干事会同意闻天同志的基本精神，并规定了下列办法，以改正工作的缺点：

一、凡属举办性质重要其产品在我国尚未生产过的新工厂，或在旧的大工厂中改建重要装备，我无改建把握者，均应聘请苏联设计组（初步设计、技术设计、施工图），而且对于接收订货、保管装备、施工安装、试车运转，均需聘请苏联专家或专家组加以协助指导。若干新工厂在开工之前，还需派出由政治人员率领的技师、技工的实习组到苏联工厂中去实习。

二、初步设计批准后，关于装备器材的订货或自制问题，规定如下：（甲）凡我不能自制的装备，必须依靠苏联供应；（乙）苏方要我自制者，只有在下列条件之下才能自制，即成品的质量相符，又能如期制成者。但确能如期制成、质量又能符合的器材，不应推脱自制的责任。

三、过去中国的工业装备和器材来自资本主义国家，而且是由成千成万家私营工厂与成千成百家外国洋行和进口公司直接交易的，现在则变为集中于中贸部一个部门向苏新国家订货。目前中国技术人员对于苏新国家的装备、器材的规格不熟，中贸部的进口公司在业务知识与业务分工上完全不能适应需要。因此，决定：一切工业部门必须抽出一批熟悉器材的干部和可靠的技术人员给进口公司，组成该公司的各个部（或组）。例如：矿山器材部、电气器材部、铁路器材部、机器材料部、化工器材部，等等。必须打破工业系统中不肯抽人的保守主义，必须认识不早抽人把购买装备、器材工作做好，新厂的建设和旧厂生产的维持都是不可能的。今后中贸部进口公司的主要业务是向苏新国家购买工业装备和器材。

四、凡属向苏订购成套装备或订购大量器材的厂矿，必须派出该厂矿的第二负责人带领必要人员常驻苏联接洽订货、催货。不派重要负责人者，不予订货。

五、对于重要工厂的设计和订购装备工作，中央财经各部的负责人必须十分重视，必要时必须亲去苏联接洽，不能将责任委之于不能胜任的人员。

六、两年来商务谈判中，我方的订货单变得太多，随时要求退订或加订，给苏方很多困难。苏联是按照计划进行生产的，今后我们向他们提出了订单之后，既不能随便追加订货，更不能随便取消订货。因此，中央各部及各厂矿所开订单，事前必须慎重确定。一经我方商务代表团与苏方签订了议定书之后，就不能变更。如果因为事先不慎，开错订单，其所受损失应由开具订单部门及其领导人员负责。

七、各部门、各厂矿经中贸部向苏联提出的订货单的金额及订单中的主要装备，必须仍由中财委批准，未得中财委批准不得变更。但对于询问和答复器材的规格尺寸、设计资料、接送时间等技术性的电报，应由中贸部与订货厂矿直接办理，不需层层转递。一般情况下，驻外商务机关请示的电报，在电到之日起十天内，中贸部必须答复。同时，各订货厂矿对中贸部查询的电报，必须于五日内答复。由薛暮桥同志负责，按照上述规定，召集有关部门按照保密条例调整电报、电话的使用，提高传递效力。

八、已征得外交部同意，加派四个来往于我国与苏联的外交信使，专送财经信件。

九、因为设计订货中有许多技术规格问题，因此在赴苏随从人员中时常需有旧技术人员。我们对派出旧技术人员的意见如下：政治上反苏者一定不派；只在技术上崇拜资本主义，但平素工作肯负责，政治上倾向我们，而在"三反"中又证明确系愿意进步者，在必须随赴苏联接洽或备咨询时可以派出。但他们也必须在可靠干部及商务参赞处的领导之下工作。

十、由中贸部召集有关部门，共同讨论，定出满洲里口岸接收分拨国外商业订货的有效办法，克服现在的紊乱现象。

十一、因为今后常驻和临时去苏的人员将大大增加，请求外交部转令驻苏大使馆向苏方请求多租一些房子（比旅馆便宜）。

十二、由中贸部负责开办一个出租出国衣装的公司，减少出国者的制装费。

以上各项，是否妥当，请示。

陈、薄、李
三月五日

高唐：苏建议我在建设工业中要注意轴承厂等问题

（1952年2月5日）

苏方建议在我工业建设中应注意轴承厂，大的机床制造厂、工具厂、沙〈砂〉轮厂的同时建设，因这几个工厂在整个工业发展中（尤其是汽车、航空、坦克工业）关系极为重要。

中财委：关于成套设备订货问题

（1952年2月8日）

沙林并唐：

　　关于成套设备订货问题，兹复如下：

　　（一）煤矿立井设备交货日期改为东山五二年交货，西安（中央竖井）、平安、新邱与安台，四个井五三年交货，滴道、银矿山、台吉、成子河，五四年交货。

　　（二）海州露天矿现有设备的剥离能力为七百万立方米，其不足设备望列入五二年议定书，五三到五四年交货。

　　（三）鞍山冶金设备订货，仍按以前电示与苏方作原则确定，具体问题，待其代表团到后商定。

　　（四）齐齐哈尔特殊钢厂设计订货，列为五三到五四年。

　　（五）前电告之电站设备订货中遗漏东陵变电所及吉林变电所，前者五三年交货，后者五四年交货，容量及具体设计规格，苏设计组沙里庄正在搜集研究，他回国后可具体确定。

　　（六）铝厂及电极工厂，同意于五二年至五三年交货（最好一季交完），铝加工工厂设备同意五二年开始交货，争取五三年交完。

　　（七）风动工具工厂如苏方设备已制造，可按五一年议定书，在五二年交货，否则五三年交货亦可。刃具量具工厂可按五一年议定书，五二、五三年交货。机械一厂，仍决定五三至五四年交货完毕。

　　（八）透平发电机工厂设备，望争取于五三至五四年交货完毕。电缆工厂五一年订货部分系沈阳电缆工厂设备之一部分，其余部分，可于五三年交完。

　　（九）吉林染料中间体工厂可按五一年议定书规定为五三至五四年交货，合成氨厂，望延期为五四至五五年交货。人造橡胶工厂可在五四至五五年交货。浓硝酸设备如苏方已制造,同意按五一年议定书执行。

(十)佳木斯造纸厂施工厂由苏方编制,设备可于五四至五五年交货。铜网工厂如苏联已制造,最好五二年交货,否则五三年交货亦可。

陈云、李富春：关于恢复、改建、新建工厂的设计情况和意见

（1952年2月9日）

毛主席并中央：

两年来恢复、改建、新建工厂的设计情况和意见报告如下，请求批示。

一、两年来我国工业恢复的规模是在解放战争胜利后，当时工厂保有的装备基础上进行的。在"八一五"到全国解放时期内，关内工厂的装备未受损失，关外工厂的装备则失散甚多。虽然东北两年来在工业恢复上进行了很大努力，而且很有成绩，但就装备而论，还未恢复到日本占领时期的水平。

两年来，我们向苏联发出了四十二个设计组的聘请书。其中三十个是东北的，六个是关内的，五个是新疆的，一个是内蒙的；在时间上说，第一批十六个设计组是一九五〇年主席、总理在苏时聘请的；第二批三个设计组是朝战发生后，为了建立北满基地而聘请的；第三批二十三个设计组是一九五一年内聘请的。

设计的对象：关内是太原、重庆、西安、郑州四个电站和太原肥料（炸药）厂及染料厂，新疆是几个电厂和医院。东北三十个设计中，则电力、钢铁、煤炭、制铝占二十个，其他十个则是机械、化学、造纸等。东北设计对象虽比关内多，其中有些是新办的工厂，有些老厂除了恢复而外，尚有扩充。但大部仍属恢复东北基本工业方面在"八一五"后失散了的装备。

四十二个设计对象中，已做出初步设计而已经批准者只有十五个。十五个批准了的初步设计中，已经正式签订订货合同者，则又只有一部分。恢复、改建的重要工厂的初步设计，已经批准尚未订货者，目前正要订货。订货价值共需多少难以确估，但粗略计算如下：四十二个设计对象中，关内部分十二个，总投资约四万亿元；东北三十个，估计本溪钢铁厂难于在第一期五年计划中与鞍山同时扩建（人力不足），则二十九个设计对象全部恢复、

改建、新建完成时的总投资数约三十万亿元，加上关内部分则共为三十四万亿元（三百四十亿斤米）。其中国外订货约在百分之三十以内。

二、两年来聘请的设计组是东北多，关内少，因此今后两三年的订货，也是关外多，关内少。这种情况我们认为是合理的。其理由如下：

甲、东北重要工业的原有装备，在"八一五"后失散了，但是这些工厂虽然失散了重要装备，工厂的基础是存在的。购置装备以恢复或扩充这些工厂，比之在别处新开工厂，其投资省得多，成效快得多，时间也提早。

乙、关内所以少聘设计组的原因，首先由于关内资源勘察清楚者甚少，不能凭以设计（凡资源勘察未清者，苏方拒绝设计）。其次，关内工业新基地不能放在沿海；平汉路沿线则没有可供近代工业需要的大规模钢铁工业，没有电力；西北、西南则除缺钢、电外，还缺铁路。因此，去年本想把汽车制造厂设在西安或太原，但研究结果，为了提早生产，不能不移到长春。

丙、在上述甲、乙两种情况下，不失时机地首先恢复东北工业，提高东北工业的生产能力，以便回过头来援助关内，这是合理的。在此时期内，关内则集中力量于修筑铁路，建立电力站，同时进行勘察工作，以便设计若干重要工厂。关内将铁路、电力与勘察设计同时进行的目的，是为了在路、电通时，即可同时进行建厂。东北与关内的上述分工，符合于两地的工业情况，符合于两年来国家的财力情况，也符合于两地的干部及经验情况。目前关内的重要工业如西北石油、大冶钢铁、水力电站（火力电站已订货）等等的勘察工作，已经接近了可以设计的阶段。今年关内可以增聘设计组，以便在两年以后这些重要工厂和其他一些工厂都能开始建设。

三、两年来经验证明，凡属计划开办的工厂，其规模甚大或其产品过去在国内未产过者，都需聘请苏联设计组。其理由如下：

甲、过去中国的大工厂都是日人或英、美设计的，中国工业不发达，没有造成这类高级技术的设计人才。

乙、我们新办的大工厂，其装备不能来自资本主义国家，只能来自苏联。而中国技术人员只知资本主义国家装备的规格，不知苏联装备的规格，因此设计不能适应装备。

丙、改建和新办大工厂是有关我国经济、政治的大事。过去，有些同志对中国技术人员的技术水平估计过高，同时以为聘请苏联设计组费时费钱

（四十二个设计组，苏方已提出设计费约需四千七百万卢布，尚有一部未提出）。两年经验证明，由中国技术人员来设计的小工厂或小规模恢复、改建工厂，在设计技术上的缺点、弊病已经很多，浪费很大。而巨大复杂工厂的设计，一个也没有成功，都是半路回头再请苏联设计的。所以，若干年内在中国高级技术人员未养成时，聘请苏联设计组是一种迅速、省钱又十分稳当的办法。

当然丝毫不应放松对自己设计人才的培养，苏联已原则上同意，凡是请他们设计的工厂，我们可以派人参加设计，并进行学习（东北发电机厂及汽车制造厂已派了人，去苏联设计公司参加设计，进行学习），同时在各工业部门逐步设立自己的设计机构，聘请苏联设计专家带徒弟，培养人才。

依照恢复工作较大的鞍钢来看，装置大型压延、无缝钢管、薄板压延机器，在施工安装工程上（即基本建设），还需聘请苏联的施工安装专家组。汽车制造厂、制铝及铝合金加工工厂等一切操作技术复杂，中国技师、工人没有此种操作经验的新工厂，在开厂以前，必须派出由政治人员率领的技师、技工组成的三四十人至百人的实习组，在苏联实习半年或一载，方能熟悉操作过程和操作技术。花了这些留学实习费，可以减少开工初期由于不熟练而产生的各种浪费（机器转不动、产量少、质量低等等）。可以肯定，浪费数目一定大于留学实习费。苏联第一个五年计划时，就派出许多种全套人员到美国工厂实习的。

四、全国四十二个设计对象的初步设计，除去年已批准者外，苏联方面将陆续交给中国政府审核，并要求批准。在批准之后，为了不失时机，即需经过贸易系统签订订货议定书。因此，我们请求中央再一次综合地审阅前述四十二个设计对象。如果认为这些设计对象是合适的，则请求暂时指定中财委党组为审核批准这些初步设计的负责机关。中财委党组在批准（或否决）初步设计之后，将每一设计的主要内容报告中央。经中财委党组批准了的初步设计，即可向外订货。上述办法妥否，请示。

陈、李（一波去天津）

二月九日

陈云、薄一波、李富春：
关于苏联专家工薪标准问题

（1952年2月18日）

周总理：

我国经过贸易谈判聘请的苏联设计专家来中国进行搜集设计资料、帮助施工、安装等项技术援助时，须在设计费之外付给一定的费用，此项费用之一种为设计专家在中国工作期间的工薪，按照我国与苏联在一九五一年四月十八日签订的〇〇三四八号合同的附件"技术援助条件"第七条甲款的规定"总交货人派往中华人民共和国作技术援助之专家所需费用其工薪按中国当地相当职务与能力之专家现行工薪标准支付，其中包括工薪外之津贴及奖金，当地专家之现行工薪标准将由总交货人补充通知之，并由双方签字视为本合同之附件与不可分离之部分"。

现在我国长期工作的苏联顾问按照合同规定其工薪待遇也是按中国当地相当职务与能力之专家现行工薪，但实际上对他们支付的工薪是高于国内的工薪标准的。查苏联派到中国进行设计与帮助施工、安装的专家，从其技术水准与对我国经济建设的重要性上来说都不低于现在我国长期工作的一般苏联顾问，若对他们规定两种工薪标准似不适宜，因此我们主张对于来中国进行临时性技术援助的专家，按照现在中国长期工作的顾问付给同样标准的工薪，兹将我们所拟苏联设计专家来中国进行临时技术援助时的工薪标准附上，请予审阅批示，以便提交苏联驻我国的商务代表处，并由双方签字作为合同的附件。

工薪标准如下：

一级设计总工程师　　2900分折人民币348万元，
二级设计组领导人　　2800分折人民币336万元，
三级组工程师　　　　2600分折人民币312万元，

四级主任工程师　　　2300 分折人民币 276 万元,
五级工程师　　　　　2000 分折人民币 240 万元,
六级主任工程师　　　1600 分折人民币 192 万元,
七级技术员　　　　　1500 分折人民币 180 万元。

此项工薪标准与现在的苏联顾问的工薪标准是一致的,其国外支付部分按赔偿的形式由我们支付,在〇〇三四八号合同的附件上已有规定,也是和现在顾问的国外支付部分是一致的。

对各专家之评级工作,由苏方商务代表处负查。

中财委：1952年派赴苏联留学生实习生名额

（1952年3月1日）

一、兹决定本年度中央东北计委各部（十六个单位）抽调在职干部赴苏留学生273名（其中150名自抽），从中央各部自抽及从各大区抽调各额如下：重工业部：中央10名，东北14名，华东中南各3名。燃料工业部：中央10名，东北5名，中南5名，西南2名。纺织工业部：中央、东北及华东各1名。农业部：东北4名，华东3名，中南2名。水利部：华东2名。铁道部：中央21名。交通部：中央2名，东北8名，中南4名。邮电部：中央2名。人民银行：中央2名，东北华东各1名。中财委计划局2名。

另请教育部在各高等院校，挑选学生之名额为123名。重工业部60名，轻工业部7名。林业部6名。水利部9名。交通部1名。邮电部5名。财政部9名。贸易部9名。全国合作总社2名。地质工作委员会14名。中财委计划局1名。燃料工业部38名。农业部3名。

二、中央各部（九个单位）抽调赴苏实习生之名额为174名。重工业部：中央35名，东北20名，华东6名，中南4名，华北18名，西南7名。燃料工业部：中央22名，东北5名，中南6名，西北1名。轻工业部：中央1名，东北3名。纺织工业部：中央1名，东北2名，华东1名，华北1名，青岛1名。农业部：中央8名，东北3名，华东2名，西北2名，内蒙1名。林业部：中央1名，东北3名。水利部：东北2名，华东2名，中南2名。铁道部：中央15名。人民银行：中央1名，东北1名，华东1名。

毛泽东：关于感谢苏联专家对鞍钢建设的援助给高岗的复电

（1952年3月4日）

高岗同志：

二月二十八日电[1]悉。拟俟陈云同志回后，就苏联冶金设计院长对鞍钢的恢复与改建的设计工作的成就，以我名义电斯大林同志致谢。对设计院长赫列波尼可夫同志本人，拟由政务院送给感谢状一纸，如其很快回国，则此感谢状将另行补去。

毛泽东
一九五二年三月四日

---

[1] 指高岗一九五二年二月二十八日关于是否以毛泽东名义对参加鞍钢设计与改建的苏联冶金设计院院长给予奖励或致电感谢斯大林问题向毛泽东的报告。

王鹤寿、吕东、安志文：
佳木斯造纸厂设计报告（节录）

（1952年4月3日）

一九五〇、五一年经中央批准，自苏联聘请造纸厂设计组，该组专家五一年七月来华，经半年多的搜集资料，现已提出计划任务书，望请审批。

（一）建设的目的，主要是为了配合全国电器工业、军事工业、水泥工业及其他工业发展的需要，这些工业需用的纸张质量是很高的（特别是绝缘纸），现有的纸厂除水泥袋纸外，尚不能制造这类"工业用纸"，即使水泥袋纸亦不能大量制造，因而使水泥遭受很大的损失。

（二）纸厂的规模拟定为牛皮袋纸三万三千五百吨，各种绝缘纸为七千五百九十吨，药包纸及包装纸为八千九百一十吨，共计五万吨，前已经中财委于二月一八日批准。这个规模的计算根据，第一是根据国家将来的需要。

［中略］

（六）厂址设于佳木斯，一方面接近北满各森林区，以免浪费不必要的运输力；同时该地区原系伪满未建完的一个旧纸厂，尚可利用一部旧有的残破的厂房，以简省国家投资，现地质勘察工作已做完，并已将各种资料交苏联设计组。

（七）设计建设期限：根据设计订货需要的时间及主观的建设能力，特别是根据工业上迫切的需要，我们要求苏联能于一九五二年八月交初步设计，一九五三年第二季交技术设计，五三年年底交施工图。建设时间自五一年开始修建准备工作，并修建一部分宿舍，五四年开始厂房建筑，五六年第二季建设完成，五六年年底正式开工生产。

抽调技术员工支援鞍钢建设 [1]

（1952年4月）

华东、中南、西北财委，华北、东北计委，中央各工业部党组并报总理、主席：

一、鞍钢改建的初步设计规定完成期限为七年（一九五一年至一九五八年底），是否按期完成或推迟，关联到我国的财力和建设的进度。如果推迟一两年完成，则不但迟得二百五十万或五百万吨钢材，因而损失了十亿或二十亿卢布，而且由于钢材不可能大量入口（解放以后每年只能入口三四十万吨），必然推迟了一切新工业的建设。因此，集中全国力量首先完成鞍钢的改建，是我国工业化首要的步骤。为了支援我国的工业建设，苏联已允在上述时期内供应鞍钢的全部重要装备和援助施工安装，目前的关键在于我们能否调集足够的干部和技术员工来适应改建安装的需要。为此，除由东北自行配备者外，决定由各地和各工业部门抽调技术工人到鞍钢去，限于本年五月调齐，并由鞍钢派人到各地接收。所抽技工除公营工厂外，私营工厂亦应由当地政府设法抽调。并望以局部服从全体的精神，保证质量，不讲价钱，按期调齐。各地、各工业部门调往鞍钢的技工的人数、种类，另列附单。

二、目前我国各工厂的技术人员是很少的，比之苏联工厂中技师与工人的比例低得多。苏联工厂中每一百个工人就有十五个左右的技师，我国工厂则每一百个工人只有三五个技师，因而已有工厂的技术人员也是不够用的。但是，考虑到今后几年，我国新建工厂是既无现存的熟练工人，也无现存的技术人员，而这些新工厂如钢铁、有色金属、汽油、汽车、飞机、坦克、拖

---

[1] 这是陈云为政务院财政经济委员会起草的给华东、中南、西北财政经济委员会等并报周恩来、毛泽东的电报。

拉机、发电机、滚珠、化学等等是工业化的基础，没有这些工厂，我国的工业化是不可能的，就国防和经济建设看我们必须建立这些工厂。退一步说，就培养技师、技工看，也不能等待培养出了技师、技工之后再开这些工厂。相反的，只有建立了这些工厂之后，才能更易培养出技工和技师。因此，这些新工厂的建立是不能推迟的。出路只有一条，既不能推迟这些新工厂的建设，则只能从已经缺少技师、技工的旧工厂中抽出技师、技工。因此，除了培养新的技术员工外，各地、各工业部门必须准备在近几年内大量抽出技术员工。为了将来抽调时不陷于被动，应预先在旧厂中培养技术员工，准备几套副职，以便割了三四道韭菜之后，一切旧厂仍能照常办事和提高生产。这一点希望各地、各工业部门要专门讨论一次，向工厂干部说明旧厂必须是供应技术员工的泉源，大量培送员工是他们的责任。铁路、煤矿、电气、纺织、机器是我国历史较久的工业，因而那些企业将担负更多输送技术员工的责任。为此，中财委将定出一个各地、各企业几年之内抽调技术员工的数目，希望各地先行准备。

中财委

四月

扎布罗金：对发展东北人造液体燃料工业及石油工业的几点意见（节录）

（1952年5月22日）

编制东北石油工业最远发展计划的基本前提：现在中华人民共和国天然石油产量不能满足国家对液体燃料的需要。这是因为中国主要的甘肃油田远距铁路交通线，而目前又没有其他具有工业意义的油田。

但另一方面，中华人民共和国的煤炭及油母页岩的储量却很大，从而就给生产各种人造石油产品的发展创造了良好的条件。

由于现代用煤炭及油母页岩炼制人造石油产品的技术的发展，使我们可以生产出质量不亚于天然石油产品的汽油、柴油、润滑油及〔其〕他产品。根据现有条件，这些产品的成本同样可以不高于天然石油产品的成本。

东北人造液体燃料工业的各企业几乎采用了全部现代炼制人造石油产品的方法，其中有炼制油母页岩的方法（抚顺厂及桦甸厂），低温煤炭半焦化的方法（锦西、吉林的鲁尔基炉车间），用瓦斯合成的内燃机燃料油的方法（锦州厂），高压加氢法（抚顺及四平街各人造石油厂）。这些工厂的恢复及开工不仅每年能生产约500000吨左右的石油产品，而且还能给今后，更大规模地发展中华人民共和国这一极其重要的工业，创造了所必需的条件。在上述各厂恢复及生产过程中，许多工程技术人员及工人将积累起生产经验，将培养出设计人员，同时附属生产（接触剂、活性炭、活性白土及溶剂等的制造及硫酸铵）也将得到发展。

因此，石油工业的长远发展计划可分为两个主要阶段：

第一阶段应包括：

（1）成立能够善于恢复现有各厂、并使其开工的行政、技术及设计机构。同时开始新厂设计工作。

（2）一切现有企业的恢复、改造及开工。

（3）调查那些适于制造液体燃料的油母页岩及煤炭的新产地，并进行新品种燃料的中间工厂试验。

（4）培养干部，使他们积累起生产经验。

人造液体燃料工业发展的第二阶段，是在新探勘和调查的页岩、煤炭产地及所积累的生产经验的基础上，建设近代的新厂。

下述各项乃是编制人造液体燃料工业长远发展计划的主要原则：

（1）各厂恢复工作的进行，应以最大产量、最小耗费及最短期为准；

（2）在恢复计划中应定出：尽量利用各厂现有的一切设备；

（3）不足的设备应主要在中国各工厂制造，使国外订货达到最小限度。这样可以给中国石油机械制造工业的创建以一定的刺激；

（4）为了避免资金冻结，计划中应定出：尽可能于最短期间内完成恢复及修建工程；

（5）人造液体燃料工业的发展计划，必须在产品的数量及种类上与天然石油炼制工业发展计划取得密切的配合，特别是润滑油的生产。应主要自天然石油中炼制润滑油；

（6）在计划中，应选定以高压加氢和接触裂化方法制造高级汽油的方针。高压加氢的生产能力须与煤炭半焦化的设备能力较适应。

苏联专家：对东北主电力系统的建议

（1952年7月12日）

Ⅰ．对继电保护装置和电力系统自动装置在运行上的组织。

1．拟定方法，在东北电业管理局内，组织中心继电保护装置和系统自动装置管理处，该处对发电厂和电力网电气部分的继电保护装置和系统的自动装置的运行，负有整个技术上的领导责任，该处对各发电厂和电网区的继电和自动装置负责进行试验，调整，修理和改造等生产工作（附中心继电保护装置和系统自动装置管理组织规则）。

2．考虑到在沈阳组织中心继电保护装置和系统自动装置管理处不可能立即实现，该处的职务，暂时由长春中心试验所继电科担任之。

3．为了在继电保护装置和系统自动装置的调度运行等问题上对调度处随时给以操作上的指导，以及为了经常与电业管理局取得联系，长春中心试验所应当长期派一位对继电保护装置的运行有经验的工程师到沈阳在电业管理局工作。

4．长春中心试验所继电科的组织，除了按运行地区分组外，尚需设一计算组，该组负责计算短路电流，选定主电力系统输电干线继电保护装置的起动电流和时限，掌管东北全部电力系统继电保护装置和系统自动装置动作的统计。

5．为了提高电力系统运行的安全可靠，长春中心试验所继电科须编制一九五二年下半年的具体的技术上和组织上的措施计划，并呈请东北电业管理局长批准。

Ⅱ．水丰水电厂与东北主电力系统各发电厂并列运转的问题。

在主电力系统内对各发电厂的并列运转存在着一系列的不利条件，因而使电力系统的工作不够可靠，建议以下各项措施：

1．把东北主电力系统的发电厂，现在可分为两组，分别独立运转：

南部组：水丰水电厂，阜新，北栗和鞍山等火电厂。

北部组：丰满水电厂，抚顺，哈尔滨，长春等火电厂。

2．中心实验所继电科须紧急设法使主电力系统内154和220千伏输电线路继电保护装置的动作加速。

3．主电力系统内所有发电机和调相机在最近期间内百分之百的〈地〉装设强行励磁装置和自动电压调整器。

调度处对未装有上述装置的同期发电机和调相机，不应许可它们运转。

4．关于水丰水电厂、丰满水电厂及东北主电力系统各火力发电厂是否可以并列运转的问题，只有在调度处作了并列运转稳定性的计算以后方能决定之。并列运转稳定性的计算，须考虑到在系统内所有同期发电机和调相机上都装有自动调整励磁装置和主电力系统内的继电保护装置实际可能的动作时间。

5．东北电业管理局对鞍山——运河，李石寨——丰满154千伏输电线路改为220千伏的计划，应研究具体办法，并呈请上级机关批准。

Ⅲ．中心试验所

1．继续恢复着静电蓄电器的工作，这种工作对东北电力系统有着重要的意义。

蓄电器的干燥，只可用高周玻加热的方法，而不必分解蓄电器，因为用其他方法干燥不能得到令人满意的结果。

宋劭文：关于派赴苏留学生给李富春的信

（1952年7月24日）

李主任：

教育部为准备明年派赴苏联的留学生，拟于今年八月前选拔预备生共一千一百名，分配财委系统六百五十名。数字我看是大体可以的。但有三个原则问题还值得考虑。

（一）留学生主要由国内大学肄业生中选派，恐学习后只能学成一个一般技术人员。可否下决心从现有厂矿中选择优秀的技术人员（大学毕业或同等程度在工厂干过两三年的）派遣留学？这样挑五六百人，对国内一二年内的工作会有些影响，但在四五年后，这些人回国则能起大作用。

（二）实习生分为两类：一是请苏联设计的厂矿所派的实习生，一是国内现有厂矿派的实习生。前者由基本建设投资中开支，后者由企业生产费用中开支。前者似可不包括在教育部派遣留学生的计划之内。

（三）财金、贸易、合作部门应尽量少派，干教处所拟数量还可减少；农林、邮电部门似还应减少。地质部门所派留学生还应增加。

看现在情况，今后每年派苏留学生一千名左右是需要的；但军、政、经、文各部门派遣的比例还可研究。

以上意见，请核。

高竞生：请即派去苏学习专门技术之人员

（1952年7月25日）

中财委并转新疆省财委王辛：

顷接苏有色金属冶金部来函内称："苏方有义务在五二年给中苏石油及金属公司在斯维得洛夫斯基矿山金属技术专门学校培养十五名中国技术人员，希我方即着手抽调及早派来，并望在派来前先通知学员姓名、专长及学习期间。"请即研究并望速复。

李富春：派赴留苏学生应规定严格制度

（1952年8月1日）

一、留学生只能是两类，一是进大学，二是少数研究员，二者均以培养高级人才为目标。

二、实习生只能是由苏设计的由苏来的装备的新建厂，必须派去实习者，大多数是一年，此不在留学生之内。

三、中等技术学校不要派，（一）老干部老工人应当在国内提高文化科学水平，而且开始不必学俄文，免其增加学习负担；（二）中等技术国内可办，不必送苏留学。

四、干部分配：每年不是平均主义的也不是照老比例，而应根据建设需要。

刘少奇：对全总关于聘请苏联专家培养工会干校教员报告的批语

（1952年9月4日）

同意这个计划。聘请苏联教授可由全总向苏联总工会交涉，过去都是这样做的，但双方都请示了党中央的。全总可委托陈少敏同志先和苏联总工会负责同志商讨，如果他们愿意帮助，即正式去电聘请。

刘少奇
九月四日

周恩来：关于提供技术资料问题给莫洛托夫的信

（1952年9月6日）

莫洛托夫同志：

为了有计划地发展中国人民经济，迅速提高中国的技术水准，希望苏联政府允许继续供给中国以下方面的技术资料：

一、苏联现行的工业及其他人民经济部门的产品标准，即国家标准、全苏标准、暂行技术条件及各企业的制造规格；

二、建设矿山、工厂、学校、医院及其他对象的若干种典型设计；

三、若干种工业及交通企业的技术操作规程；

四、若干种机器及电机的制造图纸；

五、各工业部门及基本建设中苏联全国及先进企业采用的设备利用，原料、材料、电力、燃料消耗的技术经济定额。

以上请求如获苏联政府允诺，我们拟指定我国驻苏商务参赞处为执行这一工作的经常机关，它将根据中国政府的指示，随时向苏联政府提出供给中国以技术资料的申请。

谨致
共产主义敬礼！

周恩来
一九五二年九月六日

陈云、李富春：五年计划中的对苏贸易问题

（1952年9月9日）

一波并告季壮：

九月一日至四日三电悉。

（一）苏方对我们五年计划中新设计的项目需两个月时间加以核算，以便算清五年中他们共需供应我们多少装备，以及能否如数供应。

（二）在未得苏方答复以前，五年建设的规模虽还不能确定，但我国五年的对苏出口计划不应变更，因为对苏出口是外汇的基本的最大的来源。即令基建减少而外汇需要量减少时，亦应减少贷款而不应减少出口。只要出口计划不变，而苏方又能接受我们出口物资的全部数量，则今后五年我国的外汇情况便可处于主动地位。因此，一九五三年的出口计划，只要苏方接收〈受〉，应力争完成和超过。

（三）估计照原计划所拟明后两年的成套装备，外汇是用不完的。总理指示，把原拟军事贷款的一部分改为军事订货贸易付款，并在一九五三、一九五四两年中先使用，使一九五五至一九五七年三年的外汇大部使用于成套装备的进口。如军事订货贸易付款部分也不能在一九五三至一九五四年入口，则头两年的多余外汇，拟存于苏方（此方案已口头提出，苏方需考虑后答复）。

（四）零星设备及器材订货，宁多勿少，多了可由国家储备。此项订货仍需由国内来人，此间无熟悉零星设备及器材者。

（五）对苏贸易代表团在苏谈判时间几年来都费了五六个月，其原因在于我方准备不充分，这样对苏对我都陷被动。为改变此种情况，提议先在国内把各项出口、入口（尤其入口货）的货单综合好。种类、数量、规格在国内确定，写成对苏公文口吻的文件，并须译成俄文。俄文译名要准确，打印完毕，出国之后一般不应改变。只要依此准备好了，或由贸易代表团带来，

或先派一部分人员带此材料来苏，经商参处先与苏方贸易部接触商讨，待轮廓已定时，我对苏贸易代表团正式来苏，便可迅速签订。国内所做准备工作越充分，则谈判时间越短，故请大力准备。

（六）此间为了听取两月后的苏方答复，准备留人，但名单未定。翻译可留几人，中文打字员只能留一人。

（七）聘请对外贸易专家问题，经与总顾问商量，可以缓请。

陈、李
九月九日

中财委：关于编制五年计划轮廓的方针

（1952年9月）

（一）三年来我国经济恢复与增长情况（略）

（二）五年建设的方针

一、今后五年是我国长期建设的第一个阶段，其基本任务是：为国家工业化打下基础，以巩固国防、提高人民的物质与文化生活，并保证我国经济向社会主义前进。

五年建设的重点是工业，工业中决定性的环节是重工业，特别是：钢铁、煤、电力、石油、机械制造、军事工业、有色金属、基本化学等工业。有了这些工业，才能使国家工业化，才能巩固国防，才能使农业集体化，才能改造我国经济的面貌，才能进一步改善人民的生活。因此，五年建设以重工业为主，轻工业为辅，轻工业的建设重点是纺织、造纸、制药工业。在不妨碍重工业发展的范围内，按实际需要和人力物力的可能来发展其他的经济部门。

工业建设的速度，在可能条件下应力求迅速；不顾可能条件的冒进是错误的，但对可能争取的速度不去努力争取也是错误的，速度决定于动员全党、全体工人阶级及技术人员，在统一计划之下的顽强的努力及苏联的有力帮助。

工业的地区分布，其出发点应该是：以国防观点，长期建设的观点与目前实际状况相结合。因此在五年建设中，首先应该充分利用东北（钢铁和其他工业）及上海（特别是机械制造业）的工业基地，并继续培养与利用这些基地的工业基础与技术条件，来准备新厂矿与新基地的建立。铁路建设以沟通西南、西北、中南为主要任务，以适应国防安全条件下的国家长期建设的需要。东北、上海是近海沿海地区，在国防上说并不是很安全的，但利用这些旧基地，争取工业建设的速度，也是国防上的迫切需要。工业建设的地区平衡，须在国家长期建设中来解决，在第一个五年建设计划中，只能是积极发挥现有工业基地的力量，并为新的工业基地准备条件。

（三）五年建设的各项主要指标

一、工农业总产值，1957年比1952年增加78%。

二、工业总产值，1957年比1952年增加156%，即工业增长的速度是每年递增20%强。制造生产手段的工业，1957年比1952年增长230.5%，即每年递增27%。但工业历年的生产水平，尚未精确计算，计算后还可能提高。

工业生产中生产手段与生活资料的比重，1952年是43.8与56.2之比；1957年将变为56.5与43.5之比。以生产量来计算，重要工业产品，以1952年为100，则1957年将是：生铁255（476万吨），钢锭249（344万吨），电铜465（76000吨），硫酸铔157（306450吨），硝酸铔2180（166000吨），硝酸829（182300吨），烧碱219（157400吨），纯碱202（37万吨），水泥173（548万吨），发电机1120（458300瓩），工具机276（24〔万〕—〔2〕5万台），船舶1540（308000吨），电力（发购电量）244（198亿度），原煤160（9381万吨），原油667（213.6万吨），汽油843（74万吨），棉纱175（653万件），棉布191（12470万疋），纸180（69万吨），木材313（2200万立方公尺）。

工业生产中的公私比重，1952年是：67.3与32.7之比，其中生产手段为82.8与17.2之比，生活资料为55.3与44.7之比；1957年将是：79.5与20.5之比，其中生产手段为92.8与7.2之比，生活资料为62.4与37.6之比。

主要工业按生产品总产值计算，1952年各区所占的比例是：华东38.6%，东北22.3%，华北17.4%，中南13.8%，西南5.8%，西北2.1%；1957年各区所占比例将是：东北32.8%，华东27.9%，华北17.5%，中南11.2%，西南6.4%，西北4.2%。

三、农业总产值，1957年比1952年增加53%。

粮食产量：1957年计划达到4800亿斤（24000万公吨），比1952年预计产量3057亿斤（15286万公吨）增加57%。

棉花产量1957年计划达到3720万担（186万公吨），比1952年预计产量（2643万担或132万公吨）增加40.7%。

组织农业生产合作社，按耕地面积计，1957年达耕地总面积的30%—40%。

组织国营农场，1957年达耕地3000万亩。

在水利方面，基本上消灭淮河、永定河、潮白河以及沂、沭、浍、泗等河的水灾，对东北辽河、华北大清河等开始治本工程，以求缩小水灾；对于长江、黄河、珠江则积极进行勘测试验，准备根治计划。扩大灌溉面积9670万亩，保证现有不巩固的灌溉面积9490万亩。

林业方面，垦植橡胶树1000万亩，公私造林15900万亩，森林迹地更新1260万亩，封山育林21456万亩。

四、在交通运输方面，1957年货运计划达38819.6万吨（1952年是17046.6万吨），1948.91亿吨公里（1952年是725.26亿吨公里），1957年比1952年增加127.73%。按吨公里计算，其中铁路运输占90%左右（历年大体都是这样），航运占7%左右，汽车与胶轮大车运输约占3%。

五、商业方面，国内贸易，预计1957年商品总值比1952年增加100.89%。在批发业务方面，国营商业与合作社商业的批发业务，包括国营企业中的物资调拨在内，1957年预计达全国批发商业的80%以上。在零售业务方面，国营商业与合作社商业，1957年预计达全国零售商业的62.6%。

在出口贸易方面，1952年出口总值，以卢布计共约28.1亿，1957年预计达到53.9亿卢布，比1952年增加92%。其中出口苏联32.7亿卢布，占出口总值的60.67%（1952年占56.25%），出口新民主国家11.6亿卢布，占出口总值的21.52%（1952年占18.75%），出口资本主义国家9.6亿卢布，占出口总值的17.81%（1952年占25%）。对苏联及新民主国家的出口，1957年占出口总值的82.19%，全部由国营贸易公司经营。对资本主义国家出口贸易，国营部分计划达到90%。

在进口贸易方面，1952年进口总值，以卢布计共约33.26亿（特种进口计算在内），1957年预计达到47.3亿卢布（特种进口计算在内），其中对苏进口29.5亿卢布，占62.37%，对新民主国家进口8.7亿卢布，占18.39%，对资本主义国家进口9.1亿卢布，占19.24%。公私营进口贸易所占比例，与出口贸易所占比例大体一样。

六、五年对苏联外汇收入合计1435809万卢布，支出1779233万卢布，差额343424万卢布。

七、如朝鲜战争停止，准备1954年1月实行货币改革。

八、五年财政收支预计如下：五年总收入约计1352.6万亿元，以1952年收入为基数，每年递增16%强；五年总支出包括预备费在内的1360.9万亿元；赤字83608亿元。

九、必须节衣缩食，节省可能节省的开支，集中财力于国家建设；但是随着工农业生产水平的提高，工人、职员、军政公教人员以及农民的物质生活和文化生活将有一定程度的提高。

（四）五年基本建设的单位

一、五年基本建设的主要单位（不包括现有的职工宿舍建设及零星建设，兵工、航空工业亦未计入）共计2039个，新建铁路12323公里，修建公路17877公里。2039个单位分属工业部门、交通部门、农林水利部门。

二、五年中工业部门新建、恢复、改建的工厂、电站和煤矿，共计645个单位。其中新建359个单位，恢复54个单位，改建232个单位。在645个单位中，须聘请国外设计者共199个单位。

三、五年中铁路、公路、航运、邮电部门新建、恢复、改建的工厂、河港、海港，共63个单位（其中工厂共38个单位）。其中新建33个单位，恢复4个单位，改建26个单位。按部门分，铁路26个单位（其中16个是工厂），邮电5个单位（4个是工厂），航运公路32个单位（其中18个是工厂）。

四、五年中农林水利部门，新建、改建的农场、拖拉机站、牧场、工厂、橡胶园、水库、船闸、闸坝、灌溉工程，共计1331个单位（其中工厂共 206 个单位）。其中新建 1200 个单位，改建 131 个单位。按部门分，农业 433 个单位（其中工厂 152 个单位）；水利 344 个单位；林业 554 个单位（其中工厂 54 个单位）。

（五）关于五年计划轮廓的准确性的估计

一、五年计划轮廓的编制是经过多次计算和讨论的，重要工业的基本建设是经过长期研究的，因此计划轮廓具有大体的准确性。但是由于编制此计划轮廓所根据的材料不完全，我们自己初次编制这样的计划，缺乏经验，再加以我国是大国，五种社会经济成分并存，很复杂，因此，就全部计划轮廓来说，准确性并不很大。在生产计划方面，生产量的计算比较保守，还可提高。

计划轮廓还须继续用大力量搜集资料分析研究，作若干次的修改。其中突出的问题是：各个经济部门的配合，各个年度中各部门的配合，五年基本建设投资的各个年度各个部门的继续调整。同时，估计到我国是第一个实行以五年为期的经济计划，影响计划的很多复杂因素现在还不能完全预见；因此，即使计划决定之后，在执行过程中仍须边摸边改，每年作若干修改是不可避免的。

二、基本建设的工作量还能不能扩大呢？从投资的能力来看是还可以扩大的，但必须根据苏联对我们的援助程度、我国国防的需要、农业集体化的速度等条件来决定。例如汽车、拖拉机、坦克、飞机等制造工业，钢铁、石油工业等，还可以比计划轮廓中所提的工作量扩大。

（六）实现计划的条件

一、财政的保证与外汇的保证。财政的保证是说，一方面建设的投资与人民生活的改善必须适合财政的可能性；另一方面，确定的计划，财政上必须充分保证。外汇的保证是说，有了钱还不等于有了机器有了设备，因此，必须大量增加出口，以保证换取国家建设所需要的大量工业设备与器材。因为对苏联的外汇不足，因此必须采取下列办法解决之：增加对苏联的出口；节省苏联外汇的使用；向苏联借款；请求苏联接受我们若干非苏国家的外汇。

二、苏联的援助。苏联方面供应我国设备、器材、技术、专家的多少和快慢，是能否全部如期实现计划的中心一环。

三、加强国家建设的领导工作。适应大规模建设的新任务，需要重新组织全党的力量，党的干部需要集中使用于长期建设。集中的重点：一是中央一级的经济机关，包括国家计划机关、设计机关及中央人民政府的重要的部和局；二是重要的新的基本建设单位及现有的大的厂矿企业。

四、有计划地大量培养技术干部。国家建设在地质工作、设计工作、机械制造、建筑安装、化学等工作及新建厂矿的生产运转方面，都需要大量的技术干部，这些必须依靠迅速大量培养大专学生来解决。在培养大专学生方面，必须调整院系、加强院系领导、改革教学内容，使大专毕业生在数量上、科系比例上、质量上，都能满足国家建设的需要。质量的提高更为重要，教学内容必须切合需要，以保证我国工业技术水平的迅速提高。

中央人民政府燃料工业部煤矿管理总局局长刘向三：苏联专家的帮助对中国煤矿工业的恢复和发展起了巨大作用

（1952年11月16日）

苏联专家到我国后，结合我国煤矿的具体情况，运用了苏联的先进经验，大力帮助我们进行了生产改革。首先，他们根据各矿井的地质和煤层情况，分别提出了各种煤层的科学的采煤方法。这些先进的采煤法，在苏联专家的具体帮助下，先后试验成功，并已在全国推广。目前，在国营煤矿中，基本上消灭了旧式的采煤方法，新法采煤分量已占总回采量90%左右，回采率达到75%至80%，大大减少了国家资源的损失。在掘进方法上，苏联专家介绍了"深孔作业""空心眼底爆破法""空眼爆破法"等，使掘进效率由放一炮进一公尺左右提到二公尺，甚至到三公尺。大同煤矿马六孩、赵有等小组，实行了多孔循环作业法，每天进度平均在二十公尺以上。为做到安全生产，苏联专家帮助我们制订了一套按煤矿各种瓦斯喷出量之大小计算风量的方法，废除了旧的串联通风的方法，采用科学的、经济的分区通风法。现在国营煤矿矿井的通风，已全部改为机械通风，大部分矿井工作面每人每分钟已有三立方公尺的新鲜风量，井下温度均不超过摄氏20度。煤矿职工的安全与健康，得到了有力的保障。自实行新法采煤以来，在新工作面上，基本上消灭了人身事故。这是全体煤矿职工所衷心感谢的。

苏联专家也帮助我们学会使用各种机械操作和机器制造，山东洪山煤矿职工，已能在一百二十公尺长的工作面上，每天用割煤机掏槽两次，截割煤二百四十公尺。淮南、峰峰煤矿，采掘工人大部都能用风镐采煤了。井下回收木柱的工作也机械化了，不仅减轻了工人劳动，还提高了坑木回收率，降低了生产成本。我们的矿山机械制造厂，已经能够制造中小型运搬机械，如无级绳绞车、电溜子、井上装车机、风镐、回柱绞车、大小稳车、钻机等机械。

  苏联专家非常珍爱中国煤矿资源，尽量帮助我们开采一切可以开采的煤。在第一次全国煤矿会议后，我们部分干部曾认为现有矿井浅部煤量已采完，开采深部煤层和扩大煤田采掘范围又为技术条件所限制，因而估计一九五七年前将有大小120个矿井废弃，煤矿生产能力将因之而减低。但是，经过苏联专家研究，实际上不少矿井可以恢复，大部分矿井可以改建。自经过恢复和改建后，全国煤矿现有矿井的生产能力，不但不减低，而且可比一九五一年提高60%左右，更重要的是大部分矿井的服务年限，可以延长20至40年。

中央轻工业部：关于苏联专家工作报告（节录）

（1952年12月2日）

三年来由于各专家均能以高度国际主义精神援助我们，因此工作上的成就是极大的。只在造纸方面的建议就有九十件，我们已执行了七十一件；医药方面的建议（由卫生部专家于七月转至本部工作）有二十四件，均在执行中；其他东北聘请的橡胶专家，对我部橡胶工业上的指导也起着迅速进步的决定意义。

其中最伟大的成就是威烈基金专家稻草半料浆的试制成功。这给我国造纸工业开辟了新的前途，克服了木材缺少的困难，弥补了纸浆设备能力不足的缺陷。

毛泽东：接受苏联驻华大使潘友新呈递国书时的答词

（1952 年 12 月 15 日）

大使同志：

我非常高兴地接受您所呈递的苏维埃社会主义共和国联盟最高苏维埃主席团的国书，并衷心地感谢您的祝贺。

三年来中华人民共和国和苏维埃社会主义共和国联盟之间的友好与合作关系获得了极大的巩固与发展。由于中国人民的不断努力，并在伟大的苏联人民和苏联政府兄弟般的援助下，新中国在各方面均获得了成就，并即将进入大规模的经济建设。

我深信：我们两大国家伟大友谊的更进一步的发展，不但有利于中苏两国的繁荣，并且在保障远东及世界和平的事业中，必然会起着不可估量的巨大作用。

大使同志，我热烈地欢迎您出任苏维埃社会主义共和国联盟驻中华人民共和国的特命全权大使。在您为巩固中苏两国友好合作的工作中，您将得到我和中华人民共和国政府的全力支持。

我谨祝您在工作上获得完全的成功。

东北计委会：财经部门三年来苏联专家工作检查报告（节录）

（1952年12月21日）

苏联专家的丰富经验，对问题的深刻观察和精湛分析，对我们领导思想的启发与提高帮助很大，例如：计委会苏联专家一开始就强调国家计划的严肃性与组织检查的重要性，这对坚定初期的计划工作的领导思想，转变当时"计划是表面的与可有可无"的风气有很大启发，并对以后计划统计工作的巩固与深入打下了基础。财政部苏联专家在分析了当时（一九四九年）财政状况之后，指出挖掘城市税源，开辟企业收入，紧缩不必要开支，以消灭财政赤字的可能性，这一思想启发，加强了我们坚持税收阶段政策的斗争，并着手积极组织企业收入，因此从一九五〇年起消灭了财政赤字，扭转了供给财政遗留下的被动局面，农业部水利专家对工程设计必须作出两个以上"比较方案"的思想，教育了领导上如何去与盲目的片面观点及保守的技术思想进行斗争，并为保证质量节约财力打开了门路。统计局苏联专家在进一步提高统计工作的质量时指出，统计数字的准备及时，必须搞好原始记录，这一启示推动我们加强基层统计单位的工作，并迅速地提高了简速统计表报的质量。

［中略］

第二，苏联专家对提高我们的业务水平帮助很大。例如：一九四九年我们开始搞计划工作，这个新业务很不熟习（悉），当时还只会编制生产大纲和产品对照表之类的东西，苏联专家来了之后，除了帮我们制订成套的条例规章，建立各级机构外，并从教授我们填写表格，计算生产总值，审定技术经济定额，综合各部门计划，搞物资平衡等等开始，三年多来帮助我们为计划统计工作建立了一套初步完整的业务，并且训练出大批的开始能掌握业务的干部，今天有些干部已经能够从分析统计数字或计算发展速度来发现财经规律指导具体工作。林业部苏联专家在批判了"靠天思想"、确立"充分进行冬季准备以高度利用春水"的方针后，把木材流送业务，由伪满时期"一年采伐，三年流送"提高到"当年采伐，当年流送"并将流送损失率由10%降低到1.37%；苏联专家的森林方格调查法，将使东北森林调查所需时间由二十五年缩为五年。财政部苏联专家指出掌握税源必须进行经济调查，仅偷漏要通过工作"内线"，组织企业收入要掌握生产成本，控制事业开支，要掌握基本定额数字等业务思想，即财政工作必须结合经济、生产与事业的思想，对我们深入钻研业务有重要的指导意义。

［中略］

第三，苏联专家对节约人力、物力、财力，发掘潜在力量，有了重要的贡献，例如：农业部水利局修建浑河水库的设计，经过专家的审核，由六个水库方案减为一个水库方案，蓄洪量由四亿公方提高到十三亿公方，仅财力一项节约二千亿。贸易部仓库经过专家的帮助，大大改进了堆放容量并减少了商品损失。财政部专家在最近偕同我们干部检查沈阳市财政收支中，深入市营企业，发掘了潜力二千三百亿，使叫唤财政困难的沈阳市各部门口服心服。林业部苏联专家三年来在降低伐根、利用稍木、减少流送损失率等方面为我们节约木材二百万立方米。但是不少财经单位对苏联专家的重要建议任意搁置，使本来可以避免的损失不能及时防止。尤其对于苏联专家发掘潜力的精神领会不深，因此"宽打窄用"的供给制思想不能彻底克服。

第四，苏联专家三年来通过讲课、著述、开训练班、带徒弟等办法为我们培养了大批开始熟悉业务的干部。例如：农业部苏联专家为了普遍使伐根由七十公分降低到二十公分以下，亲自开办了几次训练班，在他的精神鼓励下出现了降低一根到五公分的刘金贵和创造一边倒放树法（为了保护母树和幼树不被压坏）的李国有。财政部苏联专家除了经常给干部和财经学校学生讲课外，并在每次实地调查后，给当地财经部门干部作大报告；贸易部专家定期给各个处干部讲话，具体贯彻苏联先进贸易工作经验。目前东北计划统计干部已达三万多人，其领导骨干不少，是经过专家亲自培养的。有些同志原来连表报都不会填写，现已成为熟悉业务的中坚干部。

中央关于编制一九五三年计划及五年建设计划纲要的指示

（1952年12月22日）

各中央局、分局并转省、市、区党委：

国家大规模的经济建设业已开始。这一建设规模之大，投资之巨，在中国历史上都是空前的。为了加速国家建设，除应动员全国力量，集中全国人力和财力以赴外，必须加强国家建设的计划工作，使大规模建设能在正确的计划指导下进行，避免可能发生的盲目性。为此，中央各经济、文教部门的党组及各中央局、省（市）委以及大行政区行政委员会和各省（市）政府的党组应即根据中央财政经济委员会所发一九五三年的控制数字和五年计划轮廓草案，由首长负责，组织足够力量，编制一九五三年的计划和五年计划纲要。为做好这一工作，特就编制计划中若干应注意的问题作如下指示：

（一）我们国家大规模建设是在抗美援朝环境下进行的，因此必须按照中央的"边打、边稳、边建"的方针来从事国家的建设。由于美帝国主义统治集团不愿和平，继续采取拖延甚至可能扩大侵朝战争的政策，估计朝鲜战争在一个相当长的时期内还不会停止。这一情况决定了抗美援朝的斗争必须继续进行。因此，我们既要保证国家建设的胜利，又要保证抗美援朝的胜利。抗美援朝和国家建设必须并顾，这是我们制订计划的出发点。必须由此出发来考虑国家工业建设的投资、速度、重点、分布和比例。

（二）工业化的速度首先决定于重工业的发展，因此我们必须以发展重工业为大规模建设的重点。在"边打、边稳、边建"的方针下，就要求我们集中力量而不是分散力量去进行基本建设，要求我们以有限的资金和建设力量（特别是地质勘察、设计和施工的力量），首先保证重工业和国防工业的基本建设，特别是确保那些对国家起决定作用的，能迅速增强国家工业基础与国防力量的主要工程的完成。我们必须在五年内基本上完成鞍钢等大工业基地的建设,并开始新的工业基地的建设,以此来发展我国的五金、燃料、机械、电力工业与国防工业,使一九五七年的工业生产比一九五二年提高一倍到一倍半。为此,一切次要的可以推迟的建设必须推迟,一切对国家不起重要作用的工程投资必须削减,盲目铺摊子的现象必须克服,只顾小局、不顾大局的思想必须批判。只有这样,才能使我们的建设符合于国家全体的利益和长远的利益。有些同志光看到局部的需要,企图一下子把"好事"办完,处处搞大规模,样样搞大规模,分散使用国家有限的资金和建设力量,其结果必然使国家的主要工程无法完成,使国家大规模建设化为乌有。显然这是一种很有害的做法,必须予以制止。

集中力量保证重工业的建设,特别是保证其中主要工程的完成,决不能理解为取消了国家建设的大规模性质,决不能理解为可以忽视轻工业的发展、农业和地方工业的发展、贸易合作事业和运输事业的发展及文化教育卫生事业的发展,以至放松对这些事业的领导。如果那样,显然也是错误的。各部门和各地方在自己的计划中,应根据国家建设方针和统一的计划,充分发挥积极性和主动性,以加速国家的建设。

(三)在编制生产计划时,必须充分发挥现有企业的潜在力量,反对保守主义。预计一九五三年至一九五七年国家全部工业基本建设投资总额的百分之五十到六十,要依靠工业企业的积累来解决;同时,除了必要的国内无法制造的机器设备必须依靠国外订货解决以外,应依靠现有工业设备的生产来满足;国家大规模建设的巨大需要,人民物质文化生活的不断提高,也要求我们现有的工厂生产更多更好的产品。因此,合理地利用现有工业基础和现有设备,充分发挥企业的潜在力量,就成为制订生产计划时最为重要的问题。为此,必须重新审定各种产品的技术经济定额,并以平均的先进技术经济定额作为制订计划的标准;应充分估计企业中各种有利的因素和群众的无穷的创造力,不能只强调困难和不利的因素,只根据薄弱环节来确定企业的生产能力,不仅应在产品数量(包括产品品种)方面有先进的指标,而且在产品的质量、成本和劳动生产率等方面,也应有具体的先进的指标。有些同志认为"生产到顶""潜力挖光",满足于已得成绩和现有水平,不积极依靠群众,采取有效措施发挥现有设备潜在力量,甚至为了不费气力而完成与超过计划,多得奖金,竟企图压低生产计划的做法,以及某些同志埋怨旧设备破破烂烂，放松甚至放弃对现有企业的领导的做法，都是极其错误的。因此，与保守思想和官僚主义作斗争，是编制正确的生产计划的必要前提。

（四）必须以科学的态度从事计划工作，使我们的计划正确地反映客观经济发展的法则。离开科学的根据和不具体分析实际状况以及不正确地估计我们主观力量增长的可能性，同样是不能做好计划工作的。因此，具体了解情况，作周密的调查统计，以便熟知国民经济的状况，工业的现有设备，原料的分布及其发展前途，天然资源及其合理利用的可能性，国家建设和人民需要的状况，人力和资金的可能性以及各种经济、各种工业之间正确的发展比例等等，正是我们正确制订计划的基础。目前特别要对一九五二年生产的实际数字、企业的利润、成本、劳动生产率的实际状况及由此而来的预计数字，进行统计分析，以便从此得出各种恰当的生产技术财务指标，并在这一基础上编制一九五三年的计划和五年建设计划纲要。

（五）在各部门和各地方计划时吸收群众特别是各部门中先进人物参加讨论计划的编制，是必须采取的方法。群众是国家计划的直接执行者，经过群众讨论，可以考验计划的正确程度。增产节约运动的经验证明，计划经过群众讨论后，即可把原计划提到更高水平，并可根据群众的智慧解决许多困难，有力地克服某些企业领导者的保守思想，这是一条很重要的经验。各厂矿企业部门在一九五三年的计划编制之后，应交职工讨论，以便根据职工的意见修正计划，把计划变成广大职工自觉的奋斗目标。

（六）编制一九五三年计划和五年建设计划纲要，是一件极为复杂而艰巨的任务，我们不仅缺乏必要的经验，而且由于计划机构的不健全和统计资料的缺乏，以及编制时间的紧迫等等，都给计划工作增加很多困难。为了克服困难，按期完成任务，各经济、文教部门必须首长负责，亲自动手，真正掌握国家的建设方针，依靠群众力量，采取科学的工作态度，克服某些干部的错误思想。中央各经济、文教部门、各大行政区应争取按原规定于一月十日前首先编制好一九五三年的计划送达国家计划委员会和中央。

中　央

十二月二十二日

中财委：关于各部行署一九五三年赴苏留学生名额分配问题

（1952年）

根据李主任宋局长的指示，实习生不包在教育部选派留学生之计划内，财、金、贸易、合作社的部门应尽量减少，农林邮电部门还可减少，地质部门还可增加之原则，兹将650名留学生重作分配如下：

部　　门	现分配数	原分配数	增减数
重工业部	255	180	增75
燃料工业部	126	126	
轻工业部	30	16	增14
纺织工业部	20	13	增7
铁道部	37	28	增9
交通部	25	20	增5
邮电部	8	10	减2
地质工作委员会	60	30	增30
农业部	20	39	减9
林业部	10	12	减2
水利部	25	20	增5
人民银行	4	7	减3
贸易部	6	12	减6
财政部	5	10	减5
合作总社	4	7	减3
中财委	5	5	

毛泽东：转发肖向荣关于各军事部门与苏联顾问的关系的总结的批语

（1953年1月1日）

一

这个总结[1]很好，发给军事系统一切有顾问的单位。继续团结所有顾问，认真地向他们学习，永远不要骄傲自满，一定要将苏联的一切先进经验都学到手，改变我军的落后状态，建设我军为世界上第二支最优良的现代化的军队，以利于在将来有把握地战胜帝国主义军队的侵略。凡未送检讨报告者，应迅速送来。嗣后每年检讨二次。一九五三年应于七月间检讨一次。此件并发给政府系统各有顾问的单位以为参考。

毛泽东

一九五三年一月一日

二

彭[2]阅，肖向荣[3]办。（一）发给各有顾问的单位；（二）印发政府各部门党组，各中央委员、候补中央委员，中宣部。

---

[1] 指肖向荣一九五二年十二月三十一日关于各军事单位检讨与苏联顾问的关系给毛泽东的综合报告。

[2] 指彭德怀，当时任人民革命军事委员会副主席。

[3] 时任人民革命军事委员会办公厅主任。

关于与苏联国家计委
商谈我国五年计划等问题给李富春的信

(1953年2月14日)

富春同志：

我们研究了二月九日、十日的电报和白杨同志带回的材料，二月十五日听了白杨同志的汇报，二月十七日、廿三日与朱总司令、仲勋、伯达、曾山、拓夫等同志，及有关各部部长、计委委员、计委各局长，讨论了两次。意见如下：

（一）我们一致认为，苏联国家计划委员会对我们五年计划的意见是正确的，苏联国家计划委员会所介绍的在计划工作方面的宝贵经验，对我国制订五年计划有巨大的帮助。

（二）长期计划中工业生产的增长速度拟定为百分之十三点五至十五，年度计划中根据实际可能情况再定为百分之廿左右，以保证长期计划的提前完成，这样办是有好处的。

（三）苏方对各业计划所提具体意见我们基本上同意，有关各部部长提出一些意见，兹一并送上供你参考。下列几个问题请与苏联国家计划委员会商谈：

（甲）钢铁计划，已根据苏方意见将大冶推迟一年，因之一九五七年生产量减为：生铁四三二万吨，钢三九二万吨，钢材二五五万吨。一九五六年与一九五七年钢与钢材仍不平衡——一九五六年钢多五十万吨，一九五七年钢多四十万吨。我们意见，请苏联国家计划委员会考虑可否将鞍钢第二初轧的连续机提前半年至一年交付，这样，鞍钢可产一批小胚供给各地小轧钢机，使一九五七年的钢材产量达到二五八万吨，使钢与钢材达到大体上的平衡。根据物资平衡计算，五年内钢材是不足的，如我国能多产一些钢材，也可减少苏联对我的出口量。

（乙）电力计划，苏联国家计划委员会所根据的一九五二年基数是发购电量七五点五亿度，但实际完成数字是发购电量七七点三五亿度。由于水丰被炸，东北压低用电负荷，若干工厂减产、停产，因之减少的电量当在二点四亿度左右。根据苏联同样的速度和方法计算，一九五七年发电量应为一五九亿度。此外，苏联提出设备利用小时达到四八〇〇小时，在电业总局系统可能达到，但全国平均是有困难的。在工业生产方面，长期计划定为每年增长百分之十三点五至十五，年度计划争取为百分之廿左右，这就是说，在工业生产计划上是可能有后备力量的，但在电力方面并没有后备力量，这样可能是不好的。我们意见，五年中增加的发电设备除为第二个五年计划准备者外，应为一九〇万瓩左右。五年中所需发电设备，除苏联、捷克已答应供应和我自造者外，拟请苏联再供应一〇〇万瓩以上。根据过去数年苏联供应我发电设备情况，这个要求苏方是可能满足的。这个问题希望你尽力向苏方要求。

（丙）石油资源，据最近钻探结果，可供设计二百万吨炼厂之用，希苏方考虑可否于一九五七年至一九五八年完成第二个一百万吨炼油单元的建设。

（丁）哈尔滨透平厂，同意按六十万千瓦设计。因造船计划又有扩大，需要船用透平数量增加。请苏联国家计划委员会帮助考虑透平供应来源以如何解决为宜。

（戊）其他问题由柴树藩同志面报。

一切谈判的问题，希望早日定案，确定设计、建设和设备交付的进度。凡苏方已允今年开始设计或派人来了解情况的项目，希望早些来。

党代表会议可能如期召开。在会上拟发几个有关五年计划的文件，因为五年计划编不出来，拟写一个关于五年计划的指示，为了给党代会代表们一个五年计划轮廓的印象，拟发一个参考材料。现在，把指示初稿及参考材料草稿一并由柴树藩同志带上，请你详加审查修改，并着柴树藩同志带回。

因为主席不在京，陈云同志又病在医院，上述意见未经中央讨论，仅是我们几个人的意见，作为你在谈判时的参考。有何意见，望迅速电告。

此致

敬礼！

　　　　　　　　　　　周恩来　陈　云　邓小平
　　　　　　　　　　　薄一波　邓子恢　高　岗

国家统计局：报告历年特殊订货及成套设备进口情况（节录）

（1953年3月11日）

自一九五〇年至一九五三年由苏联进口特殊订货共计319480万卢布（结汇数字，下同），其中一九五〇年为34840万卢布，一九五一年为55811万卢布（一九五一年尚由捷克进口3000万卢布），一九五二年为86000万卢布，一九五三年为142829万卢布（其中包括第二机械部6827万卢布，军委后勤部7588万卢布，军事订货128414万卢布）。

自一九五〇年至一九五三年我国与苏联共签订技术成套设备进口合同68394万卢布（其中第二机械部仅包括北京电子管厂，其余皆列入特殊订货），一九五〇年进口154万卢布，一九五一年进口5425万卢布，一九五二年进口19157万卢布，一九五三年进口22238万卢布，累计共进口46974万卢布，完成合同68.7%。

在全部技术及成套设备进口合同中，设备合同数为53454万卢布，累计到货39763万卢布，完成合同74.4%。

按企业性质分类，钢铁联合企业合同数为20216万卢布，累计进口17602万卢布（其中鞍山钢铁公司为17263万卢布），合同完成87.1%；有色冶金企业合同数为6398万卢布，累计进口2533万卢布，合同完成39.6%；机械制造厂合同数为9531万卢布，累计进口5214万卢布，合同完成54.7%；汽车制造厂合同数为6610万卢布，累计进口1694万卢布，合同完成25.6%；电力站合同数为17203万卢布，累计进口14842万卢布，合同完成86.3%；煤炭矿井及选煤工厂合同数为1718万卢布，累计进口399万卢布，合同完成23.2%；化学工厂合同数为2591万卢布，累计进口1471万卢布，合同完成56.8%；轻工业工厂合同数为3565万卢布，累计进口2716万卢布，合同完成76.2%。

上述各类企业中，计有一四一个项目中之抚顺电站（第一期）、阜新电站（第一期）、西安电站（第一期）、郑州电站、迪化电站、丰满水电站（第一、二期）、重庆电站、沈阳风动工具厂等八个项目的进口合同已全部完成；一四一个项目以外之哈尔滨亚麻厂、锦西化工厂、吉林橡胶厂、山东铝氧厂、新疆汽车修配厂、新疆医学院、新疆兽医院、新疆六个小电站等八个项目的进口合同亦已全部完成；另外鞍山钢铁公司、抚顺铝厂（第一期）、哈尔滨量具刃具厂、沈阳机械一厂、富拉尔基电站（第一期）、太原电站（第一期）、大连化工厂等项目的进口合同均已完成80%以上。

自一九五〇年至一九五三年共有苏联专家1093人，先后来我国帮助经济建设工作，截至一九五三年底已回国741人，尚有342人留在各厂矿中工作（其中重工业部系统有159人，燃料工业部系统有102人，第一机械工业部系统有52人）。

此外我国与德国、捷克、波兰等人民民主国家所签订的技术成套设备进口合同数为6747万卢布，累计已进口2606万卢布，完成合同38.6%，其中和德国所签订的技术及成套设备进口合同为3208万卢布，累计已进口2238万卢布，完成合同69.8%；和捷克签订的合同数为1262万卢布，一九五三年进口103万卢布，完成合同8.2%；和波兰所签订的合同数为2277万卢布，一九五三年进口265万卢布，完成合同11.6%。

德国有技术专家14人来我国帮助工作，一九五三年年底仍全部留在我国。捷克有技术专家19人来我国帮助工作，其中9人已回国，一九五三年末尚有10人仍留在我国工作。

附表：

各厂矿历年自苏联进口技术及成套设备合同执行情况统计

金额单位：万卢布

企业类别及名称	历年进口合同规定金额	本年以前完成数	本年完成数	全部累计完成数	累计完成合同 %
总计	68392	24736	22238	46974	68.7
设备	53454	21096	18667	39763	74.4
初步设计	1383	996	269	1265	91.5
技术设计	4636	1107	1150	2257	48.7
施工图	8274	551	1436	1987	24.0
其他设计费	386	133	155	288	74.6
专家费	—	741	484	1225	
实习生费	138	19	50	69	50.0
图样及技术资料	121	93	27	120	99.2
一、钢铁联合企业小计	20216	12616	4986	17602	87.1
其中：设备	17396	11178	4334	15512	89.2
1. 鞍山钢铁公司	19772	12455	4808	17263	87.3
其中：设备	17396	11178	4334	15512	89.2
2. 本溪钢铁公司	186	99	—	99	53.2
3. 齐齐哈尔特殊钢厂	243	60	163	223	91.8
4. 吉林铁合金厂	15	2	15	17	113.3
二、有色冶金企业小计	6398	513	2020	2533	39.6
其中：设备	5706	280	1710	1990	34.9

毛泽东：接受苏联新任驻华大使库兹涅佐夫呈递国书时的答词

（1953年4月3日）

大使同志：

　　我非常高兴地接受您所呈递的苏维埃社会主义共和国联盟最高苏维埃主席团的国书，并衷心地感谢您的祝贺。

　　中国人民与伟大的苏联人民在亲密的互助合作中建立了牢不可破的友谊。新中国在经济、文化各方面所获得的一切成就，以及目前正在开始的大规模国家建设计划的实施，都与苏联人民、苏联政府的真诚的、兄弟般的援助分不开的。

　　我深信：中苏两国人民伟大的友谊与团结定将在两国人民共同的努力下，继续无限地发展与巩固起来。我们的友谊所产生的无穷无尽的力量，必将对于远东及全世界和平与安全的事业起着无比巨大的作用。

　　大使同志，我极为热烈地欢迎您出任苏维埃社会主义共和国联盟驻中华人民共和国的特命全权大使。在您为巩固中苏两国友好合作的工作中，您将得到我和中华人民共和国政府的全力支持。

　　我谨祝您在工作上获得完全的成功。

中央关于计划设计项目协定内容、组织工作给李富春的指示

（1953年4月14日）

富春同志：

宋劭文同志等决定十五日动身返莫。关于计划设计项目协定内容、组织工作等问题，中央已讨论，决定兹先摘要报告如下：

甲、赞成苏联对我们五年计划所提同志性的建议，赞成苏方所提一、二、三号清单设计项目，削得好，因削掉的主要属于以下三类：（一）没有地质资料的；（二）自己办得了的；（三）过几年才能办的。除以上三类应该削掉外，其余设计项目苏方充分满足了我们的要求，感谢他们。

乙、有几点意见请与苏方商酌，如苏方不能采纳者可即作罢：

（一）兰州、西安、迪化三个电站总的设备不变，但将视一切布置情况作适当调剂。

（二）鹤岗大陆立井计划任务书的制定、设计、设备交付，均推后一年。

（三）开滦年产三百万吨的洗煤厂改为峰峰年产二百万吨的洗煤厂。

（四）航空工业方面，雅克—八及其发动机厂四个修理厂的设备交付日期提前一年。除米格—五比斯及雅克—八外，其他机种的附件与成套配件如何解决？

（五）梯恩梯厂设计与设备交付均扩大到年产五万吨，否则弹多药少。

（六）一五二炮及一三〇炮希望设一个厂制造。一五二及一三〇的炮弹制造亦请列入设计项目。

（七）雷达真空管如何解决，须弄明确。

（八）以汉口或郑州一个铁路大厂改建为重型机器厂，年产四万吨，一九五七年开始改建，请苏方设计并帮助设备。富拉尔基重型机器厂有改设在大冶一议，望考虑可否提出。

（九）避电器车间改设抚顺电工十厂，高压磁瓶厂改设湘潭，绝缘材料厂改设西安。

（十）吉林电石炭氮化钙厂如果为电焊需要可建设，否则可不建设。

（十一）拖拉机的产品中，请将播种机、康拜因等列入。

（十二）水力发电综合组可改为黄河、汉水等总体规划综合组，资水、嫩江可不提，对各个主要设计项目均请苏方派施工指导专家及设备制造（我方承担部分）指导专家。

（十三）各设计项目的厂址一般不变，但须声明，有些厂址在商定计划任务书时，根据我们掌握的资料有可能提请或需要变更厂址。除上述一、四点外，对三个清单、五个综合组均同意。今年三四两季，设计项目希望每一设计组能先派人来指导我们搜集设计资料。

丙、聘请到中国设计机构中工作的设计专家中，希望包括有色冶金设计组、城市及工业区域规划设计组、工业建筑安装设计专家、煤油厂设计专家、铁路大桥设计专家（鉴定武汉大桥设计）等。

丁、聘请来中国的地质专家中，要求包括工程、地质、水文、地震、气象、地球物理等专家。

戊、苏方要求中国供应的物资，铜无法供应，五年内我国还需进口钨十六万吨、锡十一万吨，如包括一九五〇年上述协定附签议定书的六万吨（一九五四年起，每年各一万吨）则可完全满足，否则钨不足六万吨，锡不足四万吨，锑全部满足。一九五〇年协定中规定的每年六千吨（从一九五四年起）可以另给。钼砂减为二万五千吨，其他可全部答应。如苏方坚持各项供应，则必须除设计外还须供给我们成套设备，以便加增产量。

己、组织工作，在我驻莫斯科大使馆下成立经济参赞处，管设计、成套设备、设计专家、技术资料、实习生五件事情，经济参赞处人数需要多少？请考虑分类提出，中央同意宋劭文同志负责经济参赞处工作。

庚、中央同意你代表中央签字并授权你可对协定作文字上的斟酌。

中　央

四月十四日

中央关于纠正
"技术一边倒"口号提法错误的指示

(1953年4月26日)

各中央局、分局，各省、市委及宣传部，并告中央各部委、中央人民政府各党组；各报社：

  天津市委三月二十六日关于工程技术人员会议的报告中，提到"技术一边倒"的口号。这个报告已由中央转发各地。"技术一边倒"的口号流行颇广，但是这个提法是不恰当的，应以"学习苏联先进的科学和技术"来代替。

  技术问题和政治问题不同，并没有阶级和阵营的分别，技术本身是能够同样地为各个阶级和各种制度服务的。在技术上并不存在不是倒向这边就一定倒向那边的问题。我们提倡学习苏联的先进科学和技术，是因为苏联的科学和技术在广大范围内已达到世界上最高的水平，是因为苏联的科学和技术的应用（例如厂矿和机器的设计）能够充分顾及社会主义国家财政经济的全面利益和工人的安全，同时也因为在世界上只有苏联和各人民民主国家才能无私地给我们以技术上的援助。

  学习苏联的先进科学和技术，并不排斥可以吸收资本主义国家中技术上某些好的对我们有用的东西。而"技术一边倒"的口号的片面性和它的不能服人的地方，就在于它好像表示我们完全拒绝这种必要性似的。

  此外，有些地方批评技术人员的"单纯技术观点"的说法，也不明确，容易使人产生技术人员和经济工作人员可以不重视或应该不重视技术的感觉。在大规模建设时期，我们正是要提倡重视技术。斯大林说"在改造时期，技术决定一切"，这对我们今天正是适用的。我们所要批评的不是"技术观点"，而是那种"非政治的观点"。

  现在流行的这一类不明确的口号还有不少。例如批评生产单位不重视基本建设为"单纯生产观点",批评完成任务不重视方法为"单纯任务观点"等(本来应当说:"不要只重视生产而忽视基本建设""完成任务必须掌握政策和注意方法"等)。这些口号的害处是使人不知其究竟意义何在,因而很容易从一个偏向转到另一个偏向。

领导者应当善于找出正确的定型的言语来表达一定的思想,至少不要在领导性的工作中随意造出不正确不明确的言语。此点望在干部中和报纸上加以宣传。

中共中央
一九五三年四月二十六日

中央关于中苏协定问题给李富春的指示

（1953 年 4 月 30 日）

富春同志：

你四月二十五日来电及白杨同志带回你致主席和中央信并文件六件、俄文原稿三份均收到，我们同意你在来电和来信中所提的各项意见，请你即向米高扬同志表示："毛泽东同志及中共中央和中国政府完全同意苏联政府提出的'关于苏联政府援助中国政府发展中国国民经济的协定'及'协定的第一号、第二号、第三号附件'，'协定的议定书'及'议定书的附件'等六个文件；并完全满意和感谢苏共中央和苏联政府给予中国人民和中国政府这样巨大的全面的长期的援助。中国党和中国政府愿尽一切力量来完成这些文件中所规定的义务和责任，并即委托李富春同志为全权代表签订这些文件。"协定议定书和第三号附件三个文件的译文经初步校正后，已托郭沫若于今日亲自带去交你亲收。收到后望电告。各种文字即由你们作最后斟酌。来电中所提一五二炮厂、雅克一一制造厂等事，现在可不再提；关于在协定第十一条中加入冶金设备技术资料一项，如提出后苏方不同意即作罢；实习生可否以半年为期，分两批派，可作问题提出；不必改动协定文件；关于设备交付问题，我方不必再提意见。外汇问题正在计算中，当另电告。

中　央
一九五三年四月三十日

关于苏维埃社会主义共和国联盟政府援助中华人民共和国中央人民政府发展中国国民经济的协定

（1953年5月15日）

中华人民共和国中央人民政府与苏维埃社会主义共和国联盟政府，根据一九五〇年二月十四日中华人民共和国与苏维埃社会主义共和国联盟友好同盟互助条约的原则，并由于苏联政府同意满足中华人民共和国政府关于援助中国发展其国民经济的要求，兹决定签订本协定：

第一条 苏联政府将按照第一号附件援助中华人民共和国中央人民政府建设与改建中国的黑色与有色冶金工业，煤炭、石油及化学工业，电站，机器制造工业，国防工业以及其他工业部门的九十一个企业。即：

两个钢铁联合厂，能力为年各产钢一百二十万至一百五十万吨；

八个有色冶金企业，年产锡三万吨，铝一万五千吨，钼精矿一万吨，钨精矿三万吨，钒钛精矿十三万吨；

八个矿井、一个煤炭联合厂，能力共为年产煤一千九百九十万吨，三个洗煤厂，能力共为年产四百五十万吨煤；

一个石油炼油厂，能力为年处理原油一百万吨；

三十二个机器制造厂，其中：五个重机器制造厂，能力共为年产冶金、矿山、石油设备七万五千吨及金属切削机床三万六千吨；两个汽车拖拉机制造厂，年产载重汽车六万辆及拖拉机一万五千辆；一个滚珠轴承厂，年产轴承一千万个；

十六个动力机器及电力机器制造厂，包括蒸气透平及透平发电机的生产，能力各为年产三十六万千瓦并能扩大到六十万千瓦，并包括水银整流器、避雷器、电器——无线电器材及其他电气技术产品的生产；

七个化学厂，其中：三个化学厂年产氮肥十八万吨及合成橡胶一万五千吨；

十个火力电站，能力共为四十一万三千千瓦；

两个生产磺胺、盘尼西林和链霉素的医药工业企业及一个食品工业企业。

本协定所规定的对中国政府的援助，将与以前已签订的各项中苏协定所规定的对建设与改建五十个企业所给予的援助一同进行。这五十个企业即：九个黑色与有色冶金企业，九个矿井，一个露天矿，十三个机器制造厂，一个汽车厂，四个化学厂，十一个电站，两个轻工业企业。

由于根据本协定及以前已签订的关于供应成套企业设备的各项协定，苏联对中国在建设与改建方面给予援助的上述一百四十一所企业将在一九五三年至一九五九年期间内分别开工，中国政府将有可能在这一期间内建立新的生产能力，使主要工业产品的年产量达到下列规模：

冶金工业方面——钢五百二十万至五百八十万吨，铝三万吨，锡三万吨，铁合金四万四千五百吨，钼精矿与钨精矿四万吨，钒钛精矿十三万吨；

燃料动力工业方面——煤三千二百万吨，石油一百万吨（处理）及电力七十亿千瓦小时（一百五十万千瓦）；

机器制造工业方面——冶金、矿山和石油设备七万五千吨，金属切削机床四万六千吨及滚珠轴承一千万个；

动力机器制造业方面——供给每年新建与扩大电站所需要的动力设备（蒸气透平、蒸气锅炉、透平发电机，以及其他设备）达六十万千瓦之内；

汽车拖拉机制造业方面——载重汽车九万辆及拖拉机一万五千辆；

化学工业方面——氮肥达二十八万吨，合成橡胶一万五千吨，合成颜料与半制品五万吨，电石六万吨及烧碱一万吨。

第二条　对第一号附件中所列企业的建设与改建，将以下述办法进行援助：苏联机关完成各项设计工作、设备供应，在施工过程中给予技术援助，帮助培养这些企业所需的本国干部，并提交在上述各企业中组织生产产品所需的制造特许权及技术资料。

第三条　苏联机关将根据苏联现行的基于最新科学与技术成就的专业原则进行第一号附件中所列企业的设计。这些企业将与中国现有的企业配合工作，而中国政府则在现有企业中组织生产一部分配套用的和辅助性的半制品、成品和材料。此种半制品、成品和材料的清单及其技术规格，以及有关安排其生产的建议，将在批准第一号附件中所列企业的初步设计时由苏联机关提交中国机关。

苏联方面将协助中国方面建立中国的工业企业设计机关，并协助这些机关完成其所承担的在第一号附件内所列企业的技术设计与施工图的百分之二十至三十的设计工作。为此目的，并为了协助中国方面培养本国的工业设计干部和向中国介绍先进技术经验，苏联方面将派遣二百名以内的苏联设计专家去中国。

第四条　苏联方面对第一号附件中所列企业供应设备的范围，为各技术设计中所规定的设备之价值的百分之五十至七十；其余设备由中国工业制造。为此目的，苏联机关于必要时将派遣自己的专家去中国，以便对组织生产此种设备的问题提供建议，并对中国机关提交技术资料，其范围与期限由双方补充协议之。

第五条　根据本协定由苏联在一九五四年至一九五九年内所供应的设备及由苏联机关在上述时期内所完成的各项设计工作及第三条、第四条规定的事项，其总值约为三十亿至三十五亿卢布。

第六条　中国方面将对苏联机关提交设计第一号附件中所列企业的必需的基础资料。苏联专家将在选择厂址方面提供建议，并在编制设计任务书方面给予技术援助。

第七条　第一号附件中所列企业的施工将由中国方面的人力与物力进行，而苏联方面除完成在第三条及第四条内所规定的各项设计工作及设备供应外，并在这些企业的施工中对中国机关给予技术援助。其办法为：按双方协议的人数派遣苏联专家去中国，对施工进行设计人的监督检查，对施工提供建议并指导企业的安装、校正及开工。

第八条　苏联方面将无偿地向中国方面提交在第一号附件内所列企业中进行正规生产的产品制造特许权，并按双方协议的范围和期限提交组织生产此类产品所必需的制造图纸及其他技术资料，对此种技术资料只须偿付与其编制和提交有关的实际开支。

第九条　苏联方面将协助中国方面培养列入本协定内各企业所需的本国干部，为此目的，苏联方面将按双方协议的人数和期限接受中国工人和工程技术人员在苏联有关企业中按各项专业进行生产技术实习。但每年在苏联进行实习的中国工人和工程技术人员应在一千名以内。

第十条　苏联方面同意帮助中国方面研究为解决与第二号附件中所列各企业之设计有关的问题所必需的有色金属矿藏的现有资料，并在这些企业的设计方面给予帮助。

第十一条　为了在中国现有企业中组织化学炼焦和粉碎碾磨设备、煤矿用电机车、电炉以及冶炼吊车和其他吊车的生产方面给予援助，苏联方面同意按双方协议的范围对中国方面供给技术资料，并对有关上述设备与机器的生产问题提供适当的建议。

第十二条　除完成上述各项设计工作、设备供应以及给予中国的其他各种技术援助外，苏联政府同意由苏联机关进行下列工作：

一、派遣苏联专家去中国，对解决总体利用黄河、汉水的水利和水力资源问题，就现有资料给以鉴定，并帮助中国政府制定规划勘测工作计划；

二、派遣四个苏联专家组去中国，帮助中国政府制定电气化、发展黑色冶金与有色冶金、机器制造工业、造船业的远景计划；

三、除以前已派出的地质专家外，增派五十名地质专家去中国，工作期限在二年以内，以帮助组织地质工作、进行地质勘探工作，并帮助进行中国地质人员的生产训练；

四、在选择连挂用的农业机器型号方面提供适当的建议，并供给在中国企业中组织生产此种机器所需的技术资料；

五、对由中国设计机关所完成的建设长江大桥的设计进行鉴定；

六、在一九五三年至一九五四年内以苏联的技术器材进行中国内蒙、东北、西南林区的森林航测，总面积为二千万公顷左右。

第一、二、三项内所规定的专家，将按一九五〇年三月二十七日中苏协定的条件派往中国。

第十三条　中华人民共和国中央人民政府为偿付根据本协定及以前已签订的各项有关通过货物周转供应成套企业设备之协定所规定供应的设备和给予的技术援助，将在一九五四年至一九五九年内按第三号附件中所载数量，对苏联供给下列货物：

钨精矿，锡，钼精矿，锑，橡胶，羊毛，黄麻，大米，猪肉，茶叶。

经双方协议后，对设备和技术援助的偿付部分地可用自由兑换的外汇实施之。

第十四条　中苏机关之间将签订各种合同，其中应规定：完成各项设计工作、设备供应、派遣苏联专家去中国及苏联方面其他服务的范围、价格、期限和其他条件，以及本协定规定供给的中国货物的数量、价格及其他条件。

第十五条　根据本协定所给予中华人民共和国的制造特许权、技术资料和技术情报，仅供在中华人民共和国内生产各该种产品之用，不得转给其他国家以及外国的自然人与法人。为此目的，中华人民共和国中央人民政府应特别保证上述技术资料与技术情报的妥善保管。

第十六条　本协定自签字之日起生效。

一九五三年五月十五日订于莫斯科，共两份，每份均以中文与俄文书就，两种文字的条文均有同等效力。

中华人民共和国中央人民政府全权代表　李　富　春
苏维埃社会主义共和国联盟政府全权代表　安·米高扬

一九五三年五月十五日协定第一号附件：

苏联帮助中国建设和改建的企业清单

名　　称	执　行　期　限
大冶钢铁联合厂	
包括全部冶炼过程，并设有保证本厂需要的炼焦化学厂和其他辅助车间及部门，以及矿山基地。年生产能力：钢一二〇万——五〇万吨	
根据勘探的铁矿地质埋藏量及其他非铁矿物提出设计基础资料（由中国方面提出）	一九五四年第一季
商讨选择厂址，在编制设计任务书及搜集设计基础资料方面给予技术援助。	一九五四年第一季
初步设计	一九五四年第四季
技术设计	一九五五——一九五六年
按双方商定的范围及进度提交施工图	一九五五——一九五七年
设备供应	一九五六——一九五八年
包头钢铁联合厂	
包括全部冶炼过程，并设有保证本厂需要的炼焦化学厂和其他辅助车间及部门以及矿山基地。第一期年生产能力：钢一二〇万——五〇万吨（最后的生产能力在初步设计中确定之）	
根据勘探的铁矿地质埋藏量及其他矿物提出设计基础资料（由中国方面提出）	一九五四年第一季
商讨选择厂址，在编制设计任务书及搜集设计基础资料方面给予技术援助	一九五四年第一季
初步设计	一九五五年
第一期的技术设计	一九五六——一九五七年
按双方商定的范围及进度提交第一期的施工图	一九五六——一九五八年
第一期的设备供应	一九五七——一九五九年
抚顺铝厂	
第二期，工厂年生产能力全部为：	
铝三〇〇〇〇吨，其中第二期年产铝一五〇〇〇吨	
初步设计	一九五四年第一季
技术设计	一九五四年第四季
按双方商定的范围及进度提交施工图	一九五五年
设备供应	一九五五——一九五六年

（续表）

名　　　称	执　行　期　限
哈尔滨铝合金加工厂	
第二期，工厂年生产能力全部为：产品二五〇〇〇—三〇〇〇〇吨，其中第二期年产一五〇〇〇—二〇〇〇〇吨	
按双方商定的范围及进度提交技术设计及施工图	一九五三——一九五四年上半年
设备供应	一九五五——一九五六年
云南个旧锡联合厂（改建与扩充）	
包括采矿场、选矿场、冶炼厂及其他辅助车间，年生产能力：锡三〇〇〇〇吨	
商讨选择厂址，在编制设计任务书及搜集设计基础资料方面给予技术援助	一九五三年第四季
分析研究工作	一九五三——一九五四年第二季
初步设计	一九五四年第二季
技术设计	一九五五年第二季
按双方商定的范围及进度提交施工图	一九五五——一九五六年
设备供应	一九五六——一九五七年
西安硬质合金厂	
年生产能力：成品五〇〇吨	
商讨选择厂址，在编制设计任务书及搜集设计基础资料方面给予技术援助	一九五三年第三季
分析研究工作	一九五三年第四季
初步设计	一九五四年第一季
技术设计	一九五四年第四季
按双方商定的范围及进度提交施工图	一九五四——一九五五年
设备供应	一九五五——一九五六年
东北镁厂（恢复与改建）	
年生产能力：金属镁一二〇〇吨	
商讨选择厂址，在编制设计任务书及搜集设计基础资料方面给予技术援助	一九五三年第四季
初步设计	一九五四年第二季
技术设计	一九五五年第一季
按双方商定的范围及进度提交施工图	一九五五——一九五六年第二季
设备供应	一九五五——一九五六年

（续表）

名　　称	执　行　期　限
热河钒钛矿厂（恢复与改建）	
包括选矿场及铁合金冶炼厂，改建后年生产能力达钒钛精矿一三〇〇〇〇吨，钒铁合金一〇〇〇吨，钒钛产量在设计任务书中确定之	
在编制设计任务书及搜集设计基础资料方面给予技术援助	一九五四年第二季
初步设计	一九五五年第一季
技术设计	一九五五年第四季
按双方商定的范围及进度提交施工图	一九五六——一九五七年
设备供应	一九五六——一九五七年
辽西杨家杖子钼矿厂（扩充）	
包括选矿场，年生产能力：达钼精矿一〇〇〇〇吨	
商讨选择厂址，在编制设计任务书及搜集设计基础资料方面给予技术援助	一九五三年第三季
分析研究工作	一九五三——一九五四年第一季
初步设计	一九五四年第二季
技术设计	一九五五年第一季
按双方商定的范围及进度提交施工图	一九五五——一九五六年
设备供应	一九五五——一九五六年
江西钨矿厂（改建）	
包括选矿场，年生产能力：钨精矿三〇〇〇〇吨	
商讨选择厂址，在编制设计任务书及搜集设计基础资料方面，给予技术援助	一九五三年第四季
分析研究工作	一九五三——一九五四年第二季
初步设计	一九五四年第三季
技术设计	一九五五年第二季
按双方商定的范围及进度提交施工图	一九五五——一九五六年
设备供应	一九五六——一九五七年
焦作煤炭联合厂中马村立井	
年生产能力：煤九〇〇〇〇〇吨。设有筛分厂及矿井变电所（矿井的肯定能力在初步设计中确定之）	
商讨选择厂址，在编制设计任务书及搜集设计基础资料方面给予技术援助	一九五三年第三季
初步设计	一九五四年第二季
技术设计	一九五五年第二季
按双方商定的范围及进度提交施工图	一九五五——一九五六年
设备供应	一九五六——一九五七年

（续表）

名　　称	执　行　期　限
鹤岗煤炭联合厂兴安台第二立井 年生产能力：煤九〇〇〇〇〇吨，设有筛分厂及 　　　　　　矿井变电所（矿井的肯定能力在初步设计中确 　　　　　　定之）	
商讨选择厂址，在编制设计任务书及搜集设计基础 　　资料方面给予技术援助	一九五四年第一季
初步设计	一九五五年第一季
技术设计	一九五六年第一季
按双方商定的范围及进度提交施工图	一九五六——一九五七年第二季
设备供应	一九五七——一九五八年
阜新煤炭联合厂新邱第二立井 年生产能力：煤六〇〇〇〇〇吨，设有筛分厂及 　　　　　　矿井变电所（矿井的肯定能力在初步设计中确 　　　　　　定之）	
商讨选择厂址，在编制设计任务书及搜集设计基础 　　资料方面给予技术援助	一九五三年第四季
初步设计	一九五五年第一季
技术设计	一九五六年第一季
按双方商定的范围及进度提交施工图	一九五六——一九五七年第二季
设备供应	一九五七——一九五八年
鸡西煤炭联合厂光义第一立井 年生产能力：煤六〇〇〇〇〇吨，设有筛分厂及 　　　　　　矿井变电所（矿井的肯定能力在初步设计中确 　　　　　　定之）	
商讨选择厂址，在编制设计任务书及搜集设计基础 　　资料方面给予技术援助	一九五四年第四季
初步设计	一九五五年第四季
技术设计	一九五六年第四季
按双方商定的范围及进度提交施工图	一九五七——一九五八年第一季
设备供应	一九五八——一九五九年
通化煤炭联合厂湾沟立井 年生产能力：煤六〇〇〇〇〇吨，设有筛分厂及 　　　　　　矿井变电所（矿井的肯定能力在初步设计中确 　　　　　　定之）	
商讨选择厂址，在编制设计任务书及搜集设计基础 　　资料方面给予技术援助	一九五三年第三季
初步设计	一九五四年第三季
技术设计	一九五五年第三季
按双方商定的范围及进度提交施工图	一九五五——一九五六年
设备供应	一九五六——一九五七年

（续表）

名　　称	执　行　期　限
鹤岗煤炭联合厂大陆立井 年生产能力：煤九〇〇〇〇〇吨，设有筛分厂及 　　矿井变电所（矿井的肯定能力在初步设计中确 　　定之） 商讨选择厂址，在编制设计任务书及搜集设计基础 　　资料方面给予技术援助 初步设计 技术设计 按双方商定的范围及进度提交施工图 设备供应	 一九五五年第一季 一九五六年第一季 一九五七年第一季 一九五七——一九五八年第二季 一九五八——一九五九年
双鸭煤炭联合厂尖山第二立井 年生产能力：煤九〇〇〇〇〇吨，设有筛分厂及 　　矿井变电所（矿井的肯定能力在初步设计中确 　　定之） 商讨选择厂址，在编制设计任务书及搜集设计基础 　　资料方面给予技术援助 初步设计 技术设计 按双方商定的范围及进度提交施工图 设备供应	 一九五四年第四季 一九五五年第四季 一九五六年第四季 一九五七——一九五八年第二季 一九五八——一九五九年
峰峰煤炭联合厂通顺立井 年生产能力：煤九〇〇〇〇〇吨，设有筛分厂及 　　矿井变电所（矿井的肯定能力在初步设计中确 　　定之） 商讨选择厂址，在编制设计任务书及搜集设计基础 　　资料方面给予技术援助 初步设计 技术设计 按双方商定的范围及进度提交施工图 设备供应	 一九五四年第四季 一九五五年第四季 一九五六年第四季 一九五七——一九五八年第二季 一九五八——一九五九年
双鸭煤炭联合厂双鸭山洗煤厂 年生产能力：煤一五〇〇〇〇〇吨 初步设计 技术设计 按双方商定的范围及进度提交施工图 设备供应	 一九五三年第四季 一九五四年第四季 一九五五年 一九五五——一九五六年

（续表）

名　称	执　行　期　限
井陉洗煤厂	
年生产能力：煤一〇〇〇〇〇〇吨	
商讨选择厂址，在编制设计任务书及搜集设计基础资料方面给予技术援助	一九五四年第一季
初步设计	一九五五年第一季
技术设计	一九五六年第一季
按双方商定的范围及进度提交施工图	一九五六——一九五七年第二季
设备供应	一九五七——一九五八年
峰峰洗煤厂	
年生产能力：煤二〇〇〇〇〇〇吨	
商讨选择厂址，在编制设计任务书及搜集设计基础资料方面给予技术援助	一九五四年第一季
初步设计	一九五五年第二季
技术设计	一九五六年第三季
按双方商定的范围及进度提交施工图	一九五六——一九五八年第一季
设备供应	一九五七——一九五八年
抚顺煤炭联合厂（改建及扩充）	
年生产能力：煤一三六〇〇〇〇〇吨（包括现有生产能力在内）	
在编制设计任务书及搜集设计基础资料方面给予技术援助	一九五三年第三季
煤田开采的总体设计	一九五五年第三季
联合厂各企业的设计工作量及完成日期，以及设备供应量和供应日期，在总体设计批准后，由双方协议之	
矿山机器制造厂	
年生产能力：各种设备二〇〇〇〇吨，包括选煤场设备及轴径达四米的卷扬机	
商讨选择厂址，在编制设计任务书及搜集设计基础资料方面给予技术援助	一九五三年第三季
初步设计	一九五四年第三季
技术设计	一九五五年第三季
按双方商定的范围及进度提交施工图	一九五六——一九五七年
设备供应	一九五六——一九五八年

（续表）

名　　称	执　行　期　限
太原氮肥厂	
年生产能力：氨五〇〇〇〇吨，硝酸铵九〇〇〇〇吨，甲醇一〇〇〇〇——一二〇〇〇吨，浓硝酸九〇〇〇〇吨（为了氨的平衡，需相应减少硝酸铵的生产），亚硝酸钠一五〇〇吨，甲醛一〇〇〇吨，以及相应的稀硝酸和硝酸钠的生产能力	
商讨选择厂址，在编制设计任务书及搜集设计基础资料方面给予技术援助	一九五三年
初步设计	一九五四年
技术设计	一九五五年
按双方商定的范围及进度提交施工图	一九五五——一九五七年
设备供应	一九五七——一九五九年
兰州氮肥厂	
年生产能力：氨五〇〇〇〇吨，硝酸铵九〇〇〇〇吨，甲醇一〇〇〇〇——一二〇〇〇吨，浓硝酸一二〇〇〇〇吨（为了氨的平衡需相应减少硝酸铵的生产），四氮六甲圜三〇〇〇吨，稀硝酸及甲醛的生产按工厂的需要	
商讨选择厂址，在编制设计任务书及搜集设计基础资料方面给予技术援助	一九五三年
初步设计	一九五四年
技术设计	一九五五年
按双方商定的范围及进度提交施工图	一九五五——一九五七年
设备供应	一九五六——一九五八年
兰州合成橡胶厂	
年生产能力：合成橡胶一五〇〇〇吨（用石油瓦斯制成的酒精作原料）	
产品品种：丁双烯、酒精制乙烯、乙基苯、乙烯苯、橡胶、立德粉和吉普劳克西得，以及生产必需的接触剂、酒精制丁双烯用的接触剂除外	
商讨选择厂址，在编制设计任务书及搜集设计基础资料方面给予技术援助	一九五三年
初步设计	一九五四年
技术设计	一九五五年
按双方商定的范围及进度提交施工图	一九五五——一九五六年
设备供应	一九五七——一九五八年
注：关于合成橡胶厂的原料问题，在研究炼油厂石油瓦斯之数量及成分的资料后，再作最后决定。	

（续表）

名　称	执　行　期　限
甘肃炼油厂	
年生产能力：处理原油一〇〇〇〇〇〇吨	
商讨选择厂址，在编制炼油厂及由采油场至炼油厂的输油管的设计任务书和搜集设计基础资料方面给予技术援助	一九五三年
初步设计	一九五四年第三季
技术设计	一九五五年第三季
按双方商定的范围及进度提交施工图	一九五六——一九五七年
设备供应	一九五六——一九五七年
苏联方面在一九五三年第三季派遣苏联专家组前往中国，在必须进行的地质勘探工作方面给予技术援助，以便保证准备建设的炼油厂所需之原油	
关于由采油场至炼油厂间的输油管之设计及建设问题，将在编制工厂初步设计时考虑	
兰州采油机器制造厂	
年生产能力：采油设备及工具一五〇〇〇吨，包括钻探机及泵	
商讨选择厂址，在编制设计任务书及搜集设计基础资料方面给予技术援助	一九五三年第三季
初步设计	一九五四年第二季
技术设计	一九五五年第二季
按双方商定的范围及进度提交施工图	一九五五——一九五六年
设备供应	一九五六——一九五七年
富拉尔基重机器制造厂	
年生产能力：各种机器四〇〇〇〇吨（中等能力的轧钢机、精整设备、炼铁设备）	
商讨选择厂址，在编制设计任务书及搜集设计基础资料方面给予技术援助	一九五三年第三季
初步设计	一九五四年第二季
技术设计	一九五五年第二季
按双方商定的范围及进度提交施工图	一九五五——一九五七年
设备供应	一九五六——一九五八年

（续表）

名　　称	执　行　期　限
蒸汽透平制造厂 生产品种：一五〇〇，二〇〇〇，六〇〇〇及一二〇〇〇瓩能力的蒸汽透平并生产配套设备（冷凝器、吸汽机、水泵、油冷器、过滤器、清汽器、气化器、加热器）。年生产能力：三六〇〇〇〇瓩，要有扩充到年产六〇〇〇〇〇瓩的可能，以便生产二五〇〇〇及五〇〇〇〇瓩的蒸汽透平	
商讨选择厂址，在编制设计任务书和搜集设计基础资料方面给予技术援助	一九五三年第三季
初步设计	一九五四年第二季
技术设计	一九五五年第一季
按双方商定的范围及进度提交施工图	一九五五——一九五六年
设备供应（包括根据一九五一年六月十五日第二号议定书应供给中国的透平电机厂配套用之工具机七九台，锻压设备四五台）	一九五五——一九五六年
沈阳第五工具机制造厂（改建） 生产品种：立式钻床，摇臂钻床及卧式搪床。年生产能力：达一六〇〇〇吨（年产工具机的台数及总重量在设计任务书中确定之）	
商讨选择厂址，在编制设计任务书及搜集设计基础资料方面给予技术援助	一九五三年第三季
初步设计	一九五四年第三季
技术设计	一九五五年第二季
按双方商定的范围及进度提交施工图	一九五五——一九五七年
设备供应	一九五六——一九五八年
武汉重工具机制造厂 年生产能力：达二〇〇〇〇吨（工厂在第一期生产大型工具机，在第二期生产复合重型工具机。工具机的品种及工厂的年产量在编制工厂设计任务书时确定之）	
商讨选择厂址，在编制设计任务书及搜集设计基础资料方面给予技术援助	一九五三年第三季
初步设计	一九五四年第三季
技术设计	一九五五年第三季
按双方商定的范围及进度提交施工图	一九五五——一九五七年
设备供应：	
第一期	一九五六——一九五七年
第二期	一九五八——一九五九年

（续表）

名　称	执　行　期　限
汽车制造厂	
年生产能力：ГА3—五一型载重汽车六〇〇〇〇辆	
商讨选择厂址，在编制设计任务书及搜集设计基础资料方面给予技术援助	一九五四年第一季
初步设计	一九五五年第一季
技术设计	一九五六年第一季
按双方商定的范围及进度提交施工图	一九五六——九五七年
设备供应	一九五七——九五九年

注：1. 选择厂址时要考虑工厂有生产"胜利号"卧车的可能。
　　2. 在设计和供应设备时要考虑在工厂建设的第一期内有装配ГА3—五一型汽车的可能。

名　称	执　行　期　限
拖拉机制造厂	
年生产能力：拖拉机一五〇〇〇辆	
商讨选择厂址及拖拉机型号，在编制设计任务书和搜集设计基础资料方面给予技术援助（选择厂址时要考虑工厂有扩充的可能）	一九五三年第三季
初步设计	一九五四年第一季
技术设计	一九五五年第二季
按双方商定的范围及速度提交施工图	一九五五——九五七年
设备供应	一九五六——九五八年
西安滚珠轴承制造厂	
年生产能力：滚珠轴承一〇〇〇〇〇〇〇个	
商讨选择厂址，在编制设计任务书和搜集设计基础资料方面给予技术援助	一九五三年第三季
初步设计	一九五四年第一季
技术设计	一九五四年第四季
按双方商定的范围及速度提交施工图	一九五五——九五六年
设备供应	一九五五——九五七年
哈尔滨电机制造厂透平发电机生产车间	
生产品种：一五〇〇——二〇〇〇瓩能力的透平发电机年生产能力：三六〇〇〇〇瓩，要有扩充到年产六〇〇〇〇〇瓩的可能，以便生产二五〇〇〇及五〇〇〇〇瓩的透平发电机	
商讨选择车间地址，在编制设计任务书和搜集设计基础资料方面给予技术援助	一九五三年第三季
初步设计	一九五四年第二季
技术设计	一九五五年第一季
按双方商定的范围及进度提交施工图	一九五五——九五六年
设备供应	一九五五——九五六年

（续表）

名　　称	执　行　期　限
西安电器及水银整流器厂	
年生产能力：高压开关达二六〇〇〇套，水银整流器二五〇〇〇〇瓩	
商讨选择厂址，在编制设计任务书及搜集设计基础资料方面给予技术援助	一九五三年第三季
初步设计	一九五四年第二季
技术设计	一九五五年第二季
按双方商定的范围及进度提交施工图	一九五五——一九五七年
设备供应	一九五六——一九五八年
西安油质电力电容器制造厂	
年生产能力：达一〇〇〇〇〇〇千伏安	
商讨选择厂址，在编制设计任务书及搜集设计基础资料方面给予技术援助	一九五三年第三季
初步设计	一九五四年第二季
技术设计	一九五五年第二季
按双方商定的范围及进度提交施工图	一九五五——一九五六年
设备供应	一九五六——一九五七年
抚顺十厂避雷器（三一二二〇千伏）生产车间	
年生产能力：一〇〇〇〇组	
商讨选择车间地址，在编制设计任务书及搜集设计基础资料方面给予技术援助	一九五三年第三季
初步设计	一九五四年第二季
技术设计	一九五五年第一季
按双方商定的范围及进度提交施工图	一九五五——一九五六年
设备供应	一九五六——一九五七年
西安电气绝缘材料厂	
年生产能力：六〇〇〇吨	
商讨选择厂址，在编制设计任务书及搜集设计基础资料方面给予技术援助	一九五三年第三季
初步设计	一九五四年第三季
技术设计	一九五五年第三季
按双方商定的范围及进度提交施工图	一九五五——一九五六年
设备供应	一九五六——一九五七年

（续表）

名　　称	执　行　期　限
湘潭高压绝缘磁厂 年生产能力：七〇〇〇吨 商讨选择厂址，在编制设计任务书及搜集设计基础 　资料方面给予技术援助 初步设计 技术设计 按双方商定的范围及进度提交施工图 设备供应	 一九五三年第三季 一九五四年第三季 一九五五年第三季 一九五五——一九五六年 一九五六——一九五七年
自动电话交换机厂 年生产能力：一〇〇〇〇〇号 商讨选择厂址，在编制设计任务书及搜集设计基础 　资料方面给予技术援助（在选择自动电话交换机 　厂的厂址时要考虑工厂有扩大的可能） 初步设计 技术设计 按双方商定的范围及进度提交施工图 设备供应	 一九五三年第三季 一九五四年第一季 一九五四年第四季 一九五五——一九五六年 一九五五——一九五六年
电刷制造厂 年生产能力：一〇〇吨（在设计工厂时要考虑改建 　哈尔滨电工第十三厂的可能） 商讨选择厂址，在编制设计任务书及搜集设计基础 　资料方面给予技术援助 初步设计 技术设计 按双方商定的范围及进度提交施工图 设备供应	 一九五三年第三季 一九五四年第一季 一九五四年第四季 一九五五——一九五六年 一九五五——一九五七年
大冶火电站 发电能力：五〇〇〇〇瓩（二×二五〇〇〇瓩）， 　要有扩大到满足大冶钢铁联合厂之需要的可能 商讨选择厂址，在编制设计任务书及搜集设计基础 　资料方面给予技术援助 初步设计 技术设计 按双方商定的范围及进度提交施工图 二五〇〇〇瓩的第一号透平机组，包括锅炉机组及 　配套设备的供应 二五〇〇〇瓩的第二号透平机组，包括锅炉机组及 　配套设备的供应	 一九五四年第一季 一九五四年第一季 一九五五年第二季 一九五五——一九五七年 一九五六年 一九五七年

（续表）

名　　称	执　行　期　限
包头火电站 发电能力：五〇〇〇〇瓩（二×二五〇〇〇瓩） 　要有扩充到满足包头钢铁联合厂之需要的可能 商讨选择厂址，在编制设计任务书及搜集设计基础 　资料方面给予技术援助	一九五四年第一季
初步设计	一九五五年第一季
技术设计	一九五五年第三季
按双方商定的范围及进度提交施工图	一九五五——一九五八年
二五〇〇〇瓩的第一号透平机组，包括锅炉机组及 　配套设备的供应	一九五七年
二五〇〇〇瓩的第二号透平机组，包括锅炉机组及 　配套设备的供应	一九五八年
兰州火电站 发电能力：一〇〇〇〇〇瓩（四×二五〇〇〇瓩） 商讨选择厂址，在编制设计任务书及搜集设计基础 　资料方面给予技术援助	一九五三年下半年
初步设计	一九五四年第一季
技术设计	一九五四年第三季
按双方商定的范围及进度提交施工图	一九五四年第三季——一九五七年
设备供应： 二五〇〇〇瓩的第一号透平机组，包括锅炉机组及 　配套设备的供应	一九五五年
二五〇〇〇瓩的第二号透平机组，包括锅炉机组及 　配套设备的供应	一九五六年
能力各为二五〇〇〇瓩的第三号及第四号透平机 组，包括锅炉机组及配套设备的供应	一九五七年
富拉尔基火电站（第二期） 发电能力：五〇〇〇〇瓩（二×二五〇〇〇瓩） 在编制设计任务书及搜集设计基础资料方面给予技 　术援助	一九五三年第三季
初步设计	一九五三年第四季
技术设计	一九五四年第一季
按双方商定的范围及进度提交施工图	一九五四年第二季——一九五七年
二五〇〇〇瓩的一台透平机组，包括锅炉机组及配 　套设备的供应	一九五五年
二五〇〇〇瓩的一台透平机组，包括锅炉机组及配 　套设备的供应	一九五七年

（续表）

名　　称	执　行　期　限
太原火电站（第二期）	
发电能力：七五〇〇〇瓩（三×二五〇〇〇瓩）	
在编制设计任务书及搜集设计基础资料方面给予技术援助	一九五三年第三季
初步设计	一九五三年第四季
技术设计	一九五四年第一季
按双方商定的范围及进度提交施工图	一九五四——一九五六年
能力各为二五〇〇〇瓩的两台透平机组，包括锅炉机组及配套设备的供应	一九五五年
二五〇〇〇瓩的一台透平机组，包括锅炉机组及配套设备的供应	一九五六年
西安火电站（第二期）	
发电能力：二四〇〇〇瓩（二×一二〇〇〇瓩）	
在编制设计任务书及搜集设计基础资料方面给予技术援助	一九五三年第三季
初步设计	一九五三年第四季
技术设计	一九五四年第一季
按双方商定的范围及进度提交施工图	一九五四——一九五五年
透平机组包括锅炉机组及配套设备的供应	一九五五——一九五六年
个旧火电站	
发电能力：二五〇〇—四〇〇〇瓩，要有扩充到满足个旧锡联合厂之需要的可能	
商讨选择厂址，在编制设计任务书及搜集设计基础资料方面给予技术援助	一九五三年第三季
初步设计	一九五三年第四季
技术设计	一九五四年第一季
按双方商定的范围及进度提交施工图	一九五四年
透平机组包括锅炉机组及配套设备的供应	一九五四年
哈尔滨火电站（扩充）	
发电能力：一二〇〇〇瓩（一×一二〇〇〇瓩）	
在编制设计任务书及搜集设计基础资料方面给予技术援助	一九五三年第三季
初步设计	一九五四年第一季
技术设计	一九五四年第四季
按双方商定的范围及进度提交施工图	一九五五——一九五六年
透平机组包括锅炉机组及配套设备的供应	一九五六年

（续表）

名　　称	执　行　期　限
微水火电站	
发电能力：二四〇〇〇瓩（二×一二〇〇〇瓩）	
商讨选择厂址，在编制设计任务书及搜集设计基础资料方面给予技术援助	一九五三年第三季
初步设计	一九五三年第四季
技术设计	一九五四年第一季
按双方商定的范围及进度提交施工图	一九五四——一九五五年
一二〇〇〇瓩的第一号透平机组，包括锅炉机组及配套设备的供应	一九五五年
一二〇〇〇瓩的第二号透平机组，包括锅炉机组及配套设备的供应	一九五六年
武汉火电站	
发电能力：二四〇〇〇瓩（二×一二〇〇〇瓩）	
商讨选择厂址，在编制设计任务书及搜集设计基础资料方面给予技术援助	一九五三年第三季
初步设计	一九五三年第四季
技术设计	一九五四年第一季
按双方商定的范围及进度提交施工图	一九五四——一九五六年
一二〇〇〇瓩的第一号透平机组，包括锅炉机组及配套设备的供应	一九五五年
一二〇〇〇瓩的第二号透平机组，包括锅炉机组及配套设备的供应	一九五六年
淀粉厂	
年生产能力：处理玉米三〇〇〇〇吨	
商讨选择厂址，在编制设计任务书及搜集设计基础资料方面给予技术援助	一九五三年第三季
初步设计	一九五四年第一季
技术设计	一九五四年第三季
按双方商定的范围及进度提交施工图	一九五四——一九五五年
设备供应	一九五五——一九五六年
磺胺药厂	
年生产能力：一〇〇〇吨	
商讨选择厂址，在编制设计任务书及搜集设计基础资料方面给予技术援助	一九五三年第三季
初步设计	一九五四年第一季
技术设计	一九五四年第四季
按双方商定的范围及进度提交施工图	一九五五——一九五六年
设备供应	一九五五——一九五七年

（续表）

名　称	执　行　期　限
抗菌药剂制造厂	
年生产能力：结晶及非结晶的盘尼西林二四点五万亿单位，链霉素六点五吨	
技术设计和当地条件的配合	一九五三年
按双方商定的范围及进度提交施工图	一九五四——九五六年
设备供应	一九五四——九五六年
一处铁路车站的自动闭塞及路线控制装置	
商讨选择车站，在编制设计任务书及搜集设计基础资料方面给予技术援助	一九五三年第三季
初步设计	一九五三年第四季
技术设计	一九五四年第一季
设备及仪器的供应	一九五四年
此外，尚有三十五个企业由双方补充协议之。	

附注：

1. 苏联机关事先将本附件内各企业设计所需的基础资料清单通知中国机关。苏联机关在派遣为商讨选择厂址，编制企业设计任务书和搜集设计基础资料方面给予技术援助的专家组之前，将预先派遣一至两名专家去中国，确定上述工作的性质及范围。

2. 中国方面将在批准本附件内所列各企业的设计任务书时同时批准各该企业的厂址。

3. 苏联机关和中国机关所分担的技术设计和施工图之设计工作范围，将在中国机关批准初步设计时由双方确定之。

4. 中国方面应自收到各项设计材料之日起在两个月到两个半月之内审核并批准本附件内所列各企业的初步设计和技术设计。

5. 苏联所应供给的本附件内各企业的设备及电缆制品清单，将由中国机关及苏联机关按上述企业的技术设计中的规格于分担明细表中确定之。

一九五三年五月十五日协定第二号附件：

苏联帮助中国研究矿藏资料并帮助设计的有色冶金企业清单

云南东川有色金属联合厂。年生产能力：铜五〇〇〇〇吨，铅、锌各三〇〇〇〇吨，设有火电站、冶炼厂、采矿场、选矿场及本厂的其他辅助车间和部门。

甘肃白银厂有色金属联合厂。年生产能力：铜五〇〇〇〇吨，铅、锌各二〇〇〇〇吨，设有火电站、冶炼厂、采矿场、选矿场及本厂的其他辅助车间和部门。

湖南水口山铅锌厂（改建）。包括采矿场及选矿场。年生产能力：第一期，铅一〇〇〇〇吨，锌一〇〇〇〇吨；第二期，铅、锌各二〇〇〇〇吨。

西北铜铅加工厂。年生产能力：各种制品三〇〇〇〇吨。包括压延车间及工厂的其他附属车间和部门。

辽东清源镍矿及选矿场。年生产能力：铜镍精矿四〇〇〇〇吨。

吉林铜、镍、锌电解厂。年生产能力：铜二〇〇〇〇吨，锌一〇〇〇〇吨，镍三〇〇〇吨。

一九五三年五月十五日协定第三号附件：

为偿付苏联所供应的工业企业设备与给予的技术援助，

由中华人民共和国在一九五四至一九五九年内

对苏联供给的货物清单

钨精矿	一六〇〇〇〇吨
锡	一一〇〇〇〇吨
锑	三〇〇〇〇吨
钼精矿	三五〇〇〇吨
橡胶	九〇〇〇〇吨
羊毛 ⎫	
黄麻 ⎪	
大米 ⎬	其数量在签订各该年度的贸易协定时确定之。
猪肉 ⎪	
茶叶 ⎭	

注：1. 每年所应供给的货物数量，将在签订每年的贸易协定时确定之。

    2. 上述数量内，包括一九五〇年二月十四日议定书中所载应由中国对苏联供给的钨精矿、锡和锑在内。

关于苏维埃社会主义共和国联盟政府援助中华人民共和国中央人民政府发展中国国民经济的协定的议定书

(1953年5月15日)

由于本日签订的关于苏维埃社会主义共和国联盟政府援助中华人民共和国中央人民政府发展中国国民经济的协定亦规定在建设和改建国防工业企业方面给予援助，双方政府议定如下：

一、苏联机关对于本议定书附件中所列的三十五个中国国防工业企业，将在其建设与改建过程中保证完成各项设计工作、设备供应，并给予其他各种技术援助。对这些企业的各项设计工作、设备供应及提供其他技术援助将按照本日签订的协定所规定的条件实施之。

二、苏联方面并在原则上同意完成军舰制造厂的各项设计工作。该厂能力及其设计期限，将在苏联专家研究与其建设有关的各项问题后，由双方确定之。

三、苏联方面在完成鞍山钢铁联合厂之二八〇〇／一七〇〇公厘轧钢机车间的各项设计时，将考虑到该轧钢机生产 T–34–85 型坦克用甲板的可能，并供应为进行此项生产所必需的补充设备，其范围与期限由双方协议之。

四、中华人民共和国政府应负责对根据本议定书由苏联方面所得到的特种设备、仪器及武器的制造特许权、技术资料、情报和样品不转给其他国家以及外国的自然人与法人。中国政府将采取一切措施，保证根据本议定书由苏联方面所得到的制造特许权、技术资料与样品的保管、保密，并保证其按直接用途的使用。上述文件和样品只允许经过审查的人员使用。

一九五三年五月十五日订于莫斯科，共两份，每份均以中文与俄文书就，两种文字的条文均有同等效力。

中华人民共和国中央人民政府全权代表　李　富　春
苏维埃社会主义共和国联盟政府全权代表　安·米高扬

李富春：关于二百名设计专家分配问题给中央的报告

（1953 年 5 月 27 日）

五月廿一日电悉。

（一）关于二百名设计专家分配问题，经我们研究后有以下意见：

（甲）根据协定，此二百名设计专家的任务限于工业设计，不包括产品设计，其在华工作期限为两年。又据我们所知的苏方设计机关的情况，各个设计机关之间在工作上有密切的配合，既有分工又有密切的联系，如我们长春汽车厂的厂房建筑设计是由莫斯科建筑设计院承包的，而非汽车拖拉机设计院自己做的。又如太原电站的上下水道设计是由一个建筑设计部门承包的，其通信设计是由通信设计部门承包的，均非由电站设计院自己做的，因此我们认为此二百名专家的分配必须：

（1）根据我五年计划主要设计工作计划分别轻重缓急，分别先后（在几年之内）聘请，以免早去了无事可做、需要时专家又走了之弊，而且要学习也不能在二年之内都学好。如各部所提的合成氨厂设计，偶氮染料厂设计，各种磷肥厂设计，火电站设计（大的电站均由苏方担任，所提一八人太多）；天然油加工厂设计，透平机厂，内燃机厂，电机厂，电炉厂，开关厂设计，纺织厂设计等或因新厂由苏方担任设计（应组织专人学习苏方设计文件），或因我方已有一定经验，聘请这些专家恐非今、明年的急务，与明、后年设计任务似不配合。

（2）根据设计工作计划须制定一个设计机关，建设计划明确职责与联系，根据此计划分期聘请苏联专家，以保证专家用之得当。各部所提的名单如在建筑上定装上下水道，弱电热力运输方面有很多重复，这些恐怕是由于对各个设计机关的分工联系的综合研究不够所致。

（3）产品设计专家，应另案办理，苏方担负设计的企业由我方担负，供应的设备部分及新建、改建企业将来制造的新产品品类多由苏方供应,制造图纸及制造特许品并派专家帮助,因此五年之内我方拟进行的新产品设计及现有产品的标准化,须由专管部门分类,分种作具体研究拟定计划,再据以提出聘请专家计划。

(乙)据上述分析我们建议:

(1)来电所示二百名专家分配名单不向苏方提出。

(2)请苏方先派一帮助研究我国工业交通(按协定不包括交通,可提出与苏方商量)企业设计工作计划,及其机构建设计划的综合组(此组包括主要企业部门设计的工程师)去中国,以便确定上述计划,并拟定二百名专家分期派遣计划。

(3)计委指定一定机构了解现有设计机构情况,并草拟工业交通企业设计工作计划,以使与苏综合组商量。

(二)五〇名地质专家的名单即提交苏方考虑,苏方讲过此五〇名专家今年内可全部派出,但八名地质教授现在不宜提出,请在今年下半年拟向苏方提出的聘请顾问教授的名单中一并考虑。

(三)为鉴定长江大桥设计来华的人员,日期须取得苏方同意并签合同,请将人员数量职别电告,日期最早只能在六月份了。

(四)今年第三、四季确定设计任务书的各企业派专家问题,及提出搜集资料清单问题,苏贸易部称正研究中,随后即陆续提出。

(五)关于经济参赞处的名称问题,苏方尚未答复,当再商谈。来电(四)(五)(八)三项可即与苏方商办,请国内加紧准备工作。上述各点请中央考虑速电示,以便办理。

中共中央给李富春同志的复电

（1953年5月31日）

富春同志：

五月廿七日电悉。

一、同意来电意见，请苏方先派一综合小组来我国，帮助我们研究工业交通设计工作计划及其设计机构的建设计划。关于二百名专家的具体分配名单可待他们到来研究后再提。前电的专家分配名单可暂不向苏方提出。

二、中央正拟筹设专管基本建设事务委员会的机构，并拟在该机构下设立设计机构，以便统一掌握设计计划及其他日常管理工作。

三、八名地质教授问题，同意来电意见，已在北京办理。

四、据计委报告：前电二百名专家名单都是工厂设计专家（其中包括一部分工艺设计专家），未包括产品设计专家，但建筑、安装、上下水道、热力、运输方面可能较多，因各部新建和改建工厂的工作量很大，均需这一方面的设计，如人数太少，集中一个设计机关恐难完成任务。其他如偶氮染料、电炉等厂是过去我国未设计过的新厂，而电机、开关、内燃机等厂虽有苏联设计的新厂，但还有一些旧厂需要进行改建设计，因此各部的意见还是请苏联设计顾问进行指导，故前电提得较多。特告供你研究。

中华人民共和国中央人民政府对苏联政府备忘录和苏联国家计划委员会关于中国五年计划任务的意见书的回文

（1953年5月）

中华人民共和国中央人民政府缜密地研究了经由苏联驻中华人民共和国大使库兹涅佐夫同志交来的苏联政府的备忘录和苏联国家计划委员会关于中华人民共和国五年计划任务的意见书。中国政府完全同意苏联政府备忘录中所提出的各项意见和各项规定及经苏联政府审查的苏联国家计划委员会意见书中所提出的各项原则的和具体的建议。这些意见和建议都是根据三十多年来苏联的伟大社会主义建设的丰富经验及其所经历的正确道路而提出的，这将启示我们在中国经济建设过程中尽可能地避免许多错误和少走许多弯路，它们对于中国政府研究和编制五年计划纲要和有计划地发展中国国民经济，有着极为重大的指导意义。

苏联政府备忘录中各项规定已经具体化在"关于苏联政府援助中华人民共和国中央人民政府发展中国国民经济的协定"及其"议定书"中，苏中两国政府的全权代表已经于一九五三年五月十五日在莫斯科签订了这个协定及其有关的议定书。中国政府愿保证切实履行上述协定及其有关的议定书中所规定的各项义务，并做好自己的各项准备工作。

苏联政府对于建设和改建中国的九十一个新的企业和正在进行中的五十个企业的援助以及其他方面对于发展中国经济的技术援助，派遣专家来华，给予中国贷款等等，将使中国人民能够在学习苏联的先进经验和最新的技术成就的努力之下，逐步地建立起自己的强大的重工业和国防工业，这对于中国工业化，使中国逐步地过渡到社会主义和壮大以苏联为首的民主阵营的力量都是具有极其重大作用的。

中国政府对于苏联政府和苏联人民的这种伟大的、全面的、长期的、无私的援助，表示衷心的感谢，并愿以自己的努力来加强苏中两国的经济合作与友好同盟，以利为世界和平事业的共同奋斗。

李富春：关于我国五年计划的方针任务的意见

（1953年6月23日）

去年财委用两个多月的时间编制了一个五年计划的轮廓草案，苏方认为这个轮廓草案中所提的方针和总的任务是正确的。就是首先发展重工业国防工业以建立自己的独立的工业，改变工业的地区分布和公私比重，打下国家工业化的基础，以保证我国经济逐步地过渡到社会主义。五年建设任务中的基本项目也是必需的。但在计划轮廓草案中所提的各项具体任务方面，苏方所提批判的意见，就我们体会所得，概括起来有下述三个重要问题：

（一）五年计划一经制定，就一定要完成，并争取超额完成，不但从经济上，即从政治上、舆论上与人民情绪上说，均必须如此。因此计划必须建立在可靠基础之上，要紧张，但要有把握。苏方认为计划轮廓所提的具体任务有些地方（在基本建设方面，则表现为或是建设项目排列的进度太紧，或是在建设规模上大了，或是在建设项目上多了）不是建立在可靠基础之上，因而是没有把握的。

工农业的发展速度，作为五年计划的发展速度来说，工业每年递增20.4%，农业每年递增7%，因为不是建立在可靠基础之上，所以都是过高的。草案中的工业发展速度，没有建立在精确计算现在企业设备能力的基础上，而是建立在预期完工投入生产的新厂的基础上，由于新厂建设排列的速度太紧，不能按预期的进度投入生产，故每年递增20%是不可靠的。工业建设时期的速度与恢复时期不同，要决定于：（1）已了解的资源；（2）现有设备和生产能力；（3）人力（技术干部和技术工人）和劳动生产率；（4）技术（产品质量和技术水平）。拿这四条来衡量，计划轮廓中所规定的工业各部门的任务，特别是煤、钢铁、机器制造等部门，资源勘察工作十分不够，现有设备和生产力（包括公私大小企业）的了解很差，基本建设计划从勘察、设计到建筑安装、开工运转，没有做过平衡，劳动干部计划做得不好，提高技术计划更未考虑，因而我们提出的工业发展速度是没有把握的。在农业计划方面，苏方认为我们所提农业发展的速度，忽视了我国农业的基础现在仍是个体经济的情况，而且缺乏组织措施的保证。

在此种情况下，如五年计划速度过快，则将使人力、物力与财力更形分散，反而妨害五年内急需的重点任务之完成，这样我们在建设计划上就表现了贪多、冒进的情绪。

什么是冒进，什么是保守呢？不是建立在可靠基础上，而是建立在主观愿望上，而实际上办不到的"计划"就是冒进。相反的，根据现有基础，能够办到的事情不认真地、紧张地去办就是保守。我们的计划轮廓因为不是先从了解与计算现有企业的能力出发来研究新厂的建立，而只是从需要新建出发，因此在基本建设方面（因而在依靠基本建设增加生产方面）一般是冒进的，这是主要的毛病。在发挥现有企业的生产力方面（包括对调整、改造现有企业后可能增加生产的计算方面）一般是保守的。根据苏联的经验，长期计划要保持3%—7%的后备力量，以备应付计划不周及临时需要的情况。这后备力量是指：在资源、设备利用、劳动干部、物资、财政、各方面都要有后备。年度计划则必须根据可能，高于长期计划中规定之年度指标，这就可以保证五年计划的完成与超过，就能做到既紧张而又有把握，既不保守又不冒进。这也正是毛主席经常教导我们的："实事求是，稳步前进"。

从生产与基建结合，从新建与现有厂矿联系来看，我们还必须注意新厂与旧厂、大厂与小厂相互关联的问题。基本建设本身不是目的，基本建设是实现党与政府在人民经济发展的各个阶段中提出的任务的手段。从工业方面说，基本建设的目的，就是要保证有系统地扩大再生产，因此，对基本建设工作的基本要求是：缩短建设期限，减少建设成本和保证建设质量（高岗同志曾提出基本建设要做到又快又省又好）。其次，近代化的工业是建立在高度分工协作基础之上的，例如组成一部汽车的部件与零件（不包括螺丝钉）不下四千种，不可能把所有部件与零件都组织在一个工厂内生产。因为，这样是不合理不经济的。苏方一再提示，我们建设新厂要用"专业化"的原则，而且为了新厂能够发挥更大的力量，还要有其他若干厂与之协作配合。再次，旧厂都有一定的基础，改建旧厂比新建容易。因此，在建立对于中国工业化有决定意义的近代化工厂的同时,在建立新的工业基地的同时,应该注意旧厂的改造。故苏方一再提示:第一,上海、天津、沈阳的机器厂都不少,应该加以充分利用,因为利用现有基础进行调整和改建,投资少,见效快,掌握易。第二,新建企业需要的某些配套用的和辅助性的半制品、成品和材料,可以利用中国现有企业,必要时并可加以改建,使其能与各新建企业配合工作,这样做,所用投资少,而得到实效快。第三,建设大厂是重要的,但不能忽视小厂,要用小厂补充大厂。特别是在有了大工业基础之后,在继续发展中争取各地区平衡发展时,更需注意。苏联过去就尽量利用了小钢铁厂,第五个五年计划又提出建立小钢铁厂。我们的计划轮廓偏于注意新厂、大厂,对于新厂与旧厂的配合,大厂与小厂的配合以及与手工业的配合,是未注意的。

关于我国五年计划的方针问题,中央已有明确指示,在高岗同志的报告中已讲过。今后贯彻抓紧重点,反对分散主义,反对平均主义,贯彻稳步前进,反对冒进与防止保守还是很重要的。苏方曾表示:"有轻重缓急之分,才有政策,什么都要,就是小孩子。"这话是深刻的。

(二)计划应该是充分地根据和体现党所规定的方针任务,使需要与可能结合、经济与技术结合,从发展整个人民经济的观点出发,努力学习全面计算平衡,如此才能适合人民经济按比例均衡发展的规律。但我们最初的计划轮廓,因为各个部门的计划缺乏精密的联系与科学的计算,也就是说缺乏有机的综合,因而表现了各部计划上的互相孤立与思想上的局部观点。

在我们的计划轮廓中,对工业注意得较多,而对其他则注意得少。苏方认为是薄弱的环节,毛主席认为是缺口的是:发展农业生产并提高其商品率的具体措施计划,实行手工业合作化的计划,对私人资本的措施计划,对国家财政和金融方面的措施计划,商品流通量计划,劳动干部计划,重要产品的产销平衡计划等。这些在高岗同志的报告中已讲过,现在我只谈一谈,对综合工作的体会。

长期计划的基础是过去年度经济发展情况的分析总结。苏方对于我国从一九四九——一九五二年经济恢复发展的情况询问甚详,要从过去已有的情况中研究我国人民经济发展的规律及各部门之间的比例。我们对于这种调查研究工作也必须用大力补课,特别是要根据党在一定时期中的政策、方针和任务，对整个人民经济进行综合研究：第一，研究生产。研究五种经济各生产部门的关系，选择重要产品，研究生产手段与生活资料两部类生产的关系，研究重要产品的平衡及其相互之间的比例发展趋势，研究过去年度基本建设的效果及新开工的能力等等。第二，研究需要。研究商品流通与物资供应；研究农村经济的商品流通状况；研究农业扩大再生产的生产手段的供应与农民生活资料的供应，研究提高农业作物的商品率，增加出口物资；研究重要生产手段的供应工作，特别是对于国营事业的物资供应，逐渐摆脱市场对这些国营事业的生产手段供应工作的影响，对于我国经济纳入计划的轨道有重大的意义；研究城市的、城乡之间的商品流通趋势、出入口的发展趋势，以及适应商品流通发展情况的金融发展情况等等。第三，研究分配。这是关系工农联盟及与各个阶级的切身利益有密切关系的问题，但同时也是我们经济工作中过去最少全盘研究的问题。我们应该把劳动工资问题（包括农业劳动和农民所得问题）、成本、价格、利润问题，税收问题，信贷问题，全盘地作综合研究。然后根据党在一定时期的方针任务来确定正确的政策。我深感如果没有统筹全面的综合研究，而孤立地解决问题，财经工作是必然会出毛病的。

计划是经济与技术的结合，因此，每一个财经工作的领导人员都必须熟悉经济情况，提高政治经济学的修养，熟悉自己主管企业部门的生产过程。我们深深感到这两方面的知识都很不够，特别是对于政治经济学的知识还很低，这是我们不会做综合工作以致计划轮廓有缺口的基本原因。出路就是老老实实的〈地〉学习与研究。

（三）苏联对我国建设是用全力援助的，其目的是扶助我们在工业上能自力更生地站立起来，而我们要依靠苏联，学习苏联，以求达到自力更生也是完全需要的，但是我们对苏联却表现有依赖思想，这是必须克服的。

苏联帮助我国建设与改建一四一个企业，这对我国打下工业化基础是有决定意义的。她对我们的技术援助是从选择厂址、搜集设计基础资料、确定企业的设计任务书，设计、供应设备，指导建筑安装和开工运转，培养技术干部（实习生），一直到新产品的制造，组织现有企业生产配套用的和辅助性的半制品、成品及材料。她为进行上述企业的设计，各设计院要增加一万名设计人员，她为交付上述企业的设备，把他们主要工厂的生产计算到一九六〇年。苏联对我国的援助，正如中央所说是长期的全面的无私的援助。但是我国建设毕竟是我国自己的事情，苏联绝不能代替包办。上述企业的建设与改建，需要我们自己担负的工作更多，这就是地质勘察，供给设计基础资料，选定厂址，制造设计任务书，担负 20%—30% 的设计工作和 30%—50% 的设备制造，用自己的人力物力进行建筑安装，组织现有企业生产配套用的和辅助性的半制品、成品和材料，培养自己的专家和技术工人掌握生产。此外，还有我们自己建设与改建的很多企业的设计与建筑安装工作，生产运转工作，也要由自己担负。这些沉重的任务，必须自觉地、自信地和有组织地担负起来。

我们体会的苏联对我国援助的原则是：第一，凡是应该由我国决定的事情，苏联绝不代替决定（如设计任务、厂址选择）；第二，苏联估计我国能办到的和应该办到的事情（如纺织工厂、罐头工厂的设计）绝不代替办理；第三，凡是我国办不到，又不急于要办，而在当前亦无条件办到的事情（技术水平距离太远），苏联亦不准备援助；第四，凡是我国当前急需与具备条件的，但技术水平不够的事情苏联积极予以援助；第五，苏联要帮助我们学会建设工业。因此如同样企业的设计，同样的专家顾问是不能够再三援助的，而要求我们抓紧学会。我们对苏联的要求在思想上存在的毛病是，想要就要，而且要得多，要得快。想拣便宜的道路走。这在我们提出的设计项目，聘请专家的名单，要技术资料的清单上以及过去的某些进口订货上都表现出来。反之，我们对于自己还缺少严格的要求。这表现在：苏联已在进行中的五十个企业的设计，我们还没有组织系统地研究，没有有计划地使用苏联专家，系统地向他们学习；原材料消耗定额和建筑定额，我们没有进行系统地研究与总结，希望把苏联的定额搬过来；已经向苏联要到的六三二种技术资料的利用情况如何，很少检查研究，自己现有的产品的技术图纸，也很少检查研究，而对苏联的新的要求则层出不穷；设备制造方面也有要求自己少造一点的想法。总之，苏方认为我方自己应该承担的责任，有很多我们都想依赖苏联。我们要依靠苏联学习苏联而不是依赖苏联。

综上所述，在计划轮廓中所提各项任务的主要毛病就是：冒进情绪、局部观点与依赖思想。当然，计划轮廓中的缺点，与我们编制计划时的客观条件（时间匆促、准备不够、资料不足）是有关的，同时，我们也无编制国家长期计划的经验，计划的编制过程，实际上还是摸索与学习的过程，因之有缺点是难免的，但为了总结经验，取得教训，我们应着重检讨主观方面的毛病。为了使我们前进，这些片面的主观主义的思想，必须在实际工作中继续注意克服。

重工业部关于国外设计工作经验的初步总结报告

（1953年7月18日）

三年来重工业部委托苏联设计的厂矿共十二项，其中属于恢复改造性质的有鞍钢、抚顺铝厂、本溪煤铁公司等三项；属于新建性质的有大石桥镁砖厂、齐齐哈尔特殊钢厂、吉林铁合金厂、吉林合成氨厂、吉林染料厂、吉林电石炭氮化钙厂、太原染料厂、吉林电极厂、哈尔滨铝压延厂等九项。各该厂矿之设计任务书均已批准。其初步设计，除本溪尚未提交外，其他各项目均已提交。现将我们配合国外设计工作中的一些问题报告如下：

（一）编制设计任务书及选择厂址问题

设计任务书在设计之前，需要根据国家的计划，初步反复地研究考虑厂矿的生产规模、产品方案、原料条件、电源水源、建厂区域、原材料供应、资源利用、经济条件、发展远景、建设时间以及它与其他工业的关系等问题。所以编制设计任务书的工作，是一项极重要而复杂的工作。正确的设计必须在政治上、经济上、技术上都是合理的；政治、经济、技术任务任何一方面的错误或疏忽，都会造成厂矿的不合理，甚至形成工业建设上不可挽回的损失。因此设计是一个政治、经济、技术的综合产物。也就是说新建与改建厂矿的基本方针，要在它的设计任务书中加以确定，初步设计与技术设计都将根据设计任务书进行工作，因此编制设计任务书在整个设计中，在整个工业建设中占有极为重要的地位。所以为了有一个正确的设计任务书，就必须在事先收集大量资料加以分析研究。如果资料不足、不真实或考虑不周，就会给编制设计任务书的工作造成困难；甚至可能会编制成一个错误的设计任务书。苏联专家在协助我们编制设计任务书中，使我们学习与体会到这方面的许多问题。例如吉林铁合金厂苏联设计小组，为了正确地规定设计任务书中的产品方案这样一个问题，就曾收集了我国所有铁合金厂的设备能力及生产情况，并研究了中国钢铁工业发展远景，经过五个月时间的研究，编了四个方案，加以反复比较，才将产品方案最后确定下来。再如苏联设计小组在帮助我们编制鞍钢设计任务书时，不仅充分地考虑了如何运用苏联新的技术把鞍钢改造成为一个有高度技术水平的现代化工厂，而且研究了如何能够充分地利用旧有基础，节省国家的投资；不仅仔细地调查研究了鞍钢原有各个工厂矿山的情形，不仅从经济观点与技术角度研究了扩建部分与原有各个厂矿如何合理的〈地〉联系配合，而且把它与中国其他重要钢铁工厂（本溪、石景山、太原）联系起来加以考虑；不仅从目前的状况考虑鞍钢的扩建方案，而且从十年二十年后的发展情况（联系与大冶及其他将要新建钢铁厂的分工）加以研究。这样，就使鞍钢的改造方案，既能合理地发挥原有基础的作用，又采取新的技术加以改造；既能对鞍钢本身作合理的布局，又能使将来本溪、石景山等厂的改造不发生意外的困难（如只就鞍钢本身考虑，可能将大型、无缝管及第二炼钢厂系统轧钢机的型号加大，如果这样布局，则势必将许多占地面积甚大的轧钢厂放在本溪，而本溪限于地势，无法建立这样的轧钢厂）；既能合理地发挥建设初期它应该担负供给各种钢材的作用，又能与将来新建的许多钢铁厂相互配合。

在设计任务书编制时，另一个极端复杂而重要的工作，就是选择厂址问题。因为在进行这个工作时，必须更具体地考虑到原材料的供应、产品销路、供水、供电、运输、劳动力以及厂址地质的问题，同时还必须从国家工业分布、国防问题、国家经济核算等角度加以考虑。在厂址初步确定后，尚须进行钻探与测量，以取得该处工程地质及地形的资料，以便最后确定厂址，其工作量是很巨大的。

选择厂址工作，对新建厂矿有极重大的意义，既需周密的〈地〉考查〈察〉新建厂址的各方面条件，又需及时完成，以便开始设计。如厂址选择不当，则会造成长期的不合理与经济上遭受极大之损失。例如过去太原染料厂厂址的选择可能是一个比较突出的教训，它的厂址选在太原市西南约十二公里；前临汾河，后背高山，处于一个山水之间的狭长地带。故每当雨季，山洪下泻，山水横断厂址而过；因此通到厂址的铁路支线，必须修三个铁桥（最长的有一千米），为了防止山洪暴发时的水患，又须修一个九公里长的防水堤。所以，工程费用极大，比在另外地方可能要多花七百亿。现苏方设计组已提出该厂址要重新考虑，我们正作详细勘查工作。

从三年来工作中的经验来看，今后必须在专家来华之前，做好国外设计的准备工作。这种准备工作首先是根据国家建设计划，从政治条件与经济条件来考虑和明确建厂的目的与规模，以便初步确定厂矿的基本方针（包括确定主要产品种类及年产量、供销对象等）。同时对于资源情况，原料与燃料的来源，供电与供水解决的办法，建设程序、期限、它与其他企业配合的可能，以及将来发展的远景等主要问题，都应加以研究；另外需研究建厂的条件，初步选定几个厂址，进行厂址的工程地质与测量工作，收集建厂区域的自然条件与技术经济条件等资料，以便专家来后，加以比较，迅速地最后确定厂址。如属旧厂改造，则需将生产方面的历史资料及现有设备能力加以搜集。如属矿山，则需按照苏联技术上的要求，积极进行资源钻探，以求在苏联专家来华之后有充分的地质资料，供其参考。只有这样才不至于延长专家在中国的期限，才不至于影响设计工作之进行，同时也才能编制出一个正确的设计任务书。

（二）搜集原始资料工作

原始资料是在动手设计之前具体了解客观情况的重要根据。如前所述资源埋藏的情况、厂区工程地质与地形的情况、交通运输与水电供应情况，以及气候、居民情况等，均须有详细的资料才能进行设计。这些资料必须是正确的，只有当它们确实能代表客观真实的情况时，设计工作才能不犯错误。凡是错误的原始资料，必然使设计发生这种或那种错误。故原始资料正确的程度如何，对设计工作有决定性的作用。但是收集原始资料的工作是极为复杂的长期的工作，它的工作量是极为庞大的，是需要大量的人力和物力才能做好的。例如鞍钢为了收集设计的原始资料，从一九五零年六月到一九五二年底，共用人力约六十万工日，其中技术人员约在十五万工日以上；先后来鞍钢收集资料的专家也有一百四十七人之多；三年来鞍钢作了二十四个厂的测绘，共约一万零五百张图纸，资料三百册；测量五百分之一的地图约六十一平方公里，一千分之一的地图约二百二十三平方公里，五千分之一的地图约九十九平方公里；工程地质钻探约九百七十个孔，深度共七千六百米；矿山地质普查约七百五十平方公里，探孔一百一十个，深一万六千六百米。鞍钢在一九五二年时，平均每日约有五百人以上从事收集技术设计的原始资料工作。又如吉林合成氨、吉林染料、吉林电石炭氮化钙等三厂，其初步设计所用原始资料共有六百五十四项，用人工约三万五千工日；其中技术人员，约有一万四千工日。由以上情况看，要想把收集原始资料工作做好，必须有一个强大的技术力量。

过去收集原始资料工作中存在的主要缺点之一，是不能按时交付，致使国外设计进度受了一定的影响。三年以来，我们虽动员了各方面的力量配合苏联专家进行工作，基本上完成了收集原始资料的任务。但在开始一个时期，由于我们对原始资料的繁杂和精细性及其需要的大量人力、物力估计不足，因而没有及时成立专门机构，同时由于参加工作的人员对原始资料重要性认识不足，造成了不能按期提交的现象。如鞍钢在一九五一年，把收集原始资料工作分散给各厂进行，没有一个总的领导机构，以致造成了零星分散缺乏专责制的现象，结果使电气、土建、水道、供热、总平面图等工作互相配合不起来，因而就发生了许多原始资料的返工浪费，影响了原始资料不能按时提交。过去除由专家在华直接领导收集的项目外，所有各厂矿的资料大都延期提交，初步计算延期提交的原始资料，约占全部原始资料的一半以上。如吉林合成氨厂、吉林染料厂、吉林电石炭氮化钙厂的初步设计资料，几乎全部延期了三个月。

收集原始资料工作中的另一个重要缺点，是原始资料的质量很差。如鞍钢在一九五二年七月复查资料时，发现已送国外之资料，多数都有或大或小的错误。如鞍钢大型厂送出的资料中，地耐力是十五吨，苏联设计院根据十五吨的地耐力，在设计时决定原有厂房中的七十二个柱基需要拆换，也就是说需要把钢柱托起来，把旧基打掉重新灌柱基，但实际上地耐力为十九吨，后来及时发现了资料的错误并及时更正了资料，这样才少换了一半柱基。另大型厂的烟囱按提出的资料为四十米高，设计时根据技术上的要求，认为四十米高的烟囱不合条件，必须将原烟囱拆掉，另建一个六十米高的烟囱。但实际上原烟囱就是六十米高，因为发现了这一错误，改正了原始资料中的差错，才避免了重新砌烟囱。还有些错误是苏联专家来中国后在施工前发觉，因而得以修正，避免了不应有的损失。这些错误之所以产生，除了由于中国技术人员水平太低（如不会做工程地质结论，不会做钻探设计，因而不能得出正确的资源材料）和有些技术人员的不负责任的主观主义做法（例如大型厂的烟囱，根本没有实测，技术人员一看就估计为四十米高）外，就是因为对收集原始资料工作的重要性与繁重性领导上还存在着认识不足的现象。经过了一个时期的摸索，才克服了这种认识不足的毛病，才加强了这方面的领导与组织力量。

根据过去在此项工作中的经验来看，在今后收集原始资料的工作上，必须做到下列两项：

（1）在专家来华前及早认真做好准备工作。首先要建立专门机构，集中足够的人员，如测量人员、工程地质、资源地质人员和翻译人员等；建立好测量队、钻探队及工程地质队等机构，并收集自己能收集的一切资料，真正不能收集的，才留待专家来华后再请其帮助。只有如此，方能保证专家在华期间尽快将资料收集完毕，并可得到专家的审查，而保证原始资料的质量。

（2）必须根据自己现有的力量与苏方订立提交资料日期的协议书，该协议书一经签字，必须保证按时提交。在收集原始资料工作中，从收集到审核、翻译直到发出，都一定要建立明确的责任制度。各个负责收集资料的部门须取得密切联系，订立联系制度，各种技术标准与度量单位亦必须统一。

（三）审核初步设计

由于我国的技术水平较低，对苏联设计的厂矿，在技术上很难提出原则性的意见。但在审核初步设计时，仍应详细地研究其所设计的规模、产品方案与我国当前及将来的要求之适应问题，同时对此加以确定。因为我们的经验缺乏，原在设计任务书中所提出的产品方案，可能有不合实际的地方，所以审核初步设计时，必须再对实际情况加以研究，并据此对初步设计加以必要的修正。如有色局吉林电极厂，设计任务书中规定年产石墨化电极二千六百吨、炭素电极二千五百吨，但审核初步设计时，经过对我国炼钢工业的需要重新加以研究计算后，认为将石墨化电极修改为四千八百吨，炭素电极减至一千吨才是正确的；另由于制铝工业之发展，增添新产品阳极糊一万吨也是必要的。又如东北大石桥镁砖厂，在设计任务书中要求的轻烧镁砂规格过高，规定的年产量也超过实际的需要，这是很不合理的。因此在审核初步设计时，对造纸、橡胶等工业的实际需要量，重新进行了一次调查研究后，将不必需的、要求规格过高的轻烧镁砂的项目取消，而只生产一般的轻烧镁砂，这样就减少了建设的项目，而又可满足造纸工业之用。

其次在审核初步设计时，同时应与苏联设计专家共同确定设备订货的分工问题。国内确实能制造的设备，就一定在国内订货，国内不能制造的则向国外订购。这些设备制造分工问题，在双方共同议订后，即须立一协议书双方签字。但是我们必须把在国内制造设备的规格性能及产品目录，及时提交给苏联设计院，以便苏方按照这些设备的性能进行设计。这也是一个重要的问题。它之所以重要，是由于设备制造常常需要数年之久，如不在审查初步设计后，迅速确定设备制造上的分工，则国内国外均将不能及时进行准备工作。

过去我们审核初步设计的工作，也存在着严重的缺点，就是审核的时间一般都大大超过了苏联要求的期限，因而就耽误了设计时间。审核期限除鞍钢的设计规定为三个月外，其他各厂矿设计审核期限都是二个月。而由莫斯科寄到国内就需半个月，故实际上从翻译到审核完毕、批准，及双方签订协议书的时间，只有一个半月。在这样短的时间内，完成如此多的工作，其任务也是很繁重的。过去我部已审核过的八项初步设计，都超过了期限一至三个月。这是因：(甲)翻译时间过长。大约翻译一个中型厂矿（如哈尔滨铝压延厂）的初步设计，如二十个翻译进行工作，就需要用二十天到一个月的时间。（乙）是研究、修正产品方案及与有关单位联系的时间太长，如审核鞍钢大石桥镁砖厂的初步设计时，为确定造纸、橡胶等工业所需轻烧镁砂的规格与数量问题，与轻工业部联系磋商的时间就用了约十六天。另为确定该厂的电压，究应按苏联电压标准（三万五千伏）抑〔或〕按我国现有电压（二万二千伏）进行设计的问题，与有关方面往返联系也用了约二十天的时间。审核哈尔滨铝压延厂的初步设计时，与航空局修正铝板材的规格及管材数量，花费了约十五天的时间。

为争取审核工作不超过苏方的规定期限，以保证国家建设计划按期完成，今后在审核工作中应注意以下两个问题：首先在初步设计的总纲（即第一卷设计）译完后，即可开始审核。不应等待全部的设计书都译完再审核，否则就要浪费很长时间。其次因产品方案涉及的范围极广，非一个部门所能决定，因此提议由国家计划委员会召集有关部门共同研究决定。

（四）向苏联学习问题

自一九五零年以来，在配合苏联专家的工作中，在审核苏联初步设计的过程中，以及在学习苏联的设计书过程中，我们的收获是很大的，技术人员与干部都学习了很多新的知识。特别是经过三年来的学习使我们知道了在计划经济中，什么是正确的设计，什么是错误的设计，知道了应该从什么角度和用什么方法去考虑一切厂矿的设计内容。而苏联专家认真地深入现场调查情况，收集原始资料的实事求是的工作作风与工作方法，也给了设计部门的领导干部与技术人员以深刻的影响与教育。例如鞍钢自一九五零年即开始作高炉设计，但不能掌握设计的原则，直到一九五二年学习了苏联初步设计后，才作出了八高炉与七高炉的设计，并掌握了高炉改造设计的技术。又如为了学习与配合苏联专家的设计工作，我们向抚顺铝厂派了将近二百个技术员，配合专家作出了该厂技术施工设计，并在设计过程中，学习了苏联先进制图法，这对于培养人才与今后建立有色金属设计院均有重大作用。而我们自己设计的厂矿，也在专家指导下修正了设计上的错误，使设计趋于合理，避免了不应有的浪费。重工业部设计公司在苏联专家帮助下，推广了土木建筑新结构标准，为国家节省了大量的财富。

为了加强学习苏联设计的先进经验，迅速提高设计水平，我们认为：

一、首先需要对技术人员进行思想教育与思想改造工作，揭露我们过去设计中的错误，批判技术人员英美资产阶级保守的技术缺点与不从政治条件和国家经济核算角度考虑设计的片面技术观点，为树立正确的设计思想及学习苏联先进技术打下思想基础。

二、有计划有领导地组织技术人员，学习苏联设计组所设计的各厂矿的设计书，并请专家作报告，将苏联先进的设计方法与先进技术灵活地运用到我们自己的设计中去。

三、开办设计人员学校，请专家讲课，具体贯彻苏联的先进技术。为此，我们在沈阳开办了设计干部学校，专门抽调了较好的设计技术人员学习，主要由苏联专家讲课，效果甚好。现已开办了二期，毕业者九十人，正在学习者二百人。

四、苏联设计组来华后，每一个专家均配备三个到五个政治上进步有培养前途的技术人员，随专家一起工作，以资培养。这种办法，实际上也能收到派留学生出国学习的效果。

五、组织技术人员学习俄文，以求其能直接阅读俄文技术书籍。

中共中央批转中央重工业部
关于国外设计工作经验的初步总结报告

（1953年8月21日）

重工业部在《关于国外设计工作经验的初步总结报告》中，对苏联设计的项目，在建设以前，需要注意哪些环节，做些什么准备工作，做了比较系统的具体的分析和研究，这些经验，是值得重视的。

在五年计划中，苏联政府援助我们进行设计和建设的项目共一百四十一个，其中除过去的五十个项目，已大部完成初步设计并部分开始施工外，其他九十一个项目的设计组最近即将陆续前来我国，进行设计工作。为了使苏联对这些项目的设计工作能够顺利进行，并保证设计方面应做的工作如期完成，我们从提出设计任务书，选择厂址，收集设计资料到审查初步设计，都需要配备必要的干部、技术人员与翻译，并进行一系列的工作。因此各工业部门，应进行充分的准备，并应特别注意组织我们的干部和技术人员，在和苏联专家共同工作中，认真学习苏联建设工业的先进经验和先进的科学技术。

中央关于加强与苏联专家合作问题的指示

（1953年8月22日）

各中央局、分局，省（市）委，中央人民政府各委、部党组：

兹将中南局关于加强与苏联专家合作问题给大冶钢厂的指示转发你们参考。中央认为中南局的指示是正确的。为了更好地发挥苏联专家的作用，使我们的同志更好地向苏联专家学习，凡有苏联专家协助我们工作的地区、部门、企业及学校，均应立即认真地检查与苏联专家合作的情况，检查我们同志们向苏联专家学习的情况，严肃地批判那些不正确的思想和态度（如对苏联专家的建议采取当面一套、背后一套的做法），表扬那些学得好、做得好的同志，切实解决存在的问题，并将检查结果向中央作一次专题报告。今后，中央各委部党组、各中央局，对于所属部门和地区中我们与苏联专家合作的情况，每半年应有计划地进行一次这样的检查。在这种检查中，共产党员的行政干部和技术干部应着重自我批评，对中国旧技术人员的错误观点和错误态度当然也应有适当的批评，但决不应该采取粗暴的和急躁的态度，而应该采取完全说理的态度，并经过他们自己的实验去证明，然后由他们自动地放弃他们的错误观点，接受正确的经验，以便团结和争取他们热情地为祖国建设服务。在国家建设事业中，必须重视争取和改造中国旧有技术人员的工作，他们中间的许多人即使还有许多错误的观点需要改正，但一般地说来，他们对于我国过去的经济恢复工作已有不少的贡献，在今后的建设事业中还会有更多的贡献，恰当地估计他们过去的功绩，诚恳地妥善地改正他们的缺点，认真地团结他们，逐步地改造他们，使他们安心地更好地为今后的建设事业服务，对我们是十分重要的。望各级党的组织照此办理。

中共中央

李富春：关于与苏联政府商谈苏联
对我国经济建设援助问题的报告

（1953年9月3日）

主席、各位委员、各位同志：

去年八月，以周恩来总理为首的我国政府代表团，到莫斯科与苏联政府商谈了请苏联政府对我国经济建设予以援助的问题。在原则确定后，周总理、陈云副总理等先行回国，我同若干助手继续与苏方商谈对我国经济建设援助的具体细节，共历时八个月，对每个项目都进行了极详细周密的研究，并得到了圆满的结果。毛主席指定我将中国经济建设问题与苏联政府商谈的结果及我们当前应做的工作，向政府委员会作如下报告：

一、关于我国第一个五年建设计划的任务和方针问题

新中国建国以来，在毛主席、中国共产党和中央人民政府的正确领导下实现了国家空前的统一和各民族的亲密团结，胜利地进行了抗美援朝的伟大斗争，完成了土地改革和各种民主改革运动，人民民主专政已更加巩固。同时，由于工人阶级及劳动人民忘我地劳动，苏联真诚无私的援助，在三年多中间，已经完成了经济恢复工作，财政经济状况已根本好转，人民生活已初步得到改善。这样，就使我国有可能开始实行国家的第一个五年建设计划。根据毛主席的指示，我国建设的基本任务是：第一个五年计划集中力量发展重工业，建立国家工业化和国防现代化的基础，保证国民经济中社会主义成分的比重稳步地增长。在这一总的目标之下，相应地发展农业和轻工业，积极地有步骤地促进农业和手工业的合作化，正确地发挥私营工商业和个体农业、手工业的作用，并在发展生产的基础上逐步提高人民物质生活和文化生

活的水平。这就是说：

第一，发展国家的重工业，是五年建设的中心环节。尽管建设重工业需要巨量的资金、较长的时间和比较复杂的技术，但我们决不能舍弃这一方针而选择另外的方针。因为只有建设国家的重工业，即发展五金、燃料、电力、机械、基本化学、国防等工业，才能保证国防的巩固和国家的安全；才能建立强大的经济力量，保证我国在经济上的完全独立；才能给轻工业以广阔发展的前途，给我国农业的改造提供物质的和技术的条件，使我国经济不断地上升，人民的生活不断地改善。这一些，正是我国逐步地过渡到社会主义的物质基础。

集中力量建设国家的重工业，决不是说就可以忽视国家轻工业的发展、地方国营工业和手工业的发展，以致放松对这些事业的领导。恰恰相反，由于我国是经济落后、人口众多的大国，为了满足城乡人民在生产和生活方面日益增长的需要，适当发展国家的轻工业、地方国营工业和手工业，有极其重要的意义。

在发展轻工业中，国家直接经营的，主要是纺织工业和一些规模较大的造纸工业、食品工业、医药工业。国家直接掌握这些主要的轻工业，不仅是为了保证工业消费品的供应，保证国营商业对市场的领导，同时可以为国家积累建设的基金。

地方国营工业的发展，应充分照顾到我国经济的分散性和不平衡性，按照就地取材、就地制造、就地推销的原则，调整和发挥现有设备的能力，并根据需要与可能举办一些中、小型企业，以便更好地为国营工业和国家的建设事业服务，为当地的人民生产和生活的需要服务。

为人民群众所需要的手工业，目前在国民经济中占相当的比重，它在今后一个很长的时期内，仍是不可缺少的经济力量。因此，对于一切还不能为现代工业代替而为人民群众所需要的手工业，特别是为农业生产服务的手工业，应鼓励其积极性，根据需要使之适当发展，或予以维持，注意提高质量，并稳步地将其引向合作化的道路。

在我国工业的基本建设和生产中，必须注意到生产资料和消费资料的对比关系，即保证生产资料的增长速度快于消费资料的增长速度，并使前者与扩大再生产的速度相适应，后者与人民购买力提高的速度相适应。

第二，在我国发展经济的过程中，必须使社会主义经济成分的比重不断得到增长，这是我国发展经济的根本道路。只有不断增长社会主义经济成分的比重，才能保证人民民主制度的日益巩固和发展，最后使我国取得建成社会主义的胜利。

因此，我们必须首先以最大的力量来发展国营工业和国营商业，巩固国营经济在整个国民经济中的领导地位。当然，这并不是说，我们就可以忽视正确地利用资本主义经济的积极性。对于资本主义工商业中的有利于国计民生的部分，应发挥其积极的作用。尤其是资本主义工业，在有原料和有销路的条件下，应充分发挥其设备能力，为国家和人民的需要服务，并根据条件通过国家资本主义的几种经营方式，逐步将其纳入计划的轨道。

第三，进一步巩固工农联盟，应成为我们一切计划和政策的出发点。为了巩固工农联盟，从长远看，就是要逐步地实行工业化和农业集体化。在目前，首先就是要进一步发展我国的工业和农业，并在此基础上扩大商品流转，以加强城乡的经济联系。因此，在五年当中，对发展农业特别是增产粮食，应给予很大的注意。因为只有发展农业和增产粮食，才能逐步地提高农民的生活水平，从农业方面积累工业建设的资金，并扩大工业品市场，促进工业的发展；也只有发展农业和增产粮食，才能保证工业原料的充分供应，并扩大商品粮食的来源，以满足城市和对外贸易的需要。为了使农业生产不断地获得发展，在目前条件下，一方面应着重发挥农民互助合作的积极性，另方面又应关心和照顾单干农民的积极性，并稳步地引导单干农民走向互助合作的道路。

为了进一步巩固工农联盟，我们的工业，必须担负起满足农民所必需的生产资料与生活资料的任务，我们的国营商业与供销合作社必须正确地掌握价格政策，在降低工业产品成本和商品流通费的前提下，有计划地逐步地适当地降低部分工业品的价格，并保证工业品的及时供应。我们的财政与信贷部门又必须正确地掌握税收政策和信贷政策，使农业生产的发展与农业税之间，保持合理的比例关系，并认真解决某些农户生产中的困难，以便使农业获得不断扩大再生产的条件。

第四，发挥现有工业基地的作用，并积极着手建立新的工业基地，逐渐改变我国工业目前的地区分布的某些不合理状态。目前我国的工业和铁道，集中在东北和沿海一带，这在国防上和经济上考虑，都是不合理的。为了逐渐改变这种状况，建立新的工业基地十分必要。因此，在第一个五年计划期内应进行华北、中南、西北地区的工业基地的建设，沟通西南、西北、中原的铁路网并大力勘察矿产资源，为长期建设准备条件。但是新的工业基地的建设，必须有一定的先决条件：（1）资源的确切勘察；（2）交通条件的准备；（3）动力和燃料的供应；（4）各种工业的配合和技术条件的准备。而利用现有基地建设，则速度快、花钱少、效果大，而且可以提高与生长新的技术力量，因此，建设以鞍钢为中心的东北工业基地，利用华东特别是上海的工业基地，有极其现实的重大意义。

为实现上述方针，就必须充分发挥现有企业的生产能力。因为我国工业生产水平的提高，在今后两三年之内，依然主要地要依靠现有企业；新建企业生产能力的发挥，主要的还在三五年之后。因此，与新建设的企业配合，积极调整、改造现有企业，加强生产管理，充分发挥现有企业的生产能力，对于我国经济建设有十分重要的意义。根据毛主席的指示，贯彻增产节约的方针，反对生产上的保守思想，是在整个建设时期必须注意的。

第五，在生产发展的基础上，提高劳动人民物质和文化生活的水平，是我们国家建设的目的，必须在制定计划时根据可能作具体的规定。因为只有劳动者物质和文化生活的改善，才能更广泛地吸引广大人民群众参加国家的建设事业，并发挥高度的积极性和创造性，为更加美好的未来而奋斗。

在确定劳动生产率和工资增长的指标时，应掌握劳动生产率增长的速度大于工资增长的速度，以保证国家资金的积累，促进国家工业进一步的发展。

第六，必须使我国的五年建设计划有一定的后备。没有后备的计划，就不足以应付情况的变化和偶然的事件，而在我们经济生活中，情况的变化和发生偶然事件的可能性是经常存在着的。

因此，在财力方面和物资方面，必须保有一定的后备，否则就无法确保计划的完成，而且可能使国家遭受严重的损害。

保有后备另一方面意义，还在于我国的第一个五年建设必须为第二个五年建设准备条件，特别是准备资源的条件和技术的条件。因此，按照需要加强地质勘察力量，大力培养技术人才，不仅对于第一个五年建设十分必要，而且对于我国长远的建设事业来说，更有其重大的意义。

苏联政府对上述问题经过研究后，以同志的态度，认为我们所规定的五年建设的基本任务与方针是正确的，这些任务与方针既符合于中国人民的根本需要，也符合于加强民主阵营力量的利益。

二、与苏联政府商谈的结果

去年中财委根据上述的基本任务与方针，拟了一个我国第一个五年计划中重要的工业建设项目草案，经过周总理的审查后，代表团即以此草案同苏联政府提出商谈，苏联政府在详细地、周密地研究了我们所提出的项目草案以后，同意满足我国政府的要求，决定给我国经济建设以如下援助：

（一）在一九五三年至一九五九年内，援助我国建设与改建九十一个企业，这些企业是：

（1）两个钢铁联合企业（包括采矿、选矿、炼铁、炼钢、轧钢等厂），即大冶钢铁厂与包头钢铁厂。上述两个企业每年钢的生产能力均在一百二十万吨左右。

（2）八个有色冶金企业，其中包括制铝厂、铝合金加工厂、云南个旧锡矿厂、镁厂、铜矿厂及钨矿厂。

（3）九个煤矿、三个洗煤厂，其中包括抚顺煤炭联合工厂，每年产煤共约二千万吨。

（4）一个石油炼油厂。

（5）三十二个机器制造厂，其中包括五个重型机器制造厂，一个汽车制造厂（第二个厂），一个拖拉机制造厂，一个滚珠轴承厂，还有一部分国防工业企业。

（6）十六个动力机器及电力机器制造厂，其中包括蒸气透平及透平发电机的制造，水银整流器、避雷器、绝缘材料、高压磁瓶、自动电话交换机、电容器、高级无线电器材等制造厂。

（7）七个化学厂，其中包括两个氮肥厂、一个合成橡胶厂（利用炼油厂的废气做原料），还有几个国防工业企业。

（8）十个火力电站，其中包括大冶、包头、兰州、太原、西安、武汉等火电站，设备能力为四十万瓩。

（9）两个生产磺胺、盘尼西林和链霉素的医药工业企业和一个淀粉厂。

（二）上述九十一个企业，如加上一九五三年四月以前的三年中苏联援助我国建设与改建的五十个企业，共为一百四十一个企业。

这里再说明一下一九五三年四月以前苏联援助我国建设与改建的五十个企业的具体项目。

（1）九个黑色冶金与有色冶金企业，其中包括鞍山钢铁公司、本溪钢铁公司（主要是恢复与改建两座高炉、两座炼焦炉）、一个特殊钢厂，制铝厂及铝合金加工厂的第一期，此外还有铜网厂、铁合金厂、镁矿厂、电极厂。

（2）九个矿井、一个露天矿（阜新）。

（3）十三个机器制造厂，其中包括锅炉制造厂、工具机厂、量具刃具厂、风动工具厂、电缆厂、电表仪器厂。

（4）一个汽车制造厂。即现在建设的长春汽车厂。

（5）四个化学厂，其中包括一个氮肥厂、两个染料厂、一个电石炭氮化钙厂。

（6）十一个电站，其中包括丰满水电站、抚顺火电站、阜新火电站、吉林火电站等设备能力在一百万瓩以上。

（7）两个造纸厂，即佳木斯造纸厂与牙克石造纸厂（牙克石造纸厂因木材供应问题要待森林测量后才能最后确定）。

（三）在自一九五三年至一九五九年的七年期间内，上述一百四十一个企业建成后我国的工业生产能力将大大增长，不论在黑色冶金方面，有色金属方面，煤炭、电力、石油方面，机器制造工业方面，动力机械制造方面，化学工业方面，都超过现有生产能力一倍以上；我国将有自己的汽车工业和拖拉机工业；机械方面和国防工业方面将有许多新的产品出现。到一九五九年，我国钢铁、煤炭、电力、石油等主要重工业产品，大约等于苏联第一个五年计划时的水平，将接近或超过日本发动侵略中国战争时一九三七年的水平（即钢的产量超过五百万吨，煤达到一亿吨，电力在二百亿度以上，石油二百五十万吨左右）。上述主要产品，是国家工业水平的主要标志，因此我们可以说这些企业建设完成后，我国已是一个有自己独立的工业的国家，我国的工业化已经有一个稳固的基础。

（四）苏联帮助我国建设与改建的一百四十一个企业，从选择厂址，搜集设计基础资料，确定企业的设计任务书，进行设计（苏方担负工作总量约70%—80%，我方担负20%—30%），供应设备（苏方供应设备总量约50%—70%，我方担负30%—50%），指导建筑安装和开工运转，一直到新产品的制造，无偿地供给制造新产品的技术资料等等，总之是从头到尾全面地给予援助。

苏联政府为了使我们能掌握新建与改建的企业，大力协助我们培养技术人员。苏联方面将接受我国每年派遣为着新建工厂生产的一千名实习生（工人和工程技术人员），在苏联企业中按各项专业进行生产技术实习。

苏联将派遣五个专家组来中国。一是黄河、汉水的综合规划组，对〈以〉解决总体利用黄河、汉水的水利和水力资源问题，对现有资料给以鉴定，并帮助我国政府制定规划勘测工作计划；二是电气化组，帮助我国制定电气化的远景计划；三是黑色冶金与有色冶金组，帮助我国制定发展黑色冶金与有色冶金的远景计划；四是机器制造工业组；五是造船工业组，帮助我国研究与制定机器制造业与造船业的计划。此外，并派遣一个森林航测组，帮助我国将内蒙、东北、西南的二千万公顷左右的林区航测清楚，并作开采的规划。

苏联将派遣二百名设计专家（顾问）来中国，帮助我国建立工业企业设计机关，培养我们自己的设计干部，向我国介绍先进的设计工作技术经验，并进行工业企业的设计。

此外，苏联方面并决定增派五十名地质专家（顾问）来中国，帮助我们组织地质工作，进行勘探，并帮助进行中国地质人员的训练。

（五）苏联对我国经济建设所给予的援助及将给予的援助，表现了社会主义国家伟大的国际主义精神。同我们商谈的一位苏联同志说："两个国家在一次谈判中解决九十一个企业的建设问题，解决了七年的长期建设问题，这在历史上是创举。"苏联为了帮助我国进行上述企业的设计，她的各设计院要增加很多设计人员，她为交付上述企业的设备，把他们主要工厂的生产计算到一九六〇年。在我们去年到苏联商谈我国建设问题的时候，苏联第五个五年计划已经决定了，并开始执行了，但为了帮助我国建立独立的工业，苏联在自己的第五个五年计划中加进了很多的任务。如果没有伟大的国际主义精神，这是不可想象的。

这里必须说明，我们原先提请苏联设计的项目不只九十一项，是取消了一部分的。取消的项目有三类，一类是我们自己能办的，如纺织印染厂、小电站；一类是地质资源不明还无法进行设计的企业，主要是煤矿；再一类是在第一个五年计划时不需要也不可能建设的，如年产十万吨的重型机器厂等。总之，凡是必要的，有条件办的，并且我们自己办不到的，苏联政府都充分地满足了我们的要求。不仅如此，应该办而我们没有考虑到的，苏联方面还为我们增加了设计项目，如电工方面的绝缘材料厂、高压磁瓶厂，就是由苏联方面提议经我们同意而增加了的项目。

苏联为我们设计的企业，许多是规模巨大的、技术复杂的企业，如钢铁联合工厂，初步设计与技术设计就需要三年时间，做施工图要两年以上的时间，建筑安装要三年以上的时间。苏联新接受的九十一个设计项目的设计组及五个综合组，今年及明年上半年就都要陆续来到我国。

上述情况完全证明了毛主席所说的："苏联对我国的援助是长期的、全面的、无私的援助。"

上述情况也完全证明了斯大林同志说的："……在战后时期中这些国家（指以苏联为首的包括中国和其他欧洲各人民民主主义国家在内的社会主义阵营）在经济上结合起来了，并且建立好了经济上的合作和互助。这个合作的经验证明，没有一个资本主义国家能像苏联那样给予人民民主国家以真正的帮助和技术精湛的帮助。问题不在于这种帮助是极度便宜的，技术上是头等的。问题首先在于这种合作的基础，是互相帮助和求得共同经济高涨的真诚愿望。结果，在这些国家中便有了高速度的工业发展。"也正如毛主席和周总理在九月二日致马林科夫、莫洛托夫的贺电中所说："苏联给予中国人民的兄弟般的帮助，乃是中国经济迅速恢复和走上有计划建设道路的重要因素"。

因此可以肯定地说，我国第一个五年建设如果没有苏联的上述帮助，就不可能有如此巨大的规模和速度，同时我们将会遇到不可想象的困难。

三、我们当前的任务

苏联政府对我国经济建设的援助是全面的和极其巨大的，但我国的建设毕竟是我国自己的事情，必须依靠我们自己的最大努力。我们当前的任务是什么呢？提供下列意见：

第一，要以苏联帮助我们建设与改建的一百四十一个企业为骨干，配合国民经济的各个方面，按照国民经济按比例发展的法则，来制定我国第一个五年建设计划大纲。

国民经济计划是国家方针、政策的具体体现，它又是国民经济各个方面的集中表现，必须使之最大限度地符合于国民经济按比例发展的法则，符合于当前实际。苏联政府不仅对我国的经济建设给以巨大的国际的援助，即在计划工作上，也提示了许多极为有益的经验。根据我国的实际情况，我觉得在编制计划时应注意以下问题。

（一）以重工业为中心的我国第一个五年建设计划必须按照毛主席的教导，在建设中分别重要次要，抓住重点，国家整个建设的重点是工业，工业建设中的重点是重工业；在重工业中，也有重点。当然，这不是说不要其他经济的配合，这在前面所述的方针中已讲到了。但每个部门也必须有自己的建设重点。平均发展，样样都要，分散力量的做法，就是没有重点，因此，必须抓紧对国家建设有决定意义的经济事业，贯彻到底。国家建设也像作战一样，如果分散力量，分兵把口，或者四面出击，就会顾此失彼，陷于被动，并遭受失败。我们在基本建设中曾批判到处摆摊子，分散力量，不分轻重缓急，也就是这个道理。

（二）毛主席经常教导我们，要实事求是，稳步前进。在经济建设上也应该如此。我们的人力物力财力均有限度，建设的经验与知识也很不够，因此前进的步骤一定要稳当，不能一步登天。发展的速度不能过高，而现在的速度已经不小了。毛主席过去常常教导我们不打无准备之仗，不打无把握之仗，我们曾经批判基本建设中的盲目冒进的主观主义，也正是此理。苏联同志在帮助我们研究建设项目时，一项一项都要研究根据，并作精确的计算，特别是对地质埋藏量，机器设备的制造能力，建筑安装力量，干部的来源等都作了仔细的研究，其目的也是要使我们的建设计划建立在可靠的基础上。总之，必须贯彻稳步前进的方针，否则我们在建设中就必然要犯错误，就会使国家遭受到不应有的损失，甚至影响到国家计划的完成。

（三）国民经济是一个复杂的有机整体，各个经济部门的发展是密切结合和互相制约着的，其中有主导部门，也有配合的部门。因此，就要按比例地发展国民经济，不能脱节。要掌握比例，首先就要研究各方面的需要，同时计算可能的条件，不了解需要与可能，不把需要与可能相结合起来，就没有办法按比例，甚至不能认识比例关系。根据苏联的经验：统计是制定计划的基础，定额是对各种计划指标进行核算的根据，而平衡方法，则是计划工作的基本方法。因此，就要加强调查研究，加强统计工作，研究技术经济定额，学习和掌握计划工作中最基本的方法——平衡法。

平衡问题很复杂，这里特别要提一下的是，五年建设中在工业上必须注意新厂与旧厂、大厂与小厂的相互关联问题，也即是现有厂与新建厂的平衡问题，只重视新的、大的，忽视旧的、小的是错误的。因为第一，近代化的工业是建立在高度分工协作基础之上的，不可能把一个产品的所有部件与零件都组织在一个工厂内生产，而且为了使新厂能够发挥更大的效力，必须组织其他若干厂与之协作配合；第二，旧厂都有一定的基础，改建旧厂比新建厂容易，投资少见效快、掌握易；第三，建设大厂是重要的，但大厂必须以小厂为补充。此外，在目前我国手工业对于近代工业的补充作用还是很大的，特别是在农具的制造与农民用具的制造方面。

在编制五年计划时，在方针原则和具体工作上还有其他许多问题，这里就不准备再讲了。

第二，加强基本建设工作。这里我想说明地质勘探、设计工作、施工工作、基本建设的领导等四个问题。

（一）进一步加强地质勘探工作。所有冶金工业、煤矿工业、石油工业、建筑材料工业等企业的建设，必须保证有充足的确实的矿产资源。要把地下的资源弄清楚，就必须经过很繁复的地质勘察工作。自从去年地质部成立以来，此项工作已比以前大大加强了；但要满足国家建设的需要，特别是首先保证第一个五年计划期间的需要，其次是保证更长远的需要，还须进一步地加强地质勘察工作。苏联方面看到我们此项工作的弱点,因而另派五十名地质专家帮助我们。必须承认,我国过去地质勘察工作的基础是很弱的,因而只有虚心学习苏联地质工作的思想、方法、技术,才能进一步加强这一工作;另外对厂矿建设的工程地质工作也必须特别注意。

(二)设计是一个政治、经济、技术的综合工作,正确的设计必须在政治上、经济上、技术上都是合理的;任何一方面的错误或疏忽,都会造成厂矿的不合理,甚至形成工业建设上不可挽回的损失。正确的设计,要依靠正确的原始资料进行;但是收集原始资料又是极复杂的工作,其工作量是极为庞大的,是需要大量的人力和物力才能做好的。例如鞍钢为了收集设计的原始资料,从一九五〇年六月到一九五二年底,共用人力约六十万工日,其中技术人员约在十五万工日以上,先后来鞍钢收集资料的苏联专家也有一百四十七人之多。两年半的时间鞍钢作了二十四个厂的测绘,共约一万零五百张图纸,资料三百册,测量五百分之一的地图约六十一平方公里,一千分之一的地图约二百二十三平方公里,五千分之一的地图约九十九平方公里;工程地质钻探约九百七十个孔,深度共七千六百公尺;矿山地质普查约七百五十平方公里,钻孔一百一十个,深一万六千六百公尺;在一九五二年时,平均每日约有五百人以上从事收集技术设计的原始资料工作。因此,要把收集原始资料的工作做好,必须有一个强大的技术力量。

去年以来工业、交通各部的设计机构已经建立起来了,但是要各部门把设计工作真正地组织起来,使设计人员真正学会做好正确的设计,这还需要费很大的力量和一定的时间。

(三)施工工作,这要依靠与基本建设工作量相适应的建筑安装力量。自去年成立建筑工程部及几个工业、交通部门成立建筑工程机构以来,建筑力量是有很大发展的。目前我国建筑安装工作的严重弱点是:对重工业企业的厂房建筑安装的力量还薄弱,技术水平还很低,因此,总结鞍钢、丰满等已建企业的施工工作经验,并依靠这些施工工作生长新的建筑安装力量是十分重要的。

(四)继续加强基本建设的领导。首先是要加强基本建设的计划工作,加强勘察设计工作,以及加强对建筑安装工作的领导及工程现场的管理。而所有这些工作,都需要有比较有经验的、强的干部来领导。因此,继续抽调强的干部到基本建设部门中去是很必要的。

第三，苏联花很大力量为我们设计的一百四十一个企业，并帮助我们建设，为此她将派大批专家来中国，因此我们必须做好一切建设上的准备工作。这一工作极为复杂和艰巨，举其大者需要做以下几件事：

（一）确定企业的设计任务书，确定厂址。这一工作就不简单，不是随便想一下要生产什么产品、厂子放在什么地方就能办到的，要从全局考虑，从各企业部门的联系考虑（这一部与那一部的联系，新厂与旧厂的联系，大厂与小厂的联系），并联系远景，联系经济上、地理上和技术上的各种条件。它的重要内容是确定企业的生产规模，发展前途，生产品种及各品种的数量，原料材料来源等等。过去的经验是在这些内容上我方决定之后变更太多，因而影响与延误了初步设计和技术设计，浪费了苏方的设计力量，推迟了企业建设时间。今后，我们应该加强与加紧调查、勘测、研究工作，慎重决定，做到决定之后不再变更。

（二）供给正确的设计资料（包括地质资料）。资料如不正确，就要造成设计的返工（如未发现，则会造成将来的损失）。这些资料中，复杂的是工程地质、水文地质、气象资料，在规模巨大的旧厂改造，更需要大量的正确的测绘工作与测验工作。为保证这些资料的正确供给，各部的基本建设机构中，在苏联专家帮助之下，逐步建立有权威的检查鉴定机构是必要的。同一地点如新建几个企业，应组织统一的机构搜集设计用的共同的资料。

（三）设计的审查批准。初步设计苏方在设计院编好之后，要经过详细审查后才提给我方审查批准。我方收到苏方交来的初步设计后，审查批准的时间不能太长，否则就会影响建设时间。过去的主要经验是，我方在批准设计时经常拖延时间，因此，我方审查初步设计，必须迅速，这样也就要有一定的力量。

苏方新设计的九十一个企业，其设计工作总量要由我方担负20%—30%，各有关部也须预作准备。

（四）苏方设计的企业，我方承担30%—50%设备制造的任务，这对于锻炼与壮大我国的机器工业有极大的意义，但这一任务是很重的；为了建立我国工业化的基础，我国机器制造部门（不只是机械工业部，像铁道、交通、纺织、农业等部都管理一些机器制造企业），必须时刻想到自己任务的光荣与重大而积极担负起来,必须确实了解我们当前能造什么(要有确实的产品目录),不能造什么(困难何在),如果能造,在数量上和时间上能否配合得上建设的要求。此项工作,困难是很多的;但我们必须大力克服困难,积极完成。

(五)对一百四十一个新建与改建的企业,必须根据企业的性质与规模,迅速抽调得力的干部担任厂长、总工程师及其他职务,并组织筹备处进行工作,这是保证上述四项工作顺利进行的一个重要环节。

(六)关于重要工业区和工业城市(如大冶、包头、兰州、西安等)的规划问题,必须联系新建企业作全盘的考虑与研究。某些重要的新建企业的厂址,也必须在整个工业区的统一规划中来解决。

第四,学习苏联,培养人才。

经济建设是长期的也是永久的事业,不仅我们目前需要很大数量的、技术高的技术人才,而且今后还需要更大数量的、能掌握高度技术的、忠心耿耿为人民事业服务的建设人才。要培养人才,就必须学习苏联,有一些有技术的人,也必须学习苏联,因为今天世界上能把技术和经济、政治结合得这样好的,还只有一个苏联。当然不是说对其他国家和其他人就不学习了,不是的,毛主席教导我们要向一切内行的人学习,我们应该这样办,但毛主席又教导我们主要是应该学习苏联。

为了很好学习苏联,培养人才,我想简单提出以下几点:

(一)学习联共党史,学习政治经济学,学习苏联建设社会主义的经验。为了使我们在工作上少犯原则性的错误,高级干部抓紧理论学习是十分重要的。

(二)向苏联专家顾问学习。凡是聘有专家顾问的部门,都应由首长负责,组织一定的干部,规定计划向专家顾问作有系统地学习,以达到发挥专家力量和我们学会本领的目的。

(三)苏联帮助我国建设与改建的一百四十一个企业,其全部设计文件、建筑安装工作、开工运转工作,是一套最可宝贵的工业建设百科全书,也是一套工业大学及研究院最好的活教材。因此,各有关部按部门有计划地分门别类地组织学习,对于培养我国工业建设的专家,有极重大的意义。

(四)派遣实习生。正确地派遣实习生是保证新建改建企业按时开工生产的决定环节，如果没有成套的技术人员，则纵然把企业建设起来也会运转不了。苏联政府答应我国每年派遣一千名实习生，主要是为了一百四十一个企业能顺利开工运转。因此，各工业部门对实习生的派遣应花大的力量，去组织实现，因为这是我国最迫切的需要。

（五）有计划地大力培养建设干部。除了加强大学专科学校及中等技术学校的工作外，还要有计划地推广新技术与企业的先进经验。各企业部门办的艺徒学校，应总结经验，加强领导，并根据国家建设需要增加工种，增加数量，没有机会升中学的青年是艺徒学校学生最好的来源。根据苏联的经验，艺徒学校以工艺学习为主，理论学习为辅；工种要分得细，一个学生只学一个工种；课程门类要少；工长（教工艺的）要固定，从学生进学校教起，一直教到学生毕业；工艺的学习，先求质量好，在保证质量好的前提下再要求速度快。我想这些经验是值得我们学习的。此外，各专业部及劳动部有计划地办理推广新技术的短期训练班，也是很重要的。

各位委员、各位同志：我国第一个五年建设计划的第一年已经从今年开始了，在全国人民和全体干部面前摆着极其艰巨的和光荣的任务，我们必须动员全国的各个阶层、各个民族、各种工作岗位上的每一个人，都参加到这一伟大的建设事业中来，在各自的岗位上发挥最大的力量，把我们国家的经济建设办好，完成和超额完成国家的计划，争取我国早日实现工业化。

国家的工业化，对我们不是没有困难的。毛主席早已预见到了这一困难，并且教导我们说：革命的胜利"只不过是像万里长征走完了第一步。残余的敌人尚待我们扫灭。严重的经济建设任务摆在我们面前。我们熟悉的东西有些快要闲起来了，我们不熟悉的东西正在强迫我们去做，这就是困难"。我们当前首要工作，就是要根据我们同苏联政府商谈的结果来编制我们的五年计划大纲，而这也不是没有困难的。但我们的困难，是发展中的困难，可以克服的困难，我们有伟大领袖毛主席和中国共产党的领导，有勇敢勤劳的人民，有伟大苏联真诚的援助，有全世界进步人类的支持，只要我们能够紧紧地掌握中国共产党中央和毛主席指示的方针和政策，善于依靠人民群众，集中群众的智慧，诚心诚意地向苏联学习，及时地和认真地总结工作中的各种正确的和错误的、成功的或失败的经验，采取科学的方法和老实审慎的态度，那么，我国的建设事业是会成功的，是一定要成功的。

中共中央关于加强发挥苏联专家作用的几项规定

(1953年9月9日)

　　正确地学习与运用苏联先进经验，是胜利完成我国各项建设任务的一个重要因素。我国计划建设开始以后，我政府在各种业务部门中增聘了人数相当多的苏联专家来帮助工作。加强向苏联专家学习，学习他们的精通的业务技术，以至他们的由伟大的苏联共产党所培育出来的忘我的工作精神、优良的工作作风和科学的工作方法，乃是一切聘请专家部门的一个重要任务。过去几年苏联专家在我国各方面的恢复与建设工作中曾起了很大的作用，许多干部曾虚心地向他们学得了不少东西。但某些聘请专家的部门在向专家学习方面尚不够积极与主动，还没有采取一切必要措施，以充分发挥专家的力量；有的部门对专家的建议不够重视，既不认真执行，也不对专家说明不能执行的原因，少数工作人员对专家建议甚至有阳奉阴违的情形，致使专家不能在工作中发挥其应有的作用。为了纠正这些缺点，更加充分地发挥专家的作用，特作下列规定，望各聘请专家的工作部门遵照执行：

　　一、在一切领导干部中，必须巩固地确立学习苏联先进经验的思想，克服保守思想和骄傲自满情绪。对于一般干部和技术人员亦应进行教育，并推动他们努力学习苏联先进经验，以利推广。学到的东西必须加以整理、巩固并普及到有关的业务部门及干部中去。克服随学随忘，学到的经验只用于当时当地，既不巩固，更不推广，事后又要请教专家的依赖思想与不认真学习的态度。

　　二、各部门必须在专家参加之下规定每一季度的工作计划，以便专家根据这个计划定出自己的季度计划。必须认真地根据工作计划吸收他们参加各种主要问题的研究与决定，并应邀请他们参加各部门、企业、机关领导上的会议，以及各种专业会议和技术会议。向专家请教问题时，应事先有充分准备，避免零碎和重复，使专家能集中精力于主要的工作。专家的季度工作计划与这一工作计划执行结果的简要报告，均须按时分别报送有关各委与财委各办公厅，并抄送政务院专家工作办公室。

三、必须有计划、有目的地组织专家在一定负责同志偕同前往之下赴各地现场检查工作，检查的结果应认真研究、讨论并作出必要的改进工作的决定，在专家帮助之下贯彻执行。

四、对专家所提出的建议，必须结合我国实际情况，认真研究，加以采用。对专家建议的执行情况应及时检查，并将检查结果及发现的问题及时告知专家。对专家建议如有不同的意见或不合中国目前实际而难于采用时，亦应向专家坦率说明，并进行讨论，务使各种建议成为实际可行的东西，避免发生表面接受、事后又不执行的毛病。

五、帮助我们训练干部应成为各部门苏联专家重要工作之一。必须在苏联专家帮助之下有计划地加强各机关在职干部的业务教育，请专家有系统地讲解各种专业方面的苏联先进经验，并综合研究苏联专家所介绍的各种材料，如报告、讲演等，然后以本部门名义整理编印，供各地同业干部学习之用。

六、各部门的主要负责同志必须把使用专家作为自己领导工作中的重要方面之一。必须定期向专家介绍本部门的工作情况、工作计划，有系统地供给专家与其工作有关的必要资料，并虚心听取他们的建议和意见，改进工作。

七、各部门负责人或由其指定的副职一人负责专家工作，并根据专家人数建立适当的专家工作机构，其任务为具体帮助专家完成其工作计划，组织干部向专家介绍本部门工作情况，组织干部向专家学习；经常检查干部向专家学习的情况；表扬那些学习好的同志，批评并纠正向专家学习中一切不正确的思想和态度；检查专家建议执行情况并向其交代，保证专家工作上的便利条件，以及解决与专家工作、生活有关的其他各项问题。

八、各企业、各学校聘有专家者，应由其主管部门根据上述各项原则，另行规定各该单位对苏联专家的工作的具体办法，责成各该单位负责进行，并由其主要部门依此规定实行检查。

九、各部门每半年（每年三月和九月）应对苏联专家的工作按上述各项规定进行一次全面检查，及时分别报送有关各委与财委各办公厅，并抄送政务院专家工作办公室。各委与财委各办公厅则应根据这些检查报告,进行综合研究,规定改进办法,报政务院。

文献资料

李富春：编制第一个五年计划应注意的问题[1]

（1953年9月15日）

今年是我国实施发展国民经济第一个五年计划的第一年。五年计划的草案正在积极编制中。我把拟定计划过程中的几个问题向大家作一简要报告。

一、编制五年计划大纲应注意两个问题。

（一）贯彻重点建设，稳步前进的方针。

五年建设的总任务是奠定国家工业化的初步基础，而我们的财力、物力和人力有限，建设的经验与知识也很缺乏，因此必须抓紧对国家工业化有决定意义的建设项目，集中力量打歼灭战；决不能也不应分散力量，处处建设，百废俱兴。经济建设也像作战一样，如果四面出击，或者分兵把口，就必然顾此失彼，陷于被动。单从某一方面来看，似乎要办的事很多，但从总体来看，又必须分别轻重缓急，不能齐头并进。要以苏联帮助我国新建与改建的九十一个企业和过去已决定帮助我们新建与改建的五十个企业为骨干。这些企业对于打下我国工业化基础有决定的意义，必须抓紧建设，保证完成。同时，还要建设一些与上述骨干企业相配套的项目。

稳步前进，既要反对冒进，又要克服保守。毛泽东主席经常教导我们，要实事求是，稳步前进。这一点，在确定我国第一个五年计划的发展速度时，必须特别注意。什么是冒进，什么是保守呢？不是建立在客观可靠的基础上，而是建立在主观愿望上，实际办不到的事情硬要去办，就是冒进；相反，根据现有基础，能够办到的事情而不积极地去办，就是保守。这两种错误倾向，在我国过去的生产与基本建设中都曾发生过，近半年来已在不断地防止与克服。值得注意的经验是：在恢复时期，工业的增长速度是比较快的。建设时期与恢复时期不同，工业速度要决定于：（1）对资源情况的了

---

[1] 这是李富春在全国人民政治协商会议常务委员会扩大会议上报告的部分内容。

解;(2)现有设备及其可能发挥的生产能力;(3)建设力量的大小(包括地质勘察力量、设计力量和施工力量);(4)劳动生产率和技术水平的提高。必须考察与计算这四方面的因素来确定我们的工业发展速度。同时,还要注意生产与基建结合,新建与原有生产能力结合,以及工业的地区分布。在开始建设时期,一方面必须充分利用现有的工业基础与工业基地,另一方面又要着手建设新基地;必须注意新厂与旧厂、大厂与小厂的配合。综合考虑以上因素,才能使我们的计划建立在可靠的基础上。制订的计划不仅要可靠,而且要积极,那就是需要经过努力才能完成。不用努力就可完成的计划是保守的计划,也不能对我国经济发展起推动作用。因此,我们在反对冒进的同时,还要反对保守。

总之,不能贪多、贪快,但要克勤克俭,努力向前。

(二)使国民经济的各方面按比例地发展。

国民经济是一个复杂的有机的整体,各个经济部门的发展是密切联系的和互相制约的,其中有主导的部门,也有相应发展的部门。工业首先是重工业,是我国经济的主导部门,是决定我国经济面貌的。但重工业的发展,绝不是孤立的,它必须有轻工业、农业、商业、交通以及其他国民经济部门的配合。也就是说,我们的五年计划,必须在为逐步实现国家工业化的前提下,正确安排各个经济部门的比例关系。

为了达到上述目的,我们就必须学习计划工作的重要方法——平衡法。根据苏联计划工作的经验,准确的统计资料是编制计划的基础,合理的定额是对各种计划指标进行核算的根据,而平衡法则是计划工作的基本方法。为了搞好综合平衡,就必须了解和研究各方面的需要,考虑各种可能条件。因此,必须有比较可靠的统计资料和比较合理的定额,否则就无法进行平衡。这就要求我们加强统计工作,对各种经济情况进行统计分析,研究各种主要的技术经济定额,使计算平衡所依据的资料真正有科学的根据。在此基础上,进行反复计算,才能帮助我们逐渐认识我国经济的发展规律,从而帮助我们正确地制定我国第一个五年计划大纲。过去的两三年,我们是不完全了解这个道理的,加上缺乏统计、缺乏统一的定额,所以走了一些弯路。看来,还要经过几年才能走上轨道。我们在计划工作方面,注意工业多,注意农业、手工业少。在基建方面,也有不妥当的地方,往往先注意施工,再注意设计，然后注意勘察。这些问题，要通过不断总结经验，认真加以改进。

二、要大力培养干部。

在我国第一个五年建设计划中，除苏联帮助我国新建与改建的企业外，配合这些企业的建设，我们自己还必须设计与建设若干个新的企业与改建一些旧的企业。所有这些新建与改建的企业，在这五年中都要陆续开始建设。从勘察资源、选择厂址、收集设计资料、进行设计、订购和制造设备，一直到建筑、安装、试车、投产，以及配合工业发展进行城市规划设计和建设等一系列工作，是极其繁重的，其中包括巨大的组织工作和复杂的技术工作。要完成这些任务，如果没有大量忠实于人民事业、熟悉我国经济情况和本部门业务的建设干部和技术人才，是难以设想的。目前基本建设中的主要问题，就是干部的数量和质量同繁重的建设任务不相适应。为了解决这个问题，第一，必须加强现有大专学校、中等技术学校和各种专业训练班的工作，要从干部、师资、教材等方面下很大的力量，保证办好。第二，适当地、有计划地分别不同情况在工矿企业中举办一些脱离生产、半脱离生产或不脱离生产的技术学校与训练班。第三，组织所有基本建设工作岗位上的干部认真学习业务、技术，特别是向苏联专家学习，努力提高自己的水平，以适应国家建设任务的需要。

三、认真学习苏联建设的经验。

我们的任务是十分艰巨的，经验是非常不足的。要进行经济建设，必须认真学习苏联的建设经验，学习苏联的科学技术。同时也要向其他国家学习。毛主席教导我们，要向一切内行的人学习。我们应当这样办。

学习苏联是必要的，但更重要的还是要总结我们自己在建设中的实际经验。从今年起，我们已在全国范围内开始进行有计划的经济建设，资源、厂址及其他建设条件的勘察正在加紧进行，有一些企业已完成设计并进行施工，还有更多的企业即将设计或施工。在建设过程中，及时地经常地总结成功的和失败的经验，对于指导今后的建设有极大的意义。有的建设项目，设计资料未收集好，工程地质未搞清，就进行设计与施工，这方面的教训必须认真记取。在总结经验中，要特别注意苏联帮助我们设计和建设的企业，对这些企业我们应该从地质勘察、资料收集、厂址选择、产品方案、设计编制、设备供应以及建筑安装等方面，认真地、仔细地进行总结，通过这些总结，使国外的先进经验和中国的实际情况结合起来，以便更好地组织我们的基本建设工作。

毛泽东：关于感谢苏联政府援助我国经济建设的电报

（1953年9月15日）

一

苏维埃社会主义共和国联盟部长会议主席马林科夫同志：

中华人民共和国中央人民政府委员会，在一九五三年九月十五日举行的会议上，满意地听取了中华人民共和国政府代表团的代表李富春同志所作的关于与苏联政府商谈苏联政府对我国经济建设援助问题的报告。中央人民政府委员会一致认为，由于伟大的苏联政府同意在建设和改建中国的九十一个新的企业以及正在建设和改建的五十个企业中给以系统的经济的和技术的援助，中国人民将能够在学习苏联的先进经验和最新技术成就的努力之下，逐步地建立起自己的强大的重工业，这对于中国工业化、使中国逐步地过渡到社会主义和壮大以苏联为首的和平民主阵营的力量，都具有极其重大的作用。

两个国家在一次商谈中解决了九十一个企业的建设问题，解决了长期的援助问题，这在历史上是创举，完全体现了伟大的斯大林所说的真理："这个合作的经验表明，没有一个资本主义国家能像苏联那样给予各人民民主国家以真正的帮助和技术精湛的帮助。问题不仅在于这种帮助是极度便宜的，技术上是头等的。问题首先在于这种合作的基础，是互相帮助和求得共同经济高涨的真诚愿望。"

在商谈过程中，苏联政府根据它三十多年来的伟大社会主义建设的丰富经验，对于我国五年计划任务提出了各项原则的和具体的建议。这些建议将帮助我们在中国经济建设过程中尽可能地避免许多错误和少走许多弯路。

我谨代表中国政府和中国人民对于苏联政府和苏联人民这种伟大的、全面的、长期的、无私的援助，表示衷心的感谢。中国政府和中国人民愿以自己的不懈的努力来加强苏中两国的经济合作和友好同盟，以利为世界和平事业的共同奋斗。

中华人民共和国
中央人民政府主席　毛泽东
一九五三年九月十五日于北京

二

张闻天同志：

　　今日中央人民政府委员会通过了以我的名义致马林科夫同志关于感谢苏联政府援助我国建设问题的电文，现随电发去。请你面见马林科夫同志，并以中文为正本，俄文为副本亲递上述电报，以资郑重。

毛泽东
一九五三年九月十五日

张闻天：中国人民开始了为国家工业化的斗争

（1953年10月1日）

中华人民共和国成立已经四年了。在这四年中间，中国人民在中国共产党的领导下，向国内外敌人进行了坚决的斗争，巩固了国家的独立和统一；完成了一系列的民主改革工作，使人民民主专政获得了巩固的基础；在生产战线上作了辛勤的努力，恢复了在长期战争中受到破坏的经济。从今年起，我们开始了有计划的经济建设，其目的是逐步实现国家的工业化和逐步过渡到社会主义。

中华人民共和国的成立，结束了帝国主义、封建主义、官僚资本主义在中国的统治。中华人民共和国一成立，中国共产党就集中力量来进行土地改革和其他各种民主改革，以创设必要的条件，使我国有可能开始进行有计划的经济建设，逐步实现国家的工业化和逐步过渡到社会主义。从一九五〇年冬季开始的伟大的抗美援朝斗争，不但打退了美帝国主义对朝鲜民主主义人民共和国的进攻，也打退了它对中华人民共和国的直接威胁。

在民主改革和抗美援朝斗争的过程中，恢复国民经济的工作获得了很大的成就。从一九四九年到一九五二年，工农业各项主要产品的产量，如以一九四九年作为100，一九五二年的指数生铁为764，钢为846，钢材为848，电为164，原煤为202，原油为358，金属切削机床为650，水泥为433，棉纱为201，棉布为287，纸为331，面粉为220，糖为199，火柴为129，卷烟为151，粮食为145，棉花为291。

到一九五二年，工农业主要产品的产量已超过中国历史上的最高年产量。随着生产的恢复和发展，物资交流日益扩大，城乡经济日趋繁荣，对外贸易，特别是对苏联和各人民民主国家的贸易，继续有巨大的增长。人民的生活也有相应的改善。

在国民经济的恢复中，社会主义性质的国营经济的力量和比重有了很大的发展。一九五二年，国营工业在现代性的工业总产值中约占 60%，其中在重工业方面占 80% 左右，在轻工业方面占 50% 左右。在商业经营的批发业务方面，有关国计民生的主要商品已基本上由国家掌握。同时，作为国营经济可靠助手的半社会主义性质的合作社经济有了很大的发展；私营企业中经各种形式与国营经济相联系相结合的国家资本主义性质的经济也有了发展。

在政治、经济等各方面创立了必要的条件之后，我国从今年起开始了第一个五年建设计划。我国第一个五年建设计划的基本任务是：首先集中主要力量发展重工业，建立国家工业化和国防现代化的基础；相应地培养建设人才，发展交通运输业、轻工业、农业和扩大商业；有步骤地促进农业和手工业的合作化和进行对私营工商业的改造，并正确地发挥个体农业、手工业和私营工商业的作用。所有这些，都是为了保证国民经济中社会主义成分的比重的稳步增长，为了保证在发展生产的基础上逐步提高人民物质生活和文化生活的水平。以发展重工业为经济建设的重点，这是苏联人民所已经走过和得到成功的社会主义工业化的道路，这是中国的社会主义工业化的唯一正确的道路。

按照一九五三年的年度计划，一九五三年的工业总产值比一九五二年将增长 23% 左右，其中国营工业将增长 32% 左右。各种主要产品和一九五二年比较，计划所规定的增长指标为：生铁 13.3%，铁锭 22.1%，铜 28.6%，铅 34.6%，锌 32%，金属切削机床 4.6%，发电机 190.9%，发电量 18.3%，原油 29.1%，水泥 29.7%，木材 38%，棉纱 9.4%，棉布 10.5%，纸 7.9%。

解放前的中国，本来是一个经济上极其落后的半殖民地半封建的国家，国民党反动统治的掠夺和长期的战争，更使国民经济受到严重的破坏。中华人民共和国成立以来，虽然依靠人民群众高度的政治积极性和创造性的劳动，在恢复国民经济方面获得了显著的成就，但在开始第一个五年建设计划的时候，毕竟工业基础还很薄弱，技术还很落后，发展重工业所需要的资金，熟悉工业建设的干部和熟练工人都很缺乏。因此，要完成这些任务，不可免地会遇到各种各样的困难。中国共产党估计到在中国这样广大和落后的国家中实现工业化和社会主义改造的艰难条件，决定采取稳步前进的基本方针，同时估计到我国国内外的各种有利条件，首先是人民的觉悟和苏联的援助，有充分的信心克服前进道路上的任何困难。

对于中华人民共和国的经济恢复和经济建设，苏联的援助都具有头等重要的意义。一九五〇年二月签订的中苏友好同盟互助条约不但有力地保障了中国的独立和安全，而且大大地帮助了中国经济的发展。条约规定："缔约国双方保证以友好合作的精神，并遵照平等、互利、互相尊重国家主权与领土完整及不干涉对方内政的原则，发展和巩固中苏两国之间的经济与文化关系，彼此给予一切可能的经济援助，并进行必要的经济合作。"我国国民经济的迅速恢复，是和伟大的苏联政府所给予的经济的和技术的援助分不开的。在我国开始进行有计划的经济建设的时候，苏联政府同意在我国从今年起着手建设和改建的91个新的企业以及过去三年中已在建设和改建的50个企业中给予巨大的全面的有系统的经济的和技术的援助。由于苏联的巨大的慷慨无私的援助，正如毛泽东同志在给马林科夫同志的电文中所说："中国人民将能够在学习苏联的先进经验和最新技术成就的努力之下，逐步地建立起自己的强大的重工业，这对于中国工业化、使中国逐步地过渡到社会主义和壮大以苏联为首的和平民主阵营的力量，都具有极其重大的作用。"毛泽东同志代表中国人民和中国政府，对于苏联人民和苏联政府这种伟大的、长期的、全面的、无私的援助，表示了衷心的感谢。毛泽东同志指出："中国政府和中国人民愿以自己的不懈的努力来加强苏中两国的经济合作和友好同盟，以利为世界和平事业的共同奋斗。"

苏联建设社会主义的丰富经验，对我国的经济建设同样有头等重要的意义。为了适应全党在进入经济建设时期的需要，中国共产党中央委员会今年四月发出了关于一九五三——一九五四年干部理论教育的指示，要求全党干部，都能有系统地研究列宁、斯大林关于苏联社会主义建设的学说，认真地了解苏联执行新经济政策、实现国家工业化、农业合作化和完成社会主义建设的历史经验，以便在我国经济建设过程中根据我国具体条件正确地利用苏联的经验。

当我国第一个五年建设计划的第一年快要结束的时候，全国人民正在发挥高度的热情和积极性，开展增加生产、厉行节约的爱国运动，为完成和超额完成国家计划而努力。中国的劳动人民了解：完成一九五三年的年度计划，这就是向国家的富强和自己的幸福前进一步，这就是国民经济中社会主义成分的比重的增长，这也就是给帝国主义侵略分子一个新的打击。

国家计委：请各部抓紧苏联设计项目的各项准备工作

（1953年10月13日）

苏联设计的九十一个企业，绝大部分须于今年第四季度及明年第一季度提出设计任务书。十月份将有七十一个项目的设计专家组到我国，因此第四季度的工作将是极其紧张的。根据最近各部汇报，关于设计的准备工作，尚存在不少问题，必须迅速解决。例如有的厂址牵涉到城市规划，或几个企业的相互关系迄今不能确定；设计基础资料的搜集尚不完备；已作的资料尚未经审查鉴定，有关建厂设计的若干基本的根据数字提不出来，或提出后也不准确；因而关于企业将来原料、燃料、动力、运输的供应来源不能确定，不能与各供应部门取得协议；企业的产品方案（规模及具体产品品种）有的尚未经认真研究；特别是与有关企业的生产协作（相互供成品半成品），服务设施的协作（共同使用动力、水源、管线工程、住宅区、修理厂、铁道专用线等），建设施工的协作（共同使用砂石场、建筑附属企业、临时建筑物、临时给水供电等）各部尚未考虑。苏联政府已再三要求我方按时提出设计基础资料和设计任务书，我们如果不能按时提出，或是关于设计的基本问题不能及时地正确地予以确定，不断发生错误和返工，不但有误苏联方面的帮助工作，且将贻误国家的建设和延迟国家工业化的速度。因此决定：

（一）各部党组必须根据各部的建设项目和专家来华时间与苏方提出的搜集设计基础资料大纲和编制设计书的建议（很多企业已经收到）立即再行检查各项准备工作，分别先后于十月底完成。检查中应注意哪些已做，哪些未做，哪些必须重做，订出进度，指定专人负责，限期完成。凡检查中发现哪些工作不能按期完成，必须立即抓紧主动与有关部门联系协商，迅速解决，凡不能解决的重大问题，应立即报告本委并提出如何解决的意见。由于准备工作中各项问题的确定，与各个城市的规划有密切的关系，因之各部必须注意加强与地方党委的联系，并取得地方党委的协助。

（二）各部门、各管理总局及其所属机构与厂矿于收到其他部门关于提供建厂设计基础资料（包括动力、运输、资源）和供应产品的正式要求（这些要求必须是真正需要的，而且是可能做到的）时，必须列入本部门的工作计划，作为本身任务，指定专责机构，切实负责，如期提出资料或协议文件，不得互相推托。如不能如期完成，应与原提出的部门磋商解决。重大问题亦应报告本委决定。

（三）各部应迅速确定各企业设计所需的基本的根据数字（如厂址面积、电力、蒸汽、运输、给水、排水、原料、燃料、职工的需用数量等），专家组已到者立即与专家组商量确定之，已收到苏方资料者根据苏方资料确定之，专家组未到又未收到资料者与各部苏联顾问商量或根据现有资料初步拟定之（尽可能求得准确），以利厂址选择、资料搜集以及提出各种协议文件等项工作的进行。

（四）各企业的生产规模，产品品种及是否需要进一步扩大，要求外部供应何项成品半成品等问题，应与本委各专业计划局及各有关的需用供应部门磋商。考虑到与现有及新建各厂的分工配合，于半月内提出一个至几个方案，并研究比较各个方案的利弊，注明各方面的不同意见，报告本委。俟专家组到华请其帮助确定。

（五）已完成的设计基础资料，皆必须经过认真的检查鉴定。除进行一般检查外，特别对于地形测量和工程地质等重要资料应指定可靠人员选进行抽查，确定每项资料的质量，如不合要求则应立即集中力量进行重测重做，避免与减少过去犯过的错误和返工、误时等项损失。在此工作上应充分取得现已在华专家的指导与帮助。

（六）凡同在一个地区或互相邻近的企业在设计时都必须充分考虑在生产中，共用各种服务设施中和在建设施工中的相互协作。因为这不但为了合理利用国家资源，节省建设投资，降低经营费用，同时也是为了加速建设时间。凡同在一个地区的几个互相关联的企业的总平面布置和共用设施的建设，苏方答应设计者，以其中最大的一个企业或需用量最多的一方为设计的总委托人，不归苏联设计者，由其中最大的一个企业，需用量最多的一方或技术力量最强的一方担负设计任务。凡几个企业协商协作时，都应当从全局的利益考虑，避免局部、片面观点。至于各建厂区域的具体的负责部门，由本委设计工作计划局根据上述原则与有关部门协商决定。

（七）中央各工业部应将此电传达到所属各级执行机构和各新建企业的筹备组织负责人。国家计划委员会将派出人员参加与检查各项准备工作的进行情况。希各部协同动作。

国家计委关于委托苏联设计项目设计
准备工作进行情况的综合报告

(1953年10月18日)

  我国委托苏联设计的工业建设项目共一百四十一项，其中包括过去三年来陆续委托苏方设计并经苏方同意的五十项和今年五月十五日协定中规定的九十一项。在老的五十项中，除早已撤销的营城子银矿山第八立井（因地质复杂、煤层薄，无建立井的条件）和最近暂行取消的牙克石纸厂（因资源不足）外，按照设计与建设的进度，目前已有四十项确定了设计任务书（其中除六个飞机修理厂不必要设计任务书外，还有大连电站和北票台吉第四立井两项尚未确定设计任务书），三十六项确定了初步设计，廿五项在陆续交付技术设计和施工图并正在进行施工（如加上未编设计任务书即行施工的六个飞机修理厂则为三十一项）；根据设计工作的进度，预计明年尚有十五个项目可以开始施工。在新的九十一项中，当前最重要的工作是搜集设计基础资料、确定厂址和编制企业的设计任务书，以便苏联设计机关据此进行设计工作。按照协定的规定，九十一项中有七十九项须在明年第一季度以前提交资料和确定设计任务书；此外，尚有苏方帮助我国设计的六个有色金属企业（即协定的第二号附件），苏方亦拟于最近派遣专家来华，其设计准备工作，亦需加紧进行。目前的准备工作即以此八十五项为重点。

227

驻苏大使馆商务参赞处关于委托苏联设计工作中的一些问题及意见

（1953年10月20日）

过去三年来，我国委托苏联代为设计的厂矿达一百余项，但由于我们在这方面缺少经验，因而在委托苏联设计的工作上，走了一些弯路，发生了若干缺点。鉴于设计工作的好坏，直接影响到基本建设的成败，故特将我们在委托设计工作上所体会到的一些问题及对今后的意见提出来，供领导上参考。

（一）在确定基本建设项目和搜集原始资料方面的问题：

1. 基本建设项目的确定，及设计任务书的提出，是全部设计工作开始的第一步，也是最重要的一步，应当很慎重地将以下问题考虑后，始能确定：

甲、厂矿地点及其地质情况（有无建厂的可能及此地是否恰当）；

乙、企业规模，主要产品年产量及其将来之扩充计划；

丙、原料、燃料和动力的供应，产品的销售及与其他各方面配合；

丁、设计、建筑及生产开动进度计划。

但是我们对以上这些基本问题，往往缺少反复的研究，因而常常给工作带来不必要的损失。在这方面的例子，是很多的。如在未签订五月十五日协定以前，我们向苏联提出委托设计的旧项目共八十七项，由于我们事先考虑不周，提出后又取消者达卅七项，将近于提出总数的一半或等于已定妥的五十项的百分之七十四。太原化学厂的厂址问题，由于事先仔细研究不够，当设计机关提出变更厂址的意见后，不能很快答复，致延时五个多月方得确定，影响设计进行。牙克石纸厂由于原料来源事先未能很好考虑，致初步设计已提交很久后，又决定暂时停止设计。营城子银矿山煤矿竖井由于后来发现煤埋藏量不多，没有开采价值，故不得不请求中止设计。本溪钢铁公司部分初步设计已经做好，后我方又决定取消，故只好偿付苏方八万三千五百卢布的初步设计费。又如北京真空管厂原提年产小型电子管 100 万支，后来突增到 1200 万支，扩大了十二倍。此外电表仪器厂、吉林铁合金厂、吉林电极厂等最后确定之产品方案，均比原提数量扩大数倍之多。

以上这类例子，都说明我们事先对这些基本问题的认真研究不够，致使我们的基本建设工作遭到了损失，同时也浪费了苏联方面的设计力量。

2. 原始资料的搜集，直接关系着设计工作的质量与成败，但在这方面，问题也很多。首先，我们在提交原始资料方面，还有很多拖延的现象。如，抚顺铝厂部分原始资料自一九五二年十一月就应交出，直拖至一九五三年五月才交完，结果，设计、设备的交付期限，全部延迟半年。东北九个煤矿竖井的地质资料，大部均迟交三个月以上。哈尔滨锅炉厂部分补充资料，应当在一九五三年六月交出，但至九月份，尚未送来，致使设计工作不得不停止。鞍钢东鞍山矿及浮游选矿因工程地质和矿山地质资料交不出，使设计无法开始。抚顺铝厂、哈尔滨铝加工厂、吉林电极厂电源电压资料，从一九五二年六月就要起，一直到现在尚未解决。

由于原始资料不能按期交出，其结果即影响了各段设计工作的完成，从而也影响了设备交付，故建厂及生产开动的原定计划，当亦无法完成。

其次，没有正确的原始资料，就没有正确的设计，因为设计要根据原始资料编制，原始资料中的基本数字不正确，则必然造成设计中的错误。但我们过去在保证原始资料的正确性方面，也有很多缺点。如，太原工业区的地震强度问题，一九五一年、一九五二年提出的资料都说明是七度，但一九五三年三月提交的资料则为八度，并要求苏联设计机构为我们编制防止九度到十度措施的设计。苏方认为九度以上已是破坏性的地震，根本不能建厂。经过五个月长时间研究后仍为七度，致使总交货人已做好的太原电站施工图，也不敢给我们，太原化学厂的初步设计也不能批准，当然，技术设计亦不能编制。

此外，由于工作责任心不强，造成原始资料质量低劣的现象，也是很严重的。如，一九五二年十二月提出之吉林电极厂地质资料中载明，土壤承压力为 KG/CM^2，地下水位 3—4 公尺，有侵蚀性。但以前提的资料与此出入甚大，甚至相反。故苏方提出这个问题要急速确定。结果今年五月份提出修正资料,把施工图交付期限推迟了半年。中央燃料部送来的资料,有的把 MM^2 写成 CM^2,"兴安台"写成"东山"。中央重工业部化工局送来的资料,一张图纸中发现有廿八个错误,有的是字母丢掉了,有的是翻译翻错了。由于翻译水平低,将煤矿的"竖井"译成"ШУ-ЦЗИН";"斜井"译成"СЯ-ЦЗИН",苏联同志根本没法看懂。另外,利用伪满资料时,往往不加研究,也不说明是旧资料,就马虎送来。

再其次,每个企业的设计都需要很多的原始资料,但这些原始资料绝不是一天内同时使用,而是有先、后、缓、急之分。在我们技术人员缺乏的今天,有计划、有重点地去完成原始资料的搜集工作,是一件很重要的事。可惜我们在这方面常常先后倒置,缓急不分,因此,苏联冶金部对外联络司司长卡普鲁林同志曾这样和我们讲:"做衣服应当先把布送来,否则纽扣送来也是无用。"但为了使苏方按时完成设计,所有资料又是缺一不可。如,一九五〇年政府协定中规定的十个煤矿项目,其中有五个项目之初步设计和技术设计,只因地质资料未按时交出,至今苏方还未交出,即较协定规定者延长了一年以上。同时,还须特别指出的,是设计过程中往往发现须要补充搜集的资料,而这些资料一般均系特别急需者,故更应加紧此项工作之进行,否则影响全局。如丰满电站设计中发现缺少二、六号机轴及基础尺寸图,致使设计无法继续进行。过去由于我们对上述问题重视不够,故设计虽已批准,但补充资料没有送来,苏方仍不能进行工作。如北京电子管厂,初步设计一九五三年五月五日批准,补充资料到七月廿七日才送来,结果技术设计完成期限延长半年。大石桥镁矿厂初步设计一九五三年五月廿七日批准,但部分补充资料到九月廿七日〔才〕送苏。

还有一点就是我们应当把原始资料和编制设计任务书的工作看成是自己的事,不要有单纯依赖苏联专家的思想,更不应当等待苏联专家到中国后再动手,甚至等专家自己去做这项工作。因为专家来华,只是负咨询的责任,向我们提供建议,供我们参考。正如派专家合同中规定的:总订货人保证提交给总交货人作为编制设计用的原始资料的质量。相反的,在这方面苏方对我们的要求正在逐日提高。如一九五〇年政府协定中,一般规定电站有七个月搜集原始资料的时间,而在一九五三年五月十五日协定的新项目中一般只规定二个月到四个半月进行此项工作的时间。因此,我们应有足够的认识,事先尽可能准备好原始资料，不能等苏方要时才动手搜集。

最后国内各部门对原始资料的装订工作太马虎。我们交给苏方的资料往往大小不一，字迹模糊，有用笔抄写的、复写的，还有的在图上用铅笔填注的，甚至有用毛边纸的，致使资料不清楚，而且容易散失破损。这都会造成苏方设计工作中的困难。

（二）在请求设计及设计的分工问题：

为了及时取得设计，不误建厂需要，我们必须首先弄清设计工作的程序、苏联负责设计工作的范围及我们应于何时提出请苏方负责设计等问题。根据我们的了解，苏联设计的程序及分工如下：

甲、基本设计：三段者，为初步设计、技术设计及施工图，其中包括建筑施工图和非标准设备制造图。二段者，为综合初步设计及技术设计。

以上各段设计只要我们在确定设计项目时即向苏方正式提出，苏方可以接受设计。

乙、除以上基本设计外，尚有下列各种设计得根据不同企业的性质，特别提出请求后，苏方始能考虑代为编制，否则苏方不予编制，即：施工组织设计、安装组织设计、临时建筑物布置图及典型设计、工具的设计、特殊措施（如防空等）设计、产品设计、生产组织设计、技术操作规程设计等。

上述各种设计的提出时间，最好与各该企业的基本设计同时提出，这样苏方编制设计时可与各该企业的技术设计同时进行，以便能保证我们使用的时间。如生产组织设计和产品设计，苏方可与编制技术设计的技术操作部分同时完成，保证企业开始运转时即可应用。

丙、以下各种设计在一般情况下苏方不负责编制，即：厂外铁路、厂外下水道、厂外变电所、住宅福利设施；厂内非直接生产建筑物（如消防车围墙等）、非主要建筑物的采暖通风、照明及内部设备基础等；主要建筑物的内部装饰等设计。

至于何种设计我们自己可以负责，则主要是根据我们设计力量的情况而定。我们的设计力量逐渐增长，则苏联负责设计的范围逐渐缩小。如，同类企业已有过临时建筑物的典型设计，则可自行抄制；其他如生产组织设计、施工组织设计等，亦可逐渐自行仿制。如此，既节省国家外汇，又可减轻苏方负担。因此，应当根据我们的实际需要，及时提出请苏联负责编制的设计。基本设计只要能在确定设计项目时列入，苏方完全可以接受设计。非基本设计，能在确定设计项目时提出，或不迟于提交计划任务书时正式提出，苏方亦可考虑代为编制设计。否则，即会造成某些困难，甚至落空。如，东北各个煤矿竖井、佳木斯造纸厂、佳木斯铜网厂等，于一九五一年二月十五日议定书中未规定由苏方编制施工图，后于一九五二年二月向苏方提出后，至一九五二年八月十一日的议定书中，方予以规定；哈尔滨锅炉厂的产品设计和技术操作规程的编制，由于提出较迟，故很久未能得到解决。某些机械厂的防空设计，由于基本设计已做好，而无法补制等。

（三）批准设计方面的一些问题：

上步设计不批准，下步设计无法做，因此批准设计的快慢直接影响下步设计的完成期限。故争取按规定的时间，将设计批准，极为重要。

批准设计的期限，在合同中规定，自总交货人交出设计后两个月内批准。但我们差不多总要四个月以上才能批准（在北京批准者），甚至还有九个月的。如，吉林合成氨厂初步设计，一九五二年十二月交出，一九五三年九月才批准，历时九个月。吉林电石炭氮化钙厂亦同。大石桥镁矿初步设计，一九五二年十一月提出，一九五三年五月才批准，历时六个月。佳木斯纸厂初步设计，一九五二年十一月提出，一九五三年六月批准，历时七个月。吉林铁合金厂、北京真空管厂、沈阳机械一厂、量具刃具厂，批准设计的时间均历时四个月之久。又如三八九工程，一九五三年继电保护技术设计已经交出，但初步设计还没有批准。苏方提出："你们批准设计的时间，比我们编制设计的时间还长"。如此，大大影响了下步设计的按期完成。

批准设计时间拖长的原因，据我们了解，主要有以下几点：

1. 事先计划不周密，设计作出后又要作某些原则性的变更，因而不得不拖长批准的时间。

2. 批准的层次太多。据了解，国内从主管局、主管部、计委会到中央，共经过四次审查，最后才能批准，而且每次都要讨论研究，专家在这里作了说明，那里还要去重复，花费很多时间。

3. 批准的方法有问题，据工业部门派来的订货代表反映：有的部门在审查设计时，计算公式，检查人家计算的是否正确，耽误不少时间；有的则把审查设计当作学习（学习当然是应该的，但不能因学习而延长批准时间），就此机会请专家上课，而设计却迟迟不批。

4. 事先未做好准备工作。翻译、打印、审查等工作需要干部很多，事先应做好准备工作和组织工作，此外办公地点、办公器具、字典参考书等，都须事先准备好，以便设计一到即可开始工作。

为了改进这方面的工作，我们认为：

1. 除加强计划性及做好专家去华前所有的准备工作以外，最好实行一级审查，一级批准制，即：主管局、主管部及计委会，组织必要干部和技术人员共同会审，然后报中央批准。

2. 审查主要的内容，不应从头至尾再去把人家已经算好的公式再算一遍。审查的重点，应放在产品的产量和种类是否符合我们发展的需要和各方面的配合有无问题。

3. 应有适当的分工，何种设计应当由何机关审查，何处何人批准，须加以适当的规定。

4. 根据过去的经验，我们认为初步设计在北京批准较好，技术设计除冶金、汽车、化学等大工厂因没有经验，亦须在北京批准外，一般工厂技术设计可指定专人在莫斯科批准，这样不致使苏联参加设计的专家因去中国解释设计而将下一步设计工作放下，使设计工作受到一定的影响，在时间上也比较快。

（四）关于施工图交付的进度问题：

在设计合同中一般规定，根据双方议定的进度表，交付施工图。这是很重要的。但我们以前没有很好地重视。由双方议定，就可以照顾到我方施工现场的要求及苏方提交施工图纸的可能。如果能确定得得当，则可使图纸的交付有轻重缓急，保证施工工作的顺利完成。

根据过去的情况看来，苏方是按照下列顺序提交施工图的。首先交付的是机械修理、电气修理等辅助车间的施工图，这样既能配合建厂工作，又可进行生产工具的生产。其次是按照生产过程先后顺序提交施工图，还可以按照我们预定的开工生产计划，提交施工图。如电表厂，如计划先生产汽车用电表，则与此有关的各车间施工图，即按此先后顺序提交。

（五）几点体验：

1. 基本建设。事关百年大计，设计工作的好坏又是基本建设成败的重要因素之一。因此从事此项工作的全体人员均应以极高的责任心去处理与此有关的每一件事。因为即使一件很小的事如果忽略了或办错了，就会影响到大事，甚至影响全局。

2. 按照苏联的办法办事，就是按照先进的科学的办法办事，因为我们必须认真学习苏联，研究苏联的现行制度与办法，才能提高我们的工作效率。

3. 严格执行两国间的一切规定极为重要。苏联同志对于我们两国间签字的合同、议定书，是当法律执行的，一旦发生错误和延迟，就有一系列的人受到批评和处分，所以我们对一切规定应严格执行。

4. 苏联方面对我们的要求逐渐严格起来了，这种严格，是要求我们提高，要求我们进步，要求我们有计划，要求我们尽量不要"变"，要求我们能做的就学习着自己去做，因此应该在苏联专家的帮助下，有计划地有重点地组织设计机构，去分担一部分我们可以做的设计工作。

5. 健全组织机构，改善搜集原始资料的组织工作，提高原始资料的质量按期交出资料，以保证设计的质量，及按期交出设计。

当然，最近时期内，国内在这方面的工作，已经有了许多进步，许多缺点也正在改进中，但我们还是把我们所看到的一些问题与意见提出来，请上级注意并供上级参考。

国家计委：国外设计准备工作中应注意事项

(1953年10月27日)

委托苏联设计的企业的设计专家已陆续来华，并已先后开始工作。有关设计准备工作，各部应很好地组织力量，配合专家工作，以争取收集资料工作按期完成，设计计划任务书按时提出。关于此问题本委已于本月十三日通知各部。根据最近了解的各部工作情况，特提起各部注意下列几个问题：

一、设计组到达后，各部门首先应将我们的准备工作情况（包括对资源情况的了解，产品方案的拟订，厂址的选择，设计基础资料的收集，与其他企业、部门的配合协作等资料）向专家做一次系统的详细的介绍，并说明：由于我们缺少经验，很多意见还只是初步的，请其给我们提出更多的意见。特别是我们准备工作的部署、方法是否合适，准备的资料是否合乎设计的要求，应尽速地征求专家的意见（如关于编制计划和设计的某些基本数字的估计、厂址选择的原则等等），必要时根据其意见重新部署，以免将来返工，耽误整个设计准备工作。

［中略］

四、根据最近各部反映的情况，各部门各企业间的配合协作关系（如生产中成品、半成品的互相供应以及原料、燃料、动力、交通的相互配合等）尚存在着不少问题，希各部即根据本委本月十三日的通知，主动与有关部门联系，各部对其他部门的要求应首先提出，并同时研究解决其他部门提出的问题。此项工作各部应指定专人负责，不得互相推诿，某些特别重大的问题本委将召开一些专门会议来研究解决，希各部将确非本部门可以解决而和有关部门协商后尚不能完全解决的重要问题及时提出，以便本委研究解决。

五、为了编制长远计划的参考，专家工作期间，希各部能争取时间尽量向专家了解下列的一些问题。

（一）厂区面积、建筑物面积、主要建筑结构及各种建筑物（如铁道、公路、管线）的数量比例等。

（二）开工后职工人数、技术人员所占比例等。

（三）建筑、安装、试车所需时间，以及从竣工生产至全部发挥企业设计能力所需时间等。

（四）主要设备情况及大致需要数量。

（五）将来施工及正式生产期间应注意哪些问题。

（六）各个阶段设计工作完成时间、并核对协议原规定的时间。

以上工作有些不属于设计组来华工作任务的范围，但为了提供一些编制长远设计的参考资料，希各部尽可能用恰当方式与专家交换意见（我们已将此要求向苏联商务代表提出，苏联商务代表已同意通知来华专家尽力予我帮助）。

［下略］

国家计委：请中央批转建筑部党组（关于）设计机构调整方案的报告

（1953年11月3日）

主席并中央：

根据中央的指示，中央建筑工程部今后的基本任务应当是工厂建设，特别是第一、第二机械部工厂的建设，一九五四年各部的基本建设任务现已陆续下达，苏联设计的项目，也须进行很多设计的配合工作，而建筑部现有的设计机构因原来是由各大区、省、市建筑工程局系统就地组织的，力量不集中，调度不灵活，骨干少，领导亦不健全。过去负担的任务主要是一般房屋建筑与军事工程，工业建筑的经验较少，为承担机械工业建筑的任务，和配合141个项目相应的城市规划及民用建筑设计，该部党组经多次讨论后，提出了设计机构的调整方案，拟成立设计总局和5个设计院，这样做的好处是：

（一）按此调整方案可以使设计力量集中，并按逐步实行专业分工的原则，改组现有的设计机构，以便完成中央规定的承担机械部门工厂的建设和设计的任务。

（二）苏联总顾问提议，在聘请苏联200名设计专家中，应有21名各方面的工业建筑设计专家到建筑部的设计机构工作，因此按此调整方案把设计力量集中起来，便于使设计机构依靠苏联专家有计划地培养训练现有设计人员，学习苏联先进经验，提高设计人员的政治与技术水平。

（三）各大区的设计机构调整后，仍住在各大区，并负担大区党、政交予的任务，如此解决，既不妨碍各大区现有的设计任务的进行，又可收统一集中之效，因此，我们同意建筑部党组的意见，并代中央拟了一个发各中央局的电报，请中央审查批发。

国家计委：关于加强驻苏使馆商参处的建议

（1953年11月13日）

主席并中央：

　　为了做好一百四十一个项目的技术援助工作，原经中央同意成立驻苏工业企业建设事务局，并由宋劭文任局长，后以宋不宜去苏，拟改派朱理治同志去。但朱因身体不好，常病（现仍在医院中），他本人亦提出因他是搞银行、物资分配工作的，对新的工作没有经验，要从头学起无信心，要求中央考虑〔他〕不去苏联。九月七日我们接张大使来电，建议将驻苏工业企业建设事务局合并于驻苏商参处，加强驻苏商参处的机构，改变总订货人制度和充实商参处的工作人员，使其能更好地担负起一百四十一个项目的技术援助工作。我们与最近回国之李强同志研究后，同意张大使的意见，并向中央提出如下建议：

　　（一）驻苏工业企业建设事务局拟合并于驻苏商务参赞处，有关一百四十一个项目的各种技术援助事宜统由驻苏商参处负责办理，为此必须增派一名参赞专管此项工作。我们考虑后，拟派现任燃料部石油管理总局副局长刘放担任。该同志系一九三三年入党，复旦大学经济系毕业（学过两年化工），曾任师政治部主任、安东市〔委〕组织部长、辽西省委宣传部长、抚顺矿务局副局长，能钻研问题，有一定〔的〕企业管理经验。一百四十一个项目的设计分担与设备分交工作十分复杂，刘去担任此项工作是比较适当的。

　　（二）在〔此〕专职参赞的领导下，成立综合、冶金、燃料、械电、国防工业等五个组，按照专业分别办理有关项目的各种技术援助事宜。所需的干部，由有关各部根据需要配备各组的负责人，同时也是各部驻莫斯科的总订货人代表，工作上则由商务参赞处统一领导。

　　以上意见，请中央考虑批示。如中央同意，则刘放同志可于十一月底率领人员（约三十人左右）去莫斯科进行工作。

国家计委：转发张大使关于委托苏联设计中的一些问题及意见

(1953年11月23日)

数年来我们在委托苏联设计与取得苏联技术援助的工作中，存在许多缺点。这些缺点虽然逐步地有些纠正，但并未完全克服。产生这些缺点的原因，一方面是由于国家长期计划未确定，资源勘探工作落后，技术不足，经验不足等等原因，特别是有些设计项目要等苏联设计组到达我国从技术上与经济上提出意见之后才能确定，因之不可避免地对我方原来提出的生产规模、品种、厂址等要作某些修正；但重要的一方面是我们在工作制度、工作组织上的缺点和对国外设计工作的重要性认识不足所造成。这些缺点如不迅速切实纠正，必致贻误国家的建设。希望各部对这一方面的工作，认真地加以检查，并提出改进工作的具体办法，力求少作变更，不犯错误，并将你们改进国外设计工作的意见于十二月十日前报告我们。关于国外设计审查办法等等，国家计划委员会将规定一些必要的统一办法和制度报告中央批准施行。

国家计划委员会办公厅关于与苏联顾问合作、向苏联顾问学习情况的检查报告

（1953年12月8日）

总理：

谨将我们一年来与苏联顾问合作、向苏联顾问学习的情况简报如下：

计划委员会现有苏联顾问十一名，其中计划工作顾问五名，统计工作顾问一名，物资分配工作顾问一名，设计工作顾问四名。一年来，苏联顾问对国家计划委员会组织机构的建议、工作任务的确定，特别是对一九五三年及一九五四年国民经济计划控制数字的编制工作，都热情地给予了有益的指导。由于有了苏联顾问的帮助，就使我们的工作比较顺利地走上了轨道，并初步地熟悉了计划工作的一些方法，得到了一些经验。在统计、物资分配工作方面，也都取得了一些收获。

在同苏联顾问合作、向苏联顾问学习方面，我们一般是重视的。在机关建立伊始，我们即指定专人负责联络工作，并由综合计划局局长杨英杰同志负责与顾问组长取得经常联系，定期地（每周至少一次）向苏联顾问介绍全委工作情况，提供重要的全国国民经济各方面的资料，在一些重大问题上，都向顾问请教，并共同研究工作中存在的问题；我们曾邀请顾问向计委全体工作干部作了三次专题报告。各局一般也都能随时向苏联顾问请教，同顾问联系较为密切，专门性的问题都请苏联顾问向局内干部作了报告，在工作中一般都能贯彻苏联顾问的建议。八月间，为了加强顾问工作，我们成立了专家联络室，统一负责与顾问的联络工作，这个机构今后还拟逐步加强。

总的看来，一年来我们同苏联顾问在工作上关系是比较密切、比较融洽的，在领导干部中普遍感到从顾问那里学到了不少知识；顾问对我们的工作一般还比较满意。

但在与苏联顾问合作、向苏联顾问学习的过程中，缺点还是很多的。主

要是有一部分干部对向苏联顾问学习的重要性还认识不足，学习不够主动、不经常、不系统或不够虚心，某些同志贯彻苏联顾问的合理建议还不够坚决。个别同志满足现状，认为苏联顾问不了解中国情况，对工作要求太高太严，因而有回避苏联顾问的现象。其次，在向苏联顾问学习方面缺乏必要的制度，因而不能很好保证和督促干部向苏联顾问学习。全委和各局都没有能经常地根据自己每一时期的工作计划，提出要求苏联顾问协助工作的计划，有些重要会议也没有邀请苏联顾问参加，有计划地偕同苏联顾问去实地检查工作也做得不够，这就不能更有效地和更有计划地把苏联顾问吸引到我们的工作中来。多数单位还缺乏定期的与苏联顾问谈话的制度和向苏联顾问介绍工作情况的制度，或者制度虽然有了，但贯彻不够。有些同志往往不遵守同苏联顾问的约会，或谈话前缺乏准备，没有把内容事先通知顾问，临时凑合；对顾问提出的建议，还缺乏认真组织干部研究；检查建议的执行情况，亦不能及时向顾问交代；少数同志话谈完了，就把顾问的意见置诸脑后。这一方面个别顾问是有一些意见的。

计划工作对我们来说是一件新的生疏的工作，但它又是一项极为复杂和细致的工作，必须树立起长期的〈地〉认真的〈地〉向苏联学习的思想。那些认为一般原则道理已经懂得一些了，不必事事都细心向苏联学习或认为学也可不学也可的思想是错误的。为了克服上述的缺点，主要应从提高认识和建立制度两方面加以改进。

在提高干部认识方面，主要应在干部中讲清学习苏联经验的重要性，而学习苏联经验的主要方法之一，就是密切同苏联顾问合作，向苏联顾问学习。在学习中应反对一知半解和自以为是，提倡虚心、细致的学习作风。在这方面，必须反复进行教育，同时结合一些具体问题和事例，批判那些错误的认识，树立认真向苏联顾问学习的思想。

在制度方面，坚决贯彻中央关于加强发挥苏联专家作用的几项规定。除已指定综合局局长负责与顾问联系外，其他有顾问的重点局均确定由一位局长或副局长负责与本局的顾问联系，并已责成各局根据中央规定，结合各局的具体情况，定出加强与顾问合作、认真向顾问学习的制度，并贯彻执行。

关于这一方面工作，我们准备每半年系统地检查一次，各局要求顾问协助工作的季度计划，均在每季末进行一次检查。

中共中央批转中央财政部专家工作检查报告

(1953年12月8日)

　　中央认为中央财政部一九五三年十一月二十四日关于该部苏联专家工作的检查报告写得很好。报告中指出，近年来财政工作中发生的严重错误是和他们未能认真向苏联专家学习，不虚心接受苏联专家建议有着一定关系的。报告中提出的改进专家工作应注意各点是正确的。兹将该项报告发给你们，作为改进专家工作的参考。并望中央人民政府及军委各部门尚未将今年第二次关于苏联专家工作检查报告送来者，限于今年年底以前送来中央。

附件：

中央财政部一九五三年一至十月苏联专家工作检查报告

（1953年11月24日）

中财部根据"中共中央关于加强发挥苏联专家作用的几项规定"，检查了今年一至十月份向苏联专家学习的情况。今年十个月来苏联专家对我部调整本年度国家预算及编制明年度国家预算、审查现行税制、加强企业财务管理以及改进基本建设拨款工作等方面，均提供了不少重要建议；专家并亲赴上海、太原等地深入现场检查，具体指导工作，对我们的帮助很大。在我部，专家的工作是很忙的，工作关系上一般也是好的。在这一方面，专家基本上是满意的。但由于我们在向苏联专家的学习上和接受并实行苏联专家建议上还缺乏严肃认真的态度，因此未能充分发挥苏联专家的作用。近年来我们财政工作中发生的若干严重的错误，也是与我们未能认真向苏联专家学习有一定关系的。此次我们着重了缺点这一方面的检查，其中主要问题如下：

1. 对有些重大的原则性的问题的处理，事先不与专家充分研究，或者不充分地认真地考虑研究专家的意见，及至工作中发生了错误，才又去请教专家。如今年实行修正税制是关系国家财政经济政策的一个重大措施，我部首席专家事先曾劝告我们要持谨慎态度，不要操之过急。但我们没有重视专家的这一正确意见，在草拟修正税制的通告过程中，亦未详细地和专家讨论和充分征求专家的意见，即急于公布实行，直至通告正式公布后，才翻译给专家研究，因而引起专家的不满。事后我们就修正税制中所发生的问题征求专家意见，专家对有关公私纳税问题、合作社优待问题及纳税环节等问题提出了若干建议。这些建议，有的已经采纳，有的须待将来全盘审查现行税制时再行统一研究。又如国家预算的编制，专家在一九五〇年即提出当年十二月份的收入能顶作当年支出的问题，由于当时收多于支，未引起我们的注意。今年编制一九五三年国家预算时，专家又提出此项建议，虽然注意了，但仍没有弄懂，并被几年来预算收入年年有超过、支出年年有结余的现象所迷惑，凭主观主义的老一套的狭隘经验来办事，因而未认真地深入钻研，以致发生了今年国家预算中部分收入的虚假现象，给国家财政造成了不应有的困难。

2. 在向专家学习苏联经验中，零星片断，不系统，不全面。其表现有两种：一种是无计划、无系统，遇到困难，临时交谈，零星琐碎，前后重复，又不积累材料，随学随忘，把专家当成"问事处"，使专家穷于应付。例如关于苏联财政部会计制度司的职掌，曾先后向专家重复请教了五次以上，致被专家批评学习态度不认真。又如预算会计、企业会计中的一些问题，也经常重复地向专家请教，致使专家怀疑我们在谈话后究竟懂不懂。另一种是向专家学得了一个大轮廓，不求甚解，也不结合中国现实情况进行研究，或是稍有头绪，即以为差不多了，急于在工作中搬用。例如对苏联现行的国家银行执行预算出纳业务制度，我们尚缺乏系统的了解，对中国现实条件亦未深入研究，就准备提早在我国推行，并在今年上半年抽调各地干部进行技术训练，及至对苏联制度有较明确的了解后，才发现在目前我国预算计划性很差以及银行和单位会计的机构不健全和干部很弱的情况下，是无法推行的，于是又不得不打消原定计划，浪费了不少人力物力。

3. 未向专家系统地介绍我国情况，未充分地供给专家以研究材料，有时只是提出一堆问题，问长问短，使专家很难插手帮忙。其结果：一方面专家不能根据中国实际情况提出恰当的建议，只好根据苏联的情况，介绍苏联的做法。专家曾经表示："我们对中国的情况知道得太少，工作实在困难。"另一方面，我们亦未能根据苏联先进经验结合我国实际情况，正确地加以运用，有时在工作中机械搬用，碰了钉子。如关于企业收入抵拨基本建设开支的办法，在苏联是一项先进的经验，在我国应先行典型试验，取得经验后再逐步推行，但我们却决定要在今年全面地推行，结果因我国目前生产计划与基本建设计划尚不够准确，企业财务管理工作水平又差，未能行通，只好中途改变。

4. 对专家工作的组织、计划与检查差。由于我们每一季度的工作计划不能在季度开始前或在开始时及时供给专家，而往往要在一个月甚至一个半月后才送给专家，影响到专家编定自己的工作计划。各单位和专家谈问题往往凌乱无秩序，有的事先约定了时间，临时变卦，或者迟到，让专家坐等；有时同样性质的问题，这个谈了，那个又问，互不通气；答应给专家的材料，过期忘了，或者送的材料错误很多。对于专家提出的建议，哪些采纳，哪些不采纳，哪些已办，哪些未办，有的长期不作交代。例如一九五〇年年底根据专家建议,草拟了《关于会计主管人员职务、权力、责任条例草案》,后以诸种原因一直未能公布,但亦未向专家作详细交代。又如修正税制后关于国营企业缴税手续问题,专家建议应尽量简化,并亲到上海调查,提出书面建议,经我们研究后因有些情况尚需进一步研究,但很长时间未向专家作交代说明。

以上这些缺点的产生,主要是我们工作中官僚主义和事务主义在专家工作上的反映。我们某些同志尚有不同程度的经验主义,自以为是,妨碍了向苏联的专家学习。另外某些同志缺乏老老实实的学习态度,在工作上钻研不够,对苏联经验没有学通,对本国情况也了解不够,亦是重要原因。今年全国财经会议检查了财政工作中若干严重的错误以后,大家更加认识到努力学习苏联先进经验的重要性。根据以上检查,我们今后在向苏联专家的学习上,必须严格执行"中共中央关于加强发挥苏联专家作用的几项规定",并拟特别注意以下几点:

(1)从思想上认识正确地学习与运用苏联先进经验是改正我们工作中的缺点、错误与胜利完成任务的一个重要因素。要树立严肃的、认真的、老老实实的学习态度。对于专家的建议,要认真地研究,能执行的必须坚决贯彻执行;如中国条件尚不足、执行有困难的,也必须向专家交代清楚。反对自以为是、不愿深入钻研的保守思想和经验主义与不注意结合研究中国情况机械搬运的偏向。

(2)要有系统地向苏联专家学习,今后除在日常工作中注意向专家进行系统学习外,并拟组织专家向工作人员上课。要求大家在学习中,不要只是一知半解即认为满足,而必须从头到尾,从原则到具体,穷本究源地学通学透。

(3)经常有系统地向专家介绍中国情况,供给有关材料。除副部长今后每月仍继续分别和专家接谈一次,介绍总的工作情况和工作中的问题外,各单位亦须经常地向专家介绍本单位工作情况并供给有关材料。和专家约谈问题之前,更须充分提供参考资料,克服临时乱抓一把的现象。

(4)建立专家工作室,指定专人,负责经常检查干部向专家学习的情况,检查专家建议的执行情况和向专家供给材料的情况,并组织各单位与专家的工作联络等事项。

毛泽东：接受苏联驻华大使尤金呈递国书时的答词

（1953年12月15日）

大使同志：

我非常高兴地接受您呈递的苏维埃社会主义共和国联盟最高苏维埃主席团的国书，并衷心地感谢您的祝贺。

中华人民共和国与伟大的苏维埃社会主义共和国联盟间的兄弟般的友谊，四年来获得了巨大的进展并日臻巩固。中国人民一贯重视苏联的友谊，今天在从事大规模国家经济建设事业中，更加深切地认识到苏联伟大友谊的无上珍贵。中国人民一定永远以始终不懈的努力来不断加强中苏两国间的亲密的友好同盟和全面合作。我同样确信：我们两大国家间的牢不可破的同盟和合作不仅完全符合于两国人民的利益，并且对于巩固以苏联为首的和平民主阵营、对于保障远东及世界和平与安全的事业起着无可比拟的巨大作用。

大使同志，我极为热烈地欢迎您出任苏维埃社会主义共和国联盟驻中华人民共和国的特命全权大使。在您为巩固中苏两国友好互助合作的工作中，您将得到我和中华人民共和国政府的全力支持。

我谨祝您在工作上获得完全的成功。

刘少奇：对苏联希望中国按时确定新项目设计任务书建议的批语

（1954年1月25日）

请高、李负责清理以前送中央审批的设计任务书。凡未经中央批准者，汇齐提交中央一次会议批准。以后凡须经中央批准的设计任务书，亦请高、李负责催促中央及时批准。

刘少奇
一月廿五日

毛泽东：祝贺中苏友好同盟互助条约签订四周年给马林科夫的电报

（1954年2月11日）

苏维埃社会主义共和国联盟部长会议主席
马林科夫同志：

值此中苏友好同盟互助条约签订四周年之际，主席同志，请接受我衷心的感谢与热烈的祝贺。

四年来所经历过的事实愈益清楚地证明了：中苏之间的伟大同盟是保障远东及全世界和平与安全的可靠基础。苏联政府和人民给予中国的真诚无私的援助对加速中国的社会主义工业化，使中国稳步地过渡到社会主义和壮大以苏联为首的和平民主阵营的力量，都具有极其重大的意义。

谨祝中苏两国人民的伟大友谊和团结永远发展和巩固。

毛泽东
一九五四年二月十一日　北京

国家计委关于向苏联政府提出一些补充要求与修改意见向周恩来的请示报告

（1954年2月17日）

总理：

我们在研究委托苏联设计各厂的设计任务书的过程中，发现有若干项目的技术援助事项，必须向苏联政府提出一些补充要求与修正意见，这些要求与意见，曾与来华各设计组反复研究过，并已取得总顾问阿尔希波夫同志的同意，现将拟向苏联政府提出的备忘录送上，请审阅批示。

国家计划委员会

二月十七日

附件：

补充要求与修改意见

中国政府已经收到尤金大使于一九五四年二月十三日转来的苏联政府对于中国政府关于提前供应鞍山钢铁公司"一一五〇"初轧设备和扩大富拉尔基重型机器制造厂能力的要求的答复。中国政府完全满意苏联政府此项答复，谨向苏联政府表示深切的感谢。

中国政府在研究苏联设计机关帮助设计与建设的各企业的设计任务书的过程中，认为对若干企业的技术援助事项必须加以适当补充和修改。因此，我们对于中苏两国政府一九五三年五月十五日协定所规定的、苏联政府给予中国政府的各项技术援助事宜，提出下列问题，请求苏联政府予以考虑：

（甲）关于列在一九五三年五月十五日"关于苏维埃社会主义共和国联盟政府援助中华人民共和国中央人民政府发展中国国民经济的协定"第一号附件中的企业：

（一）洛阳（原为西安）滚珠轴承制造厂：我们已与苏联设计专家组商定，该厂产品方案为年产19至460公厘直径的各种轴承1060万套。但该厂产品无论在品种和数量方面均尚不能满足我国机械工业发展的需要，特别是该厂不能生产飞机仪表用的各种精密轴承。因此，我们请求苏联政府帮助我国改建现有的哈尔滨滚珠轴承厂，使该厂能较快地扩大生产。改建该厂的初步设计可由中国设计机关进行，但精密轴承车间（年产量初步定为19公厘直径以下的各种轴承40万至50万套）工艺部分的技术设计和施工图，则须由苏联设计机关担任。同时，我们还请求苏联政府预先提交该车间建筑部分和其他部分的设计任务，供应该车间所需的各种专用设备（设备名称、规格、数量希望提前通知我们，以便经贸易程序向苏联对外贸易部提出订货），派遣技术援助专家指导设备的安装、校正和使用，并且供给生产时需要的图纸和其他必要的技术资料。

（二）汽车制造厂：原规定为年产嘎斯五一型载重汽车6万辆。为了满足军事上的需要，并适应中国内地道路不良的情况，我们提出改为年产嘎斯五一型载重汽车4万辆和嘎斯六三型载重汽车2万辆，总数6万辆不变。

（三）哈尔滨电机制造厂透平发电机生产车间：原规定为年产透平发电

机36万千瓦,要有扩充到年产60万千瓦的可能。根据我国国民经济的需要,我们意见第二期建设规模除原协定规定者外,尚需增加同期进相机30万千伏安和大型电动机110台(约20万千瓦);并请求苏联设计机关按第二期规模一次设计完毕。

(四)抚顺煤炭联合厂(改建及扩充):原规定为年产煤1360万吨,于一九五五年第三季完成煤田开采的总体设计。抚顺煤矿是我国东北地区最主要的燃料基地之一,据苏联设计专家组的意见,为使该矿达到年产煤1360万吨的规模,则必须扩大现有的西露天矿,新开东露天矿,同时开采煤炭和油页岩,并应改建现有的第二炼油厂。扩大西露天矿的设计,可由我国设计机关进行,但须请苏联政府派设计专家指导,并供应部分必要设备。其他各项工作,我国设计机关均不能胜任,因此,我们请求苏联政府于完成抚顺煤田开采的总体设计之前,即开始进行下列个别项目的设计工作并供应其必要设备:

(1)开发东露天矿,同时开采煤炭和油页岩,年产煤300万至400万吨;

(2)改建并扩大抚顺现有的第二炼油厂(现有干馏设备3套,其年产原油能力共约为18万吨,正恢复中)至年产原油80万至100万吨(以油页岩为原料)。

(五)云南个旧锡联合厂(改建与扩充):该厂的苏联设计专家组已到达我国。锡是我国供应苏联和各人民民主国家的重要物资,为满足逐年增长的需要,必须迅速进行该厂的改建工作,以增加锡的生产。因此,我们建议将该厂的设计工作改在中国进行,以便与勘察、施工取得密切配合,争取加速设计工作和建设工程的进度,其方式可由苏联设计机关派遣主要设计人员,由中国设计机关配备部分设计人员共同进行之(即采取苏联设计专家组在抚顺铝厂进行改建设计的方式)。

(六)哈尔滨(原厂址未定)蒸汽透平制造厂和哈尔滨锅炉厂:该两厂原只考虑配合发电之用,未将船用蒸汽透平和锅炉包括在内。现造船工业综合组已来中国,我国造船工业发展计划即将确定,因之船用蒸汽透平和锅炉的需要已十分迫切。为此,我们建议在上述两厂中各增建一个车间,专门生产船用蒸汽透平和锅炉。中国政府请求苏联政府转知各有关苏联设计专家组,在设计上述两厂时考虑我们这一要求。新增两个车间的生产规模当与现在我国的苏联设计专家组商量，具体品种当我国造船工业发展计划确定后再与苏联设计机关商定。

（七）兰州火电站：原定发电能力为10万千瓦（4台25000千瓦的发电设备），但根据在兰州工业区工作的各苏联设计专家组的计算，确定在兰州市西固区建设的炼油厂、氮肥厂和合成橡胶厂三厂按现定规模建成后，即将需电力96000千瓦，蒸汽每小时540吨。另外，为了供应兰州市安宁堡区硝化棉无烟药厂和兰州市七里河区采油机械制造厂的用电以及城市的照明用电，必须再建立一个5万千瓦（两台25000千瓦的发电设备）的火电站，其建设进度，须与硝化棉无烟药厂和采油机械制造厂的建设进度相配合。此项电站我们请求苏联政府帮助我国设计并供应设备，如蒙同意，即请指示现在中国工作的兰州电站苏联设计专家组，协助我国设计机关搜集设计基础资料并编制设计任务书。

（乙）关于列在一九五三年五月十五日"关于苏维埃社会主义共和国联盟政府援助中华人民共和国政府发展中国国民经济的协定"议定书附件中的企业：

对苏联方面一九五三年九月十九日备忘录中所提出问题，我们已在一九五四年一月三十一日备忘录复文中提出了我们的意见，望苏联政府予以考虑。

（丙）关于中国新工业区厂外工程的设计问题：

确定在中国新工业区（兰州、西安、包头、大冶、武汉、洛阳、成都、株洲、石家庄）建设的企业的厂址已大体确定，其中属于苏联设计的企业的厂内工程，均将由苏联设计机关帮助中国设计，但各工业区的厂外工程（如铁道、公路、供水、排水、供电、供气等）的设计工作极为复杂，中国设计机关目前尚无力承担此项设计工作。因此，中国政府请求苏联政府指示苏联各有关设计机关承担制定上述各工业区包括解决全部厂外公用事业在内的总平面草图。按照该总平面草图，属于各厂之间协作和相互联系的厂外工程，请求苏联设计机关承担设计，属于城市公用事业的厂外工程，则由中国设计机关在苏联设计专家指导之下自己承担设计。为使双方分担的设计工作能以衔接配合，双方设计机关必须互相提供必要的设计要求和有关资料。

在我们执行第一个五年建设计划过程中，苏联政府已经、并且正在给予

文献资料

我们以巨大援助。以上我们提出的一些新的请求，希望苏联政府在可能的条件下予以满足。如苏联政府同意，请即发给现在我国帮助我们编制设计任务书的各有关苏联设计专家组以相应的指示，以使他们的设计工作及时进行。若苏联政府认为上述项目或其中的某些项目现在开始设计或建设尚有困难，或尚需作某些改正时，则亦请苏联政府予以说明。

国家计委：关于郭维尔所提问题的研究意见向中央的请示报告

（1954年4月17日）

主席并报中央：

苏联对外贸易部副部长郭维尔同志等于四月二日去包头、西安、兰州、武汉、上海、太原等地视察，于四月十日回到北京。四月十二日晚，富春同志与郭维尔同志晤谈，我方参加的并有贾拓夫同志和柴树藩同志。郭维尔同志根据在上述各地视察所了解的情况，提出下列三条意见。

一、关于一九五三年五月十五日中苏协定，中国方面已经提出过两个备忘录和一个修正的设计工作完成期限表。经过他和各总交货人代表到各地看过之后，大体都可以肯定下来了。因此建议双方作成一个议定书草案，作为对中苏协定两个附件的修正。他把这草案带回莫斯科报告苏联政府，然后签字，以后按此议定书执行，再不变了。在此期间苏方已指定人负责起草此议定书，希中国同志参加，准备好后，四月二十日至二十四日将与我们商谈，把这个议定书草案定下来。

此外，关于关内各工业区的配置，他认为基本上是对的，但个别企业的厂址还不尽妥当。可以作适当调整，如西安东郊有七个国防工业工厂，似太集中，且排成一线，是否考虑将其中的铜壳厂和小弹体厂放在包头，在包头的中型坦克制造厂则放在西安（理由尚未详谈）。兰州已经有了四个大工厂（炼油厂、合成氨厂、合成橡胶厂和热电站），若再在安宁堡区放一无烟药厂，影响那里的果木园，中国同志也感到勉强，建议改在包头。太原城北机场的教练机修理厂，可能对现有的钢铁厂发展有妨碍，建议改在城南。这些意见也只是把包头、西安、兰州的某些个别厂址相互对调一下，并不影响总的部署。目前他还不能提最后的意见，请中国方面慎重考虑后再商定。

二、鉴于新工业区将来建筑工程规模浩大，必须在包头、兰州、西安、太原、洛阳、武汉等地区各成立一个全国性的建筑企业（工程公司），以担负这个地区全部工厂和城市的建筑工程。这样的建筑企业任务繁重、技术复杂，苏联的经验，从筹备到正式配备齐全，一般需一年半的时间，因此现在就应开始筹备，并配备强有力的高级干部领导，给予充分权力。建议我们向苏联政府提出请求，每一地区派遣五名至十名专家，其任务为：（一）协助制作施工组织设计；（二）协助建立建筑企业的机构；（三）计算和提出土建机械的需要量；（四）在施工过程中提供建议和技术指导。中国方面可从每一公司选派二十名至三十名工地主任和工程队长到苏联的建筑工地去实习一至两个月。关于这一建议，郭维尔同志声明，这只是他个人意见，他并未受权谈此问题，但又觉得这是他的义务，来中国看了后，觉得需要扩大对中国的技术援助范围，他将草拟一个建议草稿，如中国方面同意，须以备忘录正式向苏联政府提出。

三、关于二百名设计专家问题，郭维尔同志已在随同他来中国的人员中指定两人就过去中国方面提出的名单进行研究。他希望中国方面也派人参加这一工作。

郭维尔同志结束在关内各地的视察后，已于四月十三日去齐齐哈尔、哈尔滨、长春、吉林、沈阳、鞍山、抚顺、大连等地视察，预计将在二十日回到北京，于二十四日回国。

对于郭维尔同志所提的意见，计委曾于四月十三日召集有关各部部长或副部长研究，认为：

一、郭维尔同志此次来中国的主要任务，是要贯彻执行五月十五日的中苏协定，帮助我国解决建设中的困难，并以最大的努力来保证完成"一四一项"的建设，因之，我方所提的问题，也只应限于与"一四一项"有关的问题的范围之内，凡超出此范围的问题，这次不应提出。其中如确有非请苏方帮助解决不可的问题，应在我国五年计划确定之后，再报请中央批准另行提出商谈。

二、关于在包头等地区成立全国性的建筑企业的建议，这是针对我方目前建设中最困难和薄弱的情况而提出的，是合理的、有利的，因此应予接受，现正由各部进一步研究我方如何安排与组织等问题。

三、关于厂址的问题，关系到全国国防工业的布局，问题甚为重大，将由计委和第二机械工业部作进一步研究，并征询总顾问的意见。鉴于这些企业的厂址都是经过总顾问、在华的各业顾问和有关的设计组专家反复研究并经我们同意确定的，因此除了确有重大缺点必须调整者外，以少变动为宜，以争取时间，及早进行建设。

四、关于研究和确定二百名设计专家名单的工作，将由计委设计局局长柴树藩同志参加，并应将新成立的专业设计机构的专家包括在内。

关于其他有关"一四一项"的各项问题和两个备忘录中已提出的问题，仍照原来决定，先由各部根据如何执行中苏协定和保证完成"一四一项"的精神进行商谈，并将商谈结果随时报告计委。其中有未能解决的和需计委统一提出的问题，将由富春同志出面，在与郭维尔同志商谈议定书草案时一并提出。

以上四点意见是否适当，请中央考虑指示。

中央人民政府国家计划委员会
一九五四年四月十七日

附件：

四月十三日会议的决议事项

根据三月二十七日会议的决议事项，各部已陆续将拟提出商谈的问题提交计委，并由计委设计工作计划局作了初步的综合研究。四月十三日计委再次召集有关各部负责国外设计工作的部长、司长和计委的有关局长对各部所提问题进行研究。会议由李、贾副主席主持并作出如下的决议：

鉴于郭维尔同志等此次来中国的任务和研究问题的精神是要贯彻执行中苏协定和尽最大的努力来保证完成"一四一项"的建设，因此我们所提的问题和要求也应以中苏协定、两个备忘录以及与"一四一项"有关的问题为范围，凡超出这一范围的都不应提出，为此决定：

一、关于设计进度问题，应以二月二十七日经中央批准并已提交苏方的设计工作完成期限表为依据，争取施工图和设备交付期限仍按原协定执行。

二、关于厂址问题，除确有重大缺点必须调整者外，一般的尽可能不作多的变更。

三、关于厂外工程设计和城市规划问题，各部拟提请苏方担负设计的厂外工程项目已经提来，但尚不够成熟，故决定由柴树藩同志再与各有关方面研究：凡与保证完成"一四一项"有关的厂外工程，同时我们在技术上亦确有困难，必须委托苏方担负设计者可以提出商谈。

城市规划问题，应向苏联同志说明，目前各个城市的规划方案，均未经政府审查批准，我们的意见是：城市的规划应以建立与"一四一项"有关的新工业区为中心。城市的建设应该为工业建设服务，现有的各个城市规划方案是否合理，应根据上述原则进行审查，再向中央报告。

四、关于设计文件审批问题，一四一个项目的设计计划任务书经中央批准后，下一步就是批准初步设计及技术设计问题，过去的初步设计大部分在北京审批，由于设计文件的往返递送、翻译、解释、设计的专家有时不能按期到达，以及审批的层次过多、设计的内容又常修改等缺点，使过去的初步设计大多未能按时批准，拖延很久。因此拟将大部分初步设计和全部技术设计放在莫斯科审批，以保证按时进行设计和建设。但无论在北京或在莫斯科审批，一律应按照双方约定的期限完成，不准拖延。

关于初步设计的审批程序，拟建议中央：凡与计划任务书完全符合者，可授权计委或各部批准，报中央备案。如根据计划任务书有变动者则经计委审查后再报中央批准。

协定中规定我方应担负"一四一项"设计的百分之二十至三十，为了及早进行准备，拟要求苏方在提交设计文件之前，先将设计分工意见书提交中国方面，以便国内研究后于批准设计的同时确定之。

设备分交的确定，也必须在国内经过一定时间的研究和准备，因此拟要求苏方将设备分交的确定与设计分件的批准分别处理，使设备分交的谈判不影响设计的及时审批。

五、关于煤矿工业设计项目的变更地点和修改设计进度问题由燃料工业部先与苏联煤矿工业部对外联络司司长商谈。

六、关于旧五十项的各项具体问题，仍按三月二十七日决议，由各部与各总交货人代表直接商谈。

七、关于各部提出的新增设计项目（6个电站共194000千瓦，1个炼油机械厂和1个机车制造厂等）及其他要求，经研究后决定，各部可以与总交货人代表提出商谈的：

（1）白银厂铜矿和西北铜铅加工厂我方无设计经验，须改为委托苏联设计。

（2）江西钨矿设计专家组表示：根据协定俄文本"江西钨矿"为单数名词不是多数，因此只担负其中一个矿山（西华山）的设计。如此，则不能达到原定规模，我方认为设计范围应包括西华山、岿美山、大吉山等矿山，保证其总的规模仍按3万吨不变。

（3）杨家杖子钼矿的设计规模和设计进度问题，需要与苏方进行具体商谈。

（4）在有色金属企业或国防工业企业中生产铝粉和镁粉各60吨以供兵工需要的问题，由重工业部和第二机械部分别以询问如何才能解决的方式提出。

（5）甲苯问题亦由重工业部、燃料部和第二机械部以询问如何才能解决的方式向总交货人提出。

（6）新增电站设计项目暂定为四项，共124000千瓦，因此四项电站与完成一四一项目有关。计：

兰州安宁堡　2台25000千瓦（已在三月一日备忘录中提出）；

包头前口子　4台12000千瓦；

赣南　4台6000千瓦；

个旧　2台6000千瓦。

上述四项电站可由燃料部与总交货人代表谈到电力平衡时先行试谈，但正式提出时需经中央批准。

（7）要求增加供应抚顺电站两台锅炉以平衡其设备能力。

（8）哈尔滨滚珠轴承厂初步设计改请苏方制作（在三月一日备忘录中提出该项初步设计由我国自己制作，但洛阳滚珠厂的设计组长认为应委托苏联设计）。

（9）要求供应长春汽车厂生产初期所需的汽车配件（一九五五年1000辆份，一九五六年4000辆份）。

（10）要求供应电站及其他企业在运输中所必需的备件。

上述各项问题均由各部分头与各总交货人代表先行商谈，并将商谈结果报告计委，计委将于四月二十日左右再度召集会议，对各部商谈的结果，和其中未能解决的和必须计委统一提出的问题，进行研究后再报中央，需经中央批准后才能正式向郭维尔同志提出。

国家计划委员会
四月十五日

陈云：关于第一个五年计划的几点说明[1]

（1954年6月30日）

第一个五年计划，从一九五一年到现在，共编制了五次。前三次都是由中财委编的，第四次是由国家计委编的。这一次又由我接手，从今年三月开始工作直到现在。

这个计划，有比较准确的部分，即国营经济部分。也有很不准确的部分，如农业、手工业和资本主义工商业，都只能做间接计划，而这些部分在我国国民经济中又占很大比重。我们编制计划的经验很少，资料也不足，所以计划带有控制数字的性质，需要边做边改。

第一个五年计划已经执行了一年半。现在我作几点说明。

对五年计划执行结果的估计

工业生产方面。工业总产值（包括手工业，下同）每年递增百分之十五点五，估计是可以完成的，并且可能超过。但有些主要产品，如钢材、棉纱等则很难超过。有些产品，不一定能达到计划指标的要求。五年内，工业生产的增长，主要靠原有的工厂及自己设计的工厂。苏联帮助设计和建设的一百四十一个项目，在五年内投入生产的很少，只占工业总产值的百分之四点六。一百四十一项主要是在第二个五年投入生产，有些要到第三个五年才能起作用。包括一百四十一项在内，全部新建工业厂矿，五年内能投入生产的，在整个工业生产总值中只占百分之二十五，约百分之七十五的产值要靠解放前的老厂。

---

[1] 这是陈云同志关于第一个五年计划编制情况向中共中央汇报提纲的一部分。

工业基本建设方面。五年内新建改建的六百一十五个（可能还要多些）限额以上的项目中，有些项目（包括一百四十一项）可能要推迟。其主要原因为：我国技术力量弱，提供的资料不准确，又常改变，翻译资料也需要耗费时间，加上我国与苏联在交接中有许多不便，苏方提供的许多成套设备可能不及时，常常会发生停工现象。同时，如鞍钢和长春汽车厂等大项目的建设，现在是以全国力量来支持的。一百四十一项的建设全面铺开之后，全国支持的力量也会更加分散。基本建设的大规模铺开，还在一九五六和一九五七年，真正紧张的时期还在后头。将来必然会遇到更多困难，特别是下级干部和基层干部会严重不足。干部在基本建设方面取得经验，也需要有一定的时间。此外，对六百一十五个建设项目，内部工作布置必须按现定时间争取完成，但要准备有些可能完不成。因此在公开宣布时应讲清楚，哪些项目会推迟。

农业生产方面。五年内农业总产值每年要求递增百分之五，一九五七年较一九五二年要提高百分之二十八。这主要是提高单位面积产量，靠开荒增产的不多。应该估计到，谷物增产是缓慢的。苏联从一九一三年到一九五〇年这三十八年中，单位面积产量仅提高了百分之四十一。我们要完成农业计划是很吃力的，主要靠合作化。

铁路运输方面。这无疑是紧张的。如果有些工业产品的生产超过了计划，则铁路有些区段的运输就承担不了。因此，在年度计划内，应准备对铁路增加新的投资，解决某些区段扩建改建的要求。

社会主义改造方面。农业、手工业和资本主义工商业的改造计划，可以完成，也可能超过。

总的来说，计划中最薄弱的部分是农业生产，能否按计划完成，很难说。工业生产计划可以完成，基本建设可能差一点，铁路运输很紧张，社会主义改造的进度可以按期实现。

按比例发展问题

一、农业与工业的比例。

农业生产同工业建设和人民生活的需要相比，即使完成计划，也是很紧张的。粮食生产如按计划完成，五年内能增加的库存，也只有二百五十五亿斤。如加上一九五三年的库存一百九十五亿斤，到一九五七年底库存粮总共也只有四百五十亿斤。这还是包括周转粮在内的。今年五月份一个月就卖了八十亿斤，按此计算，如果遇到灾荒，库存粮只能应付五、六个月。

食油五年内增加不了多少。如果每人每年的供应增加一斤，全国就要六亿斤，需要增加二千万亩的油料作物，这是很难办到的。

棉花平均亩产必须达到三十八斤，才能完成计划所规定的任务。现在全国平均亩产仅三十斤，要提高到三十八斤是不容易的。华北地区提高到三十八斤虽然不很困难，但棉田如再扩大，就会减少高粱、玉米和谷子的种植面积，使燃料和饲料发生很大困难。如果棉花的生产不能按计划完成，则棉花供应就会发生更大问题。

农业增产有三个办法：开荒，修水利，合作化。这些办法都要采用，但见效最快的，在目前，还是合作化。

以开荒来说。新开垦五亿亩土地，可以收粮食八百亿到一千亿斤。但这甚至在十年内都难以做到，因为没有机器。要开垦五亿亩地约需二十五万台拖拉机，据说要有一千多万吨原油来炼柴油，但我们要到第二个五年计划才可以有十万台拖拉机，原油的开采也快不了。大规模开荒只能在地广人稀的地方，没有机器是不行的。要是开垦新疆的荒地，还要修铁路（约四千公里），修水利（每亩约一百万元[1]），这些在目前都是没有力量来做的。那么，是否可以比计划再多开垦五千万亩荒地呢？我看也有困难。因为，一要增加二十五万亿元的投资来搞国营农场，二要进口三万台拖拉机，三要组织相当大量的技术力量进行勘察设计。此外，还要修筑公路、铁路，建筑房屋，组织七十万劳动力移民，而花费了这样大的力量以后，每年所能增产的粮食也只有八十亿到一百亿斤。因此，五年内，开荒和建设机耕农场，实际上只能起积累经验和培养干部的作用。

以修水利来说，大型水利工程首先在北方。要是把淮河以北的水都蓄起

---

[1] 这里指当时流通的人民币。中国人民银行自一九五五年三月一日起发行新的人民币，代替原来流通的人民币。新币1元等于旧币1万元。

来，可以灌溉两亿亩地，即可以增加二百多亿斤粮食。这个工程是很大的，没有十年完成不了。而所增的粮食，就全国来看，数量并不多。

搞合作化，根据以往的经验，平均产量可以提高百分之十五到三十。增产百分之三十，就有一千亿斤粮食。并且只有在农业合作化以后，各种增产措施才更容易见效。所以合作化是花钱少、收效快的增产办法。国家在财力上应该给予更多的支持。

农业投资是否太少，能否增加？五年内对农业（包括林业和水利）投资为四十九万亿元，占经济建设支出的百分之九点五。这里应指出，五年内直接或间接的对农业的投资还有下列各项：地方农业水利投资五万亿元，军垦费用五万亿元，农村救济费十五万亿元，治理黄河可能将有五万亿元，银行长期农贷十万亿元，以上共计四十万亿元。如果把这些费用加上原计划中对农业的投资，就决不止仅占经济建设总支出的百分之九点五，而是在百分之十五以上，并不算低。对农业，可以准备几个后备计划，争取在年度中增加投资。

二、轻重工业之间的比例。

五年计划规定，轻工业投资与重工业投资的比例为一比七点三，即百分之十四比百分之八十六。但目前轻工业的增产，主要还不是增加投资的问题，而是原料问题。轻工业的原料，一方面来自农业，如棉花、油料、甜菜、甘蔗等；一方面来自重工业，如薄钢板、铝、化学产品等。在这些原料还不能大量增产以前，增加轻工业的投资是没有多大用处的，因为原料供不上，工厂开了也是白开。轻工业现在还有很大后备力量，生产设备利用率很低，只要稍加调整，就可以增产很多。

不仅就生产能力来说，轻工业有很大的潜力，而且就资金来说，也有很大后备力量。因为除去国家预算拨款外，可以投资于轻工业的，还有公私合营及私营企业的公积金，有地方工业的投资，还有社会游资可吸收。如果迫切感到轻工业产品需要时，建立工厂也较容易，短时间内就可以搞起来。一个五万锭的纱厂，只要一年半的时间就可以建成。

因此，轻重工业之间的投资，以维持现有的比例为好。

三、重工业各部门之间的比例。

按照五年计划，国防工业是很突出的。为了实现发展国防工业的计划，很多民用工业就必须跟上，而且跟得很吃力。有些民用工业，实际上也是为了配合国防工业而建立的，比如有些特殊钢厂、化工厂等。这种情况的存在，是由于外国是在已经发展了的工业水平上搞国防工业，而我国工业落后，基础太差，但又必须迅速地发展国防工业。这样，就不可避免地要采取目前的办法。迅速发展国防工业，用力赶一赶，对提高我国工业技术水平是有好处的。

石油工业的发展赶不上需要。石油的供应，不仅第一个五年计划，就是第二个五年计划也是不够的。现在主要是寻找石油资源的问题。只要发现了新的丰富的资源，就必须大力开发。

总之，重工业中存在的主要问题是：国防工业突出，石油工业落后，煤、电紧张。这种状况，目前还无法改变。

四、工业发展与铁路运输之间的比例。

今后铁路运输是紧张的。铁路方面的投资也还不够。在制订铁路修建计划过程中，原设想的新干线越来越短，而用在旧线上的投资则越来越增加。一九五二年拟议五年内新建干线一万公里，以后改为六千公里，现在只有三千公里。原因是新设的厂矿多在旧线附近，旧线运输负担将随着工业的发展而日益加重。同时，对修筑铁路的估价也过低，原定每公里为三十九亿元，现实际已达六十二亿元，不得不减少铁路修筑的里程。

目前铁路的修建，应首先保证一百四十一项建设和扩大旧线运输量的需要，同时要为修新线做好准备。为了保证第一个五年计划期间运输任务的完成，必要时将在年度计划内增加投资。铁道部应在所拟定的计划投资外，准备十万亿元以上的工作量，什么时候有钱就什么时候搞。

五、技术力量的需要和供应是不平衡的。

初步计算，五年内工业和交通运输两项需增加技术人员三十九万五千人，但高等学校和中等技术学校的毕业生仅为二十八万六千人，相差十一万人。技术力量不足，当然会影响到建设的进度，并会使产量提不高，质量不好。这个问题在十年内很难完全解决。我们决不能等培养好了技术干部以后，再从事建设。而且就目前来说，技术力量不足的状况，也不是依靠增加投资就可以改变的。还有教授不足，在校学生不足等问题。补救的办法，是靠工厂多办技术学校和训练班，培养技工。总之，干部培养不及，是第一个五年中难以解决的问题。

如上所说，五年计划各部门的比例，是有缺点的。但目前只能按照已拟定的方案来做。

按比例发展的法则是必须遵守的，但各生产部门之间的具体比例，在各个国家，甚至一个国家的各个时期，都不会是相同的。一个国家，应根据自己当时的经济状况，来规定计划中应有的比例。究竟几比几才是对的，很难说。唯一的办法只有看是否平衡。合比例就是平衡的；平衡了，大体上也会是合比例的。

我国因为经济落后，要在短时期内赶上去，因此，计划中的平衡是一种紧张的平衡。计划中要有带头的东西。就近期来说，就是工业，尤其是重工业。工业发展了，其他部门就一定得跟上。这样就不能不显得很吃力，很紧张。样样宽裕的平衡是不会有的，齐头并进是进不快的。但紧张决不能搞到平衡破裂的程度。目前我们的计划是紧张的，但可以过得去，不至于破裂。

财政收支方案

五年内财政收入可否再增加？我看会有某些增加，企业利润和税收可能超收一些，但大量增加的可能性不大。如果税收再增加四五十万亿元，将会使物价大涨，实际工资降低，所以是办不到的。

军政费用能不能再减？今后三年，政费难减，因为不能大量裁员。要减军费，也只有减人员，降低现代化程度。我以为，五年计划草案不能这样制定。

工业投资可否减少？既然一百四十一项定了，不能推迟，工业上的钱也是少不了的。除属于一百四十一项的以外，第一机械工业部和第二机械工业部其他方面的投资，是很少的。化学工业、钢铁工业、有色金属工业的情况，也是如此。关于工业投资，过去曾经研究过三个方案。一个是二百六十五万亿元，按照这个方案，一百四十一个项目要推迟很多。另一个是三百二十八万亿元，这样就要求财政收入再增加几十万亿元，如前面所说，这很难做到。因此，较适当的是现在的二百九十二万亿元的方案。

预备费能不能再减少？现列的预备费是不能再少的。今后三年只有三十八万亿元，只占总支出的百分之四，是很少的。中国这样一个大国，某些临时的支出一定会有。而且根据过去经验，工业的项目及其造价往往比原计划增加。这些都要求财政上有一定的后备力量。

财政收入超过的部分，不能列入预算。如列到预算里面，而且马上分掉，则会使财政毫无周转余地。所以，宁可在年度计划中，再对某些项目的支出作必要的增加。但这种增加，也必须是有多少钱办多少事。

在财政上必须反对两种倾向：一种是冒进，即将财政收入全部分出去，搞到中途预算破裂。一种是保守，即有钱不用，妨碍建设。为了在财政上避免这两种错误，就必须一方面保有一定数目的预备费，另一方面又准备在年度计划中增加可能增加的投资。

今后三年保有三十八万亿元的预备费，大体可以不致犯冒进的错误。农业、铁路方面准备好后备计划，在年度计划中准备增加新的投资，就不致犯保守的错误。

按照计划，五年内现金收支是平衡的。将来要出毛病的话，可能出在商业各部，关键在于商业各部的贷款是否已打足。

对苏外汇的支付是很紧张的。为了偿还欠款，为了进口成套设备及其他物资，五年内将对苏支付外汇一百三十六亿卢布。我们必须力求不借外债。为了保持外汇的收支平衡，应压缩不必要的进口。

保持购买力与商品供应之间的平衡

一九五七年生活消费品和农业生产资料的供应总额，可达四百六十万亿元，那时社会购买力将增至五百万亿元，供应与需要之间差四十万亿元，占供应总额的百分之八。这种差额，城市与乡村都有，但多少在城市，多少在乡村，现在还划不清楚。差额发生的原因有二：一是投资于重工业的基本建设吸收了大量的资金，但不可能很快生产出东西，将来生产出来的，大部分也不是消费品。二是为了保证供应，不得不实行农产品计划收购，这样农民就保有很多货币，而不能保存很多实物。

在短期内要完全消灭商品供应与社会购买力之间的差额是不可能的。但这种差额不能过大，过大了就可能发生市场上的抢购现象，或农民不出卖农产品。应该说，四十万亿元这个差额是不算小的。解决这个差额的办法：一是农业、工业和手工业的增产，这是最根本的；二是努力在农村中推销工业品；三是增加农产品出口，进口轻工业原料，如毛条、人造丝、橡胶等，经过加工向农村推销，这对回笼货币的作用很大；四是发行公债和提倡储蓄；五是适当调整工农业产品的价格，如烟、酒、糖等消费品可以涨点价，而某些农产品可以降点价。我们的原则是，人民虽多出一些钱但不影响基本生活，并要使生活水平微微上升。采用这些措施，虽不能完全解决四十万亿元的差额，但一定可以解决很大一部分。只有这样，才可以保持市场的平稳。

解决商品供应量与社会购买力之间的差额，应该采取各式各样的、适合各地具体情况的不同的办法，并且分开在几年内解决，不要挤在一年里面来搞。我看，提高农产品收购价格，降低工业品价格，提高工资，这三条应该说都是好事，都应该做，但是，都不能做得太早，要极其慎重，要量力而行。

最后，再讲几点意见。

第一，现在所拟定的第一个五年计划草案，各种数字的小变动是一定会有的，但大体轮廓已定，不能再变。

第二，今后还须继续搞好各年度的财政收支平衡，避免出现抛物线。同时，要搞好电、煤、木材等若干种主要产品的供需平衡。

第三，由于间接计划部分很大，因此这个计划应经过地方党委在更大范围内加以讨论。为了实现这个计划，必须充分发挥地方的积极性。

周恩来：把我国建设成为强大的社会主义的现代化的工业国家[1]

（1954年9月23日）

我国伟大的人民革命的根本目的，是在于从帝国主义、封建主义和官僚资本主义的压迫下面，最后也从资本主义的束缚和小生产的限制下面，解放我国的生产力，使我国国民经济能够沿着社会主义的道路而得到有计划的迅速的发展，以便提高人民的物质生活和文化生活的水平，并且巩固我们国家的独立和安全。我国的经济原来是很落后的；如果我们不建设起强大的现代化的工业、现代化的农业、现代化的交通运输业和现代化的国防，我们就不能摆脱落后和贫困，我们的革命就不能达到目的。在一九四九年至一九五二年间，中央人民政府按照《中国人民政治协商会议共同纲领》的规定，先后完成了全国大陆的统一，完成了土地制度的改革，进行了广泛的和深入的镇压反革命运动和各种民主改革运动，恢复了遭受长期战争破坏的国民经济，着重地发展了社会主义的国营经济和各种类型的合作社经济，初步地调整了公私营工商业之间的关系，这一切都为有计划地进行经济建设和逐步过渡到社会主义社会准备了必要的条件。随后，从一九五三年起，我国就开始了经济建设的第一个五年计划，着手有系统地逐步地实现国家的社会主义工业化和对农业、手工业和资本主义工商业的社会主义改造。经济建设工作在整个国家生活中已经居于首要的地位。

制订第一个五年计划的全部工作现在还没有最后完成，对于计划的许多细节还在进行补充和修订。第一个五年计划的方针是大家已经知道的，这就是：集中主要力量发展重工业，建立国家工业化和国防现代化的基础；相应地发展交通运输业、轻工业、农业和商业；相应地培养建设人才；有步骤地

---

[1] 此文为周恩来在全国人大一届一次会议上的政府工作报告的节选。

促进农业、手工业的合作化；继续进行对资本主义工商业的改造；保证国民经济中社会主义成分的比重稳步增长，同时正确地发挥个体农业、手工业和资本主义工商业的作用；保证在发展生产的基础上逐步提高人民物质生活和文化生活的水平。第一个五年计划所以要集中主要力量发展重工业，即冶金工业、燃料工业、动力工业、机械制造工业和化学工业，是因为只有依靠重工业，才能保证整个工业的发展，才能保证现代化农业和现代化交通运输业的发展，才能保证现代化国防力量的发展，并且归根结底，也只有依靠重工业，才能保证人民的物质生活和文化生活的不断提高。当然，重工业需要的资金比较多，建设时间比较长，赢利比较慢，产品大部分不能直接供给人民的消费，因此在国家集中力量发展重工业的期间，虽然轻工业和农业也将有相应的发展，人民还是不能不暂时忍受生活上的某些困难和不便。但是我们究竟是忍受某些暂时的困难和不便，换取长远的繁荣幸福好呢，还是贪图眼前的小利，结果永远不能摆脱落后和贫困好呢？我们相信，大家一定会认为第一个主意好，第二个主意不好。

我国在一九四九年至一九五二年迅速地完成了工业恢复的任务，在恢复期间工业总产值平均每年递增百分之三十六点九。在建设期间，工业发展的速度当然要低些，但是一九五三年工业总产值仍然比一九五二年增加了百分之三十三。一九五四年预计现代工业的总产值将等于一九四九年的四点二倍，如果再加上农业和手工业，那么今年的工农业总产值将等于一九四九年的二点二倍。这样的发展速度，在旧中国是不能够设想的。

拿几项最重要的工业产品的一九五四年预计产量来同一九四九年产量比较一下，我们可以看到以下的动人的数字：电力一百零八亿度，等于一九四九年的二点五倍；原煤八千一百九十九万吨，等于一九四九年的二点六倍；生铁三百零三万吨，等于一九四九年的十二点四倍；钢二百十七万吨，等于一九四九年的十三点七倍；金属切削机床一万三千五百十七台，等于一九四九年的八点五倍；水泥四百七十三万吨，等于一九四九年的七点二倍；棉纱四百六十万件，等于一九四九年的二点六倍；机制纸四十八万吨，等于一九四九年的四点五倍。当然这些产量还是很少的，但是它们的增长状况表明，只要坚持努力，我们的前途是无限光明的。

在工业的发展中应当指出三个值得特别注意的地方。第一是现代工业的产值在工农业总产值中的比重迅速上升。在一九四九年，这个比重大约是百分之十七，而在一九五四年预计将近百分之三十三。第二是生产资料的产值在工业总产值中的比重迅速上升。一九五四年消费资料的产值预计将等于一九四九年的三点一倍左右，而生产资料的产值却将等于一九四九年的五点七倍左右。生产资料的产值在工业总产值中的比重，在一九五四年预计将由一九四九年的百分之二十八点八上升为百分之四十二点三。第三是国营、合作社营和公私合营工业在工业总产值中的比重迅速上升。由于国营工业和合作社营工业一年一年壮大，由于资本主义工业开始成批地转为公私合营工业，这一比重在一九五四年预计将由一九四九年的百分之三十七增加到百分之七十一左右。这就是说，没有转为公私合营的资本主义工业在工业总产值中的比重，将只占百分之二十九左右了。

这些统计表明我们的国家正在向着工业化的目标前进，正在向着社会主义的目标前进。

我们原有工业的基础虽然薄弱，却是目前我国工业产品、工业利润和工业人才的主要来源，忽视这个基础是完全错误的。我们必须充分利用原有的工业基地和工业企业，发挥它们的潜在力量，增加生产品的产量和品种，使它们在国家建设中发挥重大的作用，为国家建设积累资金，培养人才和供应设备，并且供应人民的需要。但是我国原有的工业究竟是非常落后的、零散的、不平衡的，因此，为了实现我国的工业化，就必须主要地依靠新的工业特别是重工业的建设。

我国在第一个五年计划期间新建和改建的重大工业建设项目约有六百个，大家所知道的苏联协助我国建设的一百四十一个项目就是其中的骨干。在这些项目中，有现代化的钢铁联合企业、有色冶金企业、煤矿企业、石油企业、各类重型机器制造厂、汽车制造厂、拖拉机制造厂、飞机制造厂、电力站、化学工厂等。这些建设项目的完成将使我国的工业生产水平和技术水平大大地提高一步，使我们可以自己生产冶金设备、发电设备、采油设备、锻压设备，自己生产汽车、火车头、拖拉机、飞机，并且将使我们有新的工业区域和工业基地，使我国目前工业分布上的不合理状态开始发生变化。这些项目的大部分将在一九五八年完成，少数需要将近十年的时间才能完成。一九五三年全国完成的工业基本建设投资总额比较一九五二年增加了百分之九十六，一九五四年计划的工业基本建设投资总额又比一九五三年增加百分之二十八。一九五四年新建、改建和续建的重大工业建设项目共有三百个，预计在本年内可以有五十一个重大项目完成建设。在苏联协助我国建设的一百四十一个项目中，已全部或者部分完工并投入生产的有十七项，包括鞍山钢铁公司的大型轧钢厂、无缝钢管厂、薄板厂，阜新的海州露天煤矿等；正在施工的有三十四项；其余都正在设计，不久就可以开始施工。

根据上述的情况，我们可以看出：中华人民共和国宪法关于逐步完成社会主义工业化的规定，关于用经济计划指导国民经济的发展和改造、使生产力不断提高的规定，关于优先发展国营经济、鼓励和指导资本主义经济转变为国家资本主义经济的规定，并不是空谈，而是我们正在实现着的活生生的事实。全国的劳动人民正在中国共产党和人民政府的领导下英勇奋斗，迅速地改变着我们的祖国的面貌。我们一定可以经过几个五年计划，把中国建设成为一个强大的社会主义的现代化的工业国家。

有计划的工业生产和工业建设对于我们是一个完全新的课题，我们必须一面工作，一面学习。从最近几年的事实看来，我们的工作和学习是有进步的。我们的工业管理的水平正在逐步提高。各工业部门在实行计划管理、建立责任制度、改进技术领导、扩大地质勘探力量和基本建设力量等方面都得到了许多成绩和经验。广大的职工群众开展了蓬蓬勃勃的增产节约运动和劳动竞赛运动，在技术上也有了不少的发明和创造。依靠管理人员和职工群众的共同努力，一九五三年国营和公私合营工业工人的劳动生产率比一九五二年增长了百分之十三，同年中央五个工业部的产品成本比一九五二年平均降低了百分之三点二。

但是我们没有任何理由可以自满。我们既然是在开始学习，必然要遇到许多困难，而且已经遇到不少困难。我们还必须克服许多工作上的缺点。我们的年度计划并不是都完成了。例如一九五三年中央六个工业部的基本建设计划就只完成了百分之九十四点三。水力涡轮、原盐和糖的生产计划没有完成。没有完成计划的建设单位和生产企业更多。例如根据重工业部的检查，重工业部一九五三年总的产值计划是超额完成了，但是它所属的生产企业却有百分之二十五没有完成计划；并且，如果从生产总值、成本、利润、劳动生产率四种指标来检查，全面完成四种计划的企业只占企业总数的百分之三十。此外，有些企业的计划定得过于保守，很容易超额完成，失掉了指导生产的意义。最突出的如沈阳染料厂一九五三年竟完成了利润计划的百分之五百以上。这些严重的情形在其他的工业部也同样存在，有的甚至更严重。我们必须用极大的努力来改变这些情形。

目前工业方面的重要问题之一是计划性不足。我们现在还有许多计划不够准确，不够完整，常常互相脱节，并且常常变动。很明显，这里有很多客观的困难不容易在短时期内克服。但是毕竟有不少供应、生产、销售之间的不平衡，不少产品的品种、规格的不合需要，不少建设工作中的勘探、设计、施工的不能衔接，不少交通运输、工业城市规划和工业建设的不相配合，是由于主观努力的不足和工作中的错误而来的。这方面的状况必须尽可能改善，以减少国家的损失。各个企业、各个主管部门和国家的计划统计机关必须系统地全面地研究生产和需要的情况，研究建设工作中各个环节的情况，进行反复的周密的平衡和计算，加强各有关部门相互的配合和协作，并充分地吸收广大的职工群众的意见。只有这样，才能正确地规定各种指标，订出先进的确实的计划。在执行计划的过程中，还必须进行深入检查，及时地发现和解决工作中的问题，以保证国家计划的全面完成。

工业方面另一个重要的问题是由于许多部门和企业不重视节约资金、不重视管理财务成本而形成的巨大的浪费。《人民日报》最近发表过太原热电站建设工程中的浪费情况，就是一个惊人的例子。这个工程因为盲目采购材料而积压资金一百四十四亿余元，因为没有及时向国家申请调拨物资损失二十五亿七千多万元，因为材料使用的浪费损失十八亿余元，因为劳动效率过低损失二十三亿五千多万元，因为工地临时建筑标准过高浪费二十三亿元，而因为工地物资散失和购置家具的浪费所造成的损失还不在内。这种情形在目前的基本建设工程中还远不是少数。不少的基本建设工程还没有规定适当的建设标准，而有些城市、机关、学校、企业又常常进行一些不急需的或者过于豪华的建筑，任意耗费国家有限的资金。许多工业企业在生产中由于管理机构庞大、管理不善、原材料使用不当、劳动组织不好、劳动纪律松懈、产品质量低劣、对生产安全注意不够等项原因也造成国家的浩大损失。按一九五四年的计划指标计算，单是中央的六个工业部加上地质、建筑工程、铁道、交通、邮电、林业六个部，只要降低基本建设的建筑安装成本的百分之一，就可以每年为国家节约二千八百亿元；中央和地方的国营工业的生产成本只要降低百分之一，就可以每年为国家节约八千四百亿元；中央和地方的国营工业的劳动生产率只要提高百分之一，就可以每年为国家增产一万六千亿元。因此，为了增加国家资金的积累，为了消灭浪费，一切国营企业和建设单位必须全面地完成和争取超额完成国家的计划，贯彻经济核算制，建立严格的节约制度，力求降低成本。

技术力量的不足和技术管理的不善，也是工业方面的重要问题。没有现代化的技术，就没有现代化的工业。我国工业中原有的技术力量很弱，我们现有的高等学校所能培养出来的技术干部，在数量上、门类上和质量上都不能在短时期内满足工业和基本建设的需要。在这个情况下必须更加合理地有效地使用和提高现有的技术人才，加强技术组织工作和在企业中培养技术人才的工作，以便提高现有的技术水平和企业管理的水平，提高产品质量，增加新产品的品种和数量，并保证完成现代化的新企业的建设和掌握这些新建企业的生产技术。但是恰恰在这个方面我们还有严重的缺点。许多工业企业和工业管理机关没有正确地分配技术人才，没有把他们组织起来合理使用，没有在技术工作中建立必要的制度，没有严格地贯彻操作规程和技术安全规程。许多企业虽然注意了一般技工的培养，但是还很少注意技术人才和高级技工的培养，对于技术试验和研究工作也注意不够。这就使有许多本来可以解决的技术问题也变得不能解决或不能正确地解决了。这些混乱状况必须迅速克服。各个企业应当用大力开办技术训练班和各级业余技术学校，组织企业管理人员、技术人员和工人认真学习技术，研究和推广苏联的先进经验，特别是苏联帮助我国建设的一百四十一个项目从设计、施工、安装直到开工生产的技术经验，并且在广大职工中有领导地开展技术革新运动。

加强计划工作，加强节约，加强技术管理，这些就是工业部门的迫切任务，也是交通运输业、邮电业、水利、林业和各个进行基本建设的部门的迫切任务。这些任务，大部分也是商业部门和国营农业的管理机关所必须注意实现的。

我国的农业在土地改革以后有了新的发展。一九五二年粮食和棉花的产量都超过了解放前的最高年产量。农业在一九五三年因为有较重的自然灾害没有完成计划，但是粮食的产量仍比一九五二年略高，棉花的产量也超过解放以前。今年因为长江和淮河流域遭受了严重的水灾，农业生产计划也不能完成，但是今年夏季麦子丰收，大部地区秋季也可望丰收，全年的粮食和棉花产量仍可超过一九五三年。预计今年的粮食产量可以等于一九四九年的一点五倍，棉花产量可以等于一九四九年的二点八倍。

农业的发展对于工业的发展有多方面的影响。许多工业特别是纺织业和食品工业的原料是由农业供给的。工业人口和其他城市人口所需要的粮食、油类和其他副食品都依靠农业。工业所需要进口的机器大部分需要用出口农产品去交换。许多工业产品的主要市场是农村。因此，中央人民政府历年都用很大的力量在经济方面、水利方面和技术方面帮助农业的发展，而农民也积极响应政府的号召，发展互助合作，努力增产粮食和各种技术作物，并且踊跃地把他们的产品供应给国家。我国在过去两年内不但战胜了灾害，而且农业生产能继续有所发展，市场能继续保持稳定，在这方面，我们不能不向全国五万万农民表示感谢。

但是农业的发展显然还赶不上人民和国家对于农产品的需要。为了使农业能够更快地和更有计划地发展，必须逐步实行对农业的社会主义改造，这就是逐步改变农业中的落后的个体经营，按自愿的原则用互助组和合作社的形式把农民组织起来进行集体的生产。农民的互助合作运动在过去一年内已有空前的发展，参加互助组和合作社的农户已经达到全体农户的百分之六十。农业生产合作社在今年八月已经发展到十万个，预计明年春耕时将达五十万个以上，参加的农户将达一千万户以上。我们希望，在第一个五年计划期末，全国可以有半数以上的农户和土地加入农业生产合作社。

为了保证增加农业的产量以适应整个经济发展的需要，还必须在发展合作化的同时有系统地推广新式农具，推广抽水机和水车，推广良种，改进农作技术，增施肥料，防治病虫害，并且尽可能扩大耕地面积。必须适当地增加棉花和油料作物的播种面积，使棉花的生产能够赶上工业需要，油料的生产能够迅速达到和超过解放前的最高年产量。

为了解决耕畜役畜不足、肉食供应不足和肥料不足的困难，并且为了扩大皮毛的生产，必须努力发展养畜业。对捕鱼养鱼事业，也应当注意发展。

在水利方面，国家在过去几年内修建了很多大规模的水利工程，对减轻水旱灾害、保障农业生产起了很大的作用，在今年的防汛斗争中的作用更为显著。尚未全部完成的治淮工程超额地负担了防洪的任务。荆江分洪工程、官厅水库和独流减河入海工程，也都在不同程度上发挥了防洪的效能。今年长江流域和淮河流域的洪水是近百年少有的，比国民党统治时期的一九三一年大得多，但是人民的受害却少得多。依靠汛区人民的奋斗和全国人民的支援，我们保持了武汉、南京、蚌埠、天津等重要城市、苏北平原和淮北平原和荆江大堤的安全，减轻了广大农田的受灾程度。全国被淹的农田约占全国农田十分之一即一亿六千余万亩，经过排水、救苗和补种，成灾面积已经缩小一半。在成灾的八千余万亩农田中，有三千万亩在短期内尚难排出积水。现在政府在灾区正继续用大力进行救灾、排涝和抢种工作，在非灾区正组织超额增产运动以弥补灾区减产的损失。对自然灾害的斗争是我国人民的一个长期的艰苦的任务，我们在水利方面必须作更多更大的努力。今年的洪水也暴露了过去治水工作的不少缺点，例如防洪设计标准一般地偏低，个别工程修得不够安全，有一个时期比较忽视治理内涝和农田水利的工作。今后必须积极从流域规划入手，采取治标治本结合、防洪排涝并重的方针，继续治理为害严重的河流，同时积极兴办农田水利，以逐渐减免各种水旱灾害，保证农业生产的增长。

　　林业对供应建设事业所需木材和防止水旱风沙灾害都有重大的意义。我国的森林资源是不足的，除了必须加强国家的造林事业和森林工业、有计划有节制地采伐木材和使用木材以外，还必须在全国有效地开展广泛的群众性的护林造林运动。

　　手工业在我国国民经济中有重要的作用。同农民一样，手工业者也正在迅速地组织生产合作社。据一九五三年底的统计，已经有三十万手工业者组织在四千八百多个生产合作社中。这样的合作社今后应当更有计划地积极发展。

　　交通运输业和邮电业在过去五年内也得到了恢复和发展。铁路正线的通车里程一九四九年为二万一千七百公里；由于历年修复和新建了不少铁路，今年预计将达二万五千五百公里。宝鸡成都线今年可以由成都铺轨到广元；兰州新疆线今年可以向西铺轨到武威以西的怀西堡。全国公路的通车里程今年将达十四万多公里。工程艰险、意义重大的康藏公路将在今年内全线初步通车。海上运输和内河航运也都有发展。在邮电事业方面，建立了以北京为中心的通信网，基本上适应了国家建设和人民生活的需要。

不断提高运输能力以适应国民经济迅速增长的需要，是交通运输业的主要任务之一。我国铁路客货周转量每年都有增长，今年预计可以等于一九五〇年的两倍以上。为了满足日益增长的运输需要，除了必须增加线路、改进设备以外，还应当改善经营管理，发掘运输的潜力，特别是要进一步缩短车辆和船舶的周转时间。此外，合理发挥水运对于陆运的配合作用，并逐步消灭过远、过短、对流和其他不合理的浪费的运输，不但可以节省整个运输能力，而且可以大大减少运输费用。为了实现这个要求，各个有关的经济部门必须共同努力。

五年以来，国内商业和对外贸易有了巨大的发展。在一九五三年，社会商品零售总额已经增加到三百二十五万亿元，等于一九五〇年的一点八倍，对外贸易也达到一九五〇年的一点八倍。国营商业已经可以掌握有关国计民生的主要商品的全部或大部，并且管制了全部对外贸易。供销合作社和消费合作社在今年上半年已有基层社三万一千余个，社员一亿六千五百五十二万余人，成为国营商业的强大助手。目前，国营和合作社营商业在社会商品零售总额中的比重已占百分之五十左右，在批发总额中的比重已占百分之八十左右。

由于人民消费力增长的速度超过了消费品生产发展的速度，形成了供应和需要之间的不平衡。中央人民政府先后实行了粮食、油料、棉布的计划收购和计划供应以及棉花的计划收购，以便调节供需关系，稳定市场物价，保障人民的生活和国家的建设。这些措施完全是必要的、适时的。这些措施既保障了广大城乡消费者的利益，也保障了广大农业生产者的利益，仅仅对于少数投机者不利，因此得到了全国人民的拥护。

对于重要消费品的计划供应，在消费品生产没有充分发展的一个时期内，不但需要继续实行，而且品种和范围还可能扩大；对于重要生产品的计划收购，更将随社会主义经济的发展而发展。当然，这是极其复杂的工作，也是人民生活中和社会经济中的巨大的变化；在开始实行的时候，工作中难免发生暂时的缺点，而人民也难免感觉暂时的不便。但是，如果我们希望不再受奸商投机倒把所形成的物价飞涨和生产停顿的痛苦，希望用合理保证供应全国人民需要的社会主义商业来代替资本主义的投机商业，那么，我们就会承认，计划收购和计划供应是国家所必须采取的办法了。

一方面是计划收购和计划供应工作的发展，另一方面是加工订货包销收购的发展，这两种发展根本改变了国营商业的地位。国营商业在过去几年只占国内市场的一小部分，现在已经占了主要部分，成为全国商业活动各方面的领导力量了。商业部门现在必须担负起计划和安排全部国内市场的责任，必须根据社会购买力和社会商品之间的平衡，根据国营商业、合作社商业和私营商业的经营比重和相互关系，决定社会商品的流转计划，决定对整个私营商业的改造和安排的步骤。但是，我们的商业部门的工作还没有能够同国内市场这一巨大的变化完全适应，因此在工作中不免有些被动。商业工作中的这个缺点，以及在许多商业企业的经营中对供需状况调查研究不够、管理费用过高等项缺点，都必须迅速克服。

对资本主义工商业实行社会主义改造是我国过渡时期总任务的一个重要部分。经过几年来的工作，资本主义工业的主要部分现在已转变为各种不同形式的国家资本主义企业。根据客观的发展来看，对资本主义工业的改造主要将经过国家资本主义的高级形式——公私合营来进行。公私合营工业的产值在一九五三年已经达到一九四九年的九倍多，预计在一九五四年又将等于一九五三年的两倍多。但是中级形式的加工、订货、包销、收购可以替公私合营准备有利的条件，所以也是很重要的，并且得到了更大的发展。今年上半年，在上海、天津、北京、武汉、广州、沈阳、重庆、西安等八个重要城市中，接受国家加工、订货、包销和收购的资本主义工业的产值已占这些城市中资本主义工业总产值的百分之八十左右。随着粮食、油料、棉布的计划收购和计划供应的实施，大批私营的粮食店、食油店和棉布店已经改为国营商业的代销店和经销店，使私营商业中的国家资本主义成分得到迅速的增长，并且开辟了逐行逐业改造资本主义商业的道路。

对资本主义工商业的改造是一个斗争和教育的过程。为了做好这个工作，还需要积累更多的经验。在这里应当指出的是，在这个过程中，必须把对企业的改造和对人的改造结合起来。这就是说：一方面，我们要改造资本主义企业使它们最后成为先进的社会主义企业；另一方面，我们还要改造资本家和资本家代理人的思想，尽可能使他们在社会主义改造过程中起积极的有益的作用。

五年以来，国家的财政状况有了显著的变化。我们不但很快地改变了收入不敷支出的不利情况，实现了财政的收支平衡，每年还保持有一定的结余以充实国家的信贷基金。国家财政的收支平衡，是在收入和支出都有了很大增长的情况下取得的。一九五四年国家预算中的收入，不包括上年结余在内，等于一九五〇年的三点六倍。同时，财政收入的来源也有了很大的改变：从一九五〇年到一九五四年，农民缴纳的税款所占的比重从百分之二十九点六降低到百分之十三点四，而社会主义的国营企业和合作社缴纳的税款和利润所占的比重却从百分之三十四点一增加到百分之六十六点一。

在财政支出方面，五年来随着收入的增加也有了很大的增加。一九五四年预算中经济建设的支出等于一九五〇年的六倍半；经济建设费占整个财政支出的比重，也从一九五〇年的百分之二十五点五增加到一九五四年预算的百分之四十五点四。五年来国家财政用于经济建设的经费共达三百二十八万亿元，其中在一九五三和一九五四两年合计就有二百万亿元。这说明了我们依靠全国人民的支持，已经为工业化事业积累了必要的资金。一九五四年预算中国家用于文教、卫生和社会福利事业的支出等于一九五〇年的四点九倍。这部分的支出占整个财政支出的比重也从一九五〇年百分之十一点一增加到一九五四年预算的百分之十四点七。同时，财政支出中的国家机构经费，包括国防费和行政管理费所占的比重，已从一九五〇年的百分之六十点八降低到一九五四年的百分之三十点七，其中国防费从百分之四十一点五降低到百分之二十一点一，行政管理费从百分之十九点三降低到百分之九点六。以上这些情况充分地说明了我们国家的预算是和平的、建设性的预算。

财政工作中的迫切任务，是继续贯彻合理的税收政策，鼓励人民以多余的资金存款、储蓄和购买公债，加强企业的财务管理，节约国家的行政经费，加强财政监督和财政纪律，保证建设时期所必需的后备，总之，就是努力为国家工业化事业积累更多的资金，并更合理地使用这些资金。为了完成这些任务，我们还需要进行一系列的斗争。我们的财政是"取之于民，用之于民"的人民的财政，全国人民代表大会和地方各级人民代表大会都有监督我们的财政收支的权力和责任。我们希望各位代表监督政府工作人员并同政府工作人员合作来反对浪费资金的现象，反对机构庞大的现象，反对违反财政制度的现象，反对不爱护国家财产、不严格节约和不努力增加资金积累的现象，反对偷税漏税和盗窃国家资财的行为，反对贪污的行为。反对这些现象和行为，也就是拥护社会主义，争取社会主义社会的早日实现。

我们的一切工作都是为了人民的。我们的经济工作和财政工作直接地或者间接地都是为着人民的物质生活和文化生活的改善。大家都看到，我们在这方面的工作是有成绩的。

过去几年来我们在改善人民生活方面的一个重大收获，是稳定了金融和物价，保证了广大人民生活的稳定。今后国家仍然应当继续努力，保持物价稳定，使人民生活继续得到改善。

由于国家建设的需要和生产的发展，劳动就业的人数逐年增加，一九五三年全国公私企业的职工已经达到一千三百七十四万五千余人。旧中国遗留下来的严重失业现象已经大大减轻。人民政府不但对于原来的国民党政府机关中的人员和官僚资本企业中的职工采取了"包下来"的政策，避免了失业现象的增加，而且大力地进行了帮助失业者就业的工作。从一九五〇年七月到一九五三年底，仅由各地劳动部门介绍就业的，就有二百零七万人。但是，由于我国生产还不发达而又人口众多，劳动就业的问题在一个较长的时期内还是会存在的。我们将在今后继续执行过去几年来行之有效的政策，使这个问题逐步得到解决。

几年来，职工的生活有了很大改善。根据中央五个工业部门的统计，一九五三年按货币计算的平均工资比一九五〇年增加了百分之八十四。职工的劳动条件和福利设施也有重大的改善。三十五个工业部门为职工直接支付的劳动保险费、医药费、文教费和福利费平均相当于工资总额的百分之十七。一九五三年享受劳动保险待遇的职工已有四百八十余万人，享受公费医疗待遇的国家机关工作人员和教育工作人员已有五百二十九万余人，其他中小企业中的职工也多半同企业订有劳动保险合同。国家为职工建筑的宿舍，一九五三年即有一千二百万平方公尺。企业和工会所举办的福利和文化设施也不断地增加。由于国家用了很大的资金改进工矿企业的安全卫生设备，职工因工伤亡率正在逐年减少。

很明显，在我们的国家里，经济建设的发展和人民生活的改善不能不是互相一致的，因为社会主义经济的唯一目的，就在于满足人民的物质和文化的需要，而为了充分满足人民的物质和文化的需要，又必须不断发展社会主义经济。从任何一方面把这两件事对立起来都是错误的：或者不顾目前生产水平把工资和福利提得过高过快，违反了工人阶级的长远利益，这是一种经济主义的表现；或者对于职工福利甚至职工安全漠不关心，不注意或者不愿意解决那些必需而又可能解决的问题，这是一种官僚主义的表现。我们应当同时反对这两种错误。

工资制度在过去几年内有了一些改进，但是目前仍然相当混乱，而且平均主义现象还没有克服。平均主义是一种鼓励落后、阻碍进步的小资产阶级思想，是同马克思主义思想和社会主义制度毫无共同点的东西。平均主义妨害职工学习技术和提高劳动生产率的积极性，对于发展经济建设很有害，因此我们必须坚决反对平均主义。企业中的奖励制度现在也很混乱，必须加以整顿。同时，在政府机关和某些国营企业中，同工资制并存的还有供给制的待遇办法，这种办法在革命战争时期曾经起过重大的作用，但是它同按劳付酬原则和经济核算制是矛盾的，在今天已经是害多利少了。因此，必须根据社会主义建设的要求，定出妥当的方案，争取在几年内使全国工资制度和奖励制度达到基本上统一合理，并且把供给制逐步改变为工资制。

几年来，由于土地改革的完成，农业生产的恢复和发展，国家对农产品收购价格的提高，农业税法的改进，农业贷款的增加和农村信用合作的发展，广大农民的生活在衣食住等方面都有了显著的改善。农村居民的购买力，一九五三年比一九五〇年增加了百分之七十六。但是，因为我国农业生产落后，已耕地面积不足，农民的生活水平还是低的，在遇到灾荒的时候，更会感受很大的困难。五年来国家财政用于救济方面的经费，从一九五〇年到一九五三年共有八万亿元，一九五四年有三万亿元，其中绝大部分是用于农村的。今后政府应当在积极地发展农村互助合作运动和提高农业生产的基础上，继续注意帮助农民，包括个体农民在内，进一步改善自己的生活。

几年来，我们开展了全国规模的群众性的爱国卫生运动，粉碎了美国侵略者的细菌战，减少了疫病的发生和流行，增进了人民的健康。同时，医药卫生事业也有了发展。到一九五三年底，中央卫生部所属医院共有三千零六十八所。全国病床数比解放前的最高水平增加了百分之四百十一。妇幼卫生工作的开展，使产妇和初生儿的死亡率大为降低。但是我们的卫生工作特别是工矿卫生工作还大大落后于经济建设发展的需要，应当积极加以充实，并逐步实现各级卫生部门对工矿卫生工作的统一领导。此外，我国有几十万中医散布在全国广大的农村和城市，各级卫生部门应当认真地团结、教育和使用他们，并且同他们合作来把中国原有医药中有用的知识和经验加以整理和发扬。

我国学校教育事业有了巨大的发展。与解放前最高水平相比，在一九五三年年底，全国高等学校学生数增长了百分之四十，即达到二十一万六千余人；中等专业学校学生数增长了百分之七十五，即达到六十七万人；普通中学学生数增长了百分之九十六，即达到二百九十三万余人；小学学生数增长了百分之一百一十七，即达到五千一百五十万余人；幼儿园幼儿数增长了百分之二百二十六，即达到四十二万五千人。各级学校学生中的工农子女成分逐年增加。在为培养工农出身的新知识分子而创办的工农速成中学中，一九五四年的学生数比一九五一年增长了三倍。几年来我国在学校教育的制度、内容和方法方面，已经作了不少的改革，这些改革的顺利进行是同我国广大知识分子的思想改造运动有联系的。知识分子的思想改造工作是有成效的，今后仍然应当根据具体的需要，采取适当的方式来进行。大家公认，具有革命思想和科学技术知识的知识分子在国家建设工作中的作用，现在已显得更加重要了。

为了适应经济建设的需要，教育部门应当首先集中力量发展和改进高等教育。中小学教育已有很大的发展，今后应当着重质量的提高。中小学教育中都应当注意劳动教育，以便中小学毕业生广泛地参加工农业劳动。

我国的科学事业和文化艺术事业在过去几年内都有了不小的发展和重要的贡献。在今后，为了使科学研究工作能充分满足各方面的要求，使文化艺术活动能够适应人民群众的广泛需要，政府必须大大加强对这两种事业的领导。

在改善人民的物质和文化生活的问题上，中央人民政府对少数民族地区给了特殊的注意。帮助少数民族经济和文化的发展，使各民族能够逐步达到实际上的平等，是我们历来所主张和执行的政策。在过去几年内，经济部门和财政部门用公平合理的价格组织了少数民族地区的物资交流，发放了各种贷款扶助少数民族的农牧业生产，对各少数民族的经济生活的改善起了重要的作用。卫生部门派出了大批的卫生工作人员帮助少数民族地区制止或减轻了疫病的流行，并且建立了少数民族地区的医疗卫生机构。在少数民族地区已经有县卫生院三百零九所，另外全国还有少数民族医院三十八所。各少数民族的高级和中级的卫生干部已经有二千七百余人。在教育工作方面，在一九五三年，全国已有少数民族小学生二百五十四万六千余人，中等学校学生十六万三千余人，高等学校学生五千五百余人。经过学校和其他方法培养出来的少数民族干部已有十四万余人，这是实现民族区域自治的一支重要的力量。

　　各位代表！如上所说，逐步改善人民的物质生活和文化生活，是我们的经常性质和根本性质的任务。我们现在所做的工作当然是不够的，必须继续加强。但是我们在目前考虑这个问题的时候，必须首先把它同我们正在进行的社会主义建设事业联系起来。大家知道，我国原来是一个落后的农业国，现在要把我国建设成为一个强大的社会主义的现代化的工业国家，这是一个很伟大的任务。毫无疑问，为了实现这个任务，无论在经济方面或者财政方面，都是有很多困难的，我们决不能够轻视这些困难。什么是我们克服困难的道路呢？从最根本的方面说来，这就是要依靠我们全国人民同心协力，艰苦奋斗。当目前国家需要集中主要力量建设重工业、奠定社会主义基础的时候，我们全国人民都必须把注意的重点放在长远利益上面。我们不能够只看到眼前的利益而忽视了长远的利益。为着我们子子孙孙的幸福，我们不能不暂时把许多困难担当起来。我们是有充分的信心来克服一切艰难困苦的。我们必须用全力来实现宪法所规定的我们在过渡时期的总任务，而这里最主要的事情，就是我们人人都要关心提高我们国家的生产力。我们必须了解，增加生产对于我们全体人民，对于我们国家，是具有决定意义的。只有生产不断地增加，不断地扩大，才能逐步地克服我们人民的贫困，才能巩固我们革命的胜利，才能有我们将来的幸福。一切破坏经济纪律、劳动纪律、财政纪律和损害公共财产、浪费国家资金的现象，在我们这里都是不能容许的；一切只顾个人不顾社会、只顾局部不顾全体、只顾眼前不顾将来、只顾权利不顾义务、只顾消费不顾生产的观点和行为，都是必须反对的。因为这些都损害着我们国家的生产发展，因而也就是损害着我们将来的幸福。

对于一九五三年五月十五日关于苏联政府援助中华人民共和国中央人民政府发展中国国民经济的协定的议定书

（1954年10月12日）

由于苏联政府同意满足中华人民共和国政府关于援助中国新建十二个企业和改建一个滚珠轴承工厂的请求，以及对苏联援助中国建设的企业完成各项设计工作和供应设备的范围和期限予以修正和补充的请求，双方政府达成如下协议：

第一条　苏联政府将援助中华人民共和国政府建设以下十二个工业企业：

白银厂有色金属联合工厂，年生产能力：铜三万吨；有色金属加工厂，年生产能力：三万吨制品；选煤厂，年生产能力：一百五十万吨；两个煤井，总生产能力：年产煤一百五十万吨；七个热电站，发电能力共为十六万六千瓩；并援助改建哈尔滨滚珠轴承工厂，年生产能力为一千万——一千二百万套滚珠轴承。

第二条　第一条规定之援助，将通过如下办法实现：苏联机关完成设计工作，供应设备和电缆制品，并根据第一号附件规定的范围和期限对第一条所列企业的施工（设计人监督和提供建议）、安装、试车和开工生产方面给予技术援助。

第三条　此外，由于一九五三年五月十五日中苏协定中的部分变动，苏联机关将完成勘察设计工作，供应第二号附件中所列企业的设备和电缆制品，并按照这一附件中所规定的范围和期限对其施工给予技术援助。

第四条　苏联机关还将在恢复和配成一台锻压机方面，对中国机关给予技术援助，援助方法为完成设计工作，供给不足的零件和部件，并根据双方商定的期限向中国派遣必要数量的专家，以帮助搜集设计所必需的基础资料，帮助安装、试车和开工生产。

第五条 对本议定书第二条和第四条所列项目施工的援助，将由苏联方面根据一九五三年五月十五日中苏协定的条件进行，而对所供应的设备和所给予的技术援助的偿付，则按现行中苏贸易协定进行。

第六条 中苏两国机关就本议定书规定的设备供应和技术援助签订合同，并根据本议定书对以前所签订的合同予以修改和补充。

一九五四年十月十二日订于北京，共两份，每份均以中文和俄文书就，两种文字的条文均有同等效力。

中华人民共和国政府全权代表
苏维埃社会主义共和国联盟政府全权代表

中苏关于签订科学技术合作协定的联合公报

（1954年10月12日）

中华人民共和国政府和苏维埃社会主义共和国联盟政府之间，在莫斯科和北京两地举行了有关中苏科学技术合作的谈判。谈判是在友好诚挚的空气中进行的，并以十月十二日在北京签订中华人民共和国和苏联间的科学技术合作协定而告结束。该项协定已由中华人民共和国政府代表、国务院副总理李富春同志和苏联政府代表、苏联部长会议副主席阿·伊·米高扬同志签字。

根据协定的规定，中华人民共和国政府和苏维埃社会主义共和国联盟政府同意通过交流国民经济各部门的经验来实现两国间的科学技术合作。

双方将互相供应技术资料，交换有关情报，并派遣专家，以进行技术援助和介绍两国在科学技术方面的成就。

双方互相供应技术资料不付代价，仅支付用于复制各项资料的副本所需的实际费用。

为制定实现合作事宜的措施和便于向双方政府提出适当建议，成立中苏委员会，由中苏双方各委派委员七人组成。委员会的会议每年至少召开两次，轮流在北京和莫斯科举行。

协定的有效期为五年。如在上述有效期满前一年，签订协定之任何一方未提出声明愿废止该协定时，则该协定将继续有效五年。

中苏科学技术合作协定的签订，对于进一步巩固中华人民共和国和苏维埃社会主义共和国联盟间的合作事业，是一项新的重大贡献，这是符合两国的利益和巩固和平的利益的。

中华人民共和国、苏维埃社会主义共和国联盟科学技术合作协定

(1954年10月12日)

中华人民共和国政府和苏维埃社会主义共和国联盟政府根据一九五〇年二月十四日签订的友好同盟互助条约，为进一步发展和巩固两国间的经济联系，实现广泛的技术合作，达成协议如下：

第一条：中华人民共和国政府和苏维埃社会主义共和国联盟政府将通过交流国民经济各部门的经验，实现两国间的科学技术合作。

双方将互相供应技术资料，交换有关情报，并派遣专家，以进行技术援助和介绍两国在科学技术方面的成就。

双方互相供应技术资料不付代价，仅支付用于复制各种资料的副本所需的实际费用。

第二条：为制定实现第一条内所规定合作事宜的措施及便于向双方政府提供适当建议，将成立中苏委员会，由双方政府各委派委员七人组成。

委员会的会议每年至少召开两次，轮流在北京和莫斯科举行。

第三条：双方政府均有权从双方委派参加第二条内所规定的委员会的委员中派遣委员一名赴北京或莫斯科，以便双方就本协定的各种问题保持经常和直接的联系。

第四条：本协定自签订日起生效，有效期为五年。

倘双方于本协定期满之十二个月前无一方提出声明愿废止本协定时，则本协定将继续有效五年。

一九五四年十月十二日订于北京，共两份，每份均以中文和俄文书就，两种文字的条文均有同等效力。

中国政府请苏联政府增加设计和帮助建设某些企业的备忘录

(1954年10月12日)

为了保证我国国民经济各部门的互相配合及海军建设的需要,并根据苏联政府派来我国的五个综合专家组对发展各该部门工业远景计划的研究,我国政府认为还须请求苏联政府增加设计和帮助建设某些必要的企业。另外,在原定的一四一个项目中,有四个工业企业的设备交付时间需要推迟。兹将中国方面对这些问题的具体意见分述如下,请求苏联政府予以考虑:

(一)

中国政府请求苏联政府按照一九五三年五月十五日中苏协定所规定的条件在以下新建、扩建企业的设计工作、设备供应和施工方面给予帮助(详第一号附件):

一、关于造船工业——为使中国海军能于一九六七年完成拥有三十万吨左右舰艇的建设计划,中国造船工业需要建设下列七个企业:

渤海造船厂,年生产能力:舰队驱逐舰八艘,潜水艇十二艘;

高速柴油机制造厂,年生产能力:船用高速柴油机约七十二万马力;

中速柴油机制造厂,年生产能力:船用中速柴油机三十二万马力,并考虑扩建的可能;

哈尔滨蒸汽透平制造厂第二期设计与建设,年生产能力:增加高压和中压透平六十六万千瓦,其中包括船用透平四十二万千瓦(五十六万马力),发电用透平二十四万千瓦;

哈尔滨锅炉制造厂,在第二期设计和建设中增加配合上述蒸汽透平制造厂所需要的发电用和船用锅炉；

鱼雷制造厂，年生产能力：鱼雷一千二百个；

在哈尔滨或上海电机制造厂增设船用电机车间，年生产能力：约十万千瓦。

上述各厂的生产能力，应在编制设计任务书时作最后确定。

二、关于黄河三门峡水力枢纽——经过苏联政府派出的解决总体利用黄河、汉水的水利和水力资源问题的专家组对黄河的勘察结果，认为：要根治黄河，必须首先兴建三门峡水力枢纽工程，第一期发电三十六万千瓦，全部完成后约发电九十万千瓦（肯定的规模在初步设计中确定）。

三、关于石油工业——为争取迅速提高我国的石油产量，根据现在可能的条件，拟建设下列三个企业：

抚顺东露天矿的开采，年生产能力达油母页岩七百万—八百万立方公尺，我们意见只采油母页岩而不要求同时采煤，并用原一四一项中的鹤岗大陆立井项目更换，希望苏联政府于抚顺煤矿总体设计完成之前，即一九五四年底开始此项设计；

扩建抚顺第二制油厂，年生产能力为页岩原油八十万吨（现有能力为十八万吨），因系改建，其设计工作希望在中国进行；

炼油设备制造厂，年生产能力为炼油设备四万—五万吨。

上述三个企业的生产能力，应在编制设计任务书时最后肯定之。

四、关于新建小型拖拉机厂——根据我国农业发展的需要，单是一个洛阳中型拖拉机厂不能满足要求，在第二、第三两个五年计划时期还需要小型拖拉机共二十万台左右，故拟新建一个小型拖拉机厂，年生产能力：拖拉机约二万台。

五、关于有色金属工业——经过苏联政府派出的有色金属专家组实地勘察，认为东川、会泽的两个有色金属企业，在明年可以开始设计，拟请苏联政府给予援助：

云南东川有色金属公司，年生产能力：第一期，铜二万五千吨，将来扩充至五万吨；

云南会泽有色金属公司，年生产能力：第一期，电铅二万吨，电锌的生产能力在编制设计任务书中确定。

六、关于钢铁工业——为了增加第二个五年计划期间钢的产量，对以下两个企业生产能力的扩大，拟请苏联政府给予援助：

鞍钢的设计生产能力原定为年产钢三百二十万吨，由于技术设计中规定的初轧机和轧钢机能力的提高，轧钢能力可能达到四百五十万吨左右；为充分利用鞍钢的轧钢设备能力，冶炼系统的整个设计生产能力究竟以多大为合理，请苏联政府协助确定，并在鞍钢第三炼钢厂、炼焦、炼铁等项设计中考虑其生产能力的平衡；

齐齐哈尔特殊钢厂，中国政府请求苏联政府帮助进行第二期的扩建设计，年生产能力扩大至特殊钢三十万到四十万吨。

上述新建、扩建的企业增加后，为满足其所需的电力和热力，尚需增加一定数量的热电站，亦须请苏联政府给予援助；所需热电站的数量，俟上述企业规模确定后另行提出。

（二）

根据我国第一个五年计划草案平衡的结果，中国政府请求苏联政府考虑，原已在一九五三年五月十五日中苏协定中确定了设备交付进度的以下四个企业，在建设时间上予以推迟（详第二号附件）：

一、鄠县硝化棉无烟药厂，需要兰州氮肥厂的硝酸作原料，因硝酸供应配合不上，故拟推迟一年建设，即设备交付时间由一九五六——九五七年改为一九五七——九五八年，设计交付时间可不作变更。

二、太原装药厂和西安装药厂，需要由太原和西安弹体厂供应弹体，该两弹体厂在建设时间上配合不上，故两个装药厂拟推迟一年建设，即设备交付时间由一九五六——九五七年改为一九五七——九五八年，设计交付时间可不作变更。

三、沈阳第二机床厂，原定建设时间为一九五五——九五八年，经计算在我国第二个五年计划期间该厂产品（钻床、铣床）将超过需要，故该厂建设时间可推迟二年，即设备交付时间由一九五六——九五八年改为一九五八——九六〇年。

（三）

此外，并请求苏联政府给予我国以下的技术援助：

一、中国政府请求苏联政府派出解决总体利用扬子江的水利和水力资源问题的专家组到中国来帮助进行勘察工作。

二、中国政府请求苏联政府派遣建筑施工专家四十到五十名帮助我国在新工业城市建立的十一个建筑工程公司的工作。

三、中国政府请求苏联政府派遣八名城市规划方面的顾问，指导北京市的总体规划。（顾问专长详第三号附件）

四、中国政府请求苏联政府在一九五五年派遣五十七名铁路设计专家，六名铁路施工专家帮助我国进行铁路建设。（工程项目及专长详第四号附件）

五、除根据一九五三年五月十五日中苏协定应派往苏联的实习生之外，请求苏联政府允许我国每年再派二千名技术工人去苏联工厂实习，以便掌握苏联给予我国的设备的操作技术。

六、"一四一"项中的若干企业，在初步设计和技术设计阶段中，苏联政府已将原定产品型号改变（如飞机厂、坦克厂等），因之其他配合生产的各厂（如铝加工厂、钢铁厂等）的产品也必须相应的改变，后者各厂在产品改变中所必需的技术援助，请求苏联政府也给予满足。

一九五四年十月十二日
北　京

毛泽东：答谢苏联赠送机器设备和提供技术帮助的两封信

（1954年10月12日）

一

亲爱的赫鲁晓夫同志并苏联政府代表团：

在中华人民共和国成立五周年的时候，苏联政府代表团代表苏联人民赠给中国人民以组织拥有两万公顷播种面积的国营谷物农场所必需的机器和设备。在组织国营谷物农场时期和熟悉农场生产的第一年，苏联政府为了在建设和管理国营谷物农场方面给中国以组织上和技术上的帮助，准备派遣一批专家到中华人民共和国充任顾问，使领导这个国营谷物农场的中国工作人员能够同苏联专家一起在最短期间内掌握技术和大型谷物农场的管理方法。我谨代表中华人民共和国和中国人民对苏联政府和人民这一重要的、巨大的、友谊的援助表示热烈的欢迎和衷心的感谢。

无疑地，这个国营谷物农场不仅在推动中国农业的社会主义改造方面会起重要的示范作用，而且也会帮助中国训练农业生产方面的技术人才和学习苏联开垦生荒地和熟荒地的宝贵经验。中国人民从苏联人民这次慷慨的援助中再一次看到苏联人民对中国人民的深厚友谊和对中国人民的建设事业的关怀和支援。

伟大的中苏兄弟友谊万岁！

毛泽东
一九五四年十月十二日

二

亲爱的赫鲁晓夫同志并苏联政府代表团：

苏联政府代表团一九五四年十月五日来信敬悉。

承苏维埃社会主义共和国联盟政府将现在北京举行的苏联经济及文化建设成就展览会的机床和农业机器等八十三件展品赠给我国，我谨代表中华人民共和国和中国人民向苏联政府致以衷心的感谢。中国人民将把这次慷慨的赠礼看作是苏联人民对中国人民的亲密友谊的具体表现。

毛泽东

一九五四年十月十二日于北京

毛泽东等为苏联经济及文化建设成就展览会的题词

（1954年10月25日）

参观了苏联经济及文化建设成就展览会以后，我们觉得很满意，很高兴。这个展览会用真凭实据表现了苏联工农业经济的突飞猛进，苏联技术科学的高度发展，苏联教育事业和文化艺术事业的繁荣，和苏联人民生活的幸福。通过这一切，展览会也生动地说明了苏联人民在劳动中所表现的无限的积极性和创造性，说明了苏联共产党、苏联政府和苏联各族人民的团结一致，说明了苏联共产党中央委员会领导的正确。我们以有这样强大的盟邦而自豪。苏联的强大是争取和平民主阵营各国经济文化普遍高涨的重要条件，是争取世界和平和人类进步的重要条件。

苏联经济建设和文化建设的光荣成就大大地鼓舞中国人民建设社会主义的热情，并且使中国人民得到学习的最好榜样。苏联政府和苏联人民在我们的建设事业中给了我们多方面的一贯的巨大的援助，这种援助经过最近的中苏会谈是更加扩大了，而苏联经济及文化建设成就展览会的举行，也正是苏联对我国热情援助的一种表现。我们代表全中国人民对于这种情同手足的友谊表示感谢。

毛泽东　刘少奇　周恩来
朱　德　陈　云　林伯渠
董必武　彭德怀　彭　真
邓小平
一九五四年十月二十五日

国家统计局：一九五四年一至三季度成套设备进口合同完成情况报告

（1954年11月25日）

兹将一至三季度成套设备进口合同完成情况报告如下：

一、自苏联进口成套设备合同完成情况：

本年一至三季度我国与苏联新签订了成套设备进口合同88668万卢布，实际进口成套设备26308万卢布，为去年同期的177.9%。自一九五〇年到现在累计共签订合同158103万卢布（其中设备合同数为118315万卢布），累计共进口73284万卢布，合同完成46.4%，其中设备累计到货59286万卢布，合同完成50.1%。

按企业性质分类，钢铁联合企业合同数为38089万卢布，累计进口21771万卢布，合同完成57.2%；有色冶金企业合同数为13466万卢布，累计进口5304万卢布，合同完成39.4%；机械及仪器制造工厂合同数为13145万卢布，累计进口8202万卢布，合同完成62.4%；汽车及拖拉机制造工厂合同数为14315万卢布，累计进口6373万卢布，合同完成44.5%；水力及火力发电站合同数为35425万卢布，累计进口20238万卢布，合同完成57.1%；煤炭矿井及选煤工厂合同数为10585万卢布，累计进口2462万卢布，合同完成23.3%；化学工厂合同数为11097万卢布，累计进口2125万卢布，合同完成19.1%；轻工业工厂合同数为7270万卢布，累计进口3090万卢布，合同完成42.5%。

截至本年第三季度止，一四一个项目之中，已签订进口合同者共有八八项（仅签订技术设计合同者亦包括在内），已开始进口者共有七〇项，已开始进口工厂设备者共有四五项。其中丰满电站第一期、抚顺电站第一期、阜新电站第一期、西安电站第一期、郑州电站、重庆电站、富拉尔基电站、乌鲁木齐电站、太原电站第一期、抚顺铝厂第一期、哈尔滨锅炉厂、沈阳风动工具厂、沈阳第一机械厂、哈尔滨量具刃具厂等项目的进口合同已完成或接近完成。

二、自东欧人民民主国家进口成套设备合同完成情况：

本年一至三季度我国和德国、捷克、波兰、匈牙利等人民民主国家新签订了成套设备进口合同 1866 万卢布，实际进口成套设备 3379 万卢布，为去年同期的 184.0%。自一九五二年到现在累计共签订成套设备进口合同 8614 万卢布（其中设备合同为 8464 万卢布），累计共进口 5958 万卢布，合同完成 69.2%，其中设备累计进口 5128 万卢布，合同完成 60.6%。如分国别来看，则为：和德国所签订的合同数为 3347 万卢布，累计进口 3545 万卢布，合同完成 105.9%（因专家合同未规定金额，故实际完成数大于合同数）；其中设备合同为 3341 万卢布，累计进口 2866 万卢布，合同完成 85.8%。和捷克所签订的合同数为 2138 万卢布，累计进口 1094 万卢布，合同完成 51.2%；其中设备合同为 2035 万卢布，累计进口 973 万卢布，合同完成 47.8%。和波兰所签订的合同数为 2277 万卢布，累计进口 1289 万卢布，合同完成 56.6%。和匈牙利所签订的合同数为 852 万卢布，累计进口 19 万卢布，合同完成 2.2%。

三、技术专家人数变动情况：

根据中国技术进口公司统计，一九五三年末共有苏联专家 342 人留在各厂矿中工作，本年一至三季度新来专家 467 人，回国专家 274 人，目前在各厂矿中帮助我国建设的苏联专家共有 535 人。其中重工业部系统有 151 人（其中鞍山钢铁公司 72 人，抚顺铝厂 30 人），燃料工业部系统有 93 人（其中抚顺电站 24 人），第一机械工业部系统有 80 人（其中沈阳电缆厂 24 人，长春汽车厂 21 人，哈尔滨量具刃具厂 20 人）；林业部系统有森林航测专家 137 人，新疆有治蝗专家 43 人。

东欧人民民主国家帮助我国建设的技术专家，第三季度末共有 47 人，其中德国专家 17 人，捷克专家 13 人，罗马尼亚石油专家 10 人，波兰专家 6 人，匈牙利专家 1 人。

中央关于进一步作好编制地方经济
五年计划纲要的工作的指示

（1954年12月3日）

各省、市委，国务院所属各委各部党组：

自中央十一月十日指示各省市编制地方经济的五年计划纲要以来，各地都在紧张地进行这一工作。为使这个工作作得更好一些，特提出如下意见，请各省市委研究执行。

（一）各省市委在编制当地的五年计划时，不但应当注意参考国家计划委员会发下的五年计划草案的分省指标，而且应当认真地研究当地的经济特点和具体情况，以便结合国家计划而充分发挥地方的积极性和创造性。中央建议各省委在十二月十日作出当地初步的五年计划纲要，并上报中央以后，于十二月十五日左右召开一次市委书记、市长、地委书记、专员、县委书记、县长、县计划科长和农业科长的会议，专门讨论各该省市的五年计划纲要。省委应该经过这次会议，亲自调查各地的情况，了解各地的经济资源，发现各地的生产潜力，听取各地的意见，然后对初步的五年计划纲要再做一次修改和补充，使计划能够更充分地放在比较可靠和积极的基础之上。

（二）除了个别省份（例如辽宁）工业比重很大，省委应把工作重点摆在工业方面外，一般省委都应该明确地把工作重点放在领导农（牧）业方面。对于五年计划中的农业部分，应当细致研究，找出办法，力求完成和超额完成。对于国家掌握的粮食和技术作物等主要产品应当列入地方计划，同时关系当地人民生活的农副产品、土特产品和各种出口物资也应当尽可能地列入地方计划；对于国家的统一的要求应当充分照顾，对于当地的具体的要求也应当切实照顾。

（三）各省管理的各种类型工业（包括地方国营、地方公私合营、合作社营和私营）目前还存在许多问题，其中最主要的一个问题，是地方工业应当服务于当地农业生产和农村生活的具体需要的问题。中央认为，不论在地方工业的生产方面，或地方工业的基本建设方面，都必须贯彻为农村经济服务并与农业经济密切相结合的方针。各地在编制的地方工业计划、安排地方工业生产和地方工业基本建设时，应当根据全国平衡和当地供产销平衡的原则，一方面充分考虑当地的农业生产能否保证当地的工业生产以足够的原料，另一方面又应充分考虑当地的工业生产能否满足农业生产资料和农民生活资料两方面的各种要求。但应当注意，关于新式农具的生产，国家已作统一的安排，不要与中央的计划相抵触。对于私人资本主义工业的改造计划，亦应当放在积极而又可靠的基础之上，并逐步使之适当上述方针的要求。

（四）在编制商业计划时，对于公私比重，必须贯彻中央稳步前进的方针，不应当进得太快。目前主要的危险倾向是急躁冒进，把私商排挤得过快过多，以致失业人员大增，一时无法安插。关于这个问题，各省市委必须有迅速的部署，把步子放慢。对于被排挤的私商小贩，应当给予适当的安排。同时，国营商业和合作社商业实行城乡分工后，已经在许多地方发生了不便利于人民买卖货物的严重情况和某些阻塞商品流通的现象，因此，如何使商品的周转环节合理化以利发展城乡的物资交流，并改变目前城乡联系中某些阻塞的现象，请你们仔细加以研究，提出关于中央和地方的商业管理计划的改进意见。

中　央

一九五四年十二月三日

赫鲁晓夫致毛泽东的信

（1954年）

中共中央毛泽东同志：

一、本年七月一日张闻天同志递交莫洛托夫同志备忘录一份，在苏联根据一九五三年五月十五日协定帮助中国建设的企业的设计工作和设备供应的范围和期限方面提出了一些修正和补充的意见，还提出要求帮助建设新的企业。苏共中央对这些要求已予研究，并决定满足中国政府的请求。

在新建企业中给予帮助的补充计划根据一九五三年五月十五日协定苏联方面执行的设计工作和设备供应的总值将使大约增加三亿五到四亿卢布。

二、同时，苏共中央认为必须向中共中央建议，在中国目前正在建设中的一些企业里，应组织下述新改进的几种类型的军事技术的生产，以代替一九五三年五月十五日协定中所规定的那些类型的军事技术的生产，即：

以米格十七喷气飞机代替米格十五比斯型的飞机；

以新式八五公厘克斯十八型高射炮（装有"格罗门二"型雷达和普阿左六型炮兵指挥仪）代替一九四四年式八五公厘高射炮；

以 B-34-M11 型的新式坦克发动机代替 B-2-34 型的；以新式 ФП-100 型的滤器代替 ФП-75 型的；以 K-5 活性炭代替 K-4 的活性炭。

同时应在中国企业中组织一九四四年式八五公厘师属炮的生产。

三、已委托苏联对外贸易部同中国政府的代表对此问题签订相应的议定书。

苏共中央书记　赫鲁晓夫

国家计委关于一四一项一九五五年度设备分交国内供应部分中的几个问题

（1955年1月11日）

苏联援助我国的一四一项重大建设项目一九五五年度的设备分交工作，已经我国组成的分交工作组与苏方反复磋商后于一九五四年九月末告一段落，并于一九五四年十月廿二日复查完，将二三七种改请苏方供应。现苏方已允成套供应者七二项，提交贸易补充订货者七一项（具体情况将由原经手人分别同有关部门交代）。一九五五年度的设备分交工作至此已告结束。

最近各建设部门又不断地提出改请苏方供应的要求。其中，主要是制造部门在签订供货协议时或在制造时提出不能供应。亦有的是需要部门在复审时未认真进行研究〔和〕多方联系，〔未〕明确供应的职责。此外，各部提出国外供货的方式也很混乱，有直接提交驻苏商参处的（如长春汽车厂）；有将同一设备的配件分成几次提出的（如燃料部KⅢ型开关板部件）。此种情况已使苏方感到极大困难，并对我们的工作提出过意见。现苏联国家计划已经政府审查批准，今后如再轻易地向苏方提出补充订货必将造成苏方很大困难，同时亦影响我国信誉。因此，我们提出以下几点意见，请研究办理。

1. 第一机械部及其他制造部门应责成所属制造单位以严肃的负责态度，迅速采取措施，安排已划归国内生产的各项设备的制造任务，并应想尽一切办法保证完成，以确保一四一项工程的设备供应。

2. 各基建部门应对已经分交的设备，进行一次彻底清查（按苏制、一机部制、其他各部、地方及私营机械业制、企业自制、国外贸易订货、市场现购等进行分类）。检查存在问题。提出解决办法，明确供应职责。凡是由国内制造的设备应于一月三十日以前全部签完供货协议（或合同），并将结果报送国家计划委员会，同时抄报国家建设委员会。

3. 如经慎重研究，确认国内不能供应，并因此严重影响基建项目的开工期的设备，须由制造部门及需用部门的负责人共同签署，说明理由，于一月下旬报送本委，以便统筹考虑是否提请苏方供应。

4. 今后建设项目更多，工作将更为繁重，为了做好设备分交订货供货工作，请各部将此工作进行一次总结，于二月十五日以前报送本委及建委各二份，以便拟定必要的供应设备制度，并请各部健全这方面的工作机构和建立层层负责制度。

刘少奇：对周恩来关于商请苏联按期为鞍钢提供设备等问题给尤金信[1]的批语

（1955年1月12日）

同意。

刘少奇
一、十二

---

[1] 指周恩来一九五五年一月十二日给苏联驻中国大使帕维尔·费奥多罗维奇·尤金的信。信中说：根据中国政府一九五二年二月二十六日批准的《恢复与改建中国鞍山钢铁公司，苏联给予中华人民共和国技术援助之初步设计审查议定书》第六号附件和一九五二年八月十一日《关于苏联在一九五三年至一九五五年给予中华人民共和国在恢复与改建鞍山钢铁公司方面以技术援助的议定书》第一号附件的规定：苏联在一九五七年交完最后一批施工图，我们在一九五八年基本完成鞍山钢铁公司的建设任务。但在最近的双方商谈中，苏方表示，由于生产安排的某些困难，在部分设计的提交和设备的供应上不能满足中方要求。据此，我们对曾经提出过的期限作了某些必要的修正，具体请求意见如下：（一）设备方面：第一，一九五六年到一九五七年上半年交清第三炼钢厂设备；第二，一九五六年到一九五七年交清冷轧薄板的本体设备，一九五八年交付镀锡部分设备；第三，一九五六年到一九五七年上半年交清车轮外套厂设备；第四，一九五六年到一九五七年上半年交清第二电焊钢管厂设备；第五，一九五五年交付套管车间（管头加厚车间）设备。（二）设计方面：第一，请求苏联自一九五五年七月起按照施工顺序开始交付半连续轧板厂施工图，并于一九五六年上半年交清。第二，一九五五年七月开始，按施工顺序交付第二连轧厂施工图，到同年底交清。请您将上述意见转告苏联政府予以考虑，并盼尽可能满足中国政府的要求。同日，周恩来在该信上附言："刘、邓、富春、一波传阅，这是根据我在苏代表谈判中所提的要求，又经重工业部和计委、三办仔细研究后，认为有必要写出的这封信。现在苏联正将此事报告政府。这封信如能在苏联决定前送到，也许对他们的决定有点影响。信稿已与王鹤寿同志斟酌过，请少奇同志批发。"一月十三日，薄一波在该信上附言："已谈过数次，苏方确有困难。不能答应。写这封信是可以的，但最多只能答应某几项。"

李强：苏联对我国"141项"企业进行技术援助的具体进展情况及今后工作

（1955年1月26日）

（一）进展的深度：

中苏两国在政治、经济和文化各方面的友谊合作关系在一九五四年有了更丰富、更具体深入的发展。表现在对我国国民经济技术援助方面则有下列情况：

主要标志是在一九五三年五月十五日苏联援助中国的是141个企业，到了一九五四年末则已发展补充到154个企业（其中有12个皆有2期的扩建任务，如分开计算，则为166个项目）。

这些企业按进展深度有三类情况：

第一类企业（即老50项）主要已进入交付施工图和设备，继续加派实习生和准备施工及开工的阶段。一九五四年终则已有20个企业已先后交完设备，形成生产或部分开工生产，其中大小电站发电能力已在苏联政府、人民和专家援助之下增加43万千瓦。在冶金方面则已增加50万吨轧钢、5万吨薄板、8万吨无缝钢管的设备能力，在燃料方面则有海州露天矿已达年产150万吨煤，抚顺铝厂也已开工，年产1.5万吨铝，另有8个重要机械工厂（包括风动工具、量具刃具工厂）先后皆进入开工，起了应有作用。总之，到目前为止已有13个企业苏联已完成了援助的义务。这之中也有一些变化，一因资源不明，原料不足，已经取消及至今尚未决的项目，现尚待于提供可依据的地质资料来代替。此外如东北电站（约20万千瓦）则由于先行工作产生不平衡，我方要求推迟一年到二年。这一经验，今后就要求我们增强地质勘探工作和改善计划不足的现象。

第二类情况为141项中绝大多数企业（即91项，现合并了4项）基本上都已进入技术设计阶段，布局已定，并开始派遣实习生准备施工。其中如石家庄、个旧电站将于一九五五年前后开工生产，一九五五年将有33个企业开始发设备，已不再是纸上谈兵的阶段了。

这一年中间提交了约80余个企业的设计任务书和设计（主要为初步设计），其中复杂的工作则在于围绕着很多项企业产品规模方案、厂址选择和设计进度上进行补充修正，属于产品型号及企业规模变动的约50余项。由于我国基础差、资源不明、技术水平低、干部不足、利害相权，终于不能不"变"，由于苏联所派工作组去华迅速得到了合理解决。经过这次变动使厂址选得更加恰当，产品的完整性增加了或更切合资源情况，还考虑了远景发展，而型号之变则在一九五四年秋季由于苏联之技术发展更可适合要求。

但是在设计进度上约有30个企业由于多方面的原因，较之协定推迟了一个到两个季度。而须推迟施工图和设备的规定交付时间则影响要小些，或不到10项，亦即多数的项目将采取在后半段向前赶的措施，困难是有的，但也不是完全不可能的。但这里确也道出了解决问题的关键，即理想和现实的矛盾如何统一的问题。苏联专家常用的谚语是："好事无尽头"，有时"更好是更好的敌人"，因为常为了"完美"，而使问题迟迟决定不下来。斯大林汽车厂建厂当初，因为采用美国设计，苏联设计人员产生过争论，斯大林当时则批判了这种不良倾向，他指示"赶快出汽车"，事实上有了基础就可以不断改进，如马嘎尼督哥尔大钢铁厂以及其他不少工厂生产了好多年，现在仍在不断扩建（多半不影响生产）就是实例。此外，苏联对双方协议及设计任务书是看得很严肃的，"双方协定，稳如泰山"，因而签订以前做周密的全盘的考虑，签订以后则严守不渝，尽量不变或少变。这也是应当在贯彻新项目工作中的指导思想。

第三类情况则为三月及六月请求苏联援助的新项目和十月十二日请求苏联援助的新项目共25项企业，其中有许多重要企业，如黄河三门峡水电站发电量为90万千瓦，且将起重要的防洪作用。有些项目即为第二个五年计划作了部分的实际准备，这些项目不久就进入编制设计任务书，凡是去年编制设计任务书的缺点，也将会是注意到的。

综上所述，苏联从领导上到设计工作者到设备制造的工人，都以很大的热情，严肃地对待着我国的经济建设。

他们说："我们苏联人民十分高兴地看到中国人民的每一个成就，我们并不把对你们的援助认为是自己的功勋，而认为这是我们对共同的共产主义事业中的义务。"

"我们设计院的全体工作人员都以极大的热情来完成设计，大家都认为援助中国建设是一个光荣的任务。"

有名的乌拉尔重机厂的车间中悬挂着"为兄弟的中国提前完成设备制造任务"的标语。

［中略］

（二）一九五五年的工作趋势

正如人民日报所说"一九五五年是五年计划中决定性的一年"，很紧张的一年。在"141项"企业中，一九五五年在提交设计，进行设备分交项目及交付施工图方面，可能是最多的一年，一九五五年估计工作量如下：

1. 提交设计104项（要审批技术设计60项，初步设计44项），比一九五三年32项、一九五四年82项均显著增加，一九五五年还要交设计任务书29项。

2. 提交施工图的企业将为84项，比一九五三年之27项、一九五四年的35项显著增加。

3. 设备发货的企业将为73项（约19个企业要安装并开工），比一九五三年的31项，比一九五四年的41项企业亦大增加。

4. 一九五六年设备分交项目约为89项，比一九五四年之58项增加不少。

5. 发送图纸资料将为80至100吨，比一九五三年20吨，比一九五四年55吨大为增加，必须每周有一班飞机信使及一班火车信使回国不可。

6. 派遣实习生双方协议可来3350名（内2000名技术工人），比一九五三年350名，比一九五四年1207名显著增加。

7. 聘请专家一九五四年比一九五三年增加两倍多，一九五五年比一九五四年可能还要多些。

指出这一趋势是有益的，只是还须定出一系列相适应的组织措施，才能收到预期的效果。

（三）今后工作要求：

［下略］

国家计划委员会关于苏联帮助七七四厂
安装与开工措施的请示

（1955年1月27日）

接李强同志一月四日来电，苏〔联〕无线电技术工业部为保证北京电子管厂（苏联设计，一九五六年建成并投入生产）能尽早地做好各项生产准备工作和完成试制，提出具体措施如下：

（一）供应生产初期的原料、零件、半成品。大量生产的小型电子管为一个月需要量，成批生产的发射管为三个月需要量，以便能缩短试制期限和在国内逐步取得协作。

（二）供给标准电子管（共五八一〇〇只）。

（三）供给开工生产所必需的零星仪器、装架及工具。

（四）开工前一年，供给全套技术资料，并派三名专家指导设备管理工作和技术资料的翻译、保管工作。

（五）确定安装进度和试制进度表，并按进度派遣工程技术人员一〇四人及技术工人一九六人到北京，帮助设备安装与试制生产，期限为半年。

（六）在工厂生产准备和开工生产期间，派五至七位负责同志及苏联工厂的领导干部，帮助解决开工准备和开工期间可能发生的问题。期限则视情况而定（投入生产后再加一短时期）。

上述措施之备忘录已由苏〔联〕无线电技术工业部送到我驻苏商参处，要求尽速答复。

我们认为这是一个我们需要的合理的重大技术援助，由于这一援助不仅保证了按期投入生产，并大大地缩短了试制生产的期限，建议全部同意苏方的措施意见，特报呈批准，以便我们电复李强同志尽早答复。

今后估计若干重大国防工业项目，都会有此种援助，我们建议：

（一）由于措施所引起的各种费用，需分别项目在该项目投资中或生产流动资金中解决。

（二）苏〔联〕有关工业部提出的安装进度及试制进度，第二机械部必须相应采取措施，保证完成。

（三）按进度准备好各类人员，包括职员和工人，并视可能学习俄文，以减少翻译人员。

（四）凡采有此种措施的各项目，可考虑今后减少出国的实习工人。

（五）在生产准备中必须由主管部注意与有关部的协作，解决生产原料问题。是否妥当，请批示。

周恩来：节约和改善生活

（1955年2月3日）

一、节约问题

我们国家大、人多，因此，需要支出的方面也就多。但是，我们总要集中人力和财力，用在主要的建设方面。在今天来说，苏联帮助我们建设的一百四十一项，去年十月、十二月增加了一点，今年还可能增加一点，大概有一百六十一项，以及环绕它的还有几百项，这是我们要努力的主要方面。当然，现有的生产也要配合，农业也要跟它均衡地发展，商业要调整，等等。我们要有计划地进行建设，要节约我们的人力、物力、财力，把它们用在主要方面，不可能事事都搞，百废俱兴。这是我们在五年以前就讲过的，现在更重要。不要因为我们现在经济恢复了，就懈怠了这方面。节约的观念，在我们现在要加紧建设的当中，是一个最中心的问题。要使我们的干部和人民都要有这样一个观念：节约一点，就是对于国家建设增加一分，对于国防力量增强一分；浪费一点，就是对于国家的经济建设和国防建设有害。要用这个观念经常地教育我们的干部和人民，因为这是很容易疏忽的。国家大了，稍微不留神，就要浪费一批人力，或者物力，或者财力，对我们建设就不利。

首先说一说人力。我们国家的人力很多，劳动力又过剩，难道我们还怕人力不够吗？不是这样的问题。不是人力的数量问题，也是人力的数量问题。这话怎么讲呢？如果我们把人力用在消费方面，人力很多，对我们就很不利，国家的行政开支就要大，国家用在生产上、建设上的开支就要小。如果只重量不重质，那我们建设就慢，就不能提高，在这个原子时代，我们就不能很快地掌握高度的技术。所以，不论从量和质来说，我们都要节约人力。现在在这方面我们还有一种人多势众的想法，总觉得人多好办事，不管是国家机关或者企业，这都是不对的。我们承认，我们国家机关有一部分是由于接收了旧社会的底子，不能不包下来。但是，这在今天已经不是主要的了，主要的是我们国家机关里头总是人浮于事。就是说，几个人能办的事要十几个人来办。多而不精，这是我们今天主要的缺点、主要的毛病，必须加以精简。如果说，我们一切按计划办事，那么，我们国家机关编制的计划总是经常要膨胀的，企业计划的人事方面也是经常超过定额的。这种现象，当然也反映我们国家的剩余劳动力多，容易吸收。但在这方面我们如果不注意节约，那么，量一多，质一定更差，妨碍我们建设。

就国家机关来说，我们的行政机关一百六十多万人，在这一方面，我们必须要求精简，而不是要求扩大。现在还有一个现象必须引起在北京的同志和朋友注意，我们中央级机关现在是一天一天庞大，头重就会脚轻。当然，人口最多还是在乡村，我们讲的是行政干部，这样会头重脚轻。把很多质量比较好的干部集中到上级机关里头，下面的干部质量就弱。我们国家这样大，讲建设，不仅是工业，还有农业。如果广大的基层干部质量差，质量比较好的干部都归在北京机关里头，并不能解决问题。这个现象是今天一个很大的毛病。很多人拥挤在机关里头没事做，闹情绪，而下边没有很得力的人办事，这是很危险的。所以，现在不是把人往北京调，而是应该从北京把人分下去。应该转变这个趋势，不是把人向上边增加到机关里来，应该从机关里把一些强的干部输送到企业、学校里去工作、学习。这是有可能条件的。新的机关成立，应该从原来分出来的机关互相调配，不应该增加编制名额。最近，国务院成立了编制工资委员会，就是要从中央到地方把编制也纳入计划的轨道里头，规定它的定员定额。这样，才能使我们的人才节约，用在最得力的方面。

企业也是一样。现在基本建设各方面用的职员、工人数量都是很大的。当然，可以说一个工厂准备锻炼出一批熟练的工人、工程师，为了准备第二个新的厂，这是许可的。但是，也还有很多是吸收农村中的剩余劳动力到工厂里来的，而城市还有一部分失业的。所以，在企业中也要紧缩。首先要录用的就是从其他企业里转过来的，其次要录用一部分失业的，还有的是从各个机关转过来的。

更重要的是，今年部队开始试办从志愿兵役制转到义务兵役制，这就要有一部分战士复员回到生产中去,也有一部分干部要转业到其他职业当中去。国家机关、企业单位,还有文教机关,应该首先录用从军队里转业过来的干部,不应该再到农村中去吸收人到城市里来。这样,才能使我们人力的调配合乎国家的计划。这一点是非常重要的。

文教机关也是这样。我们文教机关现在缺的是教员。教员的待遇一般地说也比较低一些,准备在这方面进行一些必要的调整。应该提倡机关多余的人员或者是部队转业的人员很高兴地去担任教育岗位上的工作,来给我们训练大批的新的知识分子。在这一方面的人不够,可是另一方面,文教机关有很多拥挤不堪的单位。比如说文工团、剧团,那些地方就是人很多。一个剧团,三四年没有演出一次戏;一个电影队三四年没有放映过一次电影,都是青年,堆在那个地方。把这些青年耽误了四五年,到了快三十岁了,再学自然科学就困难了,糟踏我们青年的一代。我们自己过了五十岁,再学自然科学总是困难的,现在听一听讲原子能的课就不大容易都懂得,不应该叫中年人和青年一代再跟我们一样了。我们当然是不得已抛弃了自然科学,去从事革命,那是非革不可的。现在可以搞建设了,又不让青年学习,这不论是在中央或地方,都是不对的,都应该把这个问题看成是一个严重的问题。青年一代,现在正是要多多地学习自然科学知识、提高社会科学理论水平的时候,应该多往这一方面去钻。

我们的人力不仅仅是在国家机关、文教机关、企业、部队,在其他方面也还有很大数目的人,需要我们改造。农业方面,就在农业本身中来改造,有一万万以上农户的农民要改造。商业方面的从业人员有九百五十多万要改造。手工业方面也有一千多万需要改造。还有私营工业要改造。这些改造,不管是农业的、商业的、手工业的、私营工业的,都要在各行各业自己本身改造。这都是国家要负起责任来的。对六万万人负责,使六万万人实现国家统筹兼顾、各得其所的方针,不是一件容易的事情。但是必须逐步解决。这就需要我们加强在人力分配上的计划性。大概我们全国就是这样几种分类的数目字:全国的国家行政机关人员有一百六十八万;文教人员有二百八十万;企业的人员,就是职工,公私都算在内,有一千四百多万。这三部分人合起来,如果都叫职工的话,就是一千九百万,这是一个数目。第二个数目,刚才说了,商业的从业人员,就是说个体的和私营商业的人员有九百五十多万。第三个数目，手工业者和手工业从业的人员有一千多万。还有私营工业家，数目比较少，有二十万上下。加在一起，大概有四千万的样子，当然，他们都还有家庭。家庭有的是夫妻两个都做事，父子都做事，有的不是，所以，不能都算成四口人，如果照三口人来算，就是一万万二千万的样子。其他四万万七八千万，都是农业人口。各行各业的人口安排、全国人民的生活安排，这是一件大事，我们如果讲计划，就要有一个全面的设想。我们对于人力如果没有很好的安排，就会出现不是这一方面有失业就是那一方面有失业。现在我们搞了三年计划，得出了一条经验，即不论是建设，不论是改造，都要在本行本业里想办法，才能安排得好，逐步地安排，逐步地改造。因此，我们的人虽然多，但要用在得当的地方，能够发挥他的能力，又不至于失业，只有按部门逐步地改造。这是一个需要节约、需要计划的问题。

　　物力也是如此。中国的物力，说起来是物产丰富，但是也不能那样简单地看。绝大多数的物资、矿源我们都并不晓得，我们的勘察力量还是有限的。旧社会没有给我们留下多少资料，我们这几年才发展了地质勘察队，才到全国各个地方逐步地进行勘察，全国的普查还需要时间。所以，中国到底有多少物资、矿源，我们今天还不甚了了。已经有的物资供不应求，发展工业，发展农业，都感到物资不是过多，而是不够。这就必须很好地节约，浪费是不许可的，对于国家的经济建设和国防建设是有害的。

　　在这一方面，我们基本建设上有许多是条件过高，是浪费的。我们的城市建设，有的也是条件过高，是浪费的。拿工厂来说，第一汽车制造厂就是一个典型的例子，那个设计有些条件是过高的，不合乎今天中国的水准。比如说一般的住宅，只能在今天中国的条件下来合乎今天的要求。不能这样说：你建出来不要使后代子孙骂你，说你建得太坏了。这样说是不科学的。你有什么办法把我们今天建筑的宿舍都能保持几百年呢？就是能保持几百年，几百年以后还不是要垮，还不是要重建。一个时候是一个时候的需要。总觉得条件要高，这个想法常常影响我们建设的计划。我为什么讲第一汽车制造厂呢？因为在东北也好，在许多地方也好，我们建的宿舍一般说是比较注重实用、经济，不大注重美观的，这是对的。可是，有那样几位朋友有看法。我就听到一位印度朋友说过，这个人是一位医生，叫做索克，他说，中国的宿舍太简单了，这是要犯罪的，后代要骂的。他也是这样一种观点。可是他到第一汽车制造厂看了以后，回来告诉我说：现在我的问题解决了，那个地方的确是为工人谋福利的，后代都会满意的。但是，他这一句话，使我倒有另外一个想法：那个地方一定是条件过高了。后来一打听，果然如此。最近听同志们说，工人不愿意去住那里的宿舍，因为不大适合工人的生活方式，虽然有洗澡间等等，由于太麻烦，又不实用，楼房又太高，工人感到不大便当。这是说的基本建设的工房。还有厂房，本来用不着钢筋，可以用混凝土，也统统是钢筋结构，这也是浪费。

至于说到城市建设，北京就应该批评，而且首先应该批评国务院本身。国务院领导下搞的北京饭店，那个大礼堂盖得富丽堂皇，猛一看，觉得不错；再一想，有点问题；过久了，就更觉得有问题。这一件事情倒是一位缅甸的总理提醒了我，我很感谢他。在那个大厅里面，我请他吃饭，他问我：这个大厅是作什么用的？把我将住了。我说：大概有时开会用一用，吃饭用一用。马上我又说：我很感谢你，你启发我想到一个问题，就是使用率一定太低了。现在北京饭店礼堂要证明它的使用率，无论如何高也高不了一个月十八次。可是，收费却很高，四个钟头要收几百万，谁出得起。总之，城市建设，搞一个礼堂也好，一个饭堂也好，到底使用率如何，没有设想过。拿北京来说，很多礼堂闲在那个地方，旅馆、招待所闲在那个地方。可是，宿舍却不够。不合理的情况很多。最严重的，在城市建设上，就是讲华丽，北京饭店的礼堂也是一个。本来，这个事情在政府里讨论了，中共中央也同意了、也批准了的，是这样一个意见：我们现在讲建设，第一是实用，第二是经济，第三是在可能的条件下照顾美观。这本来是两年前（一九五三年）讲的，现在苏联同志也这样讲，证明我们那个时候还是对的。可是，我们的设计专家不赞成，政务院决定了也没有效，他做他的。我们看一看国家计划委员会的大楼，那是城堡式的；北京饭店礼堂，那是宫殿式的；还有的军事机关的大楼现在也是宫殿式的。盖那么一个帽子要增加三分之一、四分之一的建筑经费，完全顾外表，不顾内容。把钱花在这些形式上，又不实用，又不经济。顾外表，不顾内容，那还不是不实用；钱花多了，当然不经济。住的房子没有，可是搞了很多礼堂，这些要检讨起来很多。现在我们请国家建设委员会薄一波同志来收集这样的材料，也要在中国搞这么一个检查运动。三年以前搞过"三反""五反",一波同志领导那件工作是有成绩的,现在再请他来搞一次检查,很必要。因为这是浪费我们的物力、财力,算一下那是很厉害的。有些是属于我们无知,人家画了一个图,我们没有考虑,就去搞了;但有些实在不是属于无知,思想认识就是错误的,建筑思想上有很多问题。

今年我们搞国家基本建设,搞城市建设,如果不适应刚才说的情况,又不节约人力、物力、财力,那会浪费很多。所以,现在我们要搞国家计划,一定要把整个中国的生产、中国的建设、社会主义改造,逐步地、全面地纳入国家计划的轨道。必须逐步地进行,不能一个计划一下子就把全国六万万人民的生产全部纳入计划的轨道,那是不可能的。但是,我们也必须全面地计划,这样才能实现国家过渡时期的总任务。这就需要中央各部门,直至地方各个部门、各个行业、各个企业、各个方面的投资都要逐步纳入计划,各个方面的生产也要逐步纳入计划,使我们的财政分配、人力分配、物资储备和工资分配都要逐步地全面地纳入计划轨道。这是一件伟大的工作、建设的工作。从我们刚才说的这个范围来看,任何人都不能例外,不但今天在座的(今天几个地方差不多有六千干部来参加这个会议)每个人不能把自己例外,就是我们每个人领导的工作、参加的工作也不能例外。当然,这个计划,要能够做到全面,那是要逐步搞的;要做到均衡,那是很大的工作、很长期的工作。但是,今天我们必须有一个共同的认识,新的情况更需要我们节约人力、物力、财力。

二、改善生活问题

我们进行社会主义建设、社会主义改造,目的就是要在生产发展的基础上,在劳动生产率提高的基础上,逐步地改善人民的物质生活和文化生活。可是,我们必须认识改善的步骤。现在生活改善有这样两个问题:第一是合理化第一,第二是普及第一。

什么叫合理化第一?我们现在生活的水准有许多不合理,比如工资,到现在还没有得到很好的调整。拿国家工作人员来说,在一百六十八万人里面，有三分之二实行了工资制，三分之一还是包干制，就是补贴制，这就不合理，我们国家的行政工作效率就受到影响，人事制度就受到影响。现在军队已经提出要实行薪金制，提到人大常委会去了，可能很快就要被批准。如果军队实行了薪金制，第二步准备在国家机关也普遍实行，把那三分之一的补贴制也改成工资制，准备在今年七月一日开始实行。据我们调查，这三分之一大概有五十二万多人，其中有五十万人是十七级以下的干部，他们并没有得到补贴制的一些好处，像孩子多的可以有保育费、保姆费。因为十七级以下的大部分是县、区的干部，或者是青年干部，在机关里，是副科长、科员等等，他们中间的很多人没有结婚，多数家庭在农村，没有脱离生产，得不到这种待遇。而跟他们条件相同的，拿了工资，收入数目却不同，差别很大。几年来，我们对这一部分实行补贴制的干部的待遇是不公平的。实行补贴制的干部数目虽然有三分之一，但改为工资制待遇，增加的经费并不太多，一年只有九千多亿元，如果从今年七月一日起实行，只要五千亿元就解决了，这是绝大部分干部赞成的事情。当然，也可以设想，今年的工资不再提高，集中力量进行建设。如果这样，原来拿工资的那三分之二的同志的生活水平今年就不能提高。但是，我们有道理说服他们。因为他两三年来都是拿的工资，比拿补贴的十七级以下的干部总是多拿了一点，现在只有半年，那些原来拿补贴的人增加到他这个水平，他总不能说不对吧。我们让那些两三年以来拿的很少的人这半年跟他拿的一样，这是很公平的，他没有话可说。

剩下来的只有两三万十七级以上的干部，这些人是得到供给制的好处的。他们儿女多，有保育费，还有一些不计算的待遇，比如房子、水电等等。一旦实行工资制，这些东西都要自己担负，可能他们有一个时候的困难，但是为了整体利益，个人应该节约一些。并且我们还有一个初期的办法，就是实行了工资制以后，对那些子女多的人还给一点帮助，今后新生的子女要是多起来，那就有了限制，三个以内的，他自己料理；三个以上的，最多津贴两个；五个以上的，就不管了。这就要在我们的干部中间提倡邵老提议的节育的办法。这样，中国人口是不是就减少了呢？大家相信，这是不会的。在城市中，国家工作人员与工厂职工，懂得多子女不仅是物质上的负担，首先是精神上的负担，教育不好。多子女的人在这一方面也要讲一点节育。

国家工作人员，教育工作人员，还有科学工作人员，在工资上都要加以适当的调整。过去如果说我们把许多科学家用在恢复经济的工作上，用在实用的科学上，比如，地质学家去做勘察工作，去教育青年勘察人员，这是需要的。现在要抽回来，研究地质理论，从事科学实验室的工作。重点转移了，我们对科学家的待遇也要提高一些。因为他们是我们国家宝贵的种子，他们可以培养很多青年科学人才，所以，这一部分人的工资要稍加调整。

在工厂企业里面，工资问题是一个极复杂的问题，几年来还没有解决好。今年要用一年的工夫，为明年工资的调整做准备工作。要在五年计划完成的时候，我们的工资制度也能达到合理。现在我们有这样一个情况，刚从农村中出来，或者是刚转业的，被吸收到工厂里面来做粗活的徒工，工资起点高，或者是升得快。真正的技术工人的工资反而升得很慢。这也是一个不合理的现象。当然，如何合理，需要研究。

总之，工资问题是生活改善的一个基本问题，需要合理化。所以，首先还不是增加很多工资，而是首先要合理化。有了合理化的基础，然后再逐步地改善，应该这样前进。

什么叫普及第一？就是说我们生活要改善，总应该照顾各方面，不应照顾少数而已。在这方面，我们做了不少工作。比如，农村中生活基本上比以前有改善，因为粮食生产增加，虽然现在征购粮食，但农民手上的粮食还是增加的。农村生活有改善，我们也曾做了一些调查。最近，陈云同志亲自到他的本乡做过调查，的确生活比以前有改善。在我们干部中，如果与农村有联系，去做个切实的调查，会相信这个道理的。生活有了改善，这是主要的。可是，总有不少缺点，工作落后，或者地区落后，或者地区一部分工作落后，总有百分之十的落后现象，这种情形就需要我们改善。总之，我们先要照顾绝大多数人的生活，这是我们首先要注意的方向。这种事做了没有？我们在做，还需要继续做。比如，农村中反映，对我们的干部，第一可爱，第二也不喜欢。为什么他们可爱呢？因为真正到了困难的时候，我们的干部是当先的。比如，去年大水，各处反映都是这样：不管哪级干部，包括当县长的，当专员的，或者是中共的县委书记，都是亲身参加抢险、防洪、踏水车泄水、筑堤，甚至被淹死。凡有困难的时候，干部都是当先，这是革命的好传统。所以，人民称赞，人民感觉我们的干部是可爱的。有了困难，农民就说：总是饿不死人，一旦缺了粮，就会得到救济。这就说明，我们的干部是关心农民生活和农民疾苦的。但另外方面，由于工作多，干部不善于处理自己的工作，有时官僚主义滋长起来，作风就差了。所以，农民有这样的批评：过去革命的时候，干部天天有说有笑，天天在一起；现在到了县政府、县委，不大容易看到他们了。这种脱离群众也是真的，值得我们警惕。当然，因为工作很忙，也不可能像过去那样天天与群众在一起。总起来说，农村中好的现象是基本的，群众拥护我们这个人民政权，这个人民的江山是巩固的，不管美帝国主义怎样叫嚣，蒋介石怎样胡思乱想，它是攻不破的。但我们的工作还是有不少缺点，要经常检查，去掉灰尘。

我们必须照顾人民的生活，在农村中如此，在工厂中如此，在机关里面也要看到下级干部生活还是很苦的。虽然房子盖了这样多，富丽堂皇，但干部住的地方还是不够，还是困难。因此，任何一件事必须着眼于普及的方面，不可能要求我们的水准提得太高。这个话是两方面的：一方面，我们学科学技术，迎头赶上，掌握原子能的技术，要求很高。另一方面，生活水准不可能也不应该提得很高，换句话说，生产、技术的发展慢吞吞的，生活要求提得很高，那就错了；应该生产、技术的发展要求很高，生活提高还要慢慢来。这就是说，我们的领导同志要积极地提倡艰苦朴素的作风，凡是妨碍这方面的，要尽量改正。我们从人民群众中来，离开得久了，就满脸灰尘，就忘记了艰苦朴素，这一点，我们的高级干部要时常敲警钟，要互相警惕。

首先是要照顾普及。从社会主义国家参观回来的人都知道，他们的社会生活水准今天我们不能一下子达到。人家有高度的技术，有高度的劳动生产率，自然生活水准就应该比我们高。我们不能把他们的生活水准搬过来。所以，我们的高级干部应经常想想这样的问题，才能使我们眼前的利益和长远的利益结合，局部的利益和整体的利益结合，生活改善的重点放在合理化，放在普及，不是先求提高。

毛泽东等祝贺中苏友好同盟互助条约签订五周年的电报

（1955年2月12日）

苏维埃社会主义共和国联盟最高苏维埃主席团主席
克·叶·伏罗希洛夫同志
苏维埃社会主义共和国联盟部长会议主席
尼·亚·布尔加宁同志
苏维埃社会主义共和国联盟部长会议第一副主席兼外交部长
维·米·莫洛托夫同志：

值此中苏友好同盟互助条约签订五周年之际，我们代表中国人民和中华人民共和国政府谨向你们、并通过你们向伟大的苏联人民和苏联政府表示热烈的祝贺。

五年来，中苏两国间政治、经济、文化的全面合作有了广阔的发展，苏联政府和苏联人民给了我们正在从事社会主义建设的中国人民以全面的、系统的和无微不至的援助。苏联政府先后帮助中国新建和扩建共达一百五十六项的巨大工业企业，派遣大批优秀专家帮助中国建设，几次给予中国优惠贷款，将中苏共同管理的中国长春铁路和苏联机关于一九四五年在中国东北境内由日本所有者手中所获得的财产无偿地移交中国，将中苏合营企业的苏联股份出售给中国，并决定把中苏共同使用的旅顺口海军根据地和该地区的设备交由中国完全支配，最近，又建议在促进原子能和平用途的研究方面给予中国以科学、技术和工业上的帮助。这种友好的合作和真诚的援助，极大地推进了我国建设事业的发展，并向全世界显示了这种新型国际关系的伟大生命力。中华人民共和国政府和中国人民深切地感到这种兄弟友谊的无上珍贵，我们谨代表中华人民共和国政府和中国人民对苏联政府和苏联人民的伟大援助表示衷心的感谢。

中苏两国友好同盟的巩固和发展，对保证我们两国的安全和维护远东和世界的和平产生了不可估量的影响。中苏两国的和平政策，推动并促成了朝鲜的停战和印度支那和平的恢复，使国际紧张局势有了一定的缓和，鼓舞了一切爱好和平的国家和人民。中国人民热烈地支持苏联为建立欧洲集体安全体系、反对武装西德而进行的斗争。中苏两国愿同日本建立正常关系，并积极支持日本人民走上独立发展和国际合作的道路。中苏两国的真诚合作不仅符合于中苏两国人民的利益，同时也符合于亚洲、欧洲和世界一切爱好和平的国家和人民的利益，它是维护远东和世界和平的可靠保证。

美国侵略集团和它的追随者正在到处推行战争政策，制造国际紧张局势。目前美国在台湾地区对中国的侵略行为和战争挑衅，这是对中国安全的严重威胁。它引起全世界爱好和平的国家和人民的正义谴责。中国人民解放自己领土台湾的斗争是正义的。正义的事业是任何力量也阻止不了的。中苏两国的友好同盟，在新的国际紧张局势下，在反对侵略、保卫和平的事业中必将日益发挥它的重大作用。

中苏友好同盟互助条约是一个伟大的和平条约，是中苏两国间伟大友谊的标志。五年来的事实证明了这个条约在促进世界和平和人类进步方面的伟大作用，今后的生活和实践将更加显示出这个条约的巨大力量和无限光辉。

为了中苏两国人民的共同繁荣，为了远东和世界和平的巩固，愿中苏两国间的伟大友谊日益发展。

中苏两国人民永恒的、牢不可破的友谊万岁！

中 华 人 民 共 和 国 主 席　毛泽东
中华人民共和国全国人民代表大会常务委员会委员长　刘少奇
中 华 人 民 共 和 国 国务院总理兼外交部长　周恩来
一九五五年二月十二日于北京

国家统计局关于一九五四年成套设备进口合同等完成情况（节选）

（1955年3月21日）

一九五四年与苏联、东欧人民民主国家签订成套设备进口合同完成3384万卢布，占全部合同47.3%；国防工业成套设备一九五四年完成4384万卢布，占全部合同17.9%。

在成套设备进口累计总值中：钢铁联合企业所占比重为29.0%，有色冶金企业为7.1%，机器及仪器制造工厂为10.5%，汽车及拖拉机制造工厂为10.6%，水力及火力发电站为24.9%，煤炭矿井及选煤工厂为4.4%，化学工厂为3.2%，轻工业工厂为3.7%，国防工业成套设备为4.8%。

截至一九五四年度自苏联进口成套设备计有94个工矿企业，其中有86项（实际上是71个企业）是属于156项企业中的。上述86项中已完成进口合同并已转入生产者（不包括国防工业）有抚顺铝厂一期、吉林电极厂、沈阳第一机床厂、哈尔滨量具刃具厂、沈阳风动工具厂、丰满电站一期、乌鲁木齐电站、抚顺电站一期、阜新电站一期、太原电站一期、西安电站一期、郑州电站、重庆电站等13个企业；完成进口合同在75%以上，并部分转入生产者，有鞍山钢铁公司、长春汽车厂、富拉尔基电站、鹤岗东山一号竖井、西安中央三号竖井、鹤岗兴安台十号竖井、吉林染料厂、佳木斯铜网厂、北京电子管厂等9个企业。

二、自东欧人民民主国家成套设备进口合同完成情况：一九五四年我国与德国、捷克、波兰、匈牙利、罗马尼亚等国家的成套设备进口业务有了进一步的扩大，全年签订合同总数共为16740万卢布，实际进口为6313万卢布，较一九五三年增长151.4%。累计进口为8890万卢布，占全部合同（23889万卢布）37.2%，其中设备合同为23199万卢布，实际完成7828万卢布，占合同33.7%。

东欧各人民民主国家成套设备进口合同累计完成的情况为：德国完成 54.9%，捷克完成 16.1%，波兰完成 81.5%，匈牙利完成 27.9%。一九五四年较一九五三年增长比率：德国增长 18.1%，捷克增长近 20 倍，波兰增长 5 倍左右。

由东欧人民民主国家进口之成套设备截至一九五四年底已完成与接近完成合同者，有七一纱厂、北京纱厂、华北糖厂、黑龙江糖厂、佳木斯糖厂、青岛电站等单位。

三、技术专家人数变动情况：一九五四年初苏联、德国、捷克三国专家留在各企业工作者共 608 人，年内（包括波兰、匈牙利、罗马尼亚三国）新来专家 927 人，回国者 640 人，年末尚有 895 人，其中苏联专家 820 人，德国专家 20 人，捷克专家 26 人，波兰专家 12 人，匈牙利专家 4 人，罗马尼亚专家 13 人。上述专家，分布在重工业系统者有 139 人，占 15.5%，第一机械工业部 174 人，占 19.4%，第二机械工业部 279 人，占 31.2%，燃料工业部 146 人，占 16.3%。

附表一：

自苏联进口成套设备合同执行情况

（一九五四年）

金额单位：万卢布

企业类别及名称	历年进口合同规定金额	本年以前完成数	本年累计完成数	全部累计完成数	累计完成合同%
总计	171884	46411	45482	91893	53.5
设备	119377	39438	32640	72078	60.4
初步设计	2662	1239	428	1667	62.6
技术设计	9615	2204	2965	5169	53.8
施工图	14629	1879	2596	4475	30.6
其他	1038	283	909	1192	114.8
专家费	—	1184	1277	2461	—
实习生费	74	68	234	302	—
图样及技术资料	18	116	49	165	—
国防工业成套设备	24471	—	4384	4384	17.9
一、钢铁联合企业	40297	17602	9007	26609	66.0
其中：设备	33220	15512	6456	21968	66.1
1. 鞍山钢铁公司	30156	17263	7462	24725	82.0
其中：设备	25861	15512	5770	21282	82.3
2. 本溪钢铁公司	6629	99	654	753	11.4
其中：设备	5700	—	187	187	3.3
3. 齐齐哈尔特殊钢厂	1496	223	367	590	39.4

附表二：

自东欧人民民主国家进口成套设备合同执行情况

（一九五四年）

金额单位：万卢布

企业类别及名称	历年进口合同规定金额	本年以前完成数	本年累计完成数	全部累计完成数	累计完成合同%
总计	23889	2577	6313	8890	37.2
设备	23199	2139	5689	7828	33.7
设计	679	376	558	934	137.6
其他	11	53	10	63	—
专家费	—	9	56	65	—
施工图	—	—	—	—	—
一、德国小计	8712	2227	2553	4780	54.9
其中：设备	8695	1830	2138	3968	45.6
1. 无线电零件厂	—	343	330	673	—
其中：设备	—	—	5	5	—
2. 北京纱厂	1525	1312	163	1475	96.7
其中：设备	1525	1304	146	1450	95.1
3. 七一纱厂	368	408	2	410	111.4
其中：设备	368	362	2	364	98.9
4. 华北糖厂	1494	164	1037	1201	80.4
其中：设备	1494	164	1011	1175	78.6

阿尔希波夫：对中国发展国民经济的第一个五年计划（草案）的意见

（1955年4月19日）

一、绪言

（1）在叙述恢复时期的成就时，在绪言中应补充说明国家在交通运输、邮电及财政等方面均起着领导作用，并说明国家在该时期内保证了物价稳定。

（2）在第四页第六点下面，应加添关于减少失业现象的内容。

第一章　第一个五年计划的任务

（1）应说明由于实现第一个五年计划各项任务的结果，将能解决哪些主要问题。

（2）更广泛地阐述实现第一个五年计划各项任务的困难。

（3）对留待以后各五年计划解决的最复杂和最艰巨的具体问题应予说明。

譬如：

在农业方面——提高农业的单位面积产量，合作化的物质基础（畜力、农具、肥料）。

关于在全国合理地分布生产力，并使其接近原料产地和消费者。

关于消除失业现象。

关于比较落后的工业部门（石油、矿物肥料、精密机器制造、特殊复杂的重型机器制造）。

关于交通运输业发展中的落后现象——与国民经济的发展及国防需要不相适应。

第二章　第一个五年计划的经济拨款分配、建设规模和生产基本指标

（1）五年计划草案规定，综合财务计划及经济拨款部分应予批准。在苏联，综合财务计划的计算是国家计委的内部材料，用以证实完成财政方面计划的可能性。五年计划草案最好不包括财务计划及经济拨款的分配，而把这部分当作计算材料作为草案的附件。

（2）上述文件所规定的一九五八年及以后若干年的备料拨款十一点一九亿元，以及经济机关的准备金一五点三五亿元最好是用于其他需要，特别是用于增加基本建设工程量。其他支出一四点九〇亿元也应修正。

（3）工业生产总值应包括合作化的手工业生产总值，即把手工业列为"其中"的一项。

第三章　工业

关于基本建设方面的综合性问题

（1）一九五七年全国投资总额比一九五六年下降了百分之四，这就会导致毫无根据地减少第二个五年计划的准备工程。

应再一次审核一九五七年投资额，不应较一九五六年下降。

（2）许多限额以上工程的住宅、文化福利及其他辅助建设的工程量过大。譬如，鞍山、武汉、包头三个钢铁厂第一个五年计划中的住宅建设工程量超过了职工对住宅的需要量（如果根据去年国家计委批准的居住面积定额）。

北京钢铁研究所的工程量（有效面积大约为十万平方公尺）未必有所依据。其他部门也有同样的浪费现象。

应修正工业及其他部门的住宅及文化福利等工程的投资额。

（3）在实现基本建设计划的各项措施中应指明，必须更广泛地推行装配用钢筋混凝土预制件并扩大建设装配用钢筋混凝土预制件工厂（计划中规定，仅建设三个工厂，其总能力为每年九万立方公尺）。

钢铁工业

（1）武汉钢铁公司和包头钢铁公司一九五六——九五七年的投资额与其预定的投入生产期限（一九五九年及一九六〇年）不相适应。

武汉钢铁公司至一九五八年的投资额占全部预算造价的百分之二〇，其中仅一九五七年就占百分之十一。从而，一九五八——九五九年间每年的投资最低占百分之三十五。包头钢铁公司的投资额仅占总预算造价的百分之八，其中一九五七年为百分之五。从而，一九五八——九六〇年间每年的投资最低占百分之三〇。

应考虑是否可以增加一九五六——九五七年这些钢铁公司的投资额。

（2）由于供应初轧机，计划中应考虑增加太原钢铁厂的投资。

（3）计划中应考虑在石景山钢铁厂建立钒钛生产的工程（钒钛矿于一九五八年投入生产）。

（4）计划中应规定自一九五七年开始为在第二个五年计划中建设石景山钢铁厂所必须进行的准备工程。

有色金属工业

（1）计划草案规定一九五七年重工业部产四〇五〇〇吨铜，其中电铜三七〇〇〇吨，精铜三五〇〇吨。

应考虑增加一九五七年铜产量二五〇〇吨，即增加到四三〇〇〇吨的实际可能性，其办法是将电铜的生产量由三七〇〇〇吨增加到四一五〇〇吨，即增加四五〇〇吨，同时将精铜的产量由三五〇〇吨减到一五〇〇吨。

（2）原计划一九五七年铅产量为二一五〇〇吨，然而实际上一九五三年铅产量增长了三五〇〇吨，一九五四年——五七〇〇吨，一九五五年——三三〇〇吨，而一九五六及一九五七年铅产量的总计增长数仅是一〇〇〇吨。

希望考虑增加一九五六——九五七年铅产量，即将一九五七年的铅产量增加到二四〇〇〇吨，其办法是更多地利用澜沧的矿渣。原定一九五七年由上述矿渣中提取二〇〇〇吨，实际可能提取四〇〇〇至五〇〇〇吨。

（3）原计划一九五七年产二〇〇〇〇吨锌，然而，一九五三年锌产量实际增长了三五〇〇吨，一九五四年——三八〇〇吨，一九五五年——四二〇〇吨，而一九五六——一九五七年锌的总增产量仅达一〇〇〇吨。

希望增加锌产量二〇〇〇吨，即增加到二二〇〇〇吨，其办法是利用再生含铜料的炉尘。

（4）锡产量计划规定为一八一〇〇吨，然而一九五三年实际增长数已达三一〇〇吨，按计划，一九五五年较一九五四年实际产量增加四五〇〇吨，而一九五六——一九五七这两年间的总增长数仅是二一〇〇吨。

应考虑是否能将锡产量增加到二〇〇〇〇吨。

（5）铝产量原计划为二〇〇〇〇吨；具有充分可能将铝产量增加到三〇〇〇〇吨。工厂第一期于一九五七年可产二〇〇〇〇至二一〇〇〇吨，且第二期——一〇〇〇〇吨。

（6）在这一个五年计划中，应开始中条山铜矿（山西省）的开拓工程。

电力工业

（1）由于水丰水电站（朝鲜）能够供应大量电力（达二〇万瓩），东北电力网将造成大量剩余能力。

因而，应该：

（甲）阜新电厂五万瓩的第三台透平发电机的安装可由一九五六年推迟至一九五八年，并适当地推迟设备供应期限。

（乙）吉林电厂拟于一九五八年安装的两台各为二五〇〇〇瓩的透平发电机（计划规定的于一九五六及一九五七年安装的两台机器除外）应推迟。

（2）由于能力过剩，太原第一热电站原定于一九五六年安装的二五〇〇〇瓩透平发电机（第二期工程）可推迟至第二个五年计划。

（3）计划应规定在抚顺石油二厂建设热电站，以代替原拟建的能力为七〇〇吨/时蒸气的工厂自备蒸气锅炉。

（4）应进一步研究于一九五七年建设丰满—哈尔滨第二输电线的合理性问题，因现有输电线于第一个五年计划中能充分保证哈尔滨地区的供电。

（5）应进一步研究关于停止扩建上海闸北电厂的合理性问题，因为这样做，第二个五年计划中上海地区的电力就会大大不足。

煤矿工业

（1）华东、中南两地区，煤炭供应紧张。按五年计划草案，华东在煤炭总产量中所占的比重由百分之一一点六降低到百分之一〇点九，而中南则总计降低百分之〇点二。

计划草案应规定，在上述地区大力开展地质勘探工作及煤矿建设工作，以保证在煤炭采掘分区上达到显著的进展，减少煤炭的不合理运输量及过远运输量。

（2）一九五三——一九五七年间新建的煤井不能保证第二个五年计划的需要。应重新考虑一九五三——一九五七年间煤井新建计划，以保证第二个五年计划中的采煤总能力达到五千六百万吨（原计划为四千六百万吨）。

石油工业

（1）五年计划草案规定，天然石油开采量为一三八点五万吨，人造石油产量为六二点五万吨。

由于老君庙油田在采用边线注水法方面落后了一步，所以为该矿规定的采油计划过于紧张。

为保持原定石油总产量，应考虑将人造石油产量由六二点五万吨增加到九十万吨，在这一方面存在着现实的可能性。

（2）探查钻探工作量应从二七点四万公尺增加到三五万公尺。

（3）计划草案规定的天然气开采增长速度不大（一九五七年达七个井），希望提高天然气开采的增长速度，特别是四川省等地天然气产地。

（4）希望在计划草案中提出，在石油工业中广泛贯彻新技术及工艺过程（定向钻井、涡轮钻井、采用新的有效的接触剂等）。

（5）必须提出关于限制作为燃料的石油消耗量问题，其办法是以固体及气体燃料代替液体燃料。

机械工业

（1）希望增加试制新产品的任务，如锻压设备、建筑机械及筑路机械。

（2）为增加机械制造厂的负荷，应研究是否可能生产可供出口的机械工业产品，如电动机及其他电气设备、机床、起重机、纺织工业用机器、筑路机械、建筑机械、锻压设备等。

供出口的这种设备应按特殊的技术规范（质量高、装饰好等）来制造。

（3）第一机械工业部及第二机械工业部工厂，地方工业及私营工业工厂应广泛协作，以便采取最经济的生产方法来大大提高农业机械和农具的生产计划。

化学工业

应再审核一次五年计划末期及五年计划以后各年度的硫酸平衡，确定新建硫酸厂的厂址及能力，以代替大连化学厂所撤销的能力为一六万吨的硫酸车间。

森林工业

一九五三年——一九五七年国营经济的树木栽种数不能保证采伐迹地的森林更新。

这一时期，国营经济的栽树面积占总栽树量的百分之九左右，而森林采伐量国营经济部分则占百分之六七。

希望研究关于增加国营经济部分的栽树面积。

纺织工业

（1）目前，有百分之二〇的新棉花供农民作絮棉。

为增大棉纺工业的原料基地及充分地利用企业的现有能力，希望组织加工劣等棉及纺纱废棉来供应居民对棉花的需要。

（2）计划草案规定在这个五年计划中建设若干新的纺织工业企业，其总能力为一八〇万锭，即全部棉纺工业的能力将增加百分之三〇（纺织工业部——百分之八〇），而棉纱产量仅增加百分之二〇。因而，纺纱设备的利用系数将由一九五三年的百分之九六点一降低到一九五七年的百分之七九点八，而织布设备的利用系数也相应地由百分之九〇点七降低到百分之七一点九。

希望能再一次审核关于投资建设新企业的合理性问题，因为其生产能力于第一个五年计划将不能利用。

第四章　农业

按五年计划草案，耕地面积总共增加二五〇万公顷，或百分之二点四。某些省的耕地面积甚至还减少，如河北减少百分之〇点一，吉林——百分之〇点七，陕西——百分之〇点四。黑龙江省耕地面积拟增加五〇万亩（百分之七点六），广东省——百分之七点五，浙江省的耕地面积毫无增加，虽然这些省在增加耕地面积方面存在着很大可能性。

希望再研究一次关于大大增加耕地面积的问题，首先是在上述各省增加耕地面积。

（2）一九五七年播种面积较一九五二年增加百分之七点三，其中粮谷作物——百分之三，技术作物——百分之二七点一，油料作物——百分之三七点八。杂粮播种面积规定减少百分之三点二，或一六〇万公顷。

希望研究关于增加杂粮播种面积的问题，特别是以增开荒地的办法来增加玉蜀黍的播种面积，因为上述作物是高产量作物，抗灾力强，且对中国居民有很大的意义。

（3）五年计划草案所规定几种主要作物的单位面积产量低于一九五四年所研究的草案，如水稻，原定单位面积产量较一九五四年提高百分之二二，而现在则规定提高百分之一四点二，小麦也相应地由百分之一八点八降低到百分之一四点三，杂粮由百分之二一点九降低到百分之九点九，棉花由百分之二三点四降低到百分之一〇点三。

希望再研究一次关于提高各种作物单位面积产量的问题，首先是提高粮谷作物及棉花的单位面积产量。

（4）希望研究关于大力发展蚕丝业的问题（家蚕茧较一九五二年增加百分之五〇，柞蚕茧只增加百分之一）。

第五章　交通运输

（1）五年计划草案规定的五年计划末期铁路货运量的增长低于工业生产的增长，如一九五七年（较上年）货运量增长百分之七点三，而总产值则增长百分之一二，一九五六年货运量增长百分之八点二，而总产值则增长百分之九点八。实际上，一九五四年货运量增长了百分之一九点五，总产值——百分之一四点二，于一九五五年货运量增长百分之九点二，总产量——百分之七点三。五年计划最后三年内每年的货运量绝对数都是一七〇〇万吨，而五年计划前两年的货运量则是二六〇〇万吨及三一〇〇万吨。

五年计划最后几年的货运量增长数与产品的实物产量不适应，特别是与基建工程量的增长不适应。

应考虑从一九五五年起增加铁路货运量。

也应在某种程度上增加铁路客运量，因为计划草案所规定的于一九五六及一九五七年减少客运量的根据是不充足的。

（2）一九五七年大量减少铁路运输业的基本建设工作量——较一九五六年减少百分之三〇，这样做未必正确。应增加铁路运输业的基本建设工作量。

第六章　商业

国内商业

（1）我们认为，应向供销合作社提出下列任务：大力改善农村合作社商业，积极吸收土产品参加零售商品流通，使零售商业网靠近消费者，更好地全面地满足居民和农业生产合作社不断增长的需要，让社员更积极地参加合作社的工作。执行这些任务将会保持合作社商业在全国零售商品流通中所达比重，减少流转费，维持零售商业网及合作社商业的工作人员。

（2）五年计划草案未反映公共饮食业问题，考虑到它在商品流通中所占比重相当大，建议着手公共饮食业的计划工作。

第七章　培养干部及加强科学研究工作

（1）应完成培养高等及中等专门人才的平衡表编制工作（按各种专业确定补充需要量及对该需要量与培养的可能性进行比较），以作为五年计划规定的高等学校招生五八六三〇〇人及中等专科学校招生一〇一一二〇〇人的根据。

（2）为增加高等工科学校的招生人数，应研究扩大工农速成中学网的可能性。

（3）工人技术学校规定增加到一四〇所，计划培养熟练工人一一九〇〇〇，这不能满足一九五五——一九五七年的需要，特别是不能满足新建企业须补充的各种专业的熟练工人需要量。

因此，应研究在五年计划的最后几年增加工人技术学校的数量，以培养工业、交通运输业和基本建设所需熟练工人。

刘少奇：对苏联顾问关于中国"一五计划草案"书面意见的批语[1]

（1955年4月22日）

请尚昆即将这个书面意见作为五年计划（草案）附件送苏共中央。

刘少奇
四、廿二

---

[1] 这个批语写在国家计划委员会党组一九五五年四月十九日给中共中央并毛泽东的信上。信中说：苏联经济总顾问阿尔希波夫已将苏联顾问关于我国发展国民经济的第一个五年计划草案的书面意见送来，其内容基本和四月九日已报中央的谈话记录相同，但作了若干补充和修正。因时间短促，在送交苏共中央的五年计划草案中，尚未及将这些意见吸收进去，因之，是否要将这一书面意见作为五年计划草案的一个附件送给苏共中央参考，请指示。

国家计委1955年度国民经济计划提要（节录）

（1955年4月）

1955年度国民经济计划提要目录

第一部分　1954年度国民经济计划执行情况
第二部分　1955年度国民经济计划总的规模
第三部分　工业生产计划
第四部分　农业生产计划
第五部分　国内贸易计划
第六部分　交通运输与邮电事业计划
第七部分　基本建设计划
第八部分　劳动工资、熟练工人培养与成本计划
第九部分　文教卫生事业计划
第十部分　国民经济拨款计划［中略］

第二部分　1955年度国民经济计划总的规模

根据1954年计划的执行情况，根据第一个五年计划纲要草案的要求，根据中央对1955年度国民经济计划控制数字的指示和各部、各省（市）的计划草案，并根据中央最近关于美国干涉我国解放台湾问题的宣传通知、中央对地方工业部党组关于扩展公私合营工业计划会议对私营工业生产安排问题的报告的批示，中央关于迅速布置粮食购销工作安定农民生产情绪的紧急指示，以及中央有关财政经济方面的其他各项指示的精神，制订了1955年度国民经济计划，其总的规模如下：

1955年全国工农业总产值计划为1090.3亿元，速度增长7.0%。在工农业总产值中：现代工业占33.7%（1954年占33.1%）；工场手工业占7.0%（1954年占7.3%）；个体手工业占9.4%（1954年占9.4%）；农业及副业占49.9%（1954年占50.2%）。

1955年工业总产值计划为444.1亿元，速度增长7.7%。其中：国营工业计划为263.2亿元，速度增长11.2%（中央各部所属国营工业计划178.8亿元，速度增长9.2%，地方国营工业计划84.4亿元，速度增长15.7%）；合作社营工业计划为19.2亿元，速度增长21.3%；公私合营工业计划为68.4亿元，速度增长33.9%（主要是由于1955年将约为1954年17.2亿元总产值的私营工业企业转为公私合营所致，如除此因素，则其可比部分为1954年的100.1%）；私营工业计划为93.9亿元，其可比的速度增长2.2%（如按绝对产值计算，则1955年为1954年的86.0%）。在工业总产值中，国营工业占59.3%，合作社营工业占4.3%，公私合营工业占15.4%，私营工业（包括加工订货）占21.0%。在工业总产值中，生产资料占45.1%（1954年占43.4%），消费资料占54.9%（1954年占56.6%）；机器制造占工业总产值的5.8%（1954年占5.7%）。以企业的规模划分，大型工业为394.7亿元，占88.9%（1954年占88.6%）；小型工业为49.3亿元，占11.1%（1954年占11.4%）。

在工业总产值中的现代工业总产值计划为368.0亿元，速度增长8.9%，其中：国营工业计划为229.7亿元，速度增长12.3%（中央各部所属国营工业计划为164.8亿元，速度增长11.1%，地方国营工业计划为64.9亿元，速度增长15.7%）；合作社营工业计划为11.8亿元，速度增长20.0%；公私合营工业计划为66.2亿元，速度增长31.9%；私营工业计划为60.3亿元，为1954年的82.2%。在现代工业总产值中，国营工业占62.4%，合作社营工业占3.2%，公私合营工业占18.0%，私营工业占16.4%。

在工业总产值中：中央重工、燃料、一机、二机、纺织、轻工等6个工业部为141.3亿元，速度增长8.7%。

个体手工业总产值计划为102.5亿元，速度增长6.9%。其中组织起来的生产合作社总产值计划为13.1亿元（包括1954年原有的生产合作社总产值8.5亿元），供销生产合作社总产值计划为2.9亿元，生产小组总产值计划为

4.6亿元。

农业及副业总产值计划为543.7亿元，速度增长6.4%。粮食计划生产3608.6亿斤，速度增长5.3%；棉花计划生产2606.6万担，速度增长20.6%；烤烟计划生产646.6万担，速度增长38%；茶叶计划生产195.8万担，速度增长7.9%。国营机械化农场计划达到117个，比1954年增加27个，扩大耕地面积155.6万亩；农业生产合作社计划在春耕前达到60万个，比上年同期增长478.3%；组织起来的农户计划达到全国总农户的74.2%。

社会商品零售总额计划为426.0亿元，速度增长10.4%。

铁路货运总量计划为21074.6万吨，速度增长9.4%；货物周转量计划为1023.3亿吨公里，速度增长9.8%；客运总量计划为23844万人，速度增长2.7%；旅客周转量计划为303.4亿人公里，速度增长3.1%。内河货运总量（不包括地方内河运输）计划为1630.8万吨，速度增长34.3%。沿海货运总量计划为866万吨，速度增长22.3%。公路汽车货运总量计划为5055.8万吨，速度增长27.6%。

基本建设总投资额（即工作总量）计划为98.1亿元，速度增长31.5%，其中中央财经各部总投资额为71.1亿元，速度增长25.5%；中央6个工业部总投资额为44.3亿元，速度增长32.8%。

1955年基本建设的限额以上建设单位共1079个（其中厂矿建设单位472个，内苏联设计的91个），其中新建的728个（其中厂矿建设单位278个，内苏联设计的76个），改建的330个（其中厂矿建设单位178个，内苏联设计的15个），恢复的21个（其中厂矿建设单位16个）；其中1955年开始建设的287个（其中厂矿建设单位134个，内苏联设计的37个），续建的792个（其中厂矿建设单位338个，内苏联设计的54个）。重要新建和改建的建设单位有：鞍山钢铁公司第一炼钢厂、第二炼钢厂、第二初轧厂，包头钢铁公司，武汉钢铁公司，富拉尔基特殊钢厂，大冶特殊钢厂，辽宁阜新煤矿平安立井，黑龙江鹤岗煤矿东山立井、鹤岗煤矿兴安台立井，吉林辽源煤矿中央立井，太原第一热电站，富拉尔基热电站，兰州炼油厂，新疆石油公司，富拉尔基重型机器厂，哈尔滨锅炉厂，哈尔滨电机厂，长春第一汽车制造厂，洛阳拖拉机制造厂，洛阳滚珠轴承厂，北京第三棉纺织厂，石家庄第二棉纺织厂，郑州第三棉纺织厂，西北第四棉纺织厂，黑龙江佳木斯造纸厂，华北制药厂，包头糖厂，河南南湾水库，安徽梅山水库，辽宁大伙房水库，兰州玉门线铺轨 187 公里，宝鸡成都线铺轨 138 公里，黎塘湛江线铺轨 277 公里，武汉长江大桥，首都中央航空港等。此外，房屋建筑面积约达 3200 万平方公尺。

1955 年建设的结果，中央 5 个工业部（第二机械部除外）将有六七个重大建设单位完成建设或完成部分重要工程的建设，其中有：鞍钢五号炼铁炉，鞍钢十一、十二号炼焦炉，吉林电极厂，黑龙江鹤岗东山立井，黑龙江鸡西恒山山南西沟裏斜井，黑龙江双鸭山岭西立井，吉林辽源中央立井，太原第一热电站，富拉尔基热电站，河北峰峰电厂，抚顺发电厂，辽宁阜新发电厂，大连热电站，哈尔滨量具刃具厂，沈阳低压开关厂，北京第二棉纺织厂，石家庄第二棉纺织厂，郑州第三棉纺织厂，西北第四棉纺织厂，广州造纸厂，郑州油脂化学厂等。此外，铁路铺轨 1061.9 公里。

由于新建企业完工并投入生产，1955 年底中央各工业部将新增主要生产能力（按设计能力计算）：炼铁 31.6 万吨，平炉炼钢 28.8 万吨，电炉炼钢 1.1 万吨，轧钢开坯 25 万吨，炼焦 39.5 万吨，铜冶炼 3500 吨，铅冶炼 5000 吨，锡冶炼 17000 吨，铝电解 18450 吨，硫酸 62400 吨，水泥 31 万吨，发电容量 44.1 万千瓦，采煤 1059 万吨，选煤 110 万吨，天然原油 15 万吨，人造原油 10 万吨，量具刃具 1032 吨，磁力启动器 15 万台，纱锭 42.2 万枚（年产纱 8.1 万吨），织布机 11552 台（年产布 33321 万公尺），汽车内外胎 18.6 万套。

中央各部、局由于历年投资，而在 1955 年开始利用的新增固定资产计划为 65.8 亿元，其中生产性固定资产为 35.5 亿元，占 53.9%；流通性固定资产为 16.8 亿元，占 25.5%；非生产性固定资产为 13.5 亿元，占 20.6%。各部、局在 1955 年开始利用的新增固定资产，相当于 1955 年总投资额的 86.5%。

国营、合作社营、公私合营企业和国家机关、文教卫生等部门职工人数计划达到 1412.9 万人，较 1954 年增加 73 万人。国营工业劳动生产率计划提高 8.1%。上述部门职工全年平均工资计划增长 3.8%。中央 6 个工业部国营工业计划降低成本 5.7%，国营交通运输计划降低成本 1.1%，国营商业商品流通费计划降低 12.9%。

教育计划：高等学校计划招生 116700 人，毕业学生 58646 人；在校学生达到 311271 人，速度增长 22.9%。中等专业学校计划招生 199230 人，毕业学生247320人；在校学生达到560548人，为1954年的92.2%；工农速成中学计划招生33000人，毕业学生7243人；在校学生达到76892人，速度增长50.4%。高中计划招生201530人，毕业学生110988人；在校学生达到568556人，速度增长18.9%。初中计划招生1250482人，毕业学生981436人；在校学生达到3378369人，速度增长8.7%。

［下略］

周恩来：关于推迟西安四个电工厂和太原磺胺厂的建设问题（节录）

（1955年5月2日）

（一）一五六项中某些厂址移动的情况和理由，征求苏方的意见，并问明在原子时代工业建设布局的原则。

（二）西安四个电工厂和太原磺胺厂在五年计划中推迟建设的理由。四厂中的开关热流器厂五年计划中列为一九五六年开始建设试验站和工具车间，其他车间于一九五八年开始建设，我意既要推迟就一并推迟，以免城市建设中协作的困难。这样，各厂的设备供应时间就要有所改变，即高压电瓷厂、绝缘材料厂、电力电容器厂设备供应改为一九五八年至一九五九年，施工图改为一九五七年至一九五八年；开关热流器厂设备供应改为一九五七年至一九五九年，施工图改为一九五七年至一九五八年；磺胺厂设备供应改为一九五八年至一九五九年，施工图改为一九五七年至一九五八年。详情可问黄敬、张有萱等同志。

苏联国家计划委员会对中华人民共和国一九五三——一九五七年发展国民经济五年计划草案中个别问题的意见

（1955年5月27日）

一、计划草案对燃料工业部规定转入第二个五年计划时期的新建矿井的储备工程为四千二百八十万吨，此储备工程量不能保证第二个五年中煤炭采掘的必要发展。以矿井建设平均期限三年半到四年计算，一九五八年初，储备工程需要有更大的能力，才能保证第二个五年内煤炭采掘的必要增长。应注意煤炭露天采掘法的发展，因为煤炭露天采掘法是最低廉的。

二、计划草案对若干机器制造业规定减少产量和降低生产能力的利用。考虑到更充分地利用机器制造业的能力的必要性，最好规定进一步扩大所生产的设备目录和试制新产品（专用金属切削机床，锻压机及其他机器）。

为了更充分地满足农业的需要，应扩大农业机器、畜力和人力农具的生产，保证农业机器制造业的相应发展并更广泛地利用地方工业和手工业，应组织进口的拖拉机以及日后的国产拖拉机所需拖拉农具的生产。

三、由于对全国的投资额要作某些削减，因此在五年计划的后几年中会使第二个五年计划时期的储备工程减少，而建筑安装工作量的减少则会减少建筑工人的就业人数。

有必要把一九五六年及一九五七年的投资额问题再研究一下，看是否有可能增加煤矿、冶金、化学等工业部门，以及电站和铁路的投资额。

四、计划中规定的地质勘探工作量不能充分保证矿质原料工业储量的必要的增长，并且可能耽误采掘部门企业的设计工作。由于已查明和探得的矿质原料工业储量将是进一步发展重工业的前提，应再审查一下地质勘探计划，考虑作适当增加，并应使地质勘探工作量，特别是机械岩心钻探的地质勘探工作量与矿质原料的计划增长量衔接起来。再计算一下煤的地质勘探工作量，可考虑增加钻探和采掘作业，特别是在缺煤的地区。应特别注意及时做好井田的准备工作。应考虑提高铜、铅、其他有色金属及稀有金属的勘探程度。

要采用最新的勘探方法来加强石油的地质普查工作，一九五六——九五七年进尺钻探增加数应比原定水平有所提高，以便在一九五七年大约能达到三十五万公尺。有必要研究一下提高勘查钻探及生产钻探速度的可能性。

五、农产品的生产现在已开始限制着对居民的粮食供应和对工业的原料供应。而拟定在五年内粮食产量增长百分之十七点六，或每年平均增长百分之三点三，这在人口自然增长率为百分之二的情况下是不能满足平均每个居民消耗量的迅速增长的。

最好对下列诸问题加以研究：再增加一些农业周转的耕地；扩大水田连作播种；增加水田播种面积；开垦荒地以扩大播种面积并利用这些土地建立国营机械化农场。

鉴于在中国的条件下，计划草案中列为"杂粮"的玉米、高粱、小米是抗旱力最强、产量最高的作物，因此削减这些作物的播种面积就未必合适了。

六、为了使计划草案中规定的增加农业作物单位面积产量有保证，应拟订专门措施，特别是扩大使用高产量作物的良种，增加农用药剂生产，加速矿肥厂的建设，以便使目前用作肥料的豆饼可用作牲畜饲料和用来出口。

七、农业发展五年计划草案拟定一九五七年黄麻播种面积较一九五二年小百分之十二。由于民主阵营国家需要黄麻，因此，除了扩大苎麻面积外应恢复黄麻播种面积。

国家建委:"141项"设计审批工作中的一些问题

(1955年6月5日)

一九五四年,"141项"的初步设计和技术设计大批提交,据驻苏商务参赞处的反映,设计审批工作中有这样一些问题:

一、对协定和设计任务书重视不够。苏联方面法律观念很强,一切均严格遵照协定和设计任务书办事,超出协定和设计任务书范围,提高新的问题一般都不易解决。如硬质合金厂提出在设计中增加二氧化钛,总交货人就认为对商谈协定外的事情"没有准备"。又如洛阳拖拉机厂的设计任务书中规定,卫生技术、动力和机械化运输的技术设计应由国内编制,但审批设计时,我们又提出请苏方编制,虽经苏联汽车部副部长和四个有关部的部长和若干设计部门联系,也未得到解决,结果仍确定由国内编制。

二、贪多贪大。长春汽车厂办公室,苏联设计为六千平方公尺;厂方要求增为一万二千平方公尺,后来第一机械工业部根据需要批准为九千平方公尺。哈尔滨透平厂要求增设冷热轧钢机两套,以轧制汽轮机叶片,但利用率只有百分之十八,苏方认为不合理,这就是"大炮打麻雀",于是作罢。该厂还曾拟自设柴油机电站,苏方认为该厂已有备用电源,不必再设自备电站。并说,如果"一定要设",则他们也可设计,但须经我方政府正式提出,因为苏联政府规定是禁止这样做的,结果只好撤销这个要求。苏方曾经这样表示过:如果"141项"都要大些、富裕些、再包罗多些,则中国将挤掉几个工厂。

三、要求过急。在审批设计过程中,我们许多同志往往为了尽早完成建设,去一次莫斯科,总希望多解决一些问题,不论场合不看时机急于提出问题,结果还是解决不了。哈尔滨透平厂和洛阳拖拉机厂在审批初步设计时,就提出实习生和专家的派遣问题,结果苏方就说:"中国同志太着急了"(应该在审批技术设计时提)。西安开关厂和哈尔滨透平发电机车间主厂房施工图曾要求提前交付，并说已取得设计组的同意，但因与协定不符，结果仍被苏方退回来。轻工业部的三个厂在审批初步设计时，原拟要求将施工图和设备交付时间较协定提前半年或一年，后经国家计划委员会指出不得超越协定时间后，才没有提出。

四、基础资料不确，常使设计返工、浪费。佳木斯的三个厂（造纸厂、铜网厂、电站），总交货人属于苏联三个部，但我们所搜集的有关地震资料不一（五度、六度、七度），轻工业部屡次修改地震度数；也没有同时通知苏联三个部。结果造纸厂和电站按六度设计，铜网厂则按七度设计，最后佳木斯地震定为六度，但铜网厂技术设计都已完成，无法再行修改。株洲硬质合金厂的风向问题，先通知苏方为东南风，后改为西北风；最后又说东南风、西北风都有，但西北风多些，而设计已按东南风考虑，不得不作某些变更。

五、国外审批工作人数太多。根据驻苏商务参赞处的估计，审批一个厂的设计，去三五人即可，几个厂同时审批，可互相帮助，人数还可减少。如果人数去的太多，不但住处难找，而且浪费人力、物力。如一九五四年电工审核小组共二十一人，留莫斯科约四个月，花费二十多万卢布。汽车拖拉机审核小组十五人，留莫斯科三个月，花费约十五万卢布。而拖拉机厂的初步设计费仅十九万卢布，滚珠轴承厂的初步设计费仅五万多卢布，电工厂的初步设计费最高者为十二万三千卢布，最低者只五万卢布。

国家计委党组：关于苏联顾问和苏联国家计划委员会对我国发展国民经济的第一个五年计划草案的意见的研究结果的报告

（1955年6月9日）

总顾问阿尔希波夫同志提出的"苏联顾问对中国发展国民经济的第一个五年计划草案的意见"和苏联国家计划委员会对中国发展国民经济的第一个五年计划草案中个别问题的意见，已由计委和有关各部进行了研究，现将我们研究的结果一并报告如下：

苏联顾问提出的意见共五十二条；苏联国家计划委员会提出的意见共七条，其中与苏联顾问所提意见重复的有四条（即增加一九五七年的基本建设投资；增加煤矿的新建能力；增加机械工业的新产品；扩大耕地面积），故两项合计共五十五条。这五十五条意见，经我们研究后，同意或基本上同意苏联顾问和苏联计委的意见者共三十二条；原则上同意苏联顾问和苏联计委的意见，但需要在年度计划的执行中再作进一步研究者共十五条；在第一个五年计划中还难以实行者共八条。

（一）在同意或基本上同意的三十二条意见中，大体上可分为以下二种情况：

第一种情况，即完全同意苏联顾问和苏联国家计划委员会所提的意见者共二十三条，如：关于五年计划草案的绪言部分和第一章第一个五年计划的任务部分的五点补充意见；增加一九五七年投资以调整五年投资的抛物线；增加一九五七年铁路建设的投资；削减住宅、文化福利设施及其他辅助建设工程；将石景山钒钛生产工程列入计划（但地点尚在研究）；增加重工业部铅、锌、锡等三种有色金属的产量，推迟丰满到哈尔滨送变电工程的建设进度（但设计仍进行）；推迟太原热电站一台二万五千瓩发电设备的建设时间；在抚顺石油二厂增建一个热电站（拟将上述太原推迟的一套发电设备移装抚顺）；增加煤矿、铜、铅及其他有色金属和稀有金属的地质勘探工作量（苏联计委提出）；增加石油钻探的工作量；提高天然气开采的增长速度（以上两项与加速发展石油工业问题有关，已由燃料工业部党组另拟方案报中央）；在石油工业中应广泛贯彻新技术；限制石油的消耗量；增加机械工业的新产品以及改善供销合作社工作的建议等都完全同意总顾问和苏联计委所提的意见。

第二种情况，即基本上同意苏联顾问和苏联计委的意见但具体内容上略有修改者共九条：

（1）综合财政计划和拨款数字只作为计委内部的核算资料而不列入五年计划草案问题。苏联顾问认为综合财政计划中的各项收支数字，在年度计划中的变动是很大的，在长期计划中写得太肯定了很易使自己被动。我们基本上同意这一意见，但由于我国的财政制度和苏联不尽相同，如果计划草案中不列拨款数字，就很难看出五年内建设规模的全貌，故我们主张在五年计划草案的文字部分中，仍应将经济建设和文教建设的拨款数字同时列出，财政一章则可取消。

（2）上海闸北电站第二期四台二万二千瓩发电设备是否停止扩建问题。经燃料工业部根据上海地区用电情况的变化研究的结果，确定减少两台，两台仍按原定计划进行建设。

（3）增加一千万吨采煤能力。

（4）改变华东、中南两区煤炭采掘在全国的比重问题。在党代会前修改五年计划草案时已增加采煤能力八百四十万吨，今后在年度计划中尚拟增加小型矿井的设计能力五百万吨，这批新增的小型矿井应尽可能地在华东和中南地区建设，同时加强这二个地区的煤矿地质勘探工作，争取在第二个五年计划中逐步改变这种不合理的分布状态。

（5）重新研究硫酸的平衡和确定新建硫酸厂的厂址问题。除新建硫酸厂的方案和如何提前抚顺硫酸厂的建设进度问题由计委和重工业部继续进行研究外，拟进一步研究在现有硫酸厂中增加产量的技术措施，争取一九五七年的硫酸供应能够达到平衡。

（6）将人造石油产量由六十二万五千吨增加到九十万吨，相应地减少天然石油的开采量问题。经与燃料部研究，确定减少玉门天然石油开采量十三万吨，减少的数量分别由抚顺、锦西两炼油厂和新疆石油公司增产解决，总的原油产量仍旧不变。

（7）"更广泛地推行装配用钢筋混凝土预制件并扩大建设钢筋混凝土预制件工厂"问题。因考虑到我们在这方面尚无成熟的经验，而且非生产的建筑均已降低标准，故在五年计划草案中改为"尽可能地推行装配用钢筋混凝土预制件"，预制件工厂的建设则仍按原计划不变。

（8）组织加工劣等棉及纺纱废棉来代替居民所需的絮棉问题。考虑到市场所需的絮棉数量很大，难以全部代替，同时居民的使用习惯也不易改变，因之只能采取在絮棉中搭配废棉，尽量以霜黄花等劣等棉代替部分絮棉以及收购旧棉花加工处理后搭配销售等办法来节省可供纺织用的原棉，此事我们建议由商业部责成花纱布公司研究实施办法，逐步推行。同时建议由计委会同农业部、商业部和合作总社研究大力开展棉籽绒的加工问题（估计目前全国棉籽绒的资源约有二三百万市担，现大部尚未利用），另拟具体方案报告中央。

（9）苏联计委提出的为保证提高农作物的单位面积产量，应该拟订专门措施问题。我们基本上同意苏联计委的意见，其中关于扩大使用高产量作物的良种问题，五年计划草案中已作了原则规定，建议由农业部根据这一规定和苏联计委的意见拟订具体的推广措施；增加农药的生产问题，五年计划草案中未规定农药的生产指标，拟根据农药的产销平衡情况，由重工业部和地方工业部门，在年度计划中考虑适当增产；加速矿肥厂的建设问题，除兰州氮肥厂的建设进度已确定由一九五九年提早到一九五八年建成外，五年计划草案中规定在一九五八年建成的两个磷肥厂（山西和江苏海州），因今年第二季度尚提不出足够的矿量，故设计和建设的进度在计划中还不可能规定提前。我们意见是在磷肥厂未建成前，可根据四川的经验推行磷矿石作肥料的办法，此事需请农业部研究。

（二）原则上同意苏联顾问和苏联计委的建议，但需要在年度计划的执行中再作进一步研究的十五条，我们的意见是：

（1）五年计划中武汉、包头两个钢铁公司的投资额和预定投入生产的期限不相适应，可否增加这两个公司一九五六、一九五七两年的投资问题。按照原定计划，武汉钢铁公司的第一台高炉预定在一九五九年投入生产，全部在一九六一年建设完成；包头钢铁公司第一台高炉预定一九六〇年投入生产，全部在一九六二年建设完成。在建设过程中，拟争取比这个进度更提前一些，因此第一个五年计划中原列的投资可能不够，我们准备在中央批准这二个公司的初步设计后，再按规定的工程量具体计算这两个公司的分年投资，如果需要增加，则可在年度计划中由重工业部的五年经济建设拨款中调剂解决。

（2）增加太原钢铁厂一九五六年以后的投资以安装苏联供应的初轧机问题。我们认为苏联顾问的意见基本上是合理的，但由于太原钢铁厂的总体规划尚未确定，设计亦未作出，因之初轧机的安装进度，亦不能确定，拟在初步设计完成后，再根据实际的工程进度在年度计划中研究调整。

（3）第一个五年计划中应开始山西中条山铜矿的开拓工程问题。该矿的地质勘探工作，正由地质部负责进行，截至一九五四年底，已获得A2加B加C级矿量三十万吨，如地质部能在一九五六年初提出正式的地质报告，一九五六年即可着手设计任务书的编制工作。如此则有可能在一九五七年的年度计划中开始开拓工作。

（4）关于增加重工业部一九五七年铜的产量二五〇〇吨问题。在去年八月定案的五年计划草案中规定：一九五七年全国产铜四六二九六吨，其中重工业部产铜四三〇〇〇吨，后在今年一月召开的第二次全国省（市）计划会议上，因考虑到上海生产安排上的困难，确定由重工业部让出二五〇〇吨生产任务给上海，另由储备中拨出杂铜三〇〇〇余吨给上海加工，这样，在提交党代会议讨论的五年计划草案中，一九五七年全国铜的总产量即增为四九九八六吨，而其中重工业部的产量即减为四〇五〇〇吨，这一修改过程，苏联顾问并不了解，重工业部的计划司亦未向部长汇报，因之，当苏联顾问提出这一建议时，王鹤寿同志即表示可以增加，在计委党组五月三十日给中央的报告中亦提出同意增加重工业部铜的产量二五〇〇吨。现经查明，此二五〇〇吨任务已让给上海，故重工业部即不可能再增，但我们认为在年度计划中如有可能，仍应尽量增产，在五年计划草案中则不再增加。

（5）铝的产量由二万吨增加到三万吨问题。因抚顺铝厂第二期提前投入生产的时间尚无把握，为了使五年计划建立在可靠的基础上，故决定暂不增加，但在编制年度计划时，可以争取提高。

（6）增产可供出口的机械工业产品问题。我们认为苏联顾问的意见是正确的。但机械出口牵涉到国外市场的需要情况、国内机械工业的生产能力、出口产品的规格、质量和价格等一系列复杂问题，建议以外贸部为主，邀集计委和各机械制造部门共同研究后另拟方案报告中央。

（7）增加国营经济部分的植树面积问题。我们认为苏联顾问提出五年计划内国有林区的采伐迹地更新面积过小是正确的。但由于财力的限制，第一个五年计划中还不可能大量增加国有林区的人工更新面积。当前的主要措施是除了保证五年计划草案中规定的更新面积外，必须从改变采伐制度着手促进采伐迹地的天然更新工作。林业部门已注意到这一问题，估计今后国内林区的迹地更新工作，在质和量方面都会有所提高。我们建议林业部门应更进一步地注意研究这一问题。并可在年度计划中增加必要的投资。

（8）增加耕地面积。

（9）增加杂粮的播种面积问题。我们同意苏联顾问的意见。今后除了应加强对荒地的勘测工作外，并拟对开荒问题与农村工作部一起再做进一步的研究，争取在年度计划中适当增加开荒面积，并为第二个五年计划的大开荒作准备，新开的荒地，应根据各地的不同情况，尽量种植杂粮、玉米和薯类等高产量作物。

（10）大量发展蚕丝业问题。家蚕的发展主要是植桑问题，桑树要在栽植后三年才能采摘，因之第一个五年内尚难以大量增产。柞蚕由于主要产区的辽宁省一九五二年为特殊丰收年，产量的基数特别高（达一二二一四万斤），一九五三年骤降至二四一五万斤，仅及一九五二年的百分之二〇，一九五四年虽增至五一四八万斤，但仍仅及一九五二年的百分之四二；如以一九五四年的产量为基数，则今后三年每年必须以递增百分之三三点八的速度增产，才能达到一九五七年的计划产量，任务是很艰巨的。苏联顾问提醒我们要注意这方面的增产问题是对的，我们准备对这一问题再作进一步的研究。在年度计划中争取适当的增产。

（11）苏联计委提出的恢复黄洋麻的播种面积问题。为了使农业生产的指标更适合于各个地区的特点，计划草案对五年内各省的黄洋麻播种面积作了适当的调整，即减少了黄洋麻的单位面积产量较低的某些省份（如辽宁、吉林、黑龙江、山西、山东等省）的种植任务，而增加单位面积产量较高的某些省份（如江苏、安徽、湖南、湖北、广东、广西等省）的种植任务，调整的结果，一九五七年的播种面积虽然比一九五二年减少了百分之一二点四，但总产量则增加了百分之一九点七，按照目前掌握的平衡情况（包括国内需要和出口需要）来看，这一增长指标是可以满足国内和出口的需要的，我们认为这一问题还可以由外贸部再作进一步研究，如果各兄弟国家有增加出口的新的要求，可以在编制年度计划中再作适当增加。

（12）增加一九五七年的货运量问题。我们根据苏联顾问的意见重新研究了原定的五年运输计划草案后，认为一九五七年某些主要物资的运量估算虽有偏高（如建筑材料）、偏低（如煤炭）之处，但总的来说，原定的运输计划和工农业生产、基本建设等增长计划基本上还是适应的。但另一方面，由于生产和基本建设计划在年度的执行过程中还有增加的可能，所以一九五七年的货运计划也就有超过的可能，因此，我们认为苏联顾问的意见是有相当根据的。但对这种可能性我们还没有充分的把握，同时后三年的生产和基本建设计划，目前还不可能作大的修改，因之，一九五七年货运量的增长计划也只能在拟定年度计划时再研究调整。

（13）关于编制高等及中等专门人才的平衡问题。我们同意苏联顾问的建议。这方面我们过去的主要缺点是对各业务部门的需要情况摸得很不准，根据二办最近的调查，重工业部、第一机械部和燃料工业部所提出的五年工程技术人员的需要数大约多了三分之一左右，对各种专业学生的需要情况则摸得更不准。按照不同的专业来分类编制平衡表的工作，是一件很复杂细致的工作，今后必须根据苏联顾问的建议认真进行这一工作，以便在年度计划中能将平衡计划搞得更确实些。

（14）增加工人技术学校的数量问题。中央各部五年计划培养熟练工人九十二万人，其中生产技术学校培养十一万九千人，约占百分之一三，从数量和比重来看，确实不能满足需要，但由于我们过去生产技术学校的基础太差，一九五二年只有二十二校，毕业学生只一万人，五年内计划学校增加五点四倍，毕业学生增加三点五倍，从发展速度来看是很快的。同时，现有生产技术学校在师资、教材、学生质量和教学计划等方面还存在着不少问题，毕业生的技术水平也很低。因之，目前只能采取"整顿提高"然后再"积极发展"的方针，这一问题还需要和国务院二办及有关各部作进一步研究。

（15）关于着手公共饮食业的计划工作问题。我们同意苏联顾问的建议。可由计委会同国家统计局，从调查研究开始来着手这一工作。

（三）在第一个五年计划中还难以采纳的八条建议，我们的意见是：

（1）关于五年计划中的备料拨款十一亿一千九百万元和经济部门的准备金十五亿三千五百万元，应用于增加基本建设的工程量问题。由于我们计划工作的水平还很低，计划的准确性还很差，根据过去两年的经验，已列的项目，其投资一般估计偏低；进口的设备、器材还不能和原定的建设进度完全吻合；同时，估计在今后年度计划中，必然还会有一些建设项目需要增加，因之，必须有一部分资金用作某些项目投资不足时追加的后备，某些进口设备、器材不合需要时的暂时积压以及某些新增项目的投资等等。为了保证第一个五年计划的实现和考虑到与第二个五年计划的衔接，我们认为在五年计划中保留这两项拨款而不指定具体的用途是必要的，并应由国家统一掌握。

（2）关于工业总产值中应包括合作化了的手工业生产总值问题，我们意见，在第一个五年计划中可以暂不包括，其理由除五月三十日我们给中央的报告中已有说明外，还因为手工业生产合作社的产值中，不仅包括了它本身生产逐年增长的产值，还包括了由个体手工业转变为手工业生产合作社的那部分产值，因之，如果将手工业生产合作社的产值包括在工业总产值中，就会使五年计划中的工业发展速度成为不可比的速度，故以暂不包括为好。

（3）关于自一九五七年开始建设石景山钢铁厂所必须进行的准备工程问题。根据苏联政府派来的钢铁工业长远计划组提出的十五年远景计划草案（这一草案计委拟在今年下半年研究后再报告中央），石景山钢铁厂的扩建工程，准备在第二个五年计划的末期开始建设。从全国的工业布局和我们的建设力量来看，第一个五年计划中还不可能考虑石景山钢铁厂的扩建问题。

（4）将阜新发电厂第三台五万瓩的发电设备由一九五六年推迟到一九五八年。

（5）将吉林热电站第三、四两台各为二五〇〇〇瓩的发电设备由一九五八年推迟到一九五九年安装问题。根据最近燃料工业部派人去东北研究的结果，在水丰电站协议归中朝两国共有以后，朝鲜对我国的供电能力可以增加到二十万瓩（原为十万瓩），从东北地区电力网内的设备容量和负荷对比来看，是可以平衡且略有多余的，但由于水力电站能供应的电量有一定的限度（因受水库容量的限制），故从电量的平衡来看，仍很紧张，同时阜新电站的发电设备已决定今年到货，因之我们认为吉林和阜新的发电设备可以仍按原计划安装，此点已和燃料工业部的苏联专家组长谈清并取得了他的同意。

（6）关于提高农业机械和农具的生产计划问题。从机械工业的生产能力来看，增加农业机械的产量是可能的，但从需要来看，计划草案中规定的五年生产双轮双铧犁和双轮单铧犁一百八十九万具，已超过第二次全国省（市）计划会议中农业部和各省（市）所提的需要数九万具，因之我们认为已定的指标不宜再提高，以后在年度计划中根据农业合作发展的情况再行考虑是否增加。

（7）因纺织工业的生产能力在第一个五年计划中不能充分利用，可否减少棉纺织工业的新建企业问题。我们认为苏联顾问指出的纺织工业设备利用率下降的不合理现象确是事实，富春同志已向阿尔希波夫同志说明下列两点：①我国原有的纺织工业都在沿海，从地区分布上考虑，有必要在内地建设几个纺织厂，以便沿海一旦有事，可以依靠在内地的新建厂来供应人民的需要；②五年内新增纺锭已由二百七十二万锭减为一百八十九万锭，而这一百八十九万锭大部又已经建成或正在建设，今后两年每年只新建一个厂，从与第二个五年计划的衔接上考虑，已不宜再减少新厂的建设。

（8）提高各种作物首先是粮食和棉花的单位面积产量问题。五年计划草案所定几种主要作物单位面积产量增长速度均较原计划降低，这是根据过去两年的经验，为了把计划订的可靠一些而规定的。按一九五三年至一九五四年两年执行情况，除小麦外，均未完成原定计划。一九五四年稻的单位面积产量，仅较一九五二年增百分之三点三，杂粮的单位面积产量反较一九五二年降低了百分之四点二；棉花较一九五二年降低了百分之十五点七。如以一九五四年为基数，完成一九五七年的计划单位面积产量，今后三年稻每年平均需增长百分之三点四五，杂粮需增长百分之四点七，棉花需增长百分之九点三，小麦的单位面积产量五年计划增长百分之二十一点六，平均每年增长百分之四。由于我国分散的小农经济还占优势，耕作技术还很落后，扩大再生产的能力和防灾、抗灾能力都很弱，今后三年虽然有所改善，但还不可能发生基本的变化。因之，完成今后三年增产任务仍很艰巨，我们主张仍按

349

原计划不变。

（9）扩大工农速成中学问题。根据最近全国文教会议的意见，由于学生来源困难，速成的办法也值得重新考虑，故决定自今年起各工农速成中学一律停止招收新生。为了培养国家建设所需的工农干部，今后拟在厂矿企业和机关中有计划、有系统地大量发展业余的文化、技术学校，具体指标正在研究中。

根据上述情况，对于苏联顾问和苏联计委提出的五十五条建议，我们的总的意见是：属于第一类，即同意或基本上同意苏联顾问和苏联计委建议的三十二条意见，除有关基本建设项目和增加投资的各项意见留待拟定五年计划调整方案时一并处理外，其他各项意见均拟在这次修改五年计划草案时尽可能予以修改。属于第二类，即原则上同意，但需要在年度计划的执行中再作进一步研究的十五条意见，除继续研究以便在拟定年度计划时进行修改外，并拟向总顾问作必要的说明。属于第三类，即第一个五年计划中还难以实行的八条意见，除了向总顾问作必要的说明外，我们准备在明年研究第二个五年计划草案时再作进一步的研究。

中华人民共和国发展国民经济的
第一个五年计划（节录）

（1955 年 7 月 30 日）

（一）工业基本建设计划是五年计划的中心

以重工业为主的工业基本建设的目的，是要把我国国民经济从技术极端落后的状况推进到现代化技术的轨道上，而为我国的工业、农业和运输业创造现代化的技术基础。为此目的，工业的基本建设计划就要建立由现代先进技术装备起来的新的工业，同时要用现代先进的技术来逐步地改造原有的工业。这种建设计划是我国五年计划的中心，而在苏联援助下的一五六个单位的建设，又是工业建设计划的中心。这种基本建设代表着我国人民的长远利益。

五年内，工业方面限额以上的建设单位，包括苏联帮助设计的在五年内开始建设的一四五个单位在内，共是六九四个；其中属于中央各工业部的是五七三个，属于中央其他各部的是三九个，属于地方的是八二个。限额以下的建设单位是二三〇〇个左右，其中属于中央各部的约为九〇〇个，属于地方的约为一四〇〇个。

限额以上的六九四个建设单位，在第一个五年计划期间能够建成的是四五五个，其中属于苏联帮助设计的是四五个；在第二个五年计划期间陆续建成的是二三九个，其中属于苏联帮助设计的是一〇〇个（包括第一个五年计划期间已经部分建成并投入生产的一八个在内）。限额以下的建设单位一般都可以在五年内建成。

苏联帮助设计的单位在五年内的投资是一一〇亿元，占工业部门基本建设投资二四八点五亿元的百分之四四点三。同时，直接配合这些建设单位的，还有一四三个限额以上的建设单位，五年内对这些建设单位的投资是一八亿元，占工业部门基本建设投资二四八点五亿元的百分之七点二。两项合计共占百分之五一点五。这就是说,在第一个五年内我们是集中主要的投资来保证苏联帮助设计的重点工程及其直接配合的工程的建设的。

在集中主要力量进行上述两类工程的建设的时候,中央各工业部和各地方还必须用适当的资金来改建现有的若干中小型的厂矿,并新建许多新的中小型的厂矿,例如中小型的煤矿、发电厂和肥料制造厂等等。这类改建和新建的中小型厂矿,能够在较短的时间内建设完工并投入生产,能够迅速地发挥投资效果并增加生产能力,不但对于满足社会的需要有重大的作用,而且对于资金积累的增加以及支援和配合重点工程的建设,也都是不可缺少的力量。那种只醉心于大型厂矿的建设而忽视对于中小型厂矿的利用和建设的倾向,是很错误的。但是这类中小型厂矿的建设,必须是有计划的,而不是盲目的。各地方在进行这类厂矿的建设的时候,中央各工业部应该给以帮助。

(二)工业的地区分布和新工业基地的建设

我国工业原来畸形地偏集于一方和沿海的状态,在经济上和国防上都是不合理的。我们的工业基本建设的地区分布,必须从国家的长远利益出发,根据每个发展时期的条件,依照下列原则,即:在全国各地区适当地分布工业的生产力,使工业接近原料、燃料的产区和消费地区,并适合于巩固国防的条件,来逐步地改变这种不合理的状态,提高落后地区的经济水平。

为着改变原来工业地区分布的不合理状态,必须建设新的工业基地,而首先利用、改建和扩建原有的工业基地,则是创造新工业基地的一种必要条件。

不论改建和扩建原有的工业基地或建设新的工业基地,企业地点的布置都应该避免过分集中,应该适当地分开安排在具有一定距离的邻近的地带,大、中、小型的企业的建设应该适当地互相配合。

第一个五年计划对于工业基本建设的地区分布作了下列的主要部署:

第一,合理地利用东北、上海和其他城市已有的工业基础,发挥它们的作用,以加速工业的建设。最重要的是要在第一个五年计划期间基本上完成以鞍山钢铁联合企业为中心的东北工业基地的建设,使这个基地能够更有能力地在技术上支援新工业地区的建设。

除了对于鞍山钢铁联合企业作重大的改建以外,东北各工业区的原有工业,如抚顺、阜新和鹤岗的煤矿工业,本溪的钢铁工业,沈阳的机器制造工业，吉林的电力工业，也都将在五年内加以改建。

第二，积极地进行华北、西北、华中等地新的工业地区的建设，以便第二个五年计划期间在这些地区分别组成以包头钢铁联合企业和武汉钢铁联合企业为中心的两个新的工业基地。

第三，在西南开始部分的工业建设，并积极地准备新工业基地建设的各种条件。

根据上列主要的工业基本建设的部署，那么，在完成第一个五年计划的基础上，到第二个五年计划完成的时候，我国就将有分布在东北、华北、西北和华中各地区的巨大工业基地，这样也就将在相当大的程度上改变我国广大地区的经济生活。这种工业的地区分布是建立在发展重工业的基础上的，因此也就开始改变了过去工业分布的性质。

除了上述重工业分布的部署以外，五年计划对于轻工业（主要是纺织工业）的新建设也作了比较合理的新部署，部分地改变轻工业过去集中在沿海的现象，而移向于接近原料产区和消费地区的内地。

根据内地的需要，应该逐步地把沿海城市的某些可能迁移的工业企业向内地迁移。

国家计委党组、地质部党组关于提请苏联政府对我国地质工作进行技术援助的报告

(1955年8月12日)

中央并主席：

我国的地质工作，由于中央的正确领导和苏联专家的热情帮助，几年来有很大的提高和发展，但同建设的规模和工业发展的速度相比较，已勘探的矿种仍然很少，矿量的持续增长亦不能适应工业发展的需要。在目前的地质工作中，存在着许多薄弱的环节，整个地质工作程序中的各个环节，亦不能互相适应。例如：作为勘探工作先导的矿产普查工作不能适应勘探工作的进度，因为普查工作不能及时地为勘探工作提供矿区，就使现有的勘探设备和勘探人员有闲置和窝工的危险；大量已知的矿藏地点和群众报矿还没有力量进行普查检查；作为普查先导的区域地质调查今年才开始，以致矿产普查工作缺乏可靠的地质根据，而影响普查工作的进行；大地、地形测量工作也远远落后于普查工作和区域地质调查工作的需要；地球物理探矿队伍很小，技术水平也很低，因而又不能适应普查工作的需要。上述地质工作程序中的各个环节的这种互不适应的情况，必然会严重地影响到矿量的增长，影响到工业的建设和国民经济的发展。

为了保证第一个五年计划期间开始建设的工业企业的设计和投入生产后所必需的矿量，并为第二个和第三个五年计划期间所需的矿量准备资源条件，必须及时扭转我国目前地质中的这种落后现象，为此，除了地质部门本身必须以最大的努力来加强技术干部的培养工作和提高现有地质干部的技术水平外，还必须请求苏联政府对我国的地质工作进行大规模的、系统的技术援助，这一援助必须包括以下五个方面：

（一）请苏联政府派遣大地测量和航空地形测量专家和主要技术人员六十一人，来我国帮助进行祁连山地区和康滇地区的大地测量和航空地形测

量工作；

（二）请苏联政府派遣十七个地质专家来我国，帮助我国对已知的铜、铅、锌和汞矿产地进行普查检查和评价；

（三）请苏联政府派遣地质专家四十七人、古生物专家十人和岩石矿物鉴定专家十人来我国，帮助我国在南岭、秦岭东段、北满、康滇和祁连山等五个地区进行综合的区域地质调查和矿产普查工作；

（四）请苏联政府派遣十五个石油地质师、二个古生物专家、二个岩石矿物鉴定专家和四个石油物理探矿工程师来我国，帮助我国进行柴达木盆地的石油普查工作和华北平原的石油专题科学研究工作；

（五）请苏联政府派遣一个地震队，包括四名主要技术人员来我国华北平原地区，配合石油专题科学研究队进行工作；派遣一个航空磁测队，包括四名主要技术人员来我国祁连山地区和长江中下游沿岸进行工作，帮助我国寻找铁矿和超基性、基性岩体；此外并请苏联政府派遣一个专长机械岩心钻探和各种测井方法的专家，来我国进行技术指导。

以上共计专家和技术人员一百七十七名。另外为了利用甘肃白银厂铜矿所产的大量硫黄制造硫酸，以供给我国发展磷肥工业的需要，拟请苏联政府派遣两名磷矿地质专家来我国包兰铁路、陇海铁路和宝成铁路沿线帮助我国勘察磷矿资源。因之，这次提请苏联政府派遣的专家和技术人员总数为一百七十九名。

上述大地地形测量、区域地质调查和矿产普查、石油普查和专题科学研究，以及地震队和航空磁测队所需的全套仪器和设备均请苏方配备。

上述专家在中国工作的期限拟定为一年至两年，地质部准备配备五倍于专家人数的我国技术人员随同他们进行工作，并向他们学习。我们要求这批专家在进行上述工作的同时，并负有帮助培养我国技术干部的任务。

这一请求苏联政府对我国地质工作进行技术援助的项目和专家配备方案是经过多次研究和修改而成的。地质部的苏联首席顾问库索奇金同志自始至终参加了这一工作。地质部最初拟定的专家人数为三百八十三人，后经富春同志两次指示，削减为二百零八人，又经库索奇金同志和苏联代总顾问普希金同志研究后，拟定为一百七十七人，而且认为是必要的、可能的，最后，根据富春同志的指示，由计委副主任张玺同志、彭涛同志、地质部副部长何长工同志和普希金同志一起,又对上述方案作了慎重的考虑,认为该方案是适宜的。

  由于上述技术援助的规模很大,内容比较复杂,涉及的方面也很广,已经超出一般技术合作的范围,因此,拟请中央以专案向苏共中央提出,或以我国政府名义向苏联政府提出,以便迅速解决我们所提出的请求。兹将代拟致苏联政府的备忘录和附件的草稿附上,请中央审查指示。

毛泽东：答谢苏联军事顾问团祝贺我国国庆的复信

（1955年10月2日）

一

退肖向荣[1]：

照办。[2]

毛泽东
十月二日

二

彼特鲁塞夫斯基上将、彼得洛夫上校、马里雅申上校并转顾问团全体同志及其家属各同志：

当我国六周年国庆之际，承赐祝贺，并表达良好的愿望，谨致深切的谢忱。

中国人民革命的胜利和社会主义建设的成就，是和苏联共产党、苏联政府及所有在我国工作的苏联顾问、专家热情、无私的帮助分不开的。对此，中国人民将永志不忘。

---

[1] 肖向荣，当时任中共中央军委办公厅主任、国防部办公厅主任。

[2] 这个批语写在肖向荣一九五五年九月三十日给毛泽东的信上。肖向荣的信，转交了苏联军事顾问团为祝贺我国国庆给毛泽东的信，并为毛泽东代拟了复信。

祝彼特鲁塞夫斯基顾问团在京专家及其家属的身体健康、愉快。

毛泽东
一九五五年十月二日

毛泽东：关于朱德、聂荣臻访问民主德国、苏联时应注意事项的批语

（1955年11月28日）

刘、周、朱、陈、邓、聂荣臻阅，退毛。

朱德同志和聂荣臻同志去德、苏，在谈话时请加注意，不要涉及具体事项的承诺，如对方涉及，应推出两国外交部和对外贸易部去商谈。此件所说情况，值得注意。

毛泽东
十一月廿八日

国家计委党组关于一机部追加新建北京铣床厂项目问题的报告

（1955年12月14日）

铣床是一种大量需要的金属切削机床，约占全部机床需要总数的百分之十四左右（根据今年一五六项设备分交的不完整统计，铣床约占全部机床的百分之十三强）。一九五六年需要量约为二六〇〇余台，一九六二年约为五二〇〇台。国内生产铣床的工厂属于第一机械部的有北京第一机床厂、齐齐哈尔第一及第二两机床厂和昆明机床厂。上述四厂一九五五年预计产量为八一九台，一九五六年控制数字为一六一〇台。地方工厂一九五五年预计生产八七台，一九五六年控制数字为一四〇台（都不是专业的铣床制造厂）。两者一九五五年预计生产九〇六台，一九五六年生产一七五〇台，占一九五六年需要量的百分之六十六，今后需要量不断上涨，生产量将更感不足。

上述第一机械部的四个厂中，齐齐哈尔第一机床厂的专业方向是立式车床和中重型特殊车床，此类机床的需要量近来亦增加很快，该厂不可能长期兼做铣床。昆明机床厂在交通情况未改善以前，生产大量需要的品种亦是不合宜的。北京第一机床厂和齐齐哈尔第二机床厂原有规模很小（每年约只能生产五〇〇台），厂房条件差，且无扩充余地，故今后只宜用以分别生产较轻型及数量不是最大的"〇号"和"一号"铣床。对占铣床需要量百分之四十到百分之五十的"二号"铣床和重量较大的铣床，该两厂长期生产是不适宜的。

地方工厂（主要是上海）目前虽有少数工厂兼做铣床，但规模很小，不宜生产大量需要的铣床。至于合理利用地方机床工厂能力问题，根据第一机械部和第三机械部的通盘研究，准备将一些需要量少而品种多的机床（如台式机床）、中小型普通车床、刃具磨床、金属锯床等交由地方工厂生产，以发挥地方工厂的能力。

另外，根据第二次世界大战时期各国机床生产量来看，在战时机床需要量不仅不会减少，反而要增加。因此，在和平时期将标准型号大批生产的铣床生产任务交给第二机械部承担也是不适宜的。

由于以上情况，要求由现有厂满足不断上涨的铣床需要量是不可能的。第一机械部建议恢复在第一个五年计划中被削减的北京新铣床厂项目（由于当时对需要量估计不足和投资不够分配，且因近沿海地区而削减），规模为二四八〇台，一一七四〇吨。建厂所需投资共约四五〇〇万元，在第一个五年计划内拟请追加投资三八〇〇万元。我们同意一机部仍在北京建设铣床厂的意见，因为厂址原已选定，初步设计已有，建设进度快，而北京工业仍然不够，铣床厂比较精密，可与北京的科学技术机关配合，如果遇战时也可以迁移。

根据建设需要和削减非生产性建设后的资金可能，我们同意第一机械部提出的在第一个五年计划内追加北京新铣床厂项目，并建议批准提请苏方供给有关高尔基铣床厂的典型工厂设计资料及有关生产的工艺资料。为了及时满足国家对铣床的需要，我们建议将该厂的建设进度由一九五八年至一九六〇年，提前到一九五六年至一九五八年。

此外，第一机械部报告附件中提到准备于一九五九年起北京第一机床厂将不再生产铣床，对这一意见我们认为应当慎重考虑。目前该厂厂房确为简陋，但在新厂未建成前，该厂仍须担负不少任务，即使新厂建成并投入生产，该厂仍应生产小型铣床，使新厂产品品种不致过于复杂。同时，在编制新厂的设计时，应当考虑新厂的铸工车间除供应本厂所需铸件外，应当统一供应北京第一、第二两个机床厂所需的铸件，以便充分发挥这两个厂的生产能力。

国家计委申请批准将武汉重型工具机厂一次建成的报告

（1955年12月22日）

　　武汉重型工具机厂系一五六项目中的新建项目，原规定在一九五六——一九五九年分两期建成：第一期于一九五七年建成并投入生产；第二期于一九五八——一九五九年建成，其工程内容仅为第二机械加工装配厂房一项。该厂的扩大初步设计业经在北京审查并于本年十月十一日由国家建设委员会批准。

　　据第一机械工业部报告称：在这次审查设计和具体安排建厂总进度时，考虑了配合第二个五年机床工业发展，感到有必要将该厂由两期并成一期于一九五八年建成，其理由如下：（1）一次建成可以缩短建厂期限，减轻第二个五年初期的建设任务；（2）可以减少因二次施工而形成的土建施工中断所造成的浪费；（3）由于一次建成就可以于一九五八——一九五九年在第二机械加工装配厂房内进行试造与掌握中型锻压机械的生产（据专家谈该厂之设备完全可以生产锻压机械），给第二〔个〕五年初期新建的中型锻压机厂提前做好生产准备，使其能在建成后迅速发挥效率，加速解决锻压机械的薄弱局面。

　　从设计、施工和设备等方面亦皆有可能使该厂在一九五八年前一次建成：（1）与国外初步谈定第一期施工的图纸可于一九五六年三至七月交完。原定第二期施工之第二机械加工装配厂房的图纸由于是第一厂房设计之重复利用因而也可于一九五六年内交付；（2）第二机械加工装配厂房内所需的国外供应设备苏联机床部对外联络司副司长雅罕多夫同志曾表示可设法提前供应；（3）中建部已同意于一九五七年前保证完成第一期工程；由于第二厂房的结构与面积是与第一厂房相同的，因此可将第一厂房的施工力量转而建筑第二厂房，不必另增力量。

文献资料

根据以上情况，我们同意第一机械工业部的意见将武汉重型工具机厂改为一次建设于一九五八年建成。这样第一个五年计划期间约需增加投资一五八〇万元。兹代拟致驻苏商务参赞处与苏联方洽商提前供应第二机械加工装配厂房内所需国外交付的设备的电稿请批发。

毛泽东：关于检查同苏联专家、顾问关系的批语

（1956年1月30日）

一

此件[1]值得看一下。似须整个检查一次同各方面顾问专家的关系。

毛泽东
一月卅日

二

刘、周、陈、小平、彭真阅，尚昆存。

---

[1] 指苏联驻华军事总顾问彼得鲁塞夫斯基一九五六年一月十二日同中共中央军委委员、国务院副总理兼国防部部长彭德怀谈话的纪要。总顾问说，一些苏联军事顾问反映，中国同志目前已经不需要他们，不交给他们工作做。他自己有很多话也无处谈。彭德怀对这种情况进行了解释。双方还就缩减顾问编制和中国军队装备现代化等问题交换了意见。

中华全国总工会党组：关于苏联先进生产者代表团到各地传授先进经验的情况报告

（1956年7月18日）

应我国10个产业工会的邀请，前来我国传授先进经验的各代表团的63位苏联先进生产者自4月3日起陆续到达北京，参加了各产业的先进生产者代表会议。"五一"以前，他们分15路在全国17个城市作报告、举行座谈和表演。"五一"期间，他们参加了"五一"观礼和全国先进生产者代表会议。5月中旬以后，他们又分25路去全国25个城市继续进行传授先进经验的活动。他们已在6月22日以前陆续回国。

这次邀请苏联先进生产者来中国传授经验，得到全苏工会中央理事会的重视和真诚帮助。苏联先进生产者在谈话中认为，这是中苏两国工人友好合作的新形式——直接交流经验，互相学习。他们尽最大努力克服困难，满足我们的要求。派来的代表团的成员都是苏联各产业第一流人物和各工种的能手。

各代表团在中国传授经验期间热情谦虚，同时也认真学习我国的经验。他们传授的先进经验，对于提高我国生产技术、改进企业管理和群众政治工作等都有很大的帮助，解决了有些企业长期未解决的关键问题。在直接操作表演方面，效果更是明显。如炼铜方面，根据总工长安库基诺夫的建议和经验，改进了操作方法，每炉炼铜时间上海缩短了4小时17分，重庆缩短了10小时42分，沈阳缩短了14小时13分。煤矿方面，根据井筒掘进工沙罗瓦托夫的建议，在井壁上做了3道防水圈，使水减少了90%以上，解决了井筒的淋头水问题。锻造方面，根据柯瓦连科的建议，把原来要由4个人抬的大铁钳改为1个人即能操作的包钳，不但大大减轻了体力劳动，提高了工作效率，而且更为安全。有些工厂的工人对于买来已有4年的机床不会使用，这次才学会。这次传授经验最大的收获，是大多数产业都组织了专人学习，留下了种子,成为今后推广苏联先进经验的骨干。

实践证明,这一活动方式对于加强中苏两国工人阶级的友好合作,对我国工人进行国际主义教育,特别是直接学习苏联先进经验改进我们的生产,都是正确而有效的方式。

各代表团回国之前,在全总分别召开的座谈会上,都坦率地发表了意见。最普遍的有:

一、认为我们自己有许多先进经验没有很好地推广。因此这个城市已解决了的问题,在别的城市仍未解决。如机械厂的翻砂部门,上海的经验就没有向天津推广。还有同一城市的厂与厂之间,甚至同一厂的车间与车间之间,都没有很好地交流经验。

二、机构庞大,人员过多。杭州市全市有122辆公共汽车,职工就有700多人。上海也如此。他们反映:"不管哪一个办公室,一看都是十多个人。这些人都在写,都很忙。不知道他们在写什么,需要不需要写。虽然有那么多人在写,但是工人的工作指标却没有写出来。"

三、对工人的安全和生活注意得不够。如建筑方面,砌砖工人的脚手架才30—40公分宽,抹灰工人的脚手架更窄。工人在上面操作要经常顾虑到自己的安全,就不能聚精会神地去工作。他们反映:"工人好像马戏班的演员。"

煤矿矿长谢辽金说:"我到一个先进生产者家里做客,他同老婆和一个孩子住着一间房子。房子到处是窟窿,假如矿长对工人关心,找个瓦匠抹一抹就可解决问题。"

这些都是我们目前能够解决,而且应该解决的实际问题。

现在各代表团都已经回国,我们应当把已得的成绩巩固和推广。目前要做的主要有下列三点:

一、各工业部和产业工会应当把苏联先进生产者在各地所传授的经验加以仔细地研究和总结,根据实际情况,订出在全国推广的具体措施。

二、苏联先进生产者同许多厂矿的工人都交换了通讯处,他们表示今后愿意继续以通信方式交流资料和经验。各产业工会和各工业部门应当有专人负责处理这一工作,以免混乱。

三、向苏联工人直接学习先进经验仅仅是开始,而其他兄弟国家也有许多值得我们学习的经验。各产业工会和各工业部门应当很好地总结这次经验。根据我们的需要，研究今后再请苏联和其他兄弟国家的先进生产者来我国传授先进经验。同时，苏联同志已表示也要请我们的先进工人去苏表演，各单位应当事先作充分准备，以免陷于被动。

以上报告，请审阅批示。

毛泽东：对周恩来关于发展国民经济第二个五年计划建议的报告稿的批语

（1956年9月13日）

一

即送周总理：

　　看了一遍，很好。作了一些小的修改，请酌定。

毛泽东
九月十三日九时半

二

周总理：

　　你的报告[1]全文很好。只是觉得头一部分（总结第一〔个〕五年计划时期经验）写得不甚清醒，不大流畅，不如以下各部分写得好，似乎出于两个手写的。如能在今明两天请一位（乔木没有工夫）文笔流畅的同志改一下，那就更好。如不可能，也就罢了。

毛泽东
九月十三日十一时

---

[1] 指周恩来准备在中国共产党第八次全国代表大会上作的《关于发展国民经济的第二个五年计划的建议的报告》（修改稿）。

三

在这里，对苏联和各国专家对我国帮助的功绩提一二句为好。[1]

---

[1]《关于发展国民经济的第二个五年计划的建议的报告》（修改稿）中说："不论是在我们恢复国民经济的时期，或者是在我们执行发展国民经济的第一个五年计划的时期，我国都在各方面获得了伟大的苏联的巨大的和友好的援助，同时，也获得了各兄弟国家的援助。这种援助，帮助我们克服了许多困难，使我国的社会主义建设事业能够以比较高的速度向前发展。"毛泽东的这个批语，写在这一段文字的旁边。

周恩来：关于第二个五年计划建议的若干主要问题[1]

（1956年9月16日）

关于第二个五年计划的具体方针和指标，在党中央委员会提出的建议中，都已经提到了。这里，我只扼要地说明关于第二个五年计划建议的若干主要问题。

（一）合理地积累和分配资金

国家建设规模的大小，主要决定于我们可能积累多少资金和如何分配资金。我们的资金积累较多，分配得当，社会扩大再生产的速度就会较快，国民经济各部门就能够按比例地发展。因此，合理地解决资金积累和资金分配的问题是很重要的。

国民收入是全国劳动人民在生产过程中新创造的物质财富。在社会主义国家里面，全部国民收入都归劳动人民自己所有。劳动人民把国民收入的一部分用来维持和改善自己的生活，另一部分用于社会扩大再生产，也就是说用作积累。在分配和再分配国民收入的时候，必须使消费部分和积累部分保持适当的比例。消费部分所占比重小了，就会妨碍人民生活的改善；积累部分所占比重小了，就会降低社会扩大再生产的速度。这两种情况都是对人民不利的。

第二个五年计划期间，国民收入将有可能比第一个五年增长百分之五十左右。由于我国国民经济还很落后，农业所占的比重还比较大，人民生活的

---

[1] 此文为周恩来《关于发展国民经济的第二个五年计划的建议的报告》的节选。

水平还比较低，因此，积累部分在国民收入中所占的比重，不可能也不应该有过多的和过快的增长，但是可以稍高于第一个五年已经达到的水平。这样，在第二个五年计划期内，积累的总额，将随着国民收入的增长，仍然会有比较多的增加。

在解决了资金积累的问题以后，还必须解决资金分配的问题。考虑到目前的国内条件和国际条件，党中央委员会认为，在第二个五年计划期间，我们已经有必要和可能适当地降低国家预算中的国防和行政费用的比重，而提高经济和文化教育支出的比重。第一个五年国防和行政的费用，约占财政支出的百分之三十二左右，第二个五年应该争取降低到百分之二十左右。这样，经济和文化教育支出所占的比重，就有可能由第一个五年的百分之五十六左右，提高到百分之六十到七十，从而保证我国的经济和文化教育事业的迅速发展。

在分配国家基本建设投资的时候，应该保证工业和农业能够得到较高速度的发展。在投资总额中，工业投资所占的比重，可以由第一个五年的百分之五十八点二提高到百分之六十左右；农业、水利和林业的投资所占的比重，可以从第一个五年的百分之七点六提高到百分之十左右。此外，还应该注意安排运输和邮电部门，文化、教育、科学和保健部门，城市建设部门和商业部门等的投资，使它们保持适当的比例。

在分配工业投资的时候，还应该在轻重工业之间进行适当的安排。第一个五年由于我国的轻工业还有很大的潜力，因此计划规定轻工业的投资占工业投资的百分之十一点二，在执行过程中略有增加，这样的比重是适当的。考虑到第二个五年人民消费水平的逐步提高，若干轻工业品的生产能力将要感到不足，我们认为，有必要适当地提高轻工业投资所占的比重。但是，由于某些轻工业企业的生产潜力，并没有充分地发挥出来，特别是大量的公私合营企业，经过改组安排以后，有可能进一步地增加生产，手工业在实现合作化以后，也将进一步增加生活消费品的生产，因此，我们在安排轻工业投资的时候，还应该考虑到这些因素。

（二）正确地安排基本建设计划

关于基本建设，除了上面已经说到的必须合理地分配投资以外，还应该注意以下的一些问题。

第一，关于加强机器制造工业和冶金工业的建设问题。

在以重工业为中心的工业建设中，应该特别注意机器制造工业和冶金工业的建设。

机器制造工业的发展，是建立我国完整的工业体系的主要环节之一。我国第一个五年计划期间，许多大型的精密的机器和成套设备都还不能够制造，这种状况使我国建设所需要的机器和设备有百分之四十左右依靠进口解决。因此，努力发展机器制造工业，特别是发展我们所需要而又缺乏的各种重型设备、重型机床、精密机床和仪表等制造业，是今后工业建设的一个重点。我们应该争取经过第二个五年计划的建设，使机器设备的自给率提高到百分之七十左右。

冶金工业是重工业的基础，如果没有强大的冶金工业，机器制造工业的发展也是困难的。在第一个五年计划期间，我国生产的钢材大约只占国内需要量的百分之八十左右，而许多特殊品种的钢材，全部或者几乎全部要依靠进口解决。因此，努力发展冶金工业，是今后工业建设的另一个重点。我们应该争取经过第二个五年计划的建设，使钢材和主要的有色金属的数量和品种，都能够基本上满足国民经济各部门特别是机器制造工业部门的需要。

在重工业各部门中，不仅机器制造工业和冶金工业需要努力发展，而且还有许多薄弱的环节需要加强，许多空白需要补足，例如，稀有金属的开采和提炼，有机合成化学工业的建立和发展，原子能的和平利用等等，都应该当作我们进行建设的重要方面，给以足够的注意。

为了发展重工业，必须继续加强地质工作，并且使地质普查工作和重点勘探工作正确地结合起来，争取发现更多的新矿区和矿种，探明更多的矿产储量，以满足工业建设当前和长远的需要。

第二，关于生产力分布问题。

为了合理地配置我国的生产力，促进各地区的经济发展，并且使我国工业的布局适合于资源和国防的条件，必须在内地有计划地建设新的工业基地。这是我们必须坚持的不可动摇的方针。加强内地工业的新建设，也将促进少数民族地区经济和文化的发展。在第二个五年计划期间，必须继续进行华中和内蒙古两地区以钢铁工业为中心的工业基地的建设，积极进行西南、西北和三门峡周围等地区以钢铁工业和大型水电站为中心的新工业基地的建设，继续进行新疆地区石油工业和有色金属工业的建设，并且加强西藏地区的地质工作，为发展西藏的工业准备条件。

同时，我们必须充分地利用近海地区原有的工业基础。我们在内地进行工业建设所需要的许多原材料和设备，资金和技术人才，都需要近海城市原有工业基础的支援。可以说，近海地区原有的工业基础，是我国工业化的出发点。我们充分利用并且加强近海地区的工业基础，不但是为了适应国家和人民日益增长的需要，而且也正是为了在内地建立更强大的工业基础。在第二个五年计划期间，应该继续加强东北的工业基地，充分利用和适当加强华东、华北、华南各地区近海城市的工业，以发挥他们在国家建设中的作用。

当然，我们在充分利用近海城市原有的工业基础的时候，应该注意合理性，避免盲目性。这种合理性就是：改建那些有必要也有可能改建的企业，而不是改建一切的原有企业；在工业企业已经比较多的城市，一般地应该少建新的企业；新建和改建的企业，必须注意到原料的来源、产品的销售、生产的技术和运输等条件，并且注意同其他地区的合理分工。

在工业地点的分布问题上，不论是内地的工业或者近海地区的工业，我们的方针是既要适当分散，又要互相配合，反对过分集中和互不联系的两种偏向。

随着工业生产力的合理分布，我们将要建设许多新的城市和扩建许多原有的城市，为此，应该加强城市的规划工作和建设工作，求得同工业建设相配合。

第三，关于大型企业和中、小型企业的结合问题。

我们在第一个五年计划期间已经开工建设和在第二个五年计划期间将要开工建设的许多规模巨大的工业企业，是组成我国完整的工业体系的骨干。但是在建设大型企业的同时，还必须建设许多中、小型企业，以便在较短的时间内，能够增产更多的工业品，满足国家建设和人民生活的需要。

有人认为，建设大型企业在经济上和技术上比较合理，因此应该多建大型企业而少建中、小型企业。又有人认为，建设中、小型企业需要的时间较短，发挥投资的效果较快，因此应该多建中、小型企业而少建大型企业。我们认为不能一概而论，某些工业部门和在某种条件下，建设大型企业是合理的，而另一些工业部门和在另一种条件下，建设中、小型企业就比较合理。在每一类企业中，一般地说都应该有一些大型的企业作为骨干，又应该有许多中、小型的企业来配合。

为了使企业的建设更加合理起见，凡是有必要也有可能分期建设的大型企业，可以考虑分期建设；凡是资源有余并且有其他条件的中、小型企业，可以进行全面规划，为以后的发展预做准备。同时，在规划中、小型企业同大型企业相配合的时候，应该首先利用国营和公私合营的原有中、小型企业以及手工业，以发挥他们的生产潜力。

（三）发展工业生产

我国第一个五年计划规定，一九五七年比一九五二年，工业总产值（包括手工业产值在内）增长百分之九十点三；党中央委员会建议，一九六二年比一九五七年原计划，工业总产值应该增长一倍左右。在第二个五年计划期间，工业总产值的增长所以有可能保持比较高的速度，是因为：投入生产的新建和改建的企业将会增加，大多数原有企业将采取增产的技术措施或者进行技术改造，公私合营企业将要完成经济改组并且基本上实现国有化，手工业除了少数的以外，将完成合作化，同时，农业发展也有可能保持较高的速度。

关于发展工业生产，我在这里只说下面几个问题。

第一，关于发挥工业企业的生产潜力问题。

在我国工业总产值中，按照大体的计算，到一九五七年，由新建企业和改建企业所生产的，将占百分之十五左右；而到一九六二年，由第一个五年和第二个五年内完工的新建企业和改建企业所生产的，将占百分之五十左右。因此，加强组织工作，充分发挥这类企业的作用，对发展工业生产有重要的意义。

新建和改建的企业特别是重工业企业，从开工生产到达到设计的生产能力，是要有一段时间让技术人员和工人掌握机器和设备的性能、熟悉工艺过程的；但是，只要充分发挥技术人员、工人和职员的劳动热情和智慧，这个时间是可以缩短的，而且，设计文件上所规定的企业的生产能力，有些是可以超过的。根据一九五六年四月的统计，在一九五三年到一九五五年陆续投入生产的限额以上的一百四十一个工业建设单位中，已经提前达到并且超过设计能力的就有三十个，可以提前达到设计能力的有三十三个，可以按期达到设计能力的有七十一个，不能按期达到设计能力的只有七个。这就是说，大约有接近半数的企业，可以缩短时间而提前达到设计能力。在这方面的例子有：改建的沈阳风动工具厂，原估计要四年的时间才能够达到设计能力，实际上建成的第二年就达到了，预计一九五七年的生产量有可能超过设计能力一倍以上；新建的抚顺铝厂，在一九五五年初正式投入生产，当年的产量已经达到它的设计能力的百分之一百一十左右。可见新建和改建的企业，有很大的生产潜力。为了充分发挥这种潜力，首要的问题是加强生产准备工作，特别是人员培养、技术准备、组织协作和原材料供应等工作。关于这方面的具体经验，有关部门应该加以研究、总结和推广。

但是绝不能够说，有了新建和改建的企业，我们就可以不注意原有企业的生产了。在第二个五年计划期间，原有企业生产的产值在工业总产值中仍然占有相当大的比重，而且许多新建和改建的企业还需要依靠原有企业的协作和支援。我们应该根据具体条件，分别地采取不同的措施，对一部分企业有计划地进行改建或者进行技术改造，对另一部分企业进行调整和增添某些设备，对其余的企业继续改善经营管理，以进一步发挥原有企业的生产潜力。

第二，关于推进工业生产的专业化和协作问题。

推进工业生产特别是重工业生产的专业化和协作，可以提高劳动生产率，降低生产成本和促进技术的发展。但是，工业生产的专业化和协作，是一个比较复杂的问题，需要在一个相当长的时期内，随着我国工业水平的提高，并且结合我国的具体情况和可能条件，逐步地和分别地解决，不能盲目从事和勉强进行。在第一个五年计划期间，我们一方面充分发挥了原有的综合性工厂的作用，使它们的生产适应于国家建设和人民生活多方面的需要；另一方面，在机器制造工业中，开始按照产品种类建立了一些专业分工的工厂，同时调整了一些原来产品种类过于复杂的机器厂，使这些企业初步地走上了专业化，这都是完全必要的。在第二个五年计划期间，我们除了应该新建一些专业化的工厂以外，对于各类新建和改建的企业，应该对它们的产品方案进行合理的安排，既要避免产品种类过于复杂的缺点，又要避免不适当地追求专业化的偏向。对于原有企业，我们一方面应该适当地调整某些企业的产品方案，使生产比较合理；另一方面仍旧应该保留一部分综合性工厂。对于大部分公私合营的企业，我们应该让它们继续保留原有的产品种类，以适应社会多种多样的要求，并且适应国营企业对协作的需要。在一个工业区或者一个工业城市内，我们可以根据需要和可能，统一组织某些锻件、铸件和标准件的专业生产。在推进工业生产专业化的过程中，应该防止产品种类减少的偏向。

随着工业生产逐步地向专业化方向发展，协作任务也就越加繁重和越加复杂。这就必须进一步纠正那种只愿单干不愿协作的思想。凡是必须协作和可以协作的企业，应该在年度计划中规定具体的协作任务和订立协作合同。

第三，关于提高产品质量和增加产品品种问题。

许多工业产品、特别是某些轻工业产品质量不高和品种不多，已经成为当前工业发展中的一个突出的问题，并且对国家建设和人民生活已经造成了不好的影响。没有疑问，我们很多重工业产品和轻工业产品，质量是不断提高的，品种是不断增加的，但是并不是所有工业产品都如此，甚至某些产品质量在不断下降，品种在不断减少，这种现象必须大力加以纠正。

工业产品质量低和品种少，固然在很大程度上是由于我国技术水平不高和设备落后的缘故，但是，这并不能够说我们就没有可能来提高我国工业品的质量和增加工业品的品种，更不能够以此作为质量下降和品种减少的借口。我们有些工业部门，对产品质量和产品品种没有予以应有的注意，缺乏长远的规划和有效的措施；在检查计划执行情况的时候，常常偏重于检查产量计划完成的情况，而忽视检查质量计划和新种类产品生产计划完成的情况；产量超过计划有奖励，质量提高了和种类增加了却得不到奖励。所有这些，都是造成我国当前工业产品质量低和品种少的重要原因。除此以外，在轻工业产品方面，工厂所生产的成品，过去由商业部门包购包销；质量好的和质量不好的、新产品和旧产品都是一个价格，或者价格相差很少。这些制度和办法，也都助长了企业忽视产品质量和产品品种的偏向。因此，在当前和第二个五年计划期间，各个工业部门，应该制定出工业技术的长远发展规划，积极地组织产品设计的力量和加强对新产品设计和试制工作的领导，加强企业的技术管理工作，改善原材料的供应工作，实行产品质量奖励制度；特别是应该发动广大职工群众，为提高产品质量和增加产品品种而努力。同时，商业部门应该逐步地实行某些商品的选购制度和按质分等论价的办法。

［下略］

周恩来：争取外援，但不依赖[1]

（1956年10月11日）

我们要争取苏联的帮助，但要去掉依赖思想。如果苏联有困难，或在某些方面还留一手，那就要靠我们自己想办法，主要是自力更生，但不放弃争取外援。过去我们党内一些同志有完全依靠苏联的想法，在党外朋友中这种思想也发展了。我们要靠自己，有苏联和人民民主国家的帮助当然很好，没有苏联和人民民主国家的帮助，我们也要建设社会主义。这样说，并不是不尊重苏联，不团结苏联。苏联的帮助是重要的，但起决定作用的是中国人民，这和尊重、团结苏联是两回事。有时我们的一些同志把苏联的帮助说成是决定的条件，这是不对的。

关于苏联的帮助，我同意陈云同志的意见，苏联基本上是帮助我们的。但是，有时帮助的方法有毛病，他们也有主观主义。批判斯大林不能不对苏联的领导群发生影响。苏联有些同志可能已有自觉，有些同志可能还没有自觉，我们旁观者清。我们向苏联提出五十五个援助项目的要求是带有试探性的。苏联在第二十次党代表大会以后需要各国党的支持，结果没有很好地考虑就答应了，现在一算又搞不了，不给也不好说，只好提出推迟时间。这次去苏联谈判，他们正开经济协作会议，苏联领导着眼于自己方面，东欧国家可以搞的，苏联就想少搞一些。这也影响到我们，苏联也让我们少搞一点机械等等。因此，现在答应下来的一百零九项也还会有变动。苏联同志不了解，中国这样一个大国不搞一套完整的工业体系是不成的。斯大林过去倒讲过这样的话。他对毛主席说，你们各种工业部门都要搞起来，要担负起保卫东方的责任。苏联帮助我们，从两个社会主义国家来说是互利的。赫鲁晓夫

---

[1] 这是周恩来在国务院常务会议上讨论关于苏联援助我国第二个五年计划建设项目谈判情况的报告时的发言。

两年前来中国就说，苏联帮助中国不是无私的，就是为了自己。赫鲁晓夫虽然有时粗鲁，但这些话说得很好，很直爽。我们应该把苏联的主观、客观条件都分析一下。

我们不能以感情代替政策，苏联现在也有困难，过去有些不该答应的答应了，有些项目推迟了，有时还有在某些方面留一手的情况，但总的来说，还是帮助我们的。我们也要考虑苏联的困难。他们有缺点，那是要改的，我们也可以把问题提出来。我们同意苏联来信的原则，但我们可以作一些调整。苏联来信中说，向中国提供最先进的独一无二的设备，那我们就要最先进的独一无二的。苏联答应给我们的，还有些不是最先进的独一无二的，我们提出来，他就得考虑，但也要准备他不给。不给，也不要泄气，我们自己搞。

国家计委党组：关于第二个五年计划和十五年远景计划的汇报（节录）

（1956年）

丁、苏联帮助我国设计的建设单位预计完成情况的分析：

苏联帮助我国设计的建设单位原为156个，1956年4月7日中苏协定又增加49个（协定中共为55项，但其中包括非工业项目的研究所3个，原为156项的兰州、鄠县电站的第二期2个，国防工业的重复项目1个），实际共为205个建设单位。

原计划在5年内进行建设的为145个，建成的为45个；预计在5年内进行建设的为179个，建成的为65个。1956年4月7日中苏协定增加的49个建设单位中，有34个要在1957年开工建设。在原计划的145个中，增加了3个（西安绝缘材料厂、西安电力电容器厂、西安高压电瓷厂），减少了3个（城子河立井、城子河洗煤厂、潞安洗煤厂）。

按照建设进度看，原计划在5年内建设的145个建设单位中，有35个可以按原计划完成或提前完成；有10个不能完成五年计划规定的工作量，即煤炭部的4个煤井（峰峰通顺立井、潞安王庄一立井、铜川王石凹立井与平顶山二立井）和2个洗煤厂（双鸭山、峰峰中央洗煤厂），石油部的1个厂（抚顺石油二厂）、重工业部的3个建设单位（鞍钢的二连轧、半连续轨板厂和冷拔钢管厂、东川铜矿、会泽铅锌矿）。有的是因国外设计推迟，有的是由于扩大生产规模而修改设计，有的是因为地质勘探落后或因矿石成分复杂而影响设计进度。

在上述10个建设单位中，峰峰通顺立井、潞安王庄一立井、铜川王石凹立井、双鸭山洗煤厂等4个建设单位，虽完不成第一个五年计划所规定的工作量，但预计仍可在第二个五年原定时间内建成。其余各项，则由于完不成五年计划规定的工作量，其建成时间亦须相应地推迟。

毛泽东：关于向苏联派遣留学生、实习生问题的批语[1]

（1957 年 4 月 27 日）

陈云同志：

　　这个问题，请你与有关人员研究一下，严格控制，统一解决，并指〔定〕一个机关统一管理。以后应当少派，派去的要精。已去而品格恶劣或程度太低的，可否考虑调回。

毛泽东
四月廿七日

---

[1] 这个批语写在中共中央组织部一九五七年四月十八日关于我国驻苏人员的一些思想问题和留学生、实习生派遣中的一些问题的报告上。报告说，目前，我驻苏人员的思想状况，基本上是健康的，工作、学习也是积极的。但自苏共二十大和波匈事件后，在相当一部分人员（主要是留学生）中，产生了一些偏激情绪。有不少学生失去了在苏联学习的信心，要求回国学习和实习的学生增多。报告指出，在留学生、实习生派遣工作中的主要问题是：（1）数量多，在苏联高教部系统的研究生中，我国高教部系统派出的研究生约占了三分之一，而且比较集中，因而导师和教研室都发生困难，有些留学生不得不改变原来所学的专业。（2）国内可以培养或并非苏联专长的学科，也派人出国学习。（3）质量差，一些人员的专业基础、俄语水平、身体状况和思想作风不符合条件。（4）派遣机构不统一，不能控制，又不能调剂。针对这些问题，我驻苏使馆建议国务院应指定一定的机构统一掌握派遣工作，并应根据我国的需要及苏联的专长，在少而精的原则下进行派遣。

国家计委党组关于修改在第一个五年计划期间签订的苏联援助我国建设项目两国协议的报告（节录）

（1957年8月14日）

恩来同志并报中央：

关于我们与苏方商谈苏联援助我国建设项目两国协议的修改问题和一九五八年设备分交项目问题的商谈已经结束。关于一九五八年设备分交项目问题的谈判结果已于六月八日报告国务院，现在我国设备分交代表团正在莫斯科与苏方进行具体谈判。在北京关于修改两国协议问题的商谈中，苏方完全同意我们五月二日给总理报告中所提出的"勤俭建国，自力更生为主"的方针，并基本上按照我方愿望同意撤销了一批项目，又同意缩小了建设规模和推迟了建设进度的一批项目。谈判结果双方已拟就议定书草案及四个附件。现将其主要内容报告于后：

截至一九五七年三月为止，我国与苏联签订了协议的建设项目共二百五十五项，其中工业部门的项目共二百四十四项（五月二日给总理报告中为二百四十一项，由于有两个煤矿附洗煤厂原只算作两项，为了与苏方算法取得一致现算作四项，并增列了一个高压输电线工程），非工业项目十一项（五月二日报告中为九项，这次增列了一九五七年三月换文的北京—天津铁路自动闭塞及丰台—沙城铁路调度集中两项）；以上工业及非工业项目除去重复计算的十三个项目、早经双方同意撤销的十个项目及预计一九五七年底可建成的六十三个项目（合计八十六个项目）外留待第二个五年继续建设或需修改协议的共计一百六十九个项目（在五月二日给总理的报告中为一百五十九项，现将两次报告中所列项目的差别在本报告的附注中说明），这一百六十九个项目在议定书草案中作如下处理：

（一）按原协议的规模和进度建设不变的计二十八项。这些项目凡设计可以改由我国进行的将改由国内自行设计，凡设备能由我国自行制造的在分交时皆尽量留国内自行制造。

（二）撤销的（即解除苏方承担的设计和设备供应义务的）五十一项，在这五十一项中约有十项将由我国自行设计和制造设备（为着培养提高我国自己的设计和制造设备的能力，节省外汇和投资），在议定书第二条规定苏方将根据我国的请求对这些项目的建设给予提供技术资料、派遣专家、进行设计的鉴定、进行研究工作等项技术援助。其余的四十一项由于各种原因在第二个五年计划期间将不建设。停建的原因或者是由于地质状况不明或地质状况发生了变化（如煤矿），或者是由于规模和投资过大，改为建一些小型的厂矿来代替或组织现有工厂来生产（如有机合成厂、塑料厂等），或者是根据平衡结果和我国经济状况暂不需要建设（如第二汽车厂、小型拖拉机厂等）。

（三）缩小规模和推迟建设进度（推迟半年至三年）的共有九十个项目，其中缩小规模的九项，推迟建设进度的五十二项，既缩小规模又推迟进度的二十九项。

一九五五年以前签订协议的项目（即一百五十六项）改变较少，共撤销了十七项；一九五五年以后协议的项目（即一九五六年四月签订的五十五项和一九五六年九月签订的十二项）改变的则较多，共撤销了三十二项（非工业部门撤销二项不在内）。分部门来看，第二机械部、第一机械部和煤炭部的项目改变较多，其他部门改变较少。

经过改变后，第一个五年中苏协议苏联援助我国的二百五十五个项目中，除了撤回自行建设的十个项目、根本取消不建设的四十一个项目及重复计算及早经双方同意撤销的二十三个项目外，尚保留一百八十一项（即第一个五年内建成的六十三项，第二个五年建设的一百一十八项，其中规模和进度都未改变的只有二十八项）。

[中略]

根据苏方初步计算，苏联援助我国的二百五十五个项目，全部设备共需外汇八十五亿卢布，一九五七年底以前已付三十一亿卢布，留待第二个五年支付的五十四亿卢布，经过这次变动之后将减少二十六亿卢布，即全部外汇减为五十九亿卢布，第二个五年外汇减为二十八亿卢布，分年数字为一九五八年八亿卢布，一九五九年七点五亿卢布，一九六〇年六点六亿卢布，一九六一年四点五亿卢布，一九六二年一点四亿卢布。

苏联项目全部投资原计算为二百八十亿元，一九五七年底以前已用九十亿元，留到第二个和第三个五年的一百九十亿元，经过改变之后将减少八十亿元，即全部投资减为二百亿元，第二个和第三个五年投资约为一百一十亿元。

根据第一个五年计划执行的经验和计委研究第二个五年计划中的问题的初步结果来看，上述变动是必要的。第二个五年计划尚在草拟中，建设规模尚不能肯定，但是上述保留下来的项目，大部分是已在建设或已交了设备而不能改变的，小部分是从今天考虑必要建设的，也就是说，不管第二个五年建设规模如何，大体上这批保留下来的项目不会有很大改变；即使第二个五年计划编好发现投资和外汇不足必须缩减或推迟某些项目时，尚可在年度设备分交中修改议定书中所规定的设备供应范围和期限（议定书第四条已有此规定）。另一方面，虽然苏联项目撤销推迟甚多，但对于我国在三个五年计划或更多一点的时间内完成国家工业化的目标，不致发生重大影响；将来编制第二个五年计划如发现必须增加某些项目时，仍可提请苏联帮助设计（因为第二个五年计划期间所提的项目尚未确定）或自行设计。根据上述理由，我们建议批准这个文件。

在这次修改协议中，有八十一项推迟了设备交付时间。推迟的原因或是由于我方交付基础资料和设计进度的拖延不得不推迟设备交付时间；或是由于设备交付的实际执行结果已经拖迟了，为了承认既成事实不得不修改协议；或是根据我国的需要和投资、外汇的可能，有意地推迟了若干项目的设备供应时间。此外，有若干项目我方是不愿推迟时间的，但是由于苏方设备制造和供应能力的限制，他们这次也提出改变协议推迟一些设备交付时间。关于这类项目在谈判中我们曾提出我方意见，希望不要推迟。据阿尔希波夫同志解释，苏方这次提出的设备交付时间是根据苏方制造的最大可能性，即使按照我方愿望将进度提前列入协议，也不能实现，建议我们不要再要求提前。根据过去历次关于提前设备交付时间问题的交涉结果和根据一九五八年、一九五九年外汇平衡状况来看，我们认为再争是不必要的，因此基本按照苏方所提出的进度列入了协议。

一九五八年的设备分交谈判已在进行，必须有一个协议的项目和根据，我们已与苏方口头商定：一九五八年设备分交和当前设计工作，暂按照这次双方议定的议定书草案进行。苏方表示如果我国不能于最近期间正式批准这个议定书时，则希望以我国政府名义给他们一个信件，提出修改中苏协议的请求，以便于双方根据议定书草案进行工作，兹代拟信稿一份，一并呈阅。

中共中央批准计委党组关于修改中苏两国经济协议的两个报告

（1957年9月18日）

国家计划委员会党组：

八月十四日关于修改在第一个五年计划期间签订的苏联援助我国建设项目两国协议的报告和关于国防工业第一个五年计划新建项目和一九五六年四月七日中苏协议建设项目变化情况的报告，均悉。上述两个报告的原则已经早在中央政治局常委会谈过，现在这两个报告又已经国务院九月四日常务会议讨论通过。中央同意这两个报告的意见，并且批准根据这两个报告内容由中、苏双方专家商定的议定书草案及其四个附件。恩来同志已于八月二十六日致函苏联部长会议主席布尔加宁同志，请苏联政府对议定书草案予以考虑，待苏方答复后，再由国务院指定代表同苏方签字。

附表：

苏联帮助我国建设的项目

单位：个

	协定项目			到1958年底止已经施工	到1958年底止已经全部或部分投入生产
	合计	按协定时间分			
		1950—1957年	1958年8月8日	1959年2月7日		
总计	291	166	47	78	177	113
其中：煤炭工业	26	15	9	2	20	8
电力工业	52	26	12	14	36	24
石油工业	10	3	2	5	4	1
黑色金属工业	20	8	3	9	8	6
有色金属工业	26	12	3	11	13	6
化学工业	17	9	4	4	10	6
金属加工工业	46	24	10	12	24	21
纺织工业	1	1	—	—	1	1
造纸工业	1	1	—	—	1	1
食品工业	2	2	—	—	2	2

注：一个建设单位进行两次协定，本表即作两次统计，在291项协定项目中，重复的有19项；施工的177项中，重复的有5项；投入生产的113项中没有重复。

李富春：伟大的榜样——
祝十月社会主义革命四十周年

（1957年11月5日）

苏联建国以来四十年的历史，用光辉的事实证明了马克思列宁主义和社会主义制度具有伟大的生命力。社会主义把一个落后的农业的俄国在较短的时期内变为一个先进的工业化强国。

伟大的苏联人民在苏联共产党和苏联政府的领导下，依据列宁确定的关于社会主义建设的原理——实现工业的现代化，实现农业的集体化，进行文化革命等等，在四十年的时间内彻底解决了建设社会主义的任务，现在正在解决建设共产主义的任务。从一九一七年到现在，苏联的工业有了极强大的发展，一九五七年比一九一三年，工业总产量增长了三十二倍，其中生产资料工业增长了七十三倍，机器制造和金属加工工业增长了将近二百倍。在这期间，苏联的农业在集体化和机械化的基础上得到了很大的发展，一九五七年比一九一三年，各种农作物的播种面扩大了50%以上，粮食和技术作物的总产量都很大地提高了。苏联在科学技术的研究方面，在工程技术人员的数量和质量方面，在国民经济主要部门的技术装备方面，都已经居于世界各国的前列。最近苏联成功地发射人造卫星，证明苏联在科学技术上已经攀登到前所未有的高峰。而且大家都可以懂得，如果不计算战争和恢复国民经济的年份，苏联把国民经济和科学技术文化发展到如此高度，不过用了二十多年的时间。这样的发展速度，在世界各国的历史上无疑是空前的。

苏联社会主义建设的辉煌成就，不仅大大地提高了国内人民的物质生活和文化生活的水平，而且给一切社会主义国家的建设工作树立了最好的榜样，使一切现在还处于被压迫地位的国家和人民增强了斗争的信心，为神圣的世界和平事业提供了有力的保障。苏联向全人类证明了：社会主义——共产主义制度必然要胜利，马克思列宁主义必然要胜利。

苏联建设社会主义的经验，是现今世界上最全面最丰富和最先进的经验。有苏联的经验可循，是我国建设社会主义的一个极有利的条件。中国人民在中国共产党的领导下，始终不渝地沿着十月革命开辟的光辉道路前进。在中国革命的各个阶段中，在解放以后恢复国民经济和执行第一个五年计划的时期内，学习苏联的先进经验一向是我们的一项重要任务。在今后的建设中，认真学习苏联的先进经验仍然是我们的一项重要任务。随着社会主义事业的发展，我们应该更好地向苏联学习。

我们中国人民当前的主要任务，是要把一个经济文化落后的中国改变为具有现代化工业和现代化农业及高度科学技术文化的社会主义国家。我们现在面临着和苏联建国初期大体相同的任务。苏联的经验对我们有极大的用处。认真地学习苏联的经验，就使我们有可能用较短的时间取得较大的成就。在学习的过程中，我们必须采取马克思列宁主义的态度，即把苏联的经验同中国的具体情况相结合。过去我们这样做了，今后应该继续这样做。

苏联的经验证明，要建成社会主义，必须全面地和彻底地从经济上、政治上、思想上战胜资本主义，解决走社会主义道路还是走资本主义道路的问题。我国经济上的社会主义革命，经过一九五六年的改造生产资料私有制的高潮，现在已经基本上完成了；政治上和思想上的社会主义革命，经过过去的历次运动，主要是今年的反击资产阶级右派的斗争，也已经取得了重大的胜利。但是，无论经济上或者政治上、思想上的社会主义革命，还没有全部结束，特别在政治上思想上还必须经过一个相当长时期的努力，才能最后地巩固社会主义。而且，社会主义制度的全部胜利和巩固，又必须建立起强大的物质基础，首先是建立现代化工业和现代化农业的基础。

为了建立强大的社会主义的物质基础，我们必须积极地推进经济建设事业。在建设工作中，应该根据我国人口多，农村人口占绝大比重，已耕地和可耕地比较少，原来经济又落后，人民生活水平还比较低，以及国家幅员大，资源丰富等情况，来确定我们建设的方针。首先应当从六亿人口出发，对生产、建设、劳动和民生进行统筹兼顾，适当安排。我们应该继续使重工业得到优先的发展，因为没有发达的重工业，就不能实现工业的现代化，也就不能实现农业的现代化。而在中国的目前条件下，我们必须在继续优先发展重工业的基础上，大力发展农业，使工业和农业同时并举，密切结合，以收互相促进之效。在一切建设事业中,我们应该全面地持久地厉行增产节约,贯彻执行勤俭建国的方针,又多、又快、又好、又省地进行社会主义的建设。我们还应该努力培养忠实于社会主义事业的知识分子,组织起工人阶级自己的科学、技术、文化、艺术的强大队伍。这些方面,苏联社会主义建设的实践,已经给我们提供了许多宝贵的经验。

苏联人民在伟大的国际主义思想的指导下,对我国的革命事业和建设事业给予了最大的支援和帮助。除了经验的指导和精神上的鼓舞以外,仅仅在第一个五年计划期间,苏联帮助我国设计了二百零五项重大的工业骨干工程(其中已经开始施工的有一百三十一项),供应了大量的金属材料和成套的近代机器设备,并且派遣了大批优秀的专家来我国帮助我们的建设工作。我国的第一个五年计划所以能够取得迅速而巨大的成就,是同苏联和各人民民主国家的援助分不开的,特别是同苏联这种全面的和系统的援助分不开的。我们衷心地感谢苏联对我国兄弟般的援助。在今后的建设中,我们在执行自力更生方针的同时,必须进一步加强以苏联为首的社会主义阵营各兄弟国家在经济、技术、科学、文化各个方面的互助合作和亲密结合。

祝十月社会主义革命的胜利光辉永远照耀全人类。

李富春：关于我国第一个五年计划的成就和今后社会主义建设的任务、方针的报告[1]

（1957年12月7日）

各位代表、各位来宾：

我现在向同志们报告我国第一个五年计划的成就和今后社会主义建设的任务和方针，并且代表国务院热烈祝贺大会的成功。

依靠全国工人阶级和全体人民的努力，我国发展国民经济的第一个五年计划已经完成和超额完成了。事实上，我国第一个五年计划的某些重要任务和某些重要指标，如社会主义改造任务，工业总产值，铁路和公路的运输量等等，在1956年，就已经提前一年完成和超额完成。我国的国民经济在1956年大发展的基础上，在1957年又有了新的发展，这样就保证了第一个五年计划的胜利实现。根据初步预计，到1957年底，工业总产值（不包括手工业产值，下同）将超过五年计划17%左右；农副业总产值和粮食、棉花的总产量都将达到五年计划的指标，并略有超过；各种现代运输工具的货运量将超过五年计划14%以上，其中铁路货运量将超过11%以上；基本建设投资总额即基本建设工程总量，将超过五年计划13%以上，其中工业基本建设将超过7%左右，农业、水利、林业基本建设将超过53.7%，交通运输基本建设将超过12%；各级学校在校学生总数也都超额完成了五年计划。

由于绝大多数指标的完成和超额完成，我国的社会主义工业化的初步基础已经建立起来，我国的农业、手工业和资本主义工商业已经基本上改造成为社会主义的经济。

在第一个五年计划期间我们所取得的伟大成就，首先是社会主义革命的决定性的胜利。在1956年，经过了农业合作化、手工业合作化和资本主义

---

[1] 这是李富春在中国工会第八次全国代表大会上所作的报告。

工商业实行公私合营的高潮，我们就基本上完成了在生产资料所有制方面的社会主义革命。在1956年底，我国的工业总产值中，国营经济占65.5%，合作社经济占2%，公私合营经济占32.5%。在农业总产值中，国营经济约占1%多一点，合作社经济将近占94%，个体经济约占5%。在商业机构零售总额中，国营经济占38.5%，供销合作社经济占29.9%，公私合营经济和合作经济（组织起来合作经营的小商贩）占28.6%，私营经济占3%。这一切都证明了我国的社会主义经济成分不论在城市或者在农村都确立了巩固的统治地位，而资本主义经济已经基本上被消灭，个体经济已经退居无足轻重的地位，这就是说，社会主义经济制度已经在我国确立起来。

接着1956年在生产资料所有制方面的社会主义革命的胜利，我们在1957年又通过全民整风和反右派斗争这个伟大的运动，开展了政治战线和思想战线上的社会主义革命，并且也取得了决定性的胜利。这样，我国的社会主义制度就更加巩固了，任何敌人也不可能阻止中国工人阶级团结全国人民沿着社会主义道路前进了。

在第一个五年计划期间，我国在社会主义建设方面的成就也是十分巨大的，我们已经实现了第一个五年计划提出的奋斗目标，建立了社会主义工业化的初步基础。第一个五年计划期间经济和文教部门的基本建设投资总额预计为四百八十四亿九千万元，其中工业部门的基本建设投资预计为二百七十三亿八千万元，开始施工的限额以上的建设单位有八百二十多个，预计在今年底可以全部建成的约有四百五十个，其中属于苏联帮助设计的一百五十六项的有五十七个（此外还有部分建成投入生产的十个）；限额以下的建设单位计划为二千三百多个，在计划执行中有了很多增加，并且绝大部分都可以在今年年底建成。由于上述建设的完成，1957年我国工业固定资产总额将比1952年增长一倍以上。工业基本建设的大规模进行，不仅大大地增加了工业生产能力，而且建立了一系列的新工业部门，改变了我国过去在殖民地和半殖民地时期所造成的工业基础薄弱和残缺不全、互不配合的状态，使我国变成为一个具有飞机制造业、汽车制造业、高效率蒸汽机车制造业、新式机床制造业、发电设备制造业、冶金和矿山设备制造业及高级合金钢、重要有色金属冶炼业的国家。我国以鞍钢为中心的东北工业基地已经基本上建成，上海和其他沿海城市的工业基础也都已经大为加强，同时，在华北地区、华中地区和西北地区，新的工业区正在形成，在西南地区和华南地区，也开始了部分的工业建设。第一个五年在进行大规模新工业建设的同时，我国原有工业企业的生产能力也有了很大发挥，因而使我国工业总产值到1957年底将比1952年增长130%。1957年我国工业总产值在工业农业总产值中的比重已经有很大的提高。第一个五年计划期间，我国机器设备的自给能力已经达到60%以上，金属材料的自给能力已经达到80%以上，而当第一个五年内开工建设的重大企业在第二个五年内全部建设完工并且发挥生产能力的时候，我国的机器设备和金属材料的自给能力将会有更多的提高。

优先发展重工业是我国第一个五年计划的一项基本方针，重工业的发展速度大大地超过了整个工业的发展速度，在五年内，我国的生产资料工业产值增长了两倍左右，平均每年增长24%以上。主要重工业产品的产量平均每年的增长速度为：钢31%，电力21%，煤14%，石油27%，机器制造（以全部产值计）33%，水泥18%。我国的钢产量在1957年预计将达到五百二十四万吨，比1952年的一百三十五万吨增长了将近二点九倍，比旧中国历史上的最高年产量九十二万吨增长了四点七倍；我国第一个五年合计的钢产量将达到一千六百五十六万吨，等于旧中国从1900年到1948年共四十九年间钢的总产量七百六十万吨的218%。在第一个五年计划期间，我国的轻工业也有了相应的发展，消费资料工业的总产值增长了80%左右，其中棉布产量增长了30%，食糖产量增长了87%，机制纸产量增长了139%。

我国在积极发展工业的同时，努力推进了农业、林业和水利事业的发展。我国农业合作化的实现，改变了几千年来个体农业分散经营的落后面貌，大大提高了广大农民的生产积极性，并且为农业的技术改造提供了条件，从而为我国农业的发展开辟了广阔的道路。在合作化的过程中和基本上实现了合作化之后，我国农村中的增产运动也就更大规模地开展起来。第一个五年计划期间，国家对于农业、水利和林业方面的拨款达到七十五亿元以上，农业贷款净额有二十九亿元，农业生产资料的供应也有了很大的增长。在水利方面，我们已经着手根治淮河，开始治理黄河，并且依靠农民的积极性，在国家支援下，五年内增加灌溉面积二亿一千多万亩，等于我国到1952年止几千年开发的灌溉面积三亿五千万亩的60%。增加的耕地面积达六千多万亩。在五年中间，虽然在1954年和1956年遭受了严重的自然灾害，在

1953年和1957年也有不小的自然灾害，但是农业总产值和粮食总产量还是逐年有所增加的。在1957年，我国的粮食总产量（不包括大豆）预计达到三千七百亿斤，比1952年增加了六百一十多亿斤，我国的棉花产量预计达到三千二百八十万担，比1952年增加了六百七十多万担，其他各种作物的产量和牲畜的数量都有了增加。由于农业的发展，五年内虽然我国的人口增加了六千多万人，但是我国仍然保证了粮食的自给，并且基本上保证了轻工业原料的自给。

我国的交通运输业，在第一个五年计划期间新建了八千五百公里的铁路和七万多公里的公路，交通部新增加船舶四十一万载重吨，新建和加挂长途电报、电话线路十一万多公里，并且改善了原有的各种交通运输的设备，基本上满足了国民经济发展和人民生活的需要。

我国的文化教育事业和科学研究事业在第一个五年计划期间也有了很大的发展，并且取得了巨大的成就。1957年，高等学校在校学生数达到四十四万人，比1952年增加了二十五万人；中等专业学校在校学生数达到七十四万多人，比1952年增加了三十六万人；普通中学和工农中学在校学生数达到五百九十五万人，比1952年增加了三百四十五万人；小学在校学生数达到六千七百多万人，比1952年增加了一千六百多万人。在这期间，中国科学院所属科学研究机构的研究人员约增加了四千多人。报刊和图书的出版量，广播的发射电力，影片的摄制量，分别增长了50%以上到一倍以上，其他文化事业和文学艺术事业的成绩也是很大的。第一个五年计划期间我国高等学校毕业的学生达到二十七万人，中等专业学校毕业的学生达到八十四万多人，对于解决我国科学技术人才缺乏的困难，起了很大的作用。

经过第一个五年计划大规模的经济建设和文教建设，我国的工人阶级的队伍扩大了，技术力量也壮大起来了，1957年我国产业职工的总数比1952年约增加了八百万人，其中中等以上的技术人员总数增加了六十多万人。大部分的工人和技术人员，由于努力学习了苏联先进经验，经过大规模建设的实际锻炼，普遍地提高了技术水平。现在，一般的大中型企业，包括钢铁联合企业、有色金属企业、煤矿、电站、炼油厂、机器制造工厂和化学工厂等，以及铁路、水利等工程，除地质条件比较复杂和技术条件要求很高的以外，都可以自己进行设计和进行建设了。党和国家机关在领导社会主义的经济建设和文教建设方面，也取得了丰富的经验，使我们有可能在今后的建设中减少错误和少走弯路。

我国在第一个五年计划期间，在积极进行经济建设和文化建设的同时，也积极改善了人民的生活。五年内我国在改善职工生活中，在扩大就业面、提高工资水平、改善劳动保险和福利、奖金制度、丰富文化生活等方面所做的工作，赖若愚同志的报告中已详细讲了。在改善职工生活方面，我们已经做了的，是在我国目前经济还不发达的条件下所能做到的最大限度，这在旧中国是根本无法做到的。五年内，我国农民的总收入大约提高了30%。全国每人平均的物质消费量，除猪肉一项没有什么增加以外，其他各种消费品都有不同程度的增长。

从上述情况可以看出，我国第一个五年计划期间的国民经济的发展，具有以下几个特点：第一，社会主义革命和社会主义建设是同时进行和互相推进的，社会主义革命的决定性的胜利，和社会主义工业化初步基础的奠定，为今后国民经济的有计划的发展创造了更为有利的条件。第二，不论生产或者建设，也不论经济或者文化，都是在原来非常落后的基础上，在比较充分地利用、改造原有企业的条件下，有计划按比例地高速度发展的。第三，是在兼顾建设和生活的方针指导下发展的，是在加强政治思想教育和改善物质生活相结合下进行的，因此以工人阶级为领导的、以工农联盟为基础的人民民主专政得到不断的巩固和发展，全国人民的社会主义觉悟不断提高，广大工农劳动群众的积极性和创造性不断提高，这是我们胜利的保证。这些特点，已经充分表现了建立不久的社会主义制度的优越性，并且充分地表现了我国国民经济的发展是符合全国劳动人民的整体利益、长远利益和当前利益的。这就能够了解，为什么在工人阶级的领导下，全国人民的绝大多数都坚决拥护社会主义革命和社会主义建设，当今年夏季资产阶级右派分子猖狂进攻中国共产党的领导和社会主义制度、企图抹杀社会主义建设的成就而阴谋复辟资本主义的时候，人民就起来保卫社会主义，彻底粉碎了资产阶级右派分子的进攻。

在执行第一个五年计划的过程中，由于我们缺乏社会主义建设的经验，对中国的经济情况系统研究不够，因此在工作中也就发生了一些缺点和错误，例如对国民经济的某些部门、某些方面、某些地区之间的相互关系处理得不尽适当，在计划指标的年度之间的安排上也有不够衔接的地方，同时在建设事业方面贯彻执行又多又快又好又省的方针和勤俭建国的方针都还不够。这些缺点和错误，我们要在伟大的整风运动中，进行具体分析，总结经验，并且彻底改正。但是，我国第一个五年计划的成就无疑是主要的、基本的，缺点和错误只是部分的和暂时的。

我国在第一个五年计划期间所以能够取得伟大的成就，是由于：在国内，在中国共产党的正确领导下，我们依靠了工人阶级，团结了全国人民，发挥了积极因素；在国外，我们得到了以苏联为首的社会主义阵营各兄弟国家的援助，并且得到了全世界进步人士的支持。这种成就证明了在以苏联为首的社会主义各国的援助的条件下，我们完全能够依靠自己的力量，即依靠勇敢、勤劳并且富有革命传统的工人阶级、农民和其他劳动人民，依靠革命知识分子以及其他爱国人士，把一个经济文化落后的国家建设成为一个经济文化发达的社会主义国家。我们的前人所做不到的事情，我们一定能够做到。帝国主义分子认为我们做不到的事情，我们也一定能够做到。我国人民一旦掌握了政权，掌握了自己的命运，就开辟了我国历史的新纪元，第一个五年计划执行的结果已经充分证明了这个真理。而且，我们把我国建设成为一个经济文化发达的国家，决不会像资本主义国家那样需要百年以上的时间，而只要几十年的时间就行了，我国的社会主义制度使我们有可能高速度地发展社会生产力，第一个五年计划执行的结果也已经充分证明了这个真理。中国人民有理由满怀信心地继续向社会主义前进，迎接即将开始的第二个五年计划。

现在我再说一说今后社会主义建设的任务和方针。

如前所说，我们已经确立了社会主义的政治制度和经济制度，同时建立了社会主义工业化的初步基础，但是，我国还没有建成社会主义，还处在过渡时期。这是因为：在经济上，我国社会生产力的水平还比较低，因而我国社会主义的政治制度和经济制度，在目前还缺乏比较充分的物质基础；在政治上和思想上，我们虽然在1957年同资本主义的斗争中取得了极其重大的胜利，可是社会主义同资本主义之间的两条道路的斗争，还需要一个相当长的时期才能最后解决。我们面临着从经济上和从政治上、思想上进一步巩固和发展社会主义的严重任务，即把我国建设成为一个具有现代工业、现代农业和现代科学文化的社会主义强国的任务。实现这个任务，除了必须把社会主义革命进行到底，取得社会主义对资本主义的彻底胜利以外，在社会主义建设方面，主要的就是要在我国建成一个基本上完整的工业体系，完成全国农业发展纲要，完成科学发展的远景规划。

把我国建设成为一个具有现代工业、现代农业和现代科学文化的伟大的社会主义国家，从新中国成立的时候算起，大约需要二十年左右的时间。像我们这样一个人口众多和原来经济文化又十分落后的大国，用二十年左右的时间建成社会主义，不能不说是很高的速度。

当我国经过三个五年计划或者更多一点的时间建成一个社会主义强国，并且进一步完成第四个五年计划的时候，我国就有可能在钢铁和其他重要工业产品的产量方面赶上或者超过英国。根据大体计算，我国到1972年，钢的产量有可能达到四千万吨左右，即比1957年的产量增长六点六倍左右。英国在1956年钢的产量已经达到二千一百万吨左右，但是根据英国工业发展速度慢，资源有限和市场难以扩大甚至日益缩小的情况，即使抛开他必然要发生的经济萧条和经济危机不说，他在1972年钢的产量也不易达到我国同年的水平。而在煤炭、机床、水泥、化学肥料等工业品的产量方面，十五年后我国肯定能够超过英国的水平。在十五年后把我国的工业从现在远远落后于英国的状况改变为赶上或者超过英国的状况，这是我国工人阶级和全体人民一个伟大的光荣的而且是十分艰巨的任务。

为什么我们有可能高速度地推进我国社会主义建设，在今后十年到十五年的时间内把我国建设成一个社会主义强国呢？为什么我们又能够在今后十五年后在钢铁和其他重要工业产品产量方面赶上或者超过英国呢？

国际和国内的各种条件，给了我们这样充分的可能性。

第一，我国在政治上和经济上社会主义制度的确立，为生产力的充分发展铺平了道路。八年来，我国工农业生产有了巨大的发展，特别是经过今年的整风运动和反击资产阶级右派分子的斗争，全国工人阶级和农民正在掀起一个新的生产高潮，国家机关的各方面的工作正在大力的〈地〉改进。社会主义制度的优越性，保证了生产力的更快发展。

第二，我国拥有大量的人口，不仅有极丰富的劳动力资源，能够在相同的技术条件下更多更快地发展社会主义建设事业，而且使我国具有最广大的国内市场，市场需要的不断增加和大量增加就提供了迅速发展社会生产力的条件，同时也使我们有可能较大量地增加社会主义的积累。我国经济文化落后，人民生活水平还低，正如毛主席所说的我国是一"穷"二"白"。改变"穷"和"白"，这是我国工人阶级团结全国人民努力奋斗的目标。正因为我们"穷"和"白"，所以我国工人阶级和全国绝大多数的劳动人民要革命，要走社会主义的道路，并且在社会主义建设中有志气、有劲头，能够勤劳勇敢，能够发挥积极性和创造性。

第三，我国拥有丰富的自然资源，根据现在已经初步查明的情况，我国的黑色金属、某些有色金属和煤炭等矿物的储藏量都是很多的，例如，我国初步掌握的还不完全的矿产的远景储量，铁矿石有一百二十亿吨以上，煤有一万亿吨以上，我国又是世界上几个水力资源最多的国家之一，这就使我们有可能加速工业的发展。我国也有良好的自然条件，使我们有可能加速农业的发展。

第四，我国有建国已经四十年的强大的苏联的支援，还有其他各个社会主义国家的支援，同时，他们的宝贵经验可供我们学习，使我们有可能加速建设的进度。

第五，我们处在科学技术迅速发展的时代，在以苏联为首的社会主义各兄弟国家的帮助下，我们在许多方面可以直接采用现代的科学技术成就，缩短以至避开摸索的过程。

第六，最根本的条件，还在于我国有久经锻炼的中国共产党的领导，有毛泽东主席的领导，能够对发展社会生产力采取正确的路线、方针和政策。我国的工人阶级勇敢、勤劳和富于革命传统，我国的农民已经走上社会主义的道路，并且勤劳俭朴，我国的知识分子已经经过了思想改造，或者正在改造过程中，工人阶级的知识分子也正在成长，因而全国人民的绝大多数都能够坚决执行党的路线、方针和政策。

当然，在前进的道路上，我们是不会不遇到困难的，由于我国人口多，经济文化落后，底子穷，在一个时期内财力、物力的增长，都会受到一定的限制；我们社会主义建设的经验不够，工作中发生某些错误也是难于避免的。但是只要我们动员一切积极的因素，利用一切有利的条件，发掘一切潜在的力量，坚持勤俭建国的方针，我们就一定能够战胜一切困难，又多又快又好又省地把我国建成一个伟大的社会主义国家。那种对于我国高速度发展社会生产力的可能性估计不足，对于工人阶级和全国人民的生产建设积极性估计不足，或者不积极努力把这种可能性变为现实性，都是错误的。

党对我国的社会主义建设事业，特别是生产建设事业，始终是采取积极的促进的态度，反对消极的保守的态度。党中央在1955年冬季就提出了又多又快又好又省地进行社会主义建设的方针，1956年又提出了勤俭建国的方针。这两个方针是密切联系的，只有用勤俭的精神来办企业、办合作社、办学校、办其他一切事业，我们才能够把社会主义建设事业做得又多又快又好又省。第一个五年计划证明，我们增产节约的潜力是很大的，只要我们把这种潜力充分发挥出来，就可以为国家积累更多的资金，并且使资金发挥更大的作用，也就可以建设得多一些和快一些。应当指出，在执行又多又快又好又省的方针的时候，必须抓住重点，不能百废俱兴，齐头并进。如果各种事业都要又多又快，把那些可办可不办的事情也办起来，把那些可花可不花的钱也花掉，那我们就不能够使重点事业办得又多又快，我们也就不能够在今后十年到十五年的时间内实现社会主义工业化和农业近代化这样一个伟大的任务。因此，无论是工业、农业、交通运输业、商业各部门，或者是科学、文化、教育、卫生各部门，无论是中央管理的企业单位和事业单位，或者是地方管理的企业单位和事业单位，在工作中都应当坚持党的勤俭建国的方针，并且抓住重点，真正使我们的社会主义建设事业做得又多又快又好又省。

我国发展国民经济的第二个五年计划，不久就要开始了。由于第二个五年计划的各项指标还没有最后确定，因此我现在不能向同志们报告这个计划的详细内容，而只能根据党中央和国务院指示的原则，说一说有关任务和方针的一些问题。

关于第二个五年计划的基本任务和建设方针，在党的"八大"通过的关于发展国民经济的第二个五年计划的建议中和周恩来总理的报告中都做了规定，这些，仍然是我们实行第二个五年计划所主要依靠的原则。由于"八大"到现在经过了两个年度计划的实践，我们对于国家的经济情况和建设工作的经验，在认识上又深入了一步，因此，对第二个五年计划的具体任务和具体指标的安排，必须做一些调整。

我国第二个五年计划期间国民经济的发展,应当贯彻执行党中央提出的在优先发展重工业的基础上,发展工业和发展农业同时并举的方针,这是实现我国社会主义工业化的正确道路。我们的经济建设必须以重工业为中心,使重工业得到优先的发展,以便在第二个五年计划期间建立起我国社会主义工业化的巩固基础;也必须同时充分注意农业的建设,使整个农业生产得到尽可能快的发展,以便在更大程度上适应人民生活和国家建设的需要。

工业是国民经济的领导力量,而重工业是社会主义扩大再生产的物质基础。有了重工业的优先发展,社会主义扩大再生产才能顺利进行。我国的重工业虽然在第一个五年内得到了较大的发展,从而为我国的社会主义工业化建立了初步的基础,但是我国重工业目前的生产量,不仅比苏联和美国落后得多,也比英国、西德和日本等国家落后,远不能满足我国社会主义建设的需要。我国的农业和轻工业,以及交通运输业,同样地不能满足人民生活和国家建设的需要。轻工业的落后是由于农业和重工业不能提供更多的原料。而农业在合作化以后的进一步发展,有待于由重工业提供比较充足的化学肥料、农业机械、水利机械、运输机械、动力、燃料和建筑材料,逐步地进行技术改造。交通运输业的进一步发展,更直接有赖于重工业提供大量的设备、材料和燃料。可见,我国农业、轻工业和交通运输业的进一步发展,都需要重工业的发展。没有比较发达的重工业,就没有工业的现代化,也就没有农业和交通运输业的现代化,同样不能有现代的科学技术和文化的发展。在第二个五年计划期内,我们必须使重工业继续高速度地发展,总产量增长一倍以上;并且为着促进农业的发展,必须使那些直接或者间接为农业服务的部分发展得快一些。到 1962 年,我们应当争取钢产量达到一千二百万吨左右,煤产量达到二亿三千万吨左右,发电量达到四百四十亿度左右,化学肥料产量达到七百万吨左右,水泥产量达到一千二百五十万吨左右,农业机械的产量将根据实际需要有大量的增加。这些产品的产量都达到了或者超过了党的"八大"关于第二个五年计划的建议提出的指标。至于原油和机床的产量,前者由于目前资源条件的限制,后者由于需要减少的限制,将比"八大"建议提出的指标降低一些,但是如果条件变化,将尽可能提高生产。

第一个五年计划执行的经验说明,我国在优先发展重工业的同时,必须充分注意农业和轻工业的发展。毛泽东主席指示我们:"发展工业必须和发展农业同时并举，工业才有原料和市场，才有可能为建立强大的重工业积累较多的资金。"我国在第一个五年计划期间，党和政府以及广大农民用了很大的力量推进了农业的发展，除了在全国范围内基本上实现了农业合作化以外，国家还增加了对农业的投资和贷款，进行了大规模的水利建设，增加了农业机械、水利机械、化学肥料和动力的供应，同时，在积聚肥料、兴修小型农田水利、改良耕作制度、推广先进技术经验、精耕细作、推广良种、增加高产作物和防治病虫害等方面，广大农民在国家的支援下，进行了极其浩繁的工作，收到了显著的效果，因而使农业总产值和粮食、棉花等作物产量达到了计划指标，并且略有超过，避免了农业同工业脱节的危险。但是，由于我国的自然灾害严重，耕地不足，农业技术还落后，限制了农业的更快发展。同迅速发展的工业相比较，同人民生活和国家建设的需要相比较，农业还显得落后了一步。近年以来人民必需的某些生活消费品的供应情况有些紧张，根本的原因就在于农业发展还比较慢。

　　农业在我国的国民经济中处于特殊重要的地位。大家知道，我国是一个大农业国，农业在社会生产中占有很大的比重，在1957年，即是说经过了第一个五年计划的大规模经济建设，工业已经得到迅速发展的情况下，农业在工业农业总产值中还占将近一半，在工业农业净产值（总产值扣除物质消耗）中还占将近三分之二。同时，我国人口很多，生活消费品的需要量很大，而农村人口又占了全国人口的百分之八十以上。农业不仅是人民衣食的主要来源，而且是工业品的重要市场。农业发展的快慢，农业的丰收或者欠收，就在很大程度上影响着整个国民经济发展的快慢，影响着人民生活改善的程度，影响到国家和合作社的积累。我们要改变我国落后的农业国的现状，不仅要积极发展工业，而且要积极发展农业。在第二个五年计划期内，我们必须在进一步巩固农业合作社的基础上，根据1956年到1957年全国农业发展纲要（修正草案）的要求，积极地采取各种有效的技术措施，以提高农业的单位面积产量为主，辅之以可能条件下的开荒，更多地增加农产品的产量。到第二个五年计划的最后一年，即1962年，我们必须争取全国的粮食产量不低于四千八百亿斤，即比1957年增加一千一百亿斤以上；棉花产量不低于四千三百万担，即比1957年增加一千万担以上；猪的头数不低于二亿二千万头，即比1957年增加一亿头左右。

为了促进农业的发展，第二个五年计划将采取如下一些重大措施：（1）增加国家对农业、水利、林业的投资。同时，农业合作社应当把增加的积累的大部分用之于发展农业生产。（2）有计划地整治为害严重的河流，广泛开展小型的农田水利，减少水涝灾害，增加灌溉面积。（3）努力增加化学肥料的供应，同时广泛开展农村中的积肥造肥运动，以提高农田的施肥量。（4）增加适合于我国各地农业发展需要的各种机械的供应，努力推广各种先进的技术经验。（5）尽可能增加复种面积。（6）努力改良品种和防治病虫害。（7）发展山区交通，大力开发山区，并且努力保持水土。（8）在可能条件下积极开垦荒地。

我们认为：发展工业和发展农业同时并举，应当包括工业和农业互相配合和互相促进的内容在内。根据第一个五年计划的执行情况，根据发展工业和发展农业互相配合、互相促进的要求，第二个五年计划应当适当调整重工业内部各部分之间的发展关系。

加速农业的发展，不仅是农业部门和全国农民的任务，而且是工业、运输业、商业、科学研究、文化教育、卫生各部门和全国职工的任务，可以说是全国人民的共同任务。因为有了农业的大发展，就有工业的大发展，也就有国民经济的大发展。各部门的职工同志们，应当为农业发展提供各种有利的条件。我们必须支援农业，支援农民，保证在今后十年内达到全国农业发展纲要（修正草案）提出的要求。

在今后的社会主义建设工作中，我们还必须贯彻执行从六亿人口出发统筹兼顾、适当安排的方针。我们面临着更大规模的建设任务，但是由于我国人口多，经济文化还落后，因此就常常遇到资金问题，物资问题，技术干部问题，就业问题，就学问题等等。这些问题的解决，必须根据毛泽东主席指示的从六亿人口出发，统筹兼顾，适当安排。在国民经济计划中，尤其应当注意做到全面照顾，全面安排。除了解决重工业、轻工业和农业之间的发展关系问题以外，还必须相应地注意国民经济其他各个部门之间的关系问题，经济建设和文教建设之间的关系问题，国家建设和人民生活之间的关系问题，这一部分人民的生活和那一部分人民的生活之间的关系问题，中央和地方之间的关系问题，各种经济成分之间的关系问题等等。拿国民收入的分配来说，我们应当既照顾人民生活改善的需要，又要满足国家建设发展的需要；既照顾各项建设事业发展的需要，又适当满足国家重点建设优先发展的需要；既照顾地方重点建设的需要，又适当满足中央建设事业发展的需要；在生活方面，对工人、农民和知识分子应当统一安排，既要反对平均主义，又要防止过分悬殊。总之，对于生产、建设、劳动和民生等各项问题的安排，都要求从整体观点和全局观点出发，去掉本位主义观点和局部观点。在这里，问题的中心在于相信和依靠群众的力量，充分发挥我国的人力物力和财力的作用，实现社会主义扩大再生产，一方面保证六亿人民有吃有穿，逐步地做到吃得更好、穿得更好，一方面加速我国的社会主义建设。而加速社会主义建设，也正是为了不断地满足人民物质生活和文化生活的需要。

同志们，我们已经取得了第一个五年计划的胜利，在这个胜利的基础上，在全民整风和反右派斗争胜利的基础上，一个规模更加壮阔的社会主义建设的新的高潮正在形成。在这个高潮中间，我国工人阶级在全国人民中要发挥模范作用、带头作用和骨干作用，团结全国人民取得彻底的社会主义革命的胜利和更大的社会主义建设的胜利。希望各级工会组织进一步联系职工群众，更好地发挥组织群众和教育群众的作用，发扬广大职工群众的积极性和创造性，开展社会主义劳动竞赛，使社会主义建设的高潮迅速到来和持久地向前发展。我们相信，在中国共产党和毛泽东主席的英明的领导下，我国工人阶级一定能够团结全国人民担当起新的艰巨的社会主义建设任务，也一定能够胜利地把我国建成一个伟大的富强的社会主义国家。

祝中国工会第八次全国代表大会成为动员全国职工掀起生产高潮的大会，成为团结全国人民取得社会主义建设更大胜利的大会。

关于修改和补充苏联在技术上援助中华人民共和国建设和改建工业企业和其他项目的中苏协定的议定书

（1957年12月14日）

中华人民共和国政府和苏维埃社会主义共和国联盟政府，根据中国方面关于修改和补充中苏协定，其中包括一九五三年五月十五日和一九五六年四月七日关于苏维埃社会主义共和国联盟在技术上援助中华人民共和国建设和改建工业企业和其他项目的协定的愿望，议定如下：

第一条

苏联机关对第一号和第二号附件中所列的企业，将按修改后的范围和附件内所规定的期限，完成设计工作和供应设备。

第二条

苏联方面承担的对第三号和第四号附件所列的企业进行设计和供应设备的义务即告履行完毕，苏联方面在设计工作部分地完成和设备部分地供应以后，即不再继续履行这项义务。

苏联方面将根据中国方面的请求，通过下列方式就上述企业对中国机关提供技术援助：

提交设计资料：标准设计和重复利用的设计，苏联生产同类产品的工艺文件、规程、设备安装图纸和中国机关完成设计工作所需的其他文件；

对中国机关所完成的设计进行鉴定，并且吸收中国专家参加此项鉴定；

参加研究和勘察工作；

派遣苏联专家到中华人民共和国和接受中国专家在苏联企业和机关进行学习和实习；

供应苏联工业生产的、中华人民共和国不制造的某些专用设备和稀有设备；

以及提供同设计和建设本条所述企业有关的其他技术援助。

提供上述技术援助的范围、期限和其他条件，由中苏有关机关商定。

第三条

作为对一九五三年五月十五日协定第三条和第四条以及一九五六年四月七日协定第二条和第三条关于由中国机关完成设计工作的 20%—30% 和由苏联方面供应设计中所规定的设备的 50%—70% 的条文的修改，双方规定对上述协定中所列的企业由中国机关和苏联机关完成设计和供应设备的范围由两国机关在进行设计分工和设备分交时按每一企业分别商定。

第四条

中国机关和苏联机关每年根据中国机关或者苏联机关编制的设计文件进行计划年度的设备分交。而且，在必要时，将对协定中所规定的设备供应范围和期限加以调整。

由苏联机关完成的设计中所列的设备的分交议定书，以及就中国机关完成的设计中由苏联供应的设备所商定的订货单，应于交付设备的计划年度开始前 6—7 个月内办理签订手续。

第五条

对苏联方面即将完全解除或者部分解除完成设计工作和供应设备的义务的企业，中国方面应接受已完成的设计技术文件和已制成或已下料制造而苏联企业又无法利用的设备。

第六条

中国机关和苏联机关将根据本议定书对以前所签订的合同进行修改。

一九五七年十二月十四日签订于莫斯科市，共两份，每份都用中文和俄文写成，两种文本具有同等效力。

中华人民共和国 政府全权代表 刘晓（签字）	苏维埃社会主义共和国 联盟政府全权代表 沙布罗夫（签字）

附件一：

生产规模、设计和设备交付范围、期限有变动的企业一览表

1953年5月15日和1956年4月7日协定以及有关议定书和换文的规定	本议定书的规定
鞍山钢铁公司	鞍山钢铁公司
年生产能力：	年生产能力：
生铁250万吨、钢320万吨和钢材250万吨	生铁250万吨、钢320万吨和钢材250万吨
"1700—1200"冷轧薄板车间	"1700—1200"冷轧薄板车间
完成期限：	完成期限：
（1）第一期	（1）第一期
施工图　　1957年	施工图　　1957年—1958年
设备交付　1957年	设备交付　1957年—1959年上半年
（2）第二期	（2）第二期
技术设计和施工图（完成）　　1957年—1958年上半年	技术设计和施工图　｝解除苏方所承担
设备交付（完成）　　1958年	设备交付　　　　　｝的义务[1]
"300"型钢车间	"300"型钢车间
完成期限：	完成期限：
施工图　　1956年10月	施工图　　1957年—1958年1季
设备交付　1955年—1956年	设备交付　1956年—1958年1季
"250"线材车间	"250"线材车间
完成期限：	完成期限：
施工图　　1957年	施工图　　1957年—1958年上半年
设备交付　1957年—1958年上半年	设备交付　1957年—1958年
对焊电焊管车间	对焊电焊管车间
完成期限：	完成期限：
施工图　　1957年	施工图　　1958年1季
设备交付　1957年	设备交付　1958年
螺旋电焊管车间	螺旋电焊管车间
完成期限：	完成期限：
施工图　　1956年3月	施工图　　1957年
设备交付　1957年上半年	设备交付　1957年—1958年上半年

[1] 总交货人和总订货人将研究把初步设计规定在车间第二期工程内的年产7000吨以下的冷轧钢带机（包括厚度为0.03公厘的钢带）列入冷轧车间的问题。

（续表）

1953年5月15日和1956年4月7日协定以及有关议定书和换文的规定	本议定书的规定
4″炉焊管车间 完成期限： 初步设计　1955年8月 技术设计　1956年10月 施工图　　1957年 设备交付　1957年—1958年上半年	4″炉焊管车间 完成期限： 初步设计　已完成 技术设计 ⎫ 施工图　 ⎬ 截至1957年7月1日以前所完成的设计文件交付中国方面后，苏方承担的义务即告完成 设备交付 ⎭
"300"连续管坯机车间 完成期限： 初步设计　1956年2月 技术设计　1956年 施工图　　1957年 设备交付　1957年—1958年	"300"连续管坯机车间 完成期限： 初步设计　已完成 技术设计 ⎫ 施工图　 ⎬ 解除苏方所承担的义务 设备交付 ⎭
轮胎车间 完成期限： 技术设计　1955年 施工图　　1957年上半年 设备交付　1956年—1957年上半年	轮胎车间 完成期限： 技术设计 ⎫ 施工图　 ⎬ 解除苏方所承担的义务[1] 设备交付 ⎭
管配车间 完成期限： 施工图　　1955年 设备交付　1956年—1957年上半年	管配车间 完成期限： 施工图　 ⎫ 　　　　 ⎬ 由总订货人完成 设备交付 ⎭
武汉钢铁公司 完成期限： 施工图　　1955年—1957年 设备交付　1956年—1958年	武汉钢铁公司 完成期限： 施工图　　1955年—1958年 设备交付　1956年—1960年
包头钢铁公司 第一期年生产能力： 钢120万—150万吨（最终能力由初步设计确定）	包头钢铁公司[2] 年生产能力： 钢320万吨，其中，第一期年产钢160万吨

---

[1] 总交货人和总订货人将研究把轮胎机设备用于包头钢铁公司车轮车间的问题，设计工作及设备交付的范围和期限另行协商。

[2] 总交货人和总订货人将研究把（供应鞍山钢铁公司的）轮胎机设备用于包头钢铁公司车轮车间的问题，该车间的设计工作及设备交付的范围和期限另行协商。

（续表）

1953年5月15日和1956年4月7日协定以及有关议定书和换文的规定	本议定书的规定
完成期限： 技术设计　1956年—1957年 施工图　　1956年—1958年 设备交付　1957年—1959年	完成期限： 技术设计　1956年—1958年1季 施工图　　1956年—1959年 设备交付　1957年—1961年（轧钢设备从1959年开始交付）
大石桥镁砖厂 完成期限： 设备交付　1955年—1957年上半年	大石桥镁砖厂 完成期限： 设备交付　1955年—1958年上半年
钒钛矿 （包括选矿厂和生产合金铁精矿的冶炼过程） 完成期限： 施工图　　1956年—1957年 设备交付　1955年—1956年	钒钛矿 （包括选矿厂和生产合金铁精矿的冶炼过程） 完成期限： 施工图　　1956年—1957年 设备交付　1956年—1958年
哈尔滨铝加工厂　第二期 模压车间 完成期限： 施工图　　1957年3季 设备交付　1956年—1958年	哈尔滨铝加工厂　第二期 模压车间 完成期限： 施工图　　1958年1季 设备交付　1957年—1959年（1万吨压力机设备交付于1960年完成）
白银厂有色金属公司 （包括炼铜厂） 完成期限： 施工图　　1956年—1957年 设备交付　1956年—1958年上半年	白银厂有色金属公司 （包括炼铜厂） 完成期限： 施工图　　1956年—1958年上半年 设备交付　1956年—1958年
东川有色金属公司 （铜矿石采掘和加工） 完成期限： 有关公司的规模和组成、设计工作和设备交付的完成期限问题待研究工作完成后考虑	东川有色金属公司 （铜矿石采掘和加工） （规模由初步设计确定） 完成期限： 初步设计　1957年 技术设计　范围和期限由总交货人和总订货人商定 施工图　　由总订货人完成 设备交付　1959年—1961年上半年

（续表）

1953年5月15日和1956年4月7日协定以及有关议定书和换文的规定	本议定书的规定
洛阳有色金属加工厂 （生产能力6万吨/年） 完成期限： 施工图　1956年3季—1957年 设备交付　1957年—1958年	洛阳有色金属加工厂 （规模6万吨/年）[1] 完成期限： 施工图　1957年—1958年上半年 设备交付　1957年—1961年
个旧锡业公司 （包括矿山选矿厂） 老厂矿山选矿厂 完成期限： 技术设计　1957年3季 施工图　1957年—1958年 设备交付　1957年—1959年	个旧锡业公司 （包括矿山选矿厂） 老厂矿山选矿厂 完成期限： 技术设计 ⎫ 范围和完成期限由总交货人 施工图　 ⎭ 和总订货人商定 设备交付　1957年—1960年上半年
古山矿山选矿厂 完成期限： 初步设计　1956年3季 技术设计　1957年3季 施工图　1957年—1958年 设备交付　1957年—1959年	古山矿山选矿厂 完成期限： 初步设计　已完成 技术设计 ⎫ 把1957年7月1日前所完成的 施工图　 ⎬ 部分设计文件交付中国方面后， 设备交付 ⎭ 苏方所承担的义务即告完成
杨家杖子钼矿 第一期 （包括北松树卯新矿和选矿厂） 完成期限： 施工图　1956年—1957年1季 设备交付　1956年—1957年	杨家杖子钼矿 第一期 （包括北松树卯新矿和选矿厂） 完成期限： 施工图　由总订货人完成（控制测量仪表装置图由总交货人完成） 设备交付　1956年—1958年
钨矿 （包括矿山和选矿厂） 岿美山矿 完成期限： 商讨选择厂址，在编制设计任务书和收集设计基础资料时提供技术援助 　　　　　　1954年2季 初步设计　1955年1季 技术设计　1956年3月	钨矿 （包括矿山和选矿厂） 岿美山矿 完成期限： 商讨选择厂址，在编制设计任务书和收集设计基础资料时提供技术援助　已完成 初步设计　已完成 技术设计　已完成

---

[1] 总交货人和总订货人现正协商修改工厂规模，分两期建厂和分期交付设备问题。

（续表）

1953年5月15日和1956年4月7日协定以及有关议定书和换文的规定	本议定书的规定
施工图　　1955年—1957年1季 设备交付　1956年—1958年上半年	施工图　　｝技术设计交付中国方面后， 设备交付　苏方所承担的义务即告完成
西华山矿 　完成期限： 施工图　　1956年—1957年2季 设备交付　1956年—1958年上半年	西华山矿 　完成期限： 施工图　　由总订货人完成 设备交付　1956年—1958年
潞安中央洗煤厂 年生产能力：150万吨 　完成期限： 技术设计　1957年2季 施工图　　1957年—1958年2季 设备交付　1958年—1959年	潞安中央洗煤厂 年生产能力：150万吨 　完成期限： 技术设计　取消 施工图　　1957年—1958年2季 设备交付　1959年—1960年
新邱6号煤井 年生产能力：90万吨 　完成期限： 设备交付　1956年—1957年	新邱6号煤井 年生产能力：60万吨 　完成期限： 设备交付　1956年—1957年
湾沟煤井 年生产能力：60万吨 　完成期限： 设备交付　1957年—1958年	湾沟煤井 年生产能力：90万吨 　完成期限： 设备交付　1957年设备交付后，苏方义务 　　　　　即告完成
通顺竖井 年生产能力：90万吨	通顺竖井 年生产能力：120万吨
谢家集中央洗煤厂 年生产能力：100万吨 　完成期限： 设备交付　1957年—1958年	谢家集中央洗煤厂 年生产能力：100万吨 　完成期限： 设备交付　1957年—1959年1季
抚顺东露天油页岩矿 年生产能力：1500万吨 　完成期限： 设备交付　1956年—1958年	抚顺东露天油页岩矿 年生产能力：1500万吨 　完成期限： 设备交付　1957年—1959年
抚顺热电站 （扩大容量25000千瓦） 　完成期限： 设备交付	抚顺热电站 （扩大容量25000千瓦） 　完成限期： 设备交付

（续表）

1953年5月15日和1956年4月7日协定以及有关议定书和换文的规定	本议定书的规定
4号透平机组（25000千瓦） 　　　1958年2季 锅炉机组　由双方根据初步设计商定	4号透平机组（25000千瓦） 　　　1958年2季 锅炉机组　由总订货人交付
西安第二热电站 （总容量10万千瓦） 第二期容量　5万千瓦 　完成期限： 施工图（容量5万千瓦）1957年—1958年 设备交付 3号透平机组（25000千瓦） 及5号锅炉机组　1958年1季 4号透平机组（25000千瓦） 及锅炉机组　　1958年3季	西安第二热电站 （总容量10万千瓦） 第二期容量　5万千瓦 　完成期限： 施工图　把1957年7月1日前所完成的部分设计文件交付中国方面后，苏方所承担的设计义务即告完成 设备交付[1]　1959年—1960年
富拉尔基热电站 （扩大容量5万千瓦） 　完成期限： 设备交付 3号透平机组（25000千瓦） 及锅炉机组　1958年1季 4号透平机组（25000千瓦） 及锅炉机组　1958年3季	富拉尔基热电站 （扩大容量5万千瓦） 　完成期限： 设备交付　1958年1季—3季 （两组透平机组容量各2.5万千瓦和一组带有配套设备的锅炉机组）[2]
吉林热电站 （总容量15万千瓦，扩大容量5万千瓦） 　完成期限： 初步设计　1957年2季 施工图　　1957年4季—1958年4季 设备交付 5号透平机组（25000千瓦） 及锅炉机组　1958年1季 6号透平机组（25000千瓦） 及锅炉机组　1958年2季	吉林热电站 （总容量21.2万千瓦，扩大容量11.2万千瓦） 　完成期限： 技术设计 ⎱ 范围和期限由总交货人和 施工图　 ⎰ 总订货人商定 设备交付　1958年—1959年 （两组透平机组容量各5万千瓦[3]和1组容量12000千瓦的透平机组，带有锅炉机组和配套设备）

[1] 是否需要供应设备，由总交货人和总订货人在进行1959年设备分交时确定。

[2] 其他锅炉机组由总订货人供应。

[3] 其中一组5万千瓦的透平机组原定是供应抚顺页岩油二厂热电站的。

（续表）

1953年5月15日和1956年4月7日协定以及有关议定书和换文的规定	本议定书的规定
兰州热电站 （容量20万千瓦） 第一期（容量10万千瓦） 　完成期限： 设备交付，其中： 5号锅炉机组　1957年11月 第二期（容量10万千瓦） 　完成期限： 初步设计（容量扩大到20万千瓦） 　　　　　1956年4季 施工图（容量10万千瓦） 　　　　　1957年—1958年 设备交付 5号透平机组（5万千瓦） 及6号锅炉机组　1958年2季 6号透平机组（5万千瓦） 及锅炉机组　　1958年3季	兰州热电站 （容量20万千瓦） 第一期（容量10万千瓦） 　完成期限： 设备交付，其中： 5号锅炉机组　取消供应 第二期（容量10万千瓦） 　完成期限： 初步设计（容量扩大到20万千瓦） 　在接到总订货人的基础资料后4个月内完成 施工图（容量10万千瓦）　在总订货人批准初步设计后2年内完成 设备交付[1]　1959年—1960年 （两组透平机组，容量各5万千瓦，带有锅炉机组和配套设备）
武汉热电站 （容量20万千瓦） 　第一期容量75000千瓦 　完成期限： 施工图（容量75000千瓦） 　　　　　1956年—1957年 设备交付 1号透平机组（25000千瓦） 　带锅炉机组和配套设备　1956年 2号锅炉机组 TII—230　1956年10月 　BIIT—25型2号蒸汽透平 1956年11月 2号透平发电机（25000千瓦） 　　　　　1957年1月 3号透平机组（25000千瓦） 　带锅炉机组和配套设备　1957年 4号透平机组（12000千瓦） 　　　　　1957年11月 4号锅炉机组　1957年3季	武汉热电站 （容量112000千瓦） 　完成期限： 施工图（容量112000千瓦） 　　　　　1956年—1957年 设备交付　1956年—1958年 （一组容量5万千瓦的透平机组，两组容量各为25000千瓦的透平机组和一组12000千瓦的透平机组，带锅炉机组和配套设备）

[1] 是否需要供应设备，由总交货人和总订货人在进行1959年设备分交时确定。

（续表）

1953年5月15日和1956年4月7日协定以及有关议定书和换文的规定	本议定书的规定
<div align="center">包头第一热电站 （容量224000千瓦）</div>完成期限： 施工图　　1956年4季—1959年 设备交付 1号透平机组（25000千瓦） 　　及1号锅炉机组　1957年 2号透平机组（25000千瓦） 　　及2号锅炉机组　1958年2季 3号透平机组（25000千瓦） 　　及3号锅炉机组　1958年3季 4号透平机组（12000千瓦） 　　及4号锅炉机组　1958年4季 5号透平机组（25000千瓦） 　　及锅炉机组　　1959年2季 总容量112000千瓦的全部透平机组——机组型号、设计工作和设备交付完成期限由双方另行商定	<div align="center">包头第一热电站 （容量62000千瓦）</div>完成期限： 施工图（容量62000千瓦）期限由总交货人和总订货人协商确定 设备交付　1958年—1959年 （两组容量各为25000千瓦的透平机组[1]和一组容量12000千瓦的透平机组，带锅炉机组和配套设备）
<div align="center">包头第二热电站 （容量75000千瓦）</div>完成期限： 施工图　　1956年—1958年1季 设备交付 1号锅炉机组　　1956年7月 ВПТ—25型1号蒸汽透平 1956年7月 2号透平机组（25000千瓦） 　　及2号锅炉机组　1957年1月 3号锅炉机组　　1957年2季 3号透平机组（25000千瓦） 　　及4号锅炉机组　1958年1季	<div align="center">包头第二热电站 （容量50000千瓦）</div>完成期限： 施工图（容量75000千瓦） 　　　　　1956年—1958年1季 设备交付　1956年—1957年上半年 （两组容量各为25000千瓦的透平机组[2]带锅炉机组和配套设备）

[1] 其中一组容量25000千瓦的透平机组原定是供应包头第二热电站的。

[2] 把1955年10月29日换文中规定的3号透平机组（25000千瓦）供应包头第一热电站。

（续表）

1953年5月15日和1956年4月7日协定以及有关议定书和换文的规定	本议定书的规定
成都热电站 （容量由36000千瓦改为50000千瓦） 完成期限： 施工图　　1956年6月—1957年6月 设备交付 1号透平机组（25000千瓦） 　和1号锅炉机组　1957年1季 2号透平机组（25000千瓦） 　和2号锅炉机组　1957年3季 3号锅炉机组　1957年4季	成都热电站 （容量50000千瓦，变电所110千伏） 完成期限： 施工图　　1956年—1958年上半年 设备交付　1957年—1958年 （两组透平机组，容量各25000千瓦，带锅炉机组及配套设备和110千伏的变电设备）
黄河三门峡水利枢纽 （电站容量900000千瓦） （最终能力待编制初步设计时确定） 完成期限： 在收集基础资料和为编制技术设计而进行勘察工作时给予技术援助　1957年 技术设计　　1958年2季 施工图　　1957年开始，以后按与中国方面商定的进度表进行 设备交付　1958年—1962年	三门峡水利枢纽 （电站容量1100000千瓦） 完成期限： 进行设计工作及其他技术援助的范围和期限根据分期建设情况待初步设计批准后由总交货人和总订货人确定 设备交付　1959年—1963年[1]
本溪热电站 （扩大容量75000千瓦） 完成期限： 设备交付 2号透平机组（25000千瓦） 　和锅炉机组　1958年1季 3号透平机组（25000千瓦） 　和锅炉机组　1958年3季 4号透平机组（25000千瓦） 　和锅炉机组　1959年1季	本溪热电站 （扩大容量75000千瓦） 完成期限： 设备交付　1958年1季—1959年1季 （三组透平机组，各25000千瓦带配套设备[2]）

[1] 设备交付期限按设计工作完成期限修正。
[2] 锅炉机组由总订货人交付。

（续表）

1953年5月15日和1956年4月7日协定以及有关议定书和换文的规定	本议定书的规定
东北154000—220000伏输电线路继电保护装置 （按1957年的线路图） 完成期限： 施工图　　1956年4季 设备交付　1957年上半年	东北154000—220000伏输电线路继电保护装置 （按1957年的线路图） 完成期限： 施工图　　1957年 设备交付　1957年—1958年
东北电力网调度装置 （包括中央调度站） 完成期限： 初步设计　1956年 施工图　　1957年—1958年 设备交付　1957年—1958年	东北电力网调度装置 （包括中央调度站） 完成期限： 初步设计　在接到总订货人批准的线路图后的7个月内完成 施工图　　在总订货人批准初步设计后两年内完成 设备交付　1958年—1959年 [1]
太原化工厂 完成期限： 设备交付　1954年—1956年	太原化工厂 完成期限： 设备交付　1954年—1958年 [2]
吉林有机合成染料厂 完成期限： 设备交付　1954年—1956年	吉林有机合成染料厂 完成期限： 设备交付　1954年—1958年上半年
太原氮肥厂 完成期限： 设备交付　1957年—1959年	太原氮肥厂 完成期限： 设备交付　1957年—1960年上半年
兰州氮肥厂 完成期限： 施工图　　1955年—1957年 设备交付　1956年—1958年	兰州氮肥厂 完成期限： 施工图　　1955年—1958年上半年 设备交付　1956年—1959年上半年
兰州合成橡胶厂 完成期限： 施工图　　1955年—1957年 设备交付　1957年—1958年	兰州合成橡胶厂 完成期限： 施工图　　1955年—1958年上半年 设备交付　1957年—1959年上半年

[1] 设备交付期限按设计工作完成期限修正。
[2] 4台高压釜于1959年上半年交付。

（续表）

1953年5月15日和1956年4月7日协定以及有关议定书和换文的规定	本议定书的规定
炼油厂（甘肃） 完成期限： 设备交付　1956年—1957年	兰州炼油厂 完成期限： 设备交付　1956年—1958年上半年
抚顺页岩油厂（扩建和改建） 完成期限： 根据石油工艺图进行个别的页岩焦油加工工艺装置的设计　1957年—1958年 个别工艺装置的成套设备交付 　　　　　　1958年—1960年	抚顺页岩油厂（扩建和改建） 完成期限： 个别的页岩焦油加工工艺装置的设计（按石油工艺图）由总订货人完成。总交货人向总订货人提供个别工艺装置的图纸，其范围和期限根据双方协定的进度表进行 个别工艺装置的成套设备交付 　　　　　　1959年—1961年
茂名页岩焦油厂 完成期限： 商讨选择厂址，在编制设计任务书和收集设计基础资料时提供技术援助 　　　　　　1956年—1957年1季 初步设计　1957年 技术设计　1958年3季 施工图　　1958年—1959年 设备交付　1958年—1960年	茂名页岩焦油厂 完成期限： 商讨选择厂址，在收集设计基础资料时提供技术援助 初步设计 技术设计 施工图 设备交付　1959年—1961年 [1] ｝由总订货人完成。总交货人根据与总订货人商定的范围和期限给予技术援助
天然气加气站 完成期限： 设备交付　1957年	天然气加气站 完成期限： 设备交付　1957年—1958年1季
兰州石油设备和工具厂 （包括钻机、泵、透平钻机等， 　生产能力：15000吨） 完成期限： 施工图　　按双方议定期限 设备交付　1956年—1957年	兰州石油设备和工具厂 （包括钻机、泵、透平钻机等， 　生产能力：15000吨） 完成期限： 施工图　　1955年—1957年 设备交付　1956年—1958年
炼油化工设备厂 （生产能力：25000吨） 完成期限：	兰州炼油化工设备厂 （生产能力：25000吨） 完成期限：

[1] 设备交付期限按设计工作完成期限和总交货人收到已议定的订货单的日期修正。

（续表）

1953年5月15日和1956年4月7日协定以及有关议定书和换文的规定	本议定书的规定
施工图　　1957年—1958年 设备交付　1957年—1958年	容器车间的施工图[1]　1957年—1958年 容器车间的设备交付[2]　1958年—1959年
洛阳滚珠轴承厂 完成期限： 设备交付　1955年—1957年	洛阳滚珠轴承厂 完成期限： 设备交付　1955年—1958年
哈尔滨滚珠轴承厂（改建） 年生产能力：轴承1000万—1200万套，其中包括精密轴承50万套 完成期限： 技术设计、工艺部分的施工图及精密轴承车间的设备交付　按双方议定期限进行	哈尔滨滚珠轴承厂（改建） 年生产能力：轴承1000万—1200万套，其中包括精密轴承212万套 完成期限： 技术设计　已完成 施工图　　由总订货人完成 设备交付（精密滚珠轴承车间设备） 　　　　　1958年—1959年上半年
昆明中波发射台 （发射机1000千瓦） 完成期限： 施工图　　1957年3季—4季 设备交付　1958年	昆明中波发射台 （发射机1000千瓦） 完成期限： 施工图　　1957年—1958年 设备交付　1959年—1960年
电器及水银整流器厂 完成期限： 施工图　　1955年—1957年 设备交付　1956年—1958年	电器及水银整流器厂 完成期限： 施工图　　1956年—1958年 设备交付　1956年—1960年
绝缘材料厂 完成期限： 设备交付　1956年—1957年	绝缘材料厂 完成期限： 设备交付　1956年—1958年
高压电瓷及阀式避雷器厂 完成期限： 施工图　　1955年—1956年 设备交付　1956年—1957年	高压电瓷及阀式避雷器厂 完成期限： 施工图　　1955年—1957年 设备交付　1956年—1959年

[1][2] 其他车间和装置的施工图及设备交付由总订货人进行。

（续表）

1953 年 5 月 15 日和 1956 年 4 月 7 日协定以及有关议定书和换文的规定	本议定书的规定
成都第一专用小电机厂 （年生产能力 300000—350000 台电机带配套设备） 完成期限： 初步设计　　1957 年 1 季—2 季 施工图　　　1957 年 3 季—1958 年 4 季 设备交付　　1958 年—1959 年 北京—天津间 140 公里铁路自动闭塞（包括调度集中）和机车信号（包括自动停车装置） 完成期限： 设备和器材交付　　1958 年 1 月—3 月	成都第一专用小电机厂 （年生产能力 450000 台电机带配套设备） 完成期限： 初步设计　　1957 年 3 季 施工图　　　1958 年—1959 年 1 季 设备交付　　1959 年—1960 年 北京—天津间 140 公里铁路自动闭塞（包括调度集中）和机车信号（包括自动停车装置） 完成期限：[1] 设备和器材交付　　1958 年

附件二：

生产规模、设计和设备交付的范围和期限有变动的企业一览表
（国防工业部分）（略）

附件三：

苏联方面停止执行设计和供应设备义务、设计工作及设备供应部分地完成后不再继续履行此项义务的企业一览表

齐齐哈尔特殊钢厂（第二期）

在编制设计任务书和收集设计
　基础资料时提供技术援助　　1955 年 3 季　　已完成
初步设计　　　　　　　　　　1956 年 2 季　　已完成
本厂各车间的技术设计　　　　1957 年　　　　┐
施工图　　　　　　　　　　　1958 年　　　　├ 苏方把所完成的部分设计文件交给
设备交付　　　　　　　　　　1957—1959 年　┘ 中国方面之后，即停止履行义务

---

[1] 技术设计和施工图按总交货人和总订货人议定的范围和进度完成。

特厚板厂（附 75000 千瓦电站）

商讨选择厂址，在编制任务书和收集
　设计基础资料时提供技术援助　1956 年 2 季　　已完成
初步设计　　　　　　　　　　　1958 年上半年　　⎫
技术设计　　　　　　　　　　　1958—1959 年上半年⎬ 除苏方承担的义务
施工图　　　　　　　　　　　　1958 年—1960 年　⎪
设备交付　　　　　　　　　　　1959 年—1962 年　⎭

会泽有色金属公司

研究工作　　　　　　　　　　　1959 年上半年
关于公司的规模、构成、设计工作和设备交付期限
　诸问题，将在研究工作完成后考虑
氧化铅锌矿加工工艺规程的试验装置　　　　　　⎫ 苏方试验装置设计书和研究工
　的设计工作　　　　　　　　　1956 年下半年　⎬ 作结果交给中国方面以后，即
试验装置设备交付　　　　　　　1957 年上半年　⎭ 停止履行义务
在试验工作中提供技术援助具体期限，待双方协议

潞安立井（年生产能力：煤 120 万吨）

商讨选择场址，在编制任务书和收集设计
　基础资料时提供技术援助　1955 年 2 季　　已完成
初步设计　　　　　　　　1956 年 2 季　　已完成年产能力为 150 万吨煤的设计
技术设计　　　　　　　　1957 年 2 季　　⎫ 苏方把所完成的部分设计文件
施工图　　　　　　　　　1957 年—1958 年⎬ 交给中国方面之后，即停止履行
设备交付　　　　　　　　1958 年—1959 年⎭ 义务

潞安四号洗煤厂（年生产能力：煤 200 万吨以下）

商讨选择厂址，在编制任务书和收集设计
　基础资料时提供技术援助　1956 年 3 季　　已完成
初步设计　　　　　　　　1957 年 3 季　　⎫
技术设计　　　　　　　　1958 年 2 季　　⎬ 苏方把初步设计交给中国
施工图　　　　　　　　　1958 年 3 季—1959 年⎬ 方面之后，即停止履行
设备交付　　　　　　　　1959 年—1960 年　⎭ 义务

白土窑立井（年生产能力：煤 150 万吨）

商讨选择场址，在编制任务书和收集设计
　基础资料时提供技术援助　1955 年 4 月　　已完成
初步设计　　　　　　　　1956 年 2 季　　已完成年产 300 万吨煤的设计

技术设计	1957 年 2 季	已完成
施工图	1957 年—1958 年	把技术设计交给中国方面之后，
设备交付	1958 年—1959 年	苏方的义务即履行完毕

兴安台二号立井（年生产能力：煤 90 万吨）

商讨选择场址，在编制任务书和收集设计
基础资料时提供技术援助	1954 年 4 季	已完成
初步设计	1955 年 4 季	已完成年产能力为 150 万吨煤的设计
技术设计	1956 年 3 季	苏方把所完成的部分设计文件
施工图	1956 年 2 季—1957 年	交给中国方面之后，即停止履
设备交付	1957 年—1958 年	行义务

鹅毛口立井（年生产能力：煤 60 万吨以下）

商讨选择场址，在编制任务书和收集设计
基础资料时提供技术援助	1954 年 4 季	已完成
初步设计	1955 年 3 季	已完成年产 300 万吨煤的设计
技术设计	1956 年 3 季	已完成
施工图	1956 年—1957 年	把技术设计交给中国方面之后，苏
设备交付	1957 年—1958 年	方的义务即履行完毕

王石凹立井（年生产能力：煤 90 万吨）

商讨选择场址，在编制任务书和收集设计
基础资料时提供技术援助	1954 年 4 季	已完成
初步设计	1956 年 2 季	已完成年产能力为 180 万吨煤的设计
技术设计	1957 年 2 季	已完成
施工图	1957 年—1958 年	把技术设计交给中国方面之后，苏
设备交付	1958 年—1959 年	方的义务即履行完毕

平顶山一号立井（年生产能力：煤 120 万吨）

商讨选择场址，在编制任务书和收集设计
基础资料时提供技术援助	1954 年 4 季	已完成
初步设计	1956 年 4 季	已完成年产能力为 200 万吨煤的设计
施工图	1957 年—1958 年	苏方把所完成的部分设计文件交给
设备交付	1958 年—1959 年	中国方面之后，即停止履行义务

抚顺矿务局（改建、扩建、年生产能力：煤 1360 万吨）

在编制任务书和收集设计基础资料时

提供技术援助	1953 年 3 季	已完成
煤田开采总体设计	1955 年 3 季	已完成
为矿务局各企业完成设计工作和设备交付的范围和期限，在总体设计批准后，由双方议定		把总体设计交给中国方面之后，苏方的义务即履行完毕

茂名两个油母页岩露天矿（年生产总能力：页岩 2200 万—2400 万吨）
商讨选择场址，在编制任务书和收集设计

基础资料时提供技术援助	1956 年 2 季	已完成
初步设计	1957 年 1 季	
技术设计	1958 年 1 季	把年产能力为 2400 万吨的露天矿的初步设计交给中国方面之后，苏方的义务即履行完毕
施工图	1958 年—1959 年	
设备交付	1958 年—1960 年	

茂名（广东省）热电站（容量 25 万—30 万千瓦）
商讨选择厂址，在编制任务书和收集设计

基础资料时提供技术援助	1956 年 3 季	已完成
初步设计	1957 年 1 季	
技术设计	1958 年 4 季	解除苏方的义务
施工图	1958 年—1959 年	
设备交付	1958 年—1960 年	

金堂热电站（容量 50000 千瓦）
商讨选择厂址，在编制任务书和收集设计

基础资料时提供技术援助	1956 年 3 季	已完成
初步设计	1956 年 4 季	
技术设计	1957 年 2 季	
施工图	1957 年—1958 年	解除苏方的义务
设备交付		
第一台 25000 千瓦透平机组及锅炉机组	1958 年 1 季	
第二台 25000 千瓦透平机组及锅炉机组	1958 年 2 季	

张掖热电站（容量 75000 千瓦）
商讨选择厂址，在编制任务书和收集设计

基础资料时提供技术援助	1956 年 3 季	已完成

初步设计	1957 年 1 季	
技术设计	1957 年 2 季	
施工图	1957 年—1959 年	解除苏方的义务
设备交付		
第一台 25000 千瓦透平机组及锅炉机组	1958 年 1 季	
第二台 25000 千瓦透平机组及锅炉机组	1958 年 3 季	
第三台 25000 千瓦透平机组及锅炉机组	1959 年 1 季	

青海西宁热电站（容量 100000 千瓦）

商讨选择厂址，在编制任务书和收集设计

基础资料时提供技术援助	1956 年 4 季	已完成
初步设计	1957 年 1 季	
技术设计	1957 年 3 季	解除苏方的义务
施工图	1958 年—1960 年	
设备交付	1959 年—1960 年	

抚顺石油二厂热电站（容量 50000 千瓦）

商讨选择厂址，在编制任务书和收集设计

基础资料时提供技术援助	1956 年 3 季	已完成
初步设计	1957 年 1 季	苏方于 1957 年把
施工图	1957 年—1959 年 1 季	发电容量为 20 万
设备交付		千瓦的初步设计
第一台 25000 千瓦透平机组及锅炉机组	1958 年 3 季	交付中国方面后，
第二台 25000 千瓦透平机组及锅炉机组	1959 年 1 季	即停止履行义务

有机合成厂（年生产能力：化学产品 30 万吨）

商讨选择厂址，在编制任务书和收集设计

基础资料时提供技术援助	1956 年 2 季	已完成
初步设计	1957 年	苏方根据总订货人和总交货人
技术设计	1958 年—1959 年	议定的范围于 1958 年 3 季把
施工图	1959 年—1960 年	初步设计的工艺部分交付中国
设备交付	1960 年—1962 年	方面后即停止履行义务

塑料厂（年生产能力：37000 吨）

商讨选择厂址，在编制任务书和收集设计

基础资料时提供技术援助	1956 年 3 季	已完成

初步设计	1957 年	苏方根据总订货人和总交货人议定的范围于 1958 年 3 季把初步设计的工艺部分交付中国方面后即停止履行义务
技术设计	1958 年—1959 年	
施工图	1959 年—1960 年	
设备交付	1960 年—1962 年	

四川天然气有机合成厂

商讨选择厂址，在编制任务书和收集设计基础资料时提供技术援助	1956 年 2 季	已完成
初步设计	1957 年	
技术设计	1958 年—1959 年	解除苏方的义务
施工图	1959 年—1960 年	
设备交付	1960 年—1962 年	

沈阳第五机床制造厂

商讨选择厂址，在编制任务书和收集设计基础资料时提供技术援助	1953 年 3 季	已完成
初步设计	1954 年 3 季	已完成
技术设计	1956 年 2 季	已完成
施工图	1956 年—1958 年	苏方向中国方面交付所完成的部分设计文件，交付 1957 年合同所规定的设备后即停止履行义务
设备交付	1958 年—1960 年	

汽车厂（年生产能力：ГАЗ—51 载重汽车 4 万辆，ГАЗ—63 汽车 2 万辆）

商讨选择厂址，在编制任务书和收集设计基础资料时提供技术援助	1954 年 1 季	已完成
初步设计	1955 年 2 季	已完成
技术设计	1956 年 2 季	苏方向中国方面交付所完成的部分设计文件后即停止履行义务
施工图	1956 年—1957 年	
设备交付	1957 年—1959 年	

大同小型拖拉机厂

商讨选择厂址，在编制设计任务书和收集基础资料时提供技术援助	1955 年 2 季	已完成

初步设计	1956 年 4 季	⎫ 苏方向中国方面交付
技术设计	1957 年 4 季	⎬ 所完成的设计文件后
施工图	1958 年—1959 年 2 季	⎬ 即停止履行义务
设备交付	1958 年—1960 年	⎭

北京电视中心台

商讨选择厂址，在编制设计任务书和收集

基础资料时提供技术援助	1956 年 2 季—3 季	已完成
初步设计	1956 年 4 季—1957 年 1 季	⎫ 苏方向中国方面交付
施工图	1957 年 3 季—4 季	⎬ 初步设计后即停止履
设备交付	1958 年	⎭ 行义务

船用铅蓄电池厂（包括汽车用蓄电池的生产）

商讨选择厂址，在编制任务书和收集设计

基础资料时提供技术援助	1956 年 2 季—3 季	已完成
初步设计	1957 年 1 季—2 季	⎫
施工图	1957 年 3 季—1958 年 3 季	⎬ 解除苏方的义务
设备交付	1958 年—1959 年	⎭

专用小电机二厂（年生产能力 30 万—35 万台电机及配套设备）

商讨选择厂址，在编制任务书和收集设计

基础资料时提供技术援助	1956 年 2 季—3 季	已完成
初步设计	1957 年 1 季—2 季	⎫ 苏方于 1957 年向中国
施工图	1957 年 3 季—1958 年 4 季	⎬ 方面交付初步设计之
设备交付	1958 年—1959 年	⎭ 后，即停止履行义务

专用小电机三厂（年生产能力：30 万—35 万台电机及配套设备）

商讨选择厂址，在编制任务书和收集设计

基础资料时提供技术援助	1956 年 2 季—3 季	已完成
初步设计	1957 年 2 季	⎫ 苏方于 1957 年向中国
施工图	1957 年 4 季—1959 年 1 季	⎬ 方面交付初步设计之
设备交付	1958 年—1959 年	⎭ 后即停止履行义务

高级（快干）水泥厂（年生产能力：水泥 5 万吨）

商讨选择厂址，在编制任务书和收集设计

基础资料时提供技术援助	1956 年 2 季	已完成

初步设计	1957年1季	
技术设计	1957年	苏方向中国方面交付所完成的设计文件后即停止履行义务
施工图	1958年—1959年	
设备交付	1958年—1960年	

阿克斗卡—兰州铁路乌鲁木齐—阿拉山口段

供应建筑材料、设备、筑路器材
　和运输工具　　　　　　　　1957年—1959年　　　解除苏方承担的义务

附件四：

苏联方面停止执行设计和供应设备义务、设计工作部分完成后不再继续履行此项义务的企业一览表（略）

毛泽东：对待苏联经验只能择其善者而从之 [1]

（1958年3月）

少奇同志在南宁会议谈了规章制度问题。规章制度从苏联搬来了一大批，如搬苏联的警卫制度，害死人，限制了负责同志的活动，前呼后拥，不许参观，不许上馆子，不许上街买鞋。陈云同志自己煮饭，这是好事，警卫认为不得了。这是讲公安部。其他各部都有规章制度问题，搬苏联的很多，害人不浅。那些规章制度束缚生产力，制造浪费，制造官僚主义。这也是拿钱买经验。建国之初，没有办法，搬苏联的，这有一部分真理，但也不是全部真理，不能认为非搬不可，没有其他办法。政治上、军事上的教条主义，历史上犯过，但就全党讲，犯这错误的只是小部分人，多数人并无硬搬的想法。建党和北伐时期，党比较生动活泼，后来才硬搬。规章制度是繁文缛节，都是"礼"。大批的"礼"，中央不知道，国务院不知道，部长也不一定知道。工业和教育两个部门搬得厉害。农业部门搬的也有，但是中央抓得紧，几个章程和细则都经过了中央，还批发一些地方的经验，从实际出发，搬得少一些。农业上见物也见人，工业上只见物不见人。商业好像搬得少一点，计划、统计、财政、基建程序、管理制度搬得不少。基本思想是用规章制度管人。

搬，要有分析，不要硬搬，硬搬就是不独立思考，忘记了历史上教条主义的教训。教训就是理论和实践相脱离。理论从实践中来，又到实践中去，这个道理没有运用到经济建设上。马列主义的普遍真理与中国革命具体实际相结合，这是唯物论；二者是对立的统一，也就是辩证法。为什么硬搬，就是不讲辩证法。苏联有苏联的一套办法。苏联经验是一个侧面，中国实践又

---

[1] 这里选辑的两部分文字，是毛泽东在成都召开的中共中央工作会议上讲话的节录。

是一个侧面，这是对立的统一。苏联的经验只能择其善者而从之，其不善者不从之。把苏联的经验孤立起来，不看中国实际，就不是择其善者而从之。如办报纸，搬《真理报》的一套，不独立思考，好像三岁小孩子一样，处处要扶，否则就丧魂失魄。什么事情都要提出两个办法来比较，这才是辩证法，不然就是形而上学。铁路选线、工厂选厂址、三峡选坝址，都有几个方案，为什么规章制度不可以有几个方案？部队的规章制度，也是不加分析，生搬硬套，进口"成套设备"。

一九五八年三月九日

国际方面，要和苏联、一切人民民主国家及各国共产党、工人阶级友好，讲国际主义，学习苏联及其他外国的长处，这是一个原则。但是学习有两种方法：一种是专门模仿；一种是有独创精神，学习与独创结合。硬搬苏联的规章制度，就是缺乏独创精神。

一九五八年三月十日

毛泽东：对《苏联专家对"多快好省"路线的看法》一文的批语

（1958年5月19日）

一

小平同志：

　　此件[1]请印发大会各同志。

毛

五月十九日上午四时

---

[1] 指中共中央宣传部编印的《宣教动态》第63期刊载的《苏联专家对"多快好省"路线的看法》一文。文中说，四月二十五日下午宋任穷约集第二机械工业部在京的苏联专家座谈，向他们介绍了我国当前整风和大跃进情况，以及多快好省的建设路线、工农业并举、大中小结合的建设方针等，并列举了苏联专家协助我国贯彻多快好省路线的大量事例。苏联专家沃尔比约夫除在会上讲话外，会后向翻译说了一些意见。沃尔比约夫说：现在中国党提出的"多快好省"的建国方针是完全正确的。因为这主要是提高劳动生产率和加速社会主义建设的问题。他认为要做到"又多又省"这两点，必须结合当地情况。比如在苏联钢材很便宜，而木材很贵，但在中国却相反，木材很便宜，而钢材很贵。假如不了解这种实际情况，而提建设时都要用钢材，不用其他代用品，势必造成多花钱，就不合乎"多""省"的精神。又如在苏联提倡搞机械化、自动化的大型工厂，这是因为苏联人少，劳动力不够。但在中国就不一样，中国人多，现时如果也提倡像苏联一样搞机械化、自动化，就不合乎中国国情。中国党现在提出多搞中型、小型厂矿企业的方针，是合乎中国情况的。这样可以发挥每一个人的作用。在这以前，沃尔比约夫也说过，在他与中国同志的接触中，常发现有些同志在工作中不动脑筋，主动考虑问题不够，不管大事小事都要依靠专家来解决，甚至在讨论问题时，有些同志不提出自己的见解和看法，而是只抄专家的答案，事后原封不动地去照办。这不是创造性地学习先进经验，而是机械地搬用。因此，也就容易发生偏差，不合乎中国国情。专家只能起顾问和指导作用，许多问题还得中国同志自己来解决，因为他们了解情况最清楚，同时也便于发挥本身的独立思考精神。这份材料作为会议文件在中共八大二次会议上印发。

二

见今年第 63 期《宣教动态》。[1]

---

[1] 这是毛泽东在《苏联专家对"多快好省"路线的看法》一文后写的说明。

毛泽东：对苏联请求在我国建立特种长波无线电台问题的批语

（1958年6月7日）

刘、林彪、小平、周、朱、陈、彭真、陈毅阅，退彭德怀同志：

可以照所拟办理。钱一定由中国出，不能由苏方出。使用共同。

毛泽东

六月七日

如苏方以高压加人，则不要回答，拖一时期再说。或者中央谈一下再答复。此事应由两国政府签订协定。

在谈话部分，毛批有意见[1]，请彭注意。

二

这个无线电中心的投资，应当由中国方面负担，中国责无旁贷。建筑和装备等技术方面，请苏联同志帮助，所需设备，均应作价由我们付款。建成后可以共同使用，并且应当由两国政府签订正式协定。这是中国的意见，不是我个人的意见。

---

[1] 指毛泽东在彭德怀一九五八年六月四日同苏联军事总顾问杜鲁方诺夫的谈话记录中修改的一段文字，即本篇（二）。

毛泽东：对驻苏大使馆关于中苏北京会谈以来苏联各方面情况报告的批语

（1958年10月）

刘晓同志和他的助手是能想问题的。此件[1]可以一阅。退毛

---

[1] 指中国驻苏联大使馆一九五八年十月二十日给外交部的报告。报告说，自中苏北京会谈以来，苏联各方面情况都有一些新的变化。有一些问题值得注意。第一，在国际斗争方面，苏联对于和平和战争的问题，依据中苏会谈公报精神，较之以前作了比较完善的论述。赫鲁晓夫从北京回来后的几次公开演说和苏联报刊宣传，都强调了我们不怕战争和和平不能乞求的正确立场。苏联对东风压倒西风形势的认识有所进展，但认识的深度还不足，对战争与和平、紧张与和缓的辩证关系理解不够深刻，掌握不够熟练，对于现代战争爆发的突然性和毁灭性仍有顾虑，甚至在指导思想上还占着上风。第二，在同我国的关系方面，由于中苏两国政策思想更趋一致，苏联在国际斗争中同我国的配合比较密切。苏联对我国在国际斗争中的重大作用和社会主义建设经验比以前有了进一步的认识和估价，我国对苏联的影响，已在若干政策上发生作用，他们逐步吸收了中国的经验。但苏联对于我们党的战略思想和策略的运用以及我国当前发展的许多新事物新思想还理解不深，对人民公社运动、向共产主义过渡、吃饭不要钱和目前宣传共产主义思想等问题不很了解。第三，在反对南共修正主义方面，目前苏联的态度，基本上还是局限于赫鲁晓夫在东德党的"五大"的演说中所提出的，苏联将继续同南斯拉夫修正主义进行斗争，但不扩大现有冲突和不恶化关系这一政策范围内。第四，苏联国内情况最突出的变化，是苏联特别强调要加速建设的速度。赫鲁晓夫从北京回来后的公开讲话和报刊宣传，都强调要赢得时间，加速建设。报告还说，苏联形势今后继续向着健康的方面变化的这个总趋势是肯定的。这将主要表现为曲折和渐进的变化过程，但变化的快慢将最终取决于苏联内部和外部因素对它相互影响的发展。

毛泽东：对驻苏使馆关于中苏关系中一些问题的处理意见的批语

（1959年1月15日）

刘、邓：

  此件[1]所提内容值得重视，请书记处讨论一次，如何？

毛泽东
一月十五日

---

[1] 指中国驻苏联大使馆一九五九年一月十三日关于中苏关系的意见给外交部的报告。报告说，最近一年多以来，苏联报刊的宣传表明，苏联同志对我国的重大方针政策主要是赞扬和支持的，但对其中的一些问题还有着一定的保留或怀疑。我们认为，苏联同我国在基本方向和许多重大问题上的看法和政策的完全一致是肯定的，在个别问题的看法和做法上出现某些不同也是自然的。对此如果处理不好，容易引起苏联同志的误会，也会被国际上的敌人利用进行挑拨离间的宣传。因此，目前在宣传工作和处理中苏关系及事务中，就不能不特别谨慎。近来我们有些同志在对外接触中，言谈不够谦虚，认为苏联不如我们有办法，无所可学。不适当地强调我国的成就，甚至夸大我国的建设速度，不负责任地随便透露未经确定的远景指标。有的甚至态度傲慢，使苏方难堪。这是一个值得注意的问题。为了尽可能地防止和消除中苏关系中的上述消极影响，我们提出以下几点建议：（一）参加即将召开的苏共第二十一次代表大会的我党代表团阵容，以能充分表现我党的重视和中苏两党的团结无间为宜。（二）今后派遣来苏的各种业务性质代表团，应注意成员情况，加强领导，强调友好与业务合作。（三）代表团同苏方商定协定以外的各类事项时，应多考虑对方情况，以免强人所难。（四）对苏联某些不同意见，应尽量避免在报刊或群众场合公开表露。（五）对国内的苏联专家应多做工作，态度谦虚。

中共中央关于在对外关系中
切实纠正骄傲现象的指示

（1959年2月16日）

过去一年的国内和国际形势对我们极为有利。我国的社会主义建设大跃进和人民公社运动取得了伟大的成就，并且对全世界发生了极大的影响。我国的对外工作也取得了很大的成绩，我国在国际斗争中取得了一连串的胜利。所有这些，使得我国的国际地位日益提高，国际影响日益扩大。这是全党正确地执行党的社会主义建设总路线和党的对外政策的结果。但是，在这种有利的形势下，一部分同志由于头脑发热，正在滋长着一股骄气。这种骄气不仅在国内工作中有所反映，而且在对外关系中也有明显的流露，这是值得严重注意的。

在对外关系中所流露出来的骄气，首先表现为一部分同志对兄弟国家采取了一种高傲自大的态度。这些同志似乎认为我们在许多方面都比苏联和其他兄弟国家高明，毋需再向他们学习，只要求人家尊重和照顾我们，而不注意尊重和照顾人家，甚至处处用我们的框子去衡量人家，多方挑剔和指责人家的缺点。这种骄气还表现为一部分同志对民族主义国家存在着急躁情绪，对帝国主义存在着轻敌情绪。这种骄气在宣传报道、对外活动、对外贸易、专家工作等方面都有程度不同的反映，其中突出的表现，是态度上的傲慢、宣传上的浮夸和处理对外事务中的轻率。这些错误的现象已经在一定程度上对我国和兄弟国家的团结发生了不良的影响，引起了某些民族主义国家的不安，并且不利于对帝国主义的斗争。目前，帝国主义和修正主义者正在利用一切机会，大肆挑拨我国同兄弟国家和民族主义国家的关系。因此，这些错误的现象就更值得引起我们的严重警惕，如果不及时地彻底地加以纠正，就会给我们的事业带来很大的损失。

党中央和毛泽东同志一再指出，在对外关系中，必须保持谦虚谨慎、实事求是的态度，必须坚决、彻底、干净、全部地消灭大国主义，在战略上蔑视敌人，在战术上则必须重视敌人。几年来正是由于坚持了这种精神，我们不断地加强了同兄弟国家和国际无产阶级的团结，赢得了世界上一切爱好和平的国家和人民对我国的同情和支持，并且打破了帝国主义企图孤立新中国的阴谋。今后我们应该继续坚持和发扬这种精神。必须了解，我国的进步虽然很快，但是在经济文化和科学技术方面还是很落后的，我们没有任何理由为我们已经取得的成就而骄傲放肆起来。即使将来我国建成了强大社会主义，我们也没有任何理由可以翘尾巴。相反的，我们的成绩愈大，我们就愈加需要保持谦逊和冷静的态度。毛泽东同志在党的第八次全国代表大会开幕词中说得好，"虚心使人进步，骄傲使人落后"，我们应该永远记住这个真理。

随着我国国力的增长，我国的国际威望将会越来越高，这是很自然的，但是我们决不可因此而高傲自大起来。必须了解，我国的国际威望越高，我国所担负的国际义务也就越重，因此我们就更要注意处处从大局出发，恰当地发挥我国在国际事务中的作用。对苏联和其他兄弟国家应该采取更尊重更谦虚的态度，对民族主义国家应该采取更耐心更涵〈含〉蓄的态度，对帝国主义进行斗争也要更加讲究策略，宁可使敌人对我们估计不足，也不要引起敌人的过早警惕。我们这样做，就会更有利于团结社会主义国家，争取民族主义国家，使我国在同帝国主义的斗争中赢得更大的主动。

巩固同苏联的团结，巩固同所有兄弟国家的团结，这是我们的基本方针、基本利益所在。必须向一切干部和党员反复说明巩固兄弟国家团结特别是中苏团结的重要意义，坚决纠正一切不利于这种团结的思想和行为。必须继续强调以苏联为首的原则，在一切方面尊重和照顾苏联在社会主义阵营中的首要地位，支持以赫鲁晓夫同志为首的苏共中央的领导。必须在一切国际场合加强同苏联同志的事先协商，即使我们之间在某一问题上存在着不同意见的分歧，也应力求对外保持中苏的一致，十分警惕帝国主义和修正主义者破坏中苏团结的阴谋。必须继续强调学习苏联和其他兄弟国家一切适合我国情况的先进经验。对其历史上犯过的错误，有过的缺点，也要从反面学习，引以为戒。在介绍和宣传我国的成就和经验时，必须强调我国的经验是马克思列宁主义的普遍真理同中国的具体实践相结合的结果，并且指出这是同苏联和其他兄弟国家的帮助分不开的，不可强调我国经验的普遍意义和单纯强调我们自己的作用。应该容许兄弟国家对于我国的政策和做法保持某些不同的看法，不必强求一致，更不得拿我们的框子去衡量人家，挑剔人家的缺点，严格禁止在一切报纸刊物上对兄弟国家的现行政策进行公开的或者影射的批评。对于在我国工作的兄弟国家专家，必须采取尊重的态度，虚心地学习他们的经验，热诚地帮助他们熟悉我国的情况和政策，以求更好地发挥他们在我国社会主义建设中的积极作用，决不容许借口破除迷信而对他们采取傲慢和冷淡的态度。

在一切对外往来、对外宣传、对外接触中，都必须提倡实事求是的作风，坚决纠正浮夸和轻率的现象。一切有关我国情况的报道和宣传都必须有根据有分析，既要反映成绩，也要适当地反映缺点，既要反映有利条件，也要适当地反映困难条件，既要反映先进的，也要适当地反映一般的和落后的。宁可做得多说得少，决不要做得少说得多。凡是没有把握办到的事和还处于研究和试验阶段的事，一律不要对外宣传。一切有关对外承担义务的事，必须采取量力而行的态度，凡是办不到的一律不要轻于允诺，凡是允诺了的就一定要办到。

在纠正骄傲现象的同时，必须继续强调解放思想，破除迷信，反对民族自卑感，决不容许对于我们自己正确的东西发生任何动摇。在一切根本问题上，必须坚持原则，当仁不让，坚决防止迁就主义的偏向。我们党的一切正确的经验都对马克思列宁主义和国际共产主义运动做出了贡献，我们有义务向兄弟国家、兄弟党和世界人民实事求是地介绍这些东西，不要因为强调谦虚而不敢进行这种介绍。问题在于我们不可由于正确而盛气凌人，更不可把我们自己认为正确的东西强加于人。

各地党委和各部门党组应该根据这个指示的精神，向所有党员干部进行教育，并且对本地区、本单位在对外关系中所反映的骄傲现象进行认真的检查和纠正。

国家统计局关于发展国民经济的第一个五年（1953年到1957年）计划执行结果的公报

（1959年4月13日）

我国从1953年开始执行的发展国民经济的第一个五年计划，在中共中央和毛主席的领导下，经过全国各族人民的辛勤努力，并且得到了苏联和其他兄弟国家的援助，到1957年底已经胜利地超额完成了。

第一个五年计划的胜利完成，使我国在社会主义改造和社会主义建设两个方面都取得了巨大的成就。我国社会经济结构和国民经济面貌已经发生了重大的变化。在党的从资本主义到社会主义过渡时期总路线的光辉照耀下，对农业、手工业、资本主义工商业进行社会主义改造的任务，已经在1956年基本完成了。生产关系这种根本的变化，为我国社会生产力开辟了迅速发展的道路。1957年全国人民根据毛主席关于正确处理人民内部矛盾的方针，开展了伟大的整风运动，进行了反对资产阶级右派分子的斗争，这就使得我们在经济战线上取得社会主义革命基本胜利的同时，又在政治战线和思想战线上取得了社会主义革命的伟大胜利。在政治战线和思想战线上的这个伟大的胜利，使社会主义的政治制度和经济制度更加巩固，使劳动人民建设社会主义的积极性和创造性更加提高，从而促进了社会生产力的进一步发展。

在1955年冬和1956年春社会主义改造形成高潮的时候，中共中央和毛主席提出了关于多快好省地建设社会主义的方针。在这个正确方针的指导下，国民经济和文化教育事业在1956年出现了跃进的形势，提前完成了第一个五年计划所规定的许多指标。到1957年第一个五年计划大大超额完成的时候，国家的社会主义工业化的初步基础已经建立起来。同时，以水利为中心的农业基本建设和以铁路为中心的运输建设都取得很大的成就。我国人民的物质生活水平和文化生活水平，随着生产的发展有了显著的提高。

现在将第一个五年计划在各方面的完成和超额完成的情况，分别公布如下：

一、社会主义改造

在1956年我国基本上实现农业合作化之后，到1957年底，参加农业生产合作社的农户占全国农户总数的98%，其中参加高级农业生产合作社的户数，占全国农户总数的96%。在手工业方面，到1957年底，全国参加手工业合作组织的人数达到589万人，占手工业者总数的90%左右。

在1956年私营工商业出现了全行业公私合营的高潮之后，到1957年底，未改造的资本主义工业，在全国工业总产值中所占的比重已经不到千分之一；私营商业（主要是小商业）在商品零售总额中只占3%。私营运输业的社会主义改造也已经基本完成。

我国社会经济结构在社会主义改造胜利完成后所发生的根本变化，可以用下列简单的事实来说明：即在1952年和1957年的国民收入中，国营经济所占的比重由19%提高到33%，合作社经济由1.5%提高到56%，公私合营经济由0.7%提高到8%，个体经济则由72%降低到3%，资本主义经济更由7%降低到千分之一以下。

二、基本建设

五年内，全国完成的基本建设投资总额达到550亿元，折合黄金五万万七千万两以上，其中国家对经济和文化部门的基本建设投资总额达到493亿元，超过原定计划427.4亿元的15.3%。1956年一年的投资额达到140亿元，约占五年计划规定投资额的三分之一，从而有力地保证了五年计划所规定的基本建设任务的超额完成。

五年内，在实际完成的国家投资总额中，工业部门占56%，农林水利部门占8.2%，运输邮电部门占18.7%。在农业合作化完成以后，又适当地增加了农林水利部门的投资。

五年内，在实际完成的国家投资总额中，生产性建设的投资占76%，消费性建设的投资占24%。[1]

五年内，由于进行基本建设而新增的固定资产达到411亿元，其中新增工业固定资产达到214亿元。

重工业建设是经济建设的中心。在工业基本建设投资额中，重工业的投资占87%；轻工业的投资占13%。

第一个五年计划规定的建设项目，绝大部分都已建成，并且增加了很多新的建设项目。五年内施工的工矿建设单位达一万个以上，其中：黑色金属312，电力599，煤炭600，石油22，金属加工1921，化学637，建筑材料832，造纸253，纺织613，食品和其他约5000个。

在施工的一万多个工矿建设单位中，限额以上的有921个，比计划规定的单位数增加227个，到1957年底，全部投入生产的有428个，部分投入生产的有109个。苏联帮助我国建设的166个重大建设项目，到1957年底，有135个已经施工建设，有68个已经全部建成和部分建成投入生产。德意志民主共和国、捷克斯洛伐克、波兰、匈牙利、罗马尼亚、保加利亚等兄弟国家帮助我国建设的68个工程项目，到1957年底，有64个已经施工建设，有27个已经建成投入生产。

第一个五年计划期间大批新建和扩建企业的投入生产，开始改变了旧中国工业的落后面貌。我们现在已经有了飞机制造业，汽车制造业，新式机床制造业，发电设备制造业，冶金、矿山设备制造业，以及高级合金钢、重要有色金属冶炼业等新的工业部门。五年计划规定的新增工业生产能力的计划，大都超额完成了。主要工业产品新增的生产能力（以设计的年产能力计算）为：炼铁339万吨，炼钢282万吨，轧钢165万吨，采煤6376万吨，发电（以发电机容量计算）246.9万瓩，天然石油131.2万吨，人造石油52.2万吨，合成氨13.7万吨，水泥261万吨，金属切削机床8704台，载重汽车

---

[1] 生产性建设投资是指用于建设生产用的厂房和机械设备，运输用的铁路、公路、海港码头、运输工具，商业金融事业的仓库等的投资。消费性建设投资是指用于人民物质生活和文化生活方面的建设的投资，如住宅、学校、医院、影剧院、托儿所、俱乐部、食堂以及机关团体的办公室等。

30000辆，纱锭201万枚，织布机5.5万台，机制糖62万吨，机制纸25万吨。

在第一个五年计划期间，我国大力进行了地质勘探工作，到1957年底，已探明的煤矿储量约544亿吨，铁矿储量约56亿吨，石油、有色金属、稀有金属矿藏储量都有很大增加。地质资源的勘探工作跟不上建设需要的情况，已经开始有了很大的改变。大量进行地质勘探的结果，证明我国的各种矿产资源极其丰富。

基本建设的技术力量在五年中有了迅速的增长。现在，我国已能设计一些比较大型的技术复杂的工程，如年产150万吨钢的钢铁联合企业，年产240万吨原煤的煤矿，年产7.5万吨合成氨的化肥厂，设备总容量100万瓩的水电站，65万瓩的火电站等。

三、工业生产

1957年工业总产值超过原定计划21%，比1952年增长141%。原定计划工业总产值平均每年增长14.7%，实际达到19.2%，而1956年的增长速度达到31.1%。

1957年手工业总产值比1952年增长83%，平均每年增长12.8%。

工业生产的迅速发展，使工业在国民经济中的地位发生了显著的变化。在工农业总产值中，工业及手工业总产值所占的比重由1952年的41.5%提高到1957年的56.5%。

1957年工业中的生产资料生产比1952年增长了2.2倍，平均每年增长26%；生产资料生产在工业总产值中的比重由1952年的39.7%，提高到1957年的52.8%。机器制造工业在工业总产值中的比重由1952年的5.2%，提高到1957年的9.5%。旧中国重工业极端落后的状态已经开始改变。

在优先发展重工业的同时，轻工业也有很快的发展。1957年工业中的消费品生产比1952年增长了89%，平均每年增长13.5%。

在五年计划规定的四十六种主要产品中，生铁、钢、钢材、水泥、纯碱、烧碱、内燃机、蒸汽锅炉、汽轮机、水轮机、发电机、机床、客车、汽车轮胎、棉纱、棉布、抗菌素等二十七种产品的产量，在1956年已经达到五年计划规定的 1957 年水平。到 1957 年底没有完成原定计划的只有原油、机车、食用植物油、火柴、卷烟、糖等六种产品。

现将主要工业产品的产量在第一个五年计划期间的变化情况，列表如下：

	1952 年	1957 年	1957 年比 1952 年增长的百分比（%）
钢	135 万吨	535 万吨	296
生铁	193 万吨	594 万吨	208
发电量	72.6 亿度	193 亿度	166
煤炭	6649 万吨	13000 万吨	96
原油	43.6 万吨	146 万吨	235
水泥	286 万吨	686 万吨	140
木材	1120 万立方公尺	2787 万立方公尺	149
硫酸	19 万吨	63.2 万吨	233
纯碱	19.2 万吨	50.6 万吨	164
烧碱	7.9 万吨	19.8 万吨	150
化学肥料（不包括硝酸铵）	18.1 万吨	63.1 万吨	249
抗菌素	—	34.6 吨	—
发电设备	—	19.8 万瓩	—
金属切削机床	1.37 万台	2.8 万台	104
机车	20 台	167 台	735
货车	5792 辆	7300 辆	26
汽车	—	7500 辆	—
民用船舶	1.6 万载重量吨	5.4 万载重量吨	338
内燃机	2.76 万马力	60.9 万马力	21 倍
棉纱	362 万件	465 万件	28
棉布	38.3 亿公尺	50.5 亿公尺	32
纸	54 万吨	122 万吨	126
食用植物油	98 万吨	110 万吨	12
糖	45.1 万吨	86.4 万吨	92
原盐	494.5 万吨	827.7 万吨	67
卷烟	265 万箱	446 万箱	68

注：上列生铁、煤炭、木材、棉布、纸、食用植物油、糖、原盐等 8 种产品均包括手工业产量数字。

第一个五年计划期间内，生产了许多种我国过去所没有的新的工业产品。钢铁工业方面有：高级合金结构钢、特殊仪表用钢、矽钢片、造船钢板、锅炉用无缝钢管、50公斤的重轨等重要钢材。1957年钢材品种已达4000种。钢材自给率在1957年已经达到86%。机械工业方面有：飞机、载重汽车、客轮、货轮、容量1.2万瓩的成套火力发电设备、1.5万瓩的成套水力发电设备、容积1000立方公尺的高炉设备、联合采煤机、200多种新型机床、自动电话交换机以及全套纺织、造纸、制糖等设备。机械设备的自给率在1957年已经达到60%以上。在化学工业方面，已经能够生产化学纤维、各种抗菌素等产品，而这些产品在旧中国都是要靠国外进口的。

五年来，工业技术力量有了很大的增长，1957年全国工业工程技术人员达到17.5万人，比1952年增长2倍；工业和基本建设部门的职工达到1019万人，比1952年增长66%。工人的劳动生产率迅速提高，1957年比1952年提高了61%，平均每年提高9.9%。

五年内，十二个工业部的工业产品成本降低了29%，平均每年降低6.5%。

四、农业生产

五年来，农业生产虽然遭受了不同程度的自然灾害，但组织起来的全国广大农民，在共产党和人民政府的领导下，发挥了高度的积极性和创造性，对自然灾害作了艰苦的斗争，获得了重大的胜利。

1957年农业和农家副业总产值完成原定计划101%，比1952年增长25%，平均每年增长4.5%。粮食总产量达到3700亿斤，完成原定五年计划102%，比1952年增长20%。棉花总产量达到3280万担，完成了计划，比1952年增长26%。五年产量合计与解放前收成较好的1932到1936年五年比较：粮食增加4100余亿斤，约增加了32%；棉花增加7600余万担，约增加了1.2倍。1957年其他经济作物的产量，虽然有若干种没有完成原定计划，但比1952年也都有很大的增长。

五年内，全国扩大耕地面积5867万亩。1957年全国耕地面积达到

167745万亩，完成原定计划101%。五年内，全国新增灌溉面积21810万亩，相当于1952年全部灌溉面积的69%。增加最多的一年是1956年，这一年新增的灌溉面积达11870万亩，占五年合计的一半以上。全国农作物播种面积1957年达到235866万亩，完成原定计划104%，复种指数由1952年的131%，提高到1957年的141%。

五年内，国营农场有所发展。1957年农垦系统国营农牧场达到710个，生产用地面积1800万亩，拖拉机10177标准台。

五年内，国家对农林水利建设投资40亿元，建成大型水库13座，其中主要的有河北省的官厅水库、安徽省的佛子岭水库和梅山水库等，三门峡水库已经开始施工。同时，农民群众还兴修了大量的小型农田水利工程。这些水利工程在预防洪水灾害和扩大灌溉面积方面，发挥巨大的作用。

为了支援农民发展生产，五年内国家在供应大量农业生产资料的同时，并发放农业贷款78亿元。农民和农业生产合作社也自筹了大量的农业建设资金。

1957年生猪有显著的增长，达到14590万头，完成原定计划105%，比1952年增长63%。其他牲畜虽然没有完成原定计划，但比1952年都有所增长。

五年内，增加了海洋渔业设备，积极地发展了淡水养殖。1957年水产总量达到312万吨，完成原定计划111%，比1952年增长87%。

在林业建设方面，广大群众积极地响应绿化祖国的号召，五年内，造林面积达到21102万亩，其中营造用材林9329万亩。1956年造林面积扩大最多，这一年就扩大了8600万亩，从而提前一年完成了五年造林计划。

全国气象台、气象站网已经基本建成，1957年气象台、气象站达到1600多个，比1952年增加了4.2倍。

五、运输邮电

到1957年底，全国铁路通车里程达到29862公里，比1952年增加22%。五年内，新建铁路33条，恢复铁路3条，新建、修复铁路干线、复线、支线和企业专用线共约一万公里。工程巨大、穿过高山峻岭的宝成铁路和鹰厦铁路，通往蒙古人民共和国和苏联的集二铁路都已先后建成。在修建新铁路的同时，加强和改造了现有铁路的技术设备，修建了许多复线，增加了通过能力。武汉长江大桥提前二年建成，从此南北贯通，"天堑变通途"。

到1957年底，全国公路通车里程达到25万多公里，比1952年增加1倍。海拔高、工程艰巨的康藏、青藏、新藏公路，已经相继通车。在广大农村和中小城市之间也修建了许多简易公路。

1957年全国内河通航里程已经达到14余万公里，比1952年增加52%，其中有3.9万公里可通轮船，比1952年增加29%。

1957年航空线路长度已经达到2.6万公里，比1952年增加1倍，除中苏航线外，增辟了中越、中缅航线，便利了国际友好往来。

1957年全国现代化运输工具的货运量和货物周转量超过原定计划14%和15%，比1952年分别增长144%和142%。

1957年邮电业务量比1952年增长72%。1952年全国大约只有59%的乡通达邮路，到1957年底已经基本上乡乡通邮。

六、国内外商业

在工农业生产发展的基础上，商品供应不断增长。1957年社会商品零售额比1952年增长71%；主要消费品的零售量，1957年比1952年增长的百分比：粮食23，食用植物油35，盐31，糖87，棉布19，胶鞋82，机制纸54，卷烟75。

为了促进农副业生产的发展，五年来国家通过国营商业和供销合作社采购的农副产品总值共达582亿元。国家通过供销合作社供应给农村的各种生产资料达103亿元。

国家对有关国计民生的粮食和其他几种主要商品，实行了计划收购和计划供应。五年内国家征收公粮1666亿斤，收购粮食2690亿斤，两者合计占粮食总产量（折成去壳粮）的28%，扣除销售给农村的部分，国家实际向农民征购的粮食只有2592亿斤，占粮食总产量的16.6%。几种主要商品实行统购统销的结果，保证了工业生产发展和城乡居民生活上的需要。

五年来，市场物价基本稳定，给经济建设提供了极有利的条件。国家为了提高农民生产的积极性，适当地提高了若干种农产品的收购价格，从而对销售价格也相应地作了适当的调整。以 1952 年为 100，1957 年全国农产品采购价格指数为 122.4，二十九个大、中城市的零售物价指数为 109.5，十二大城市职工生活费指数为 109.2。

1957 年进出口贸易总额比 1952 年增长 62%。在进口贸易额中，生产资料占 93%。随着我国工业生产水平的提高，工矿产品在出口贸易额中的比重，已经由 1952 年的 18%，上升到 1957 年的 28%。

七、人民的物质生活和文化生活

1957 年底，我国职工人数已经达到 2451 万人，旧中国遗留下来的大批失业人员已经基本上得到了安置。1957 年全国职工的平均工资达到 637 元，比 1952 年增长 42.8%。国家为职工支付的劳动保险金、医药费、福利费五年共达 103 亿元，国家投资新建的职工住宅面积 9454 万平方公尺。

在农业生产发展的基础上，五亿多农民的生活得到了逐步的提高。1957 年全国农民的收入，比 1952 年增加近 30%。五年内农业税的征收额一直稳定在 1953 年的水平上，由于农业生产的增长，农民的负担相对地减轻了。同时，国家适当地提高了若干种农副产品的收购价格，使农民还得到了利益。

教育事业有很大发展，五年内，高等学校共招生 56 万人，中等专业学校共招生 112 万人。从高等学校毕业的学生（不包括研究生）共 27 万人，从中等专业学校毕业的学生共 84 万人。五年内，普通中学共招生 875 万人，小学共招生 8800 万人。群众办学、业余文化学习、扫盲工作都有了很大的发展。

1957 年全国科学研究机构共有 500 多个，研究人员 20000 多人，比 1952 年增长两倍以上。五年内科学研究工作的发展，为我国迎头赶上世界最先进的科学技术水平准备了条件。五年来，出版、广播、电影、戏剧等文化艺术活动空前活跃。

五年来，广大劳动人民的健康水平大大提高了，群众性的体育运动大大发展了，爱国卫生运动取得了很大的成绩。医疗预防网迅速扩大，1957年已达到县县有医院，大量的乡都有诊所，全国各种卫生事业机构中的床位张数比1952年增长了73%。全国中、西医人数达到55万人。

第一个五年计划期间的经济建设和文化建设，是我国历史上的空前壮举，所获得的成就是很大的。这些成就，使我国的人民民主专政的制度更加巩固，各族人民的团结更加坚强，同时也进一步加强了以苏联为首的社会主义阵营的力量。社会主义阵营的国民经济的繁荣景象，与当前资本主义世界的经济危机恰恰成为十分鲜明的对照，这充分证明了社会主义制度的优越性。

由于我国原来的经济十分落后，所以即便在第一个五年计划胜利完成后的今天，我国的工业还不够强大，农业生产的发展还不能完全满足工业生产和人民生活日益增长的需要。为了进一步地从根本上改变我国的经济和文化的落后面貌，全国人民在党的鼓足干劲、力争上游、多快好省地建设社会主义的总路线的指导下，正满怀着信心，为实现我国更宏伟的第二个五年计划而奋勇前进。

周恩来：外贸工作十四条

（1959年5月11日）

外贸工作值得总结一下。去年十二月我同各口岸外贸局长讲了十四个问题。对这十四个问题，今天打算把题目念一念，有的地方加一些新的材料。

一、和平经济政策

我们对外是和平共处的政策，决不向外扩张。当然，如果人家攻来，最后我们还是要反击的。我们的对外贸易也是这样，不是向外扩张的。我们的对外贸易政策，不同于资本主义国家的对外贸易政策。

二、内销为主，外销为辅

这一提法有点毛病。不是原则不对，而是构词不对。就整个讲，我们当然以国内市场为主。比如一九五九年社会购买力六百五十亿元，出口七十九亿元，很明显，出口只占少数。不仅像我们这样的国家是这样，就是美国也是这样。一九五八年美国国内商品零售额二千亿美元，出口一百七十九亿美元，只占百分之八点九，如果除去军火出口部分，一般商品出口大约是一百六十三亿美元，就更占少数了。英国是依靠对外贸易较多的国家，但其国内贸易也是占多数的。当然，西欧也有一些国家外贸占了很大部分，但一般说，总是以国内市场为主。像我们中国这样的大国，怎么能以国外市场为主呢？不过，"内销为主，外销为辅"这样提法容易引起错觉，特别是在货源紧张的时候，有的人就可能会不重视外销。我们固然以自力更生为主，但还要以争取外援为辅。国内市场固然量大，但是必须重视对外贸易。我们从中央到地方，都要重视对外贸易。

三、自力更生为主，争取外援为辅

这里所说的争取外援，是对兄弟国家来说的。对民族主义国家，是援助他们经济独立发展的问题。对帝国主义国家则是经济斗争的问题。我们必须以自力更生为主，同时也应该认识到外援对于我国的发展和建设，还是起了很大作用的。

四、实事求是，量力而行，保证"五先"

进出口多少，必须实事求是，量力而行。各项工作在国内要落实，出口当然更要落实。出口是两方面的事情，你要出口，还须看人家要不要。但是，一旦双方成交，签了合同，就应该交货，不交货就造成失信。所以，外贸必须实事求是，量力而行，超过实际可能是不行的。去年外贸方面就有不量力之处，结果很被动。对今年出口计划，必须按照中央三月十八日的指示保证"五先"。那就是要保证出口商品安排在先、生产在先、原材料和包装物资供应在先、收购在先、安排运输力量在先。外贸首先要实事求是，量力而行，在计划既经确定之后，则要保证"五先"。

五、重合同，守信用，重质先于重量

订了合同不守信用，会使中华人民共和国的名誉受到损害。去年外贸方面与资本主义国家订了十一万七千个合同，撤销的将近有五千个，其中有百分之八十是由于对方不履行合同，也有一些是我方没有履行合同。对于我方签了合同交不出货的，人家就叫喊起来，弄得我们负担很重。以上是讲对资本主义国家方面。

对兄弟国家，他们一般是守信用的，我们过去本来也是守信用的。去年因为出口搞得多，也就欠得多，弄得今年欠交更多。今年的日子的确很被动。

所以，要定一条原则：要么不签合同，签了合同就必须守信用。

对兄弟国家的贸易协定是国家签的。对资本主义国家的买卖是各地口岸一笔一笔做的，不可能每笔都由中央或者外贸部批准，因此，各口岸必须把道理同干部讲清楚，不要随便批。你们要注意这件事。各地对外贸工作也要像对农业、交通一样开四级干部会议。请你们回去也开个外贸会议，不仅要外贸局、公司的科长级干部参加，也要找一般干部当中的积极分子参加，他们敢说话，说错了也不怕；同时还要吸收一些抱有不同意见的人参加。现在下面办事，有时候出了事情，一查是科员、科长办的，有些事经理并不知道。因此，外贸工作要做好，也要动员群众，不动员群众，政策贯彻不下去。

这里还要讲一讲出口商品一定要重质量。现在出口商品中大约有百分之几的东西质量很差，有些东西很不成样子。对此，进口国家的反映很不好。一个苏联工人来信说，他们夫妻因为新婚，买了一对我国出口的幸福牌金笔，回去一用，一支漏水，一支不出水，"幸福"变成不幸福了。对这对夫妇来说，的确给他们带来不愉快。来信说，这种东西只能卖给蒋介石。其实，这样的东西即使卖给蒋介石也不行。苏联外贸部告诉我们，他们在很短时间内就收到二百八十多封群众来信，反映中国商品质量不好，说过去中国货的质量很好，现在如此，很是痛心。不仅兄弟国家有此反映，某些资本主义国家也有反映。另一方面，我们对于有些东西，吹得太过分了，这也不好。比如香味花布，洗几次以后就没有香味了。香港有一个时期对香味花布搞得很热闹，现在却不香了。为什么不在事先老实说清楚呢？我们不要求一时之香，而要求永远之香。出口商品的质量是很重要的，对外贸易一定要保证质量。

六、对兄弟国家要合作互助，共同发展

兄弟国家对我们的帮助很大。例如，今年我国向兄弟国家订购的电站设备就有一百八十万千瓦，这些设备将来全部投入运转后，可以发电九十亿度。我们去年全部电力供应量只有二百七十五亿度，今年计划四百亿度。如果今年订购的电站设备都能在今年安装好，对实现四百亿度的指标有很大的作用。所以，应该看到兄弟国家对我们的帮助是很大的。我们当然也应该帮助兄弟国家。目前，我们虽然谈不到供应设备，但是我们的农副产品对他们也很有用。他们要求供应猪肉、油料、粮食、饲料等等，而且要得很急，但是今年我们交货的情况很不好。由于猪肉交货不好，近来弄得我很窘。我看还是要帮助他们一下，想办法交货。

这就是说，对兄弟国家要合作互助，共同发展。

七、对民族主义国家的政策是平等互利，帮助他们的民族经济逐步地向独立方面发展

我们帮助民族主义国家，不要求附带政治条件。我们认真贯彻平等互利的原则，这是和平共处五项原则的第四项。而且我们不强求卖给他们消费品，我们要对他们逐步增加生产设备的供应，逐步地帮助这些国家民族经济独立发展。从许多事实看来，帮助这些国家民族经济独立发展，还是对我们有利的。特别值得我们注意的是，要搞好援外项目。

八、对和平中立国家的政策是互通有无，加强往来

争取和平中立国家很重要，对和平中立国家应该做些生意。

九、对帝国主义国家及其追随者的政策是，经济关系服从政治关系，经济斗争服从政治斗争

对于帝国主义及其追随者这一类国家，我们要考虑使贸易往来对我们有利。买卖可以做，但我们对这些国家要随时掌握气候，经济斗争必须服从政治斗争。

十、贸易协定和合同的签订要有区别

兄弟国家希望同我们订立长期贸易协定，有些东西是需要有长期贸易协定的。但是，现在我们对第二个五年计划还没有摸清，还要看两年再说。所以，现在只能对一般的品种如大型的、精密的机械等订长期协定，重要的还是年度的协定和合同。同时，年度贸易额的增长不能太大，有些合同宁可作为协定外的临时协议，不能作为年度贸易额的基数，以免第二年退不下来，使贸易额增长过大。比如，去年补充进口很多，只能作为协定外的临时协议。

对兄弟国家有援助的协定，有长期的贸易协定，还有临时的贸易协议。

十一、价格要有原则

一般应该实事求是按照国际市场价格办事，不要压低价格去同民族主义国家和兄弟国家竞争。在特殊情况下，可以有伸缩幅度，但不应降低过多，也不应抬高过多。

十二、贸易展览要少而精

贸易展览要少而精，不要搞得太多。过去出去展览很多，现在背了"包袱"。现在有一条原则：宁肯少些，但要好的。听说在莱比锡展览，我们有一种机器不敢开动。这事应该追查一下。过去出国展览前要经过几道审查，现在似乎不像过去那样仔细了。

据说，现在我们的展览品有三种：礼品、展品、产品。第一种，礼品，是向"十一""五一"献礼的东西，这应该称赞，以鼓舞积极分子的情绪，但这些东西还没有定型，绝不能拿出去展览。第二种，展品，一般是定型的，但不成套，不等于产品。展品要定型的才能展出，但不能出口。出口的只能是第三种：真正定型了的而且能够正常生产的产品。

十三、出国访问，要学些东西回来

我们要跃进，要向人家学些东西。任何访问都要带些经济性，派些真正搞科学、技术的人去，学些东西回来。不要像去年那样出口推销小组满天飞，去年派出五十多个推销小组，二百多人，我们都不知道。我们出国访问一定要向人家学一些东西回来，人家有一技之长都要学，就是将来真正强起来，也要谦虚。

十四、参加国际会议必须请示

国际会议很复杂，有的有制造"两个中国"的阴谋，我们决不参加；有的我们以观察员的身份参加，不承担义务；有的作为正式成员参加。所以，凡是参加国际会议，不论中央各部或各地，都必须事先请示。

毛泽东：对一份关于苏联建设中遇到问题的材料的批语

（1959年7月19日）

此件[1]印发各同志研究。

毛泽东
七月十九日

---

[1] 中共中央宣传部一九五九年七月十七日编印的《宣教动态》第58期上登载的这篇材料说，苏联国家计委远景计划司司长瓦修金教授，最近对我驻苏使馆作了几次有关苏联七年计划的制订，以及在执行中遇到的一些重大问题和解决办法的报告。其中讲道：一、远景规划中关于工业发展速度问题。苏联在建设初期，工业发展速度很快，后来因每年增长的百分数所代表的实际量增大了，速度就逐渐下降。苏联的计划工作者，在远景规划中也把发展速度订得越来越低，存在着右倾思想。二、对打破平衡的争论。苏联有些人已经习惯地认为国民经济各部门间的比例是固定不变的，这种不能打破旧比例的思想在制订第六个五年计划中表现最明显。三、农业发展问题。苏联的粮食问题长期未能解决，因而畜牧业发展不起来，至今肉类供应不足。四、解决劳动力不足问题。目前苏联的劳动生产率只等于美国的一半，还有百分之五十的工人从事手工劳动，而且七年计划后生产将增加90%，劳动力更显不足，因此必须大力革新技术，才能保证生产以高速度向前发展，很快赶上并超过美国。

毛泽东：对苏联报刊摘登
周恩来《伟大的十年》一文情况报告的批语

（1959年10月）

此件[1]值得一阅。

刘、周、朱、林、彭真、陈毅、伯达、稼祥、乔木、康生、定一阅，阅后退毛。

---

[1] 指中国驻苏联大使馆一九五九年十月九日给外交部的报告。报告说，十月九日，苏联《真理报》和《消息报》摘要刊登了周总理《伟大的十年》一文，摘登情况如下：（一）关于我国十年来的变化部分摘登较详尽。（二）对谈及我国十年来取得飞跃发展的原因、我党正确贯彻马列主义不断革命论和革命阶段论、坚持群众路线的工作方法、阐述我党总路线、两条腿走路、人民公社以及对右倾机会主义分子的批判等内容，摘登非常简单。（三）对文章最后谈到我国的有利国际条件、支持赫鲁晓夫访美之行以及感谢苏联帮助等部分，摘登很详尽。（四）摘登中还有一些数字和文字翻译方面的错讹。

周恩来：目前社会主义建设的四项任务

（1959年12月24日）

我们社会主义建设已经有了总路线，根据目前国际国内的形势要求，根据自力更生为主、争取外援为辅的方针，提出以下四项任务。

一、更快地建成我国独立的经济体系

我们的国家很落后，比起工业发达的国家，我们不仅经济上落后，而且生活水平以及科学文化水平也不高。要摆脱这种落后状态，就得很快地建成一个独立的经济体系，这包括工业、农业、财政、贸易、文教、科学、国防等各方面。因此，我们必须努力，分秒必争，加快进行建设。

我们这么个大国，不可能设想一切要靠苏联帮助来解决问题。如果靠到苏联身上，苏联根本不能担负。以前，苏联没有社会主义国家的帮助，不是也建立起社会主义了吗！为什么我们就不能呢？我们现在的条件，比苏联十月革命后列宁时期和斯大林初期的条件好得多了！我们现在建国十年的情形，比起苏联在一九二七年的情形大大地好了，生产指标、基本建设、科学等方面的条件都比他们当时有利。这就给我们一种可能，更快地建成一个独立的经济体系。我们设想，如果能够在八年（就是第三个五年计划内），或者到一九七二年（就是第四个五年计划），很快地建成独立的经济体系，那么对社会主义阵营，对反对帝国主义斗争，都是有利的。这么一个强大的国家，一旦建成独立的经济体系，战争来了我们也就能应付了。当然，这里面还包含一系列的事情要做。要继续进行政治上、经济上、文化上的社会主义改造，因为还有些残余，如经济上的定息。

二、更快地把尖端科学技术和国防工业搞起来

按现代化的标准来说，现在我国的国防工业已经落后了。我们要搞尖端国防。尖端和国防是密切联系在一起的，作战用在战争上，不作战就可用在和平建设上。尖端的国防，即原子、电子、导弹、航空要更快地搞起来，从

而建立起现代化的国防工业和现代化的国防力量。形势逼人，要求我们更快地掌握尖端技术。要掌握尖端技术，就要大搞技术革命和文化革命。

十年来，我们的建设有了一定的基础。有了这个基础，就要尽快地掌握尖端技术，建立现代化的国防力量。我们要建立独立的经济体系，不仅表现在生产方面，而且也表现在社会基础上，包括城乡、工业和农业、生产和生活、积累和消费等。独立经济体系是全面的，不只是生产指标或者生产品种的问题。

三、加快建立强大的自然科学技术队伍和社会科学理论队伍

搞独立的经济体系和尖端技术，没有人才是不行的。要建立经济体系，掌握尖端技术，关键在于人才，一个是自然科学方面的人才，一个是社会科学方面的人才。大量的是自然科学方面，少量的精的是社会科学理论队伍。我们理论队伍固然缺，科学技术队伍也缺，两方面都要加强，特别是科学技术队伍需要量很大。

人才不是一年两年能够培养出来的，而要一天天教育出来。我们现在就要加快这个速度，办法就是正规与速成相结合。正规是循序而进，把书本知识、生产知识搞得比较牢靠一点，这是一方面；另一方面是走速成的道路，激发青年的朝气和敢想、敢说、敢做的勇气，搞创造发明。毛主席在八大二次会议上说，凡有创造发明成为人才的，大部分都在青年时代。怎么速成？就是打破过去的陈规，实行"一主、二从、三结合"，发动大家办教育。工厂企业、教育机关、研究机构都要搞生产、教育和科学研究，各以本业为主，以其余二业为从，三业结合起来。企业就以生产为主，但是可以办学校、搞研究，而且应该办学校、搞研究，这就是以生产为主，教育、研究为辅；学校里也可以办研究所和附属车间，以教育为主，以生产、研究为辅；再就是研究机构，以研究为主，但也可以办学校，办附属车间和附属工厂，也是一主二辅。这样，我们办学校的、搞生产的、搞研究的就多起来了，教育和科学的发展就会更快。据东北调查，三千人以上的工厂有二百个之多。这样的工厂里工程师和技术人员至少有一二百人，可以办学校。反过来，像李昌的工业大学、刘居英的工程学院，办附属工厂、研究所也毫无问题，而且可以办预科。东北有一百三十多个高等学校，研究机构二百多个，大家动手，学校就可以多起来。学校的学生从哪里来呢？也打破一个陈规，

就是招初中毕业生和工厂的具有初中毕业程度的工人。把初中毕业生或者相当于初中毕业程度的工人招来，两年预科、三年本科，这种高等专门学校五年毕业。正规要七八年，三年高中、四年或五年大学。现在只要五年，缩短了二年到三年。如果明年开始招生，一九六五年就可以用了。这样，就可以大大增加科学技术人员，就可以解决科学技术人才不足的问题。这是一条"腿"。另一条"腿"即正规学校，还要继续发展，不改变。同时，要打破一个陈规，实行寒假招生。为什么一定要暑假招生呢？仅在暑假招生，有很多娃娃七岁都满了，还不能进学校。寒假招生还可以把初中已经念了两年半的优秀学生招进来，读预科。这样，人就多起来了，一九六五年以后情况就会好一些。

像我们这样一个大国，不可能设想不产生广大的建设人才，问题就在于我们抓好科学、教育这一环。所以，发展科学、教育，也是现在一个中心的任务。毛主席在南方开会时，特别提出这一项。我们就要安排具体工作来实现它。我看首先要把校舍搞起来。希望东北三省管计划、管建设的同志安排一下，有些项目宁可少搞，不十分急的宁可推迟，也要先把校舍搞上去，多办一些学校。中国有一句俗语："十年树木，百年树人。"树人当然不需要一百年，但是应该重视这项工作。要造就广大的人才，在培养人才方面还要加一把力。

四、加强党的团结

要不断开展党内整风和批评与自我批评，要团结全党，首先是团结中央、省（市、自治区）、地和县这四级的干部。这个团结是非常必要的。我们处在这样的国际国内形势下，需要加快建设我们的国家，使我们国家更快地成为具有现代工业、现代农业、现代科学文化和现代国防的社会主义强国。

要加快建立独立的经济体系和尖端的国防力量，要培养大量的建设人才（包括理论人才），要加强党的团结。这四项任务都是有决定意义的。希望大家有一个共同的认识。尽管在国际上还有些问题，但这是暂时的、局部的。只要我们加强建设，情况很快就会改变，因为我们党是团结的，力量是强大的，成绩是实实在在的。理论要用实践来证明，实践将证明我们坚持的理论是正确的。

聂荣臻：关于立足国内发展科技等问题向中央并毛泽东的报告

（1960年7月3日）

中央并主席：

在中苏关系的新形势下，有关科学技术上的若干问题，应有新的方针和做法。一年多以来，苏联对我国的科学技术援助与合作，处处卡紧，特别是在国防科学技术上已经封门。国民经济中的新技术，也已尽量控制。虽然有很多是两国签订了协议的，苏方却采取一拖、二推、三不理的手法，就是不给。没有订好协议，或我们新提要求的，就更不用问了。很明显，在中苏政治思想上的分歧没有取得一致以前，休想在这方面取得援助。

（一）苏方在重要技术关键上卡住我们，实在令人气愤。但是气愤是没有用的，我们一定要争一口气，有可能这样一逼，反而成为发展我们科学技术的动力，更加坚决地在科学技术上力争独立自主，依靠自己，而不是指望外援。何应钦扣住我们三十万元军费，一文不发，企图饿死我们，结果我们搞起了大生产运动，军民丰衣足食。这两件事情虽然不能完全对比，但是我们要争气、要自力更生是一样的。第一个五年计划时期，重要的建设基本上都是苏联设计，设备和技术大都是成套进口，这一段对我们很有帮助，使我们能迅速掌握技术。但是另一方面，也带来了某些科学技术上的依赖心理，一味伸手。一九五八年提出建设社会主义路线以来，中央和毛主席一再指示，在科学技术上要解放思想，破除迷信。两年多来开始这样做了，很有成效。我们现在大体上能够自己解决国民经济中的一般技术问题，还有一些重要的环节尚待解决，只要我们努力，也是可以解决的。尖端技术方面虽然还差，但也已从无到有，打下了一些底子。在科学技术上已经找到了一些我们自己的路子。因此，现在提出独立自主，自力更生，是可能的。

像我们这样一个大国，有自己的建设社会主义的总路线，有一整套两条腿走路的方针，就必须有适合我国政治、经济要求和自然资源条件的科学技术。科学技术问题的解决，一定早立足于国内，只有这样，我们在国防和经济建设上才能完全主动，而不至于受制于人。我们要有志气，有毅力，任何艰巨的科学技术课题，都要放手发动群众来试验研究，自己搞，绝不依赖。在这上面，有可能要多花一点钱，有些还要多花一点时间，但这是会得到报酬的，可以培养自己的力量，练出真本事。苏联革命四十年人造卫星上了天，我们从现在起，如果再埋头苦干十年，能上天的话，也比他们快了一半，也应该比他们快。

（二）今后与苏方的科学技术来往，应采取新的做法。凡是协议上订了的援助，我们到时候就要询问，仍然要。但是如果对方不给，我们绝不再催，记上一笔账就成了。过去几个月来，我们的驻苏办事人员一再催询，碰了许多钉子，反而显得我们如无苏联援助就有不可终日之势的样子，这样更加使对方尾巴翘得更高，控制越加严密。我们已告诉这些同志，询问一下不给就算了。协议以外的新要求，现在也不要提了。对例行的年度中苏技术合作，也以少提为妙。至于我方过去已签字承担的义务，如提供苏方技术资料、接受来华考察等，在一般科学技术范围内，我们则应按协议如约完成。

在华工作的苏联专家，有些人态度是好的，有些差一些，个别的很坏。我们要贯彻中央所指示的坚持原则、坚持团结、多做工作的方针，既然请来了，就要充分利用他的长处，尽可能取得一点东西，并在政治上帮助、团结他们。已经满期的专家，好的很难延聘，一般的也不必留。新聘专家，在重要技术方面苏方不肯派来，或者派来的也只作为"观察员"，加以又有种种限制，很难对我有什么帮助，反而诸多不便，因此也应尽量少提、不提。

最近派遣赴苏留学生的方针，也要重新考虑。一则是对方不接纳或限制重重，学不到什么新技术；二则年轻人政治锻炼不够，在修正主义思潮的熏染下，受到的影响不好。因此，最近应该少派。当然也不应该中断，有必要而又能学到些东西的才派，怎样办才合适，研究后另行报告。

（三）独立自主，立足国内，绝不是意味着自己封锁自己。相反，一切国际上先进的科学技术，我们都要根据我国具体条件来学，来掌握。要独立自主，就愈要加强科学技术情报工作。对苏联，能学的东西还是尽量地学。但是，苏联这条路在今后一个时期内是越来越狭了。因此，要大力开辟对资本主义国家的科学技术情报工作。美帝国主义现在也在大搞科技情报。我们建交的国家虽然比苏联少，但是只要我们重视，通过各种形式，来充分收集国际上的先进科学技术成果和方向，还是大有可为的。

  以上意见，是否妥当，请予指示。

聂荣臻

毛泽东：在关于最近苏联对中国大使馆的态度变化情况报告[1]上的批语

（1960年7月）

印发。[2]

态度有变化，正好迫使我们自力更生，坏事一定会变成好事。不是吗？

---

[1] 中国驻苏联大使馆一九六○年七月十八日给外交部苏欧司并报刘晓大使的电报说，自我国纪念列宁诞辰九十周年的三篇文章发表后，许多迹象表明苏联在政治上对我冷淡，在经济合作特别是在重要关键项目的合作和援助上，逐步采取措施对我施加压力。（一）对外交涉和政治关系方面：苏领导人、外交部正副部长没有一次主动单独找刘大使交谈和介绍情况，苏外交部远东司正副司长也极少主动约见我馆参赞；我使馆代办两次约见苏外交部副部长都被推托不见；重要外交文件迟迟不送我馆，正常交涉事务也一拖再拖，我方去年提出聘请原子能方面的苏联专家，历时数月，几经催促，尚无答复。（二）对外交际活动方面：对我馆举行的招待会故示冷淡；对我馆组织的参观不介绍情况，不让看有价值的东西；对我馆邀请看电影也不热情。（三）对外宣传方面：对我馆发出的公报和宣传材料，苏方无任何反应；苏报刊对我供应的稿件一般都不采用，报道有关我国的消息也极少。（四）在使馆各专业单位的业务工作方面：困难、限制和争论增加，许多协议拖延不执行；好几个国防尖端项目拖了一年多没有下文；对高、大、精、尖和机密项目控制愈来愈紧；对外事务联系管理更加集中，交涉谈判中困难增加；较机密的学术会议不再邀请中方人员参加。

[2] 指印发给当时正在北戴河参加中共中央工作会议的同志。

周恩来：在聂荣臻关于立足国内发展科技等问题向中央并毛泽东的报告上的几段批语

（1960年7月11日）

独立自主，自力更生，立足国内。

技术合作：（一）是协议，仍然要，不再催。（二）新项目，新要求，少提少要，而不是一律不要，否则也会引起相反结果。（三）例行技术合作，少提为好。

专家问题：一、满期的，一般不留，热诚欢送；十分必要而专家本人又好，可提出延聘，如不同意，即不再留。二、未满期的，我们一律不退，帮助他们好好工作，他要撤走，留一次，不成，即不再留；如不征求同意即撤走，应表示遗憾。三、新聘的，要少提或不提，十分必要的提出后不同意，即不再提。

留学生问题待研究后再定。技术交换和保密问题另拟。

关于科学技术：一、要。十分必要的仍然要提，他们不给，不强求。二、学。留学生、研究生、实习生、研究员已经去的，必须学好，不给学，就不学；来我国专家，必须派人向他们认真学习，不教，就不学。三、买。凡可购买的重要技术资料，应从西方国家千方百计地买到；买不到的，应另行设法搞到。四、钻。不管要到、学到、买到与否或者多少，主要还靠自己钻研。自己不钻，不仅不能有独特的创造发明，而且也不能把要到、学到、买到的用于实际和有所发展。

中共中央关于全党大搞对外贸易收购和出口运动的紧急指示

(1960年8月10日)

各省、市、自治区党委,西藏工委,中央各部委,国务院各部委党组,各群众团体党组:

今年七个月来,对外贸易的收购和出口计划完成得很差,进口计划完成进度却比较快,国家外汇收支出现了很大的逆差。根据对外贸易部报告,截至七月二十五日,全年出口商品的收购计划只完成原定指标的百分之四十三点三,全年出口计划只完成原定指标的百分之三十八,全年进口计划已经完成原定指标的百分之五十二点七。按照目前的进度计算,估计到今年年底,对社会主义国家欠账可能达到十七亿元到二十亿元。其中对苏联的欠账可能达到十四亿元到十六亿元;对东欧兄弟国家的欠账可能达到三亿元到四亿元。这是摆在全党面前一个严重的政治问题。

最近在中央召开的北戴河会议上,认真地讨论了对外贸易问题。到会的中央同志、地方同志和各部门同志一致认为:今后三年的对外贸易必须坚持量出为入、内销一般服从外销的方针;今年的进口必须严格控制;明年的进口计划必须坚决压缩;今年和明年的出口必须力争多完成;对苏联和东欧兄弟国家的贸易欠账务必做到今年少欠、明年基本还清。这不仅仅是一个关系到我国社会主义建设的问题,而且是关系到我国在国际上的声誉,关系到我们同帝国主义、各国反动派和现代修正主义及其追随者进行斗争的问题。这次北戴河会议修订了今年全年对外贸易收购和出口计划。在修订计划的过程中,各地同志主动地提出增加若干重要商品出口的数量,以便多还欠款。各地同志一致热烈表示,一定要坚决完成这次会议确定的对外贸易收购和出口计划,举国上下,团结一致,脚踏实地,埋头苦干,节衣缩食,供应出口。中央完全赞同各地同志的意见,认为这是表现了我们党披荆斩棘、艰苦奋斗的精神和伟大的团结一致，表现了我们党的战无不胜的伟大的马克思列宁主义的雄心壮志。中央要求，全党紧急动员起来，发愤图强，拿出比去年下半年更大的劲头，大抓增产节约，大抓收购，大抓出口，大抓调运，全面开展一个轰轰烈烈的收购、出口和调运运动，坚决完成北戴河会议确定的对外贸易收购和出口计划。还必须指出，要完成今明两年的出口计划和还账计划，自然会影响若干商品特别是副食品在国内市场的供应。因此，各地党委应当把目前的情况和中央的精神，在党员团员中，在干部和群众中，进行广泛的深入的口头宣传，做到家喻户晓，但是不要登报。

中央决定，以周恩来同志为首，由周恩来同志、李富春同志、李先念同志组成三人小组，并且建立对外贸易指挥部，全权指挥全国的收购、出口和调运运动，并且严格控制进口。没有经过中央三人小组的批准，今年一律不准增加新的进口。明年的对外贸易方案，也由三人小组负责拟订。各省、市、自治区党委应当由第一书记亲自挂帅，有关专业书记具体负责，成立本地区的对外贸易指挥部，迅速展开工作。

为了完成今年的出口任务，要狠狠抓住以下几条：（一）必须按品种，按数量，按规格完成收购计划和出口计划，不能用次要商品来顶替主要商品。粮食、棉花（包括棉织品）、食用油三项商品必须保证完成收购和出口计划，但也不要超过，以免影响国内的基本需要；其他物资凡是能够出口的，应当千方百计地挤出来出口，力争超过计划。（二）坚决贯彻执行中央规定的"五先"原则：在国家计划规定的范围内，对出口商品应当安排在先，生产在先，原料材料和包装物资供应在先，收购在先，安排运输力量在先。（三）出口商品一定要合乎规格。要拿好东西来出口。要在原料收购、加工生产、商品包装等各个环节上，层层负责，保证质量。特别要下定决心解决长期以来问题较多的肉类罐头、水果罐头、冻猪肉、冻家禽和若干日用工业品的出口质量问题。（四）为了增加出口的金额，增加外汇收入，从今年下半年起，应当少出原料，多出成品；更多地进口原料，加工成品出口，并且进一步增加出口商品的品种，提高规格质量。这是今后我国对外出口的一条长期的方针。适应这一方针的要求，须要认真建立出口商品生产基地，并且迅速采取"一改、二建、三专"的办法。改，就是按照出口规格的要求改装一批设备；建，就是建立一批新的生产出口商品的工厂和车间；专，就是指定若干原有的工厂和车间专门生产出口商品。所有生产出口商品的地区、部门和重点单位，应当指定一个负责人员，专门领导和检查出口商品的生产，以保证按照出口的品种、数量、规格和质量完成生产计划。对外贸易部门也应当派出代表，驻在地方和厂矿，负责管理商品规格质量的检验工作。以上这些办法，请各地方和有关部门立即动手实行。

现在离年底只有不到五个月的时间，机不可失，时不再来。大家应当赶前不赶后，狠狠抓紧八、九、十这三个月的工作，决不要把任务过多地拖到十一、十二两个月。否则到了年底，就是有东西也是很难运出去的。

中　央
一九六〇年八月十日

中华人民共和国政府和苏维埃社会主义共和国联盟政府关于处理过去双方所签订的苏联在技术上援助中国建设和扩建工业企业及其他项目的各项协定和有关文件的议定书

（1961年6月19日）

中华人民共和国政府和苏维埃社会主义共和国联盟政府，根据1961年6月19日中苏两国"关于苏联在技术上援助中国建设和扩建66个工业企业和其他项目的协定"的第十条的规定，共同清理了过去双方所签订的苏联在技术上援助中国建设和扩建工业企业的各项协定和有关文件：根据1950年2月14日协定所签订的有关议定书和换文，1953年3月21日协定，1953年5月15日协定，1956年4月7日协定，1958年8月8日协定和1959年2月7日协定以及有关的议定书和换文，为了对过去双方已经签订的各项协定中尚未完成和尚未开始的建设项目进行必要的调整和撤销，议定如下：

第一条

上述各项协定和有关文件，经过双方清理核对，共包括304个项目和64个个别车间、研究所和装置。

第二条

本议定书第一条所述304个项目经双方共同清理核对后，分为四类：

（一）已经完成的项目共为120个（见本议定书附件一），但其中洛阳矿山机械制造厂等7个项目（见本议定书附件一备注）还有已签订交货合同的少量设备尚未交完，双方协议继续交付，一俟这些设备交完后，即全部完成。

（二）已经基本完成的项目共为29个（见本议定书附件二），其中尚有26个项目已签交货合同和6个项目[1]（见本议定书附件二备注）尚待签订合

---

[1] 原文如此。

同的少数设备，应根据双方商定的期限交付。

（三）解除双方继续履行义务的项目共为 89 个（见本议定书附件三）。这些项目分为两部分，其中 29 个项目（见附件三备注），苏方已交设备约为这些项目总额的 30%；其余 60 个项目中，有少数项目（见附件三备注）苏方做了部分设计和交了少量设备。

由于上述项目义务的撤销，中苏有关机关讨论了实际发生的关于供上述项目用的苏联机关已完成的设计技术资料和已制成或已下料制造的设备的使用问题，并且本着友好合作的精神，确定了哪些资料和设备将由苏联机关使用，哪些资料和设备将由中国机关接受。关于中国方面接受的技术资料和设备，将由双方有关机关在最短期间签订合同。

（四）还有 66 个项目（见本议定书附件四），其中 64 个项目在两国政府与本议定书同时签订的新的协定中确定，另外两个项目（空气动力研究院和试飞研究院）的技术援助的范围和期限，双方将另行商定。

第三条

本议定书第一条所述 64 个个别车间、研究所和装置，经双方清理核对后，分为二类：

（一）已经完成的有 29 个（见本议定书附件五）；

（二）解除双方继续履行义务的 35 个（见本议定书附件六），其中 4 个研究所（见本议定书附件六备注）已交了部分设备，其余 31 个均未开始交付设备。

第四条

双方同意，自本议定书签字之日起，本议定书序文所列各项协定和有关的文件即告结束。

1961 年 6 月 19 日订于莫斯科，共两份，每份都用中文和俄文写成，两种文本具有同等效力。

      中华人民共和国政府全权代表 顾　卓　新
      苏维埃社会主义共和国联盟政府全权代表 斯卡契科夫

附件一——附件六略

"一五"时期156个重点项目的建设情况

（1983年）

项目名称	建设地址	开始建设年月	全部建成投产年月	自开始建设至建成累计投资（万元）	新增生产能力 名称	新增生产能力 计算单位	新增生产能力 数量
煤炭工业							
河北							
峰峰中央洗煤厂	峰峰	57	59	2486	洗煤	万吨	200
峰峰通顺三号立井	峰峰	57	61	6640	采煤	万吨	120
山西							
大同鹅毛口立井	大同	57	61	5840	采煤	万吨	120
潞安洗煤厂	潞南	56	58	3254	洗煤	万吨	200
辽宁							
辽源中央立井	辽源	50	55	5770	采煤	万吨	90
阜新平安立井	阜新	52	57	8334	采煤	万吨	150
阜新新邱一号立井	阜新	54	58	4056	采煤	万吨	60
阜新海州露天矿	阜新	50	57	19472	采煤	万吨	300
抚顺西露天矿	抚顺	53	59	19091	采煤	万吨	300
抚顺龙凤矿	抚顺	53	58	2860	采煤	万吨	90
抚顺老虎台矿	抚顺	53	57	3862	采煤	万吨	80
抚顺胜利矿	抚顺	53	57	4200	采煤	万吨	90
抚顺东露天矿	抚顺	56	61	12807	油母页岩	万立方米	700
吉林							
通化湾沟立井	通化	55	58	2587	采煤	万吨	60
黑龙江							
兴安台二号立井	鹤岗	56	61	7178	采煤	万吨	150
鹤岗东山一号立井	鹤岗	50	55	6512	采煤	万吨	90
鹤岗兴安台十号立井	鹤岗	52	56	7178	采煤	万吨	150

（续表）

项目名称	建设地址	开始建设年月	全部建成投产年月	自开始建设至建成累计投资（万元）	新增生产能力 名称	计算单位	数量
兴安台洗煤厂	鹤岗	57	59	1204	洗煤	万吨	150
城子河洗煤厂	鸡西	57	59	1480	洗煤	万吨	150
城子河九号立井	鸡西	55	59	3184	采煤	万吨	75
双鸭山洗煤厂	双鸭山	54	58	3113	洗煤	万吨	150
安徽							
淮南谢家集中央洗煤厂	淮南	57	59	1486	洗煤	万吨	100
河南							
平顶山二号立井	平顶山	57	60	3156	采煤	万吨	90
焦作中马村立井	焦作	55	59	1582	采煤	万吨	60
陕西							
铜川王石凹立井	铜川	57	61	8372	采煤	万吨	120
石油工业							
辽宁							
抚顺第二制油厂	抚顺	56	59	17500	页岩原油	万吨	70
甘肃							
兰州炼油厂	兰州	56	59	19385	炼油	万吨	100
电力工业							
北京							
北京热电站	北京	56	59	9380	发电机组容量	万千瓦	10
河北							
石家庄热电站（一、二期）	石家庄	55	59	6872	发电机组容量	万千瓦	4.9
山西							
太原第二热电站	太原	55	58	6180	发电机组容量	万千瓦	5

（续表）

项目名称	建设地址	开始建设年月	全部建成投产年月	自开始建设至建成累计投资（万元）	新增生产能力 名称	计算单位	数量
太原第一热电站	太原	53	57	8871	发电机组容量	万千瓦	7.4
内蒙古							
包头四道沙河热电站	包头	55	58	6120	发电机组容量	万千瓦	5
包头宋家壕热电站	包头	57	60	5538	发电机组容量	万千瓦	6.2
辽宁							
阜新热电站	阜新	51	58	7450	发电机组容量	万千瓦	15
抚顺电站	抚顺	52	57	8734	发电机组容量	万千瓦	15
大连热电站	大连	54	55	2538	发电机组容量	万千瓦	2.5
吉林							
丰满水电站	丰满	51	59	9634	发电机组容量	万千瓦	42.25
吉林热电站	吉林	55	58	11200	发电机组容量	万千瓦	10
黑龙江							
富拉尔基热电站	富拉尔基	52	55	6870	发电机组容量	万千瓦	5
佳木斯纸厂热电站	佳木斯	55	57	2975	发电机组容量	万千瓦	2.4

（续表）

项目名称	建设地址	开始建设年月	全部建成投产年月	自开始建设至建成累计投资（万元）	新增生产能力 名称	计算单位	数量
河南							
郑州第二热电站	郑州	52	53	1971	发电机组容量	万千瓦	1.2
洛阳热电站	洛阳	55	58	6797	发电机组容量	万千瓦	7.5
三门峡水利枢纽	陕县	56	69	69324	发电机组容量	万千瓦	110
湖北							
青山热电站	武汉	55	59	8987	发电机组容量	万千瓦	11.2
湖南							
株洲热电站	株洲	55	57	2165	发电机组容量	万千瓦	1.2
四川							
重庆电站	重庆	52	54	3561	发电机组容量	万千瓦	2.4
成都热电站	成都	56	58	5033	发电机组容量	万千瓦	5
云南							
个旧电站（一、二期）	个旧	54	58	4534	发电机组容量	万千瓦	2.8
陕西							
西安热电站（一、二期）	西安	52	57	6449	发电机组容量	万千瓦	4.8

（续表）

项目名称	建设地址	开始建设年月	全部建成投产年月	自开始建设至建成累计投资（万元）	新增生产能力 名称	计算单位	数量
鄠县热电站（一、二期）	鄠县	56	60	9188	发电机组容量	万千瓦	10
甘肃 兰州热电站	兰州	55	58	10850	发电机组容量	万千瓦	10
新疆 乌鲁木齐热电站	乌鲁木齐	52	59	3275	发电机组容量	万千瓦	1.9
钢铁工业							
河北 热河钒钛矿	承德	55	58	4640	钛镁 钒铁	吨 吨	7000 1000
内蒙古 包头钢铁公司	包头	56	62	91877	生铁 钢	万吨 万吨	160 150
辽宁 鞍山钢铁公司	鞍山	52	60	268500	生铁 钢 钢材	万吨 万吨 万吨	250 320 250
本溪钢铁公司	本溪	53	57	32137	生铁	万吨	110
吉林 吉林铁合金厂	吉林	53	56	6300	铁合金	万吨	4.35
黑龙江 富拉尔基特钢厂（一、二期）	富拉尔基	53	58	31684	特钢	万吨	16.6
湖北 武汉钢铁公司	武汉	55	62	131206	生铁 钢 钢材	万吨 万吨 万吨	150 150 110

(续表)

项目名称	建设地址	开始建设年月	全部建成投产年月	自开始建设至建成累计投资（万元）	新增生产能力 名称	计算单位	数量
有色金属工业							
辽宁							
抚顺铝厂（一、二期）	抚顺	52	57	15619	铝锭 镁	万吨 万吨	3.9 0.12
杨家杖子钼矿	杨家杖子	56	58	11387	钼精矿	吨	4700
吉林							
吉林电机厂	吉林	53	55	6976	石墨制品	万吨	2.23
黑龙江							
哈尔滨铝加工厂（一、二期）	哈尔滨	52	58	32681	铝材	万吨	3
江西							
大吉山钨矿	虔南	55	59	6723	采选	吨/日	1600
西华山钨矿	大余	56	59	4782	采选	吨/日	1856
岿美山钨矿	定南	56	59	4691	采选	吨/日	1570
河南							
洛阳有色金属加工厂	洛阳	57	62	17550	铜材	万吨	6
湖南							
株洲硬质合金厂	株洲	55	57	4695	硬质合金	吨	500
云南							
锡业公司	个旧	54	58	25883	锡	万吨	3
甘肃							
白银有色金属公司	白银	55	62	44697	电铜 硫酸	万吨 万吨	3 25
化学工业							
山西							
太原化工厂	太原	54	58	11670	硫酸 烧碱	万吨 万吨	4 1.5

(续表)

项目名称	建设地址	开始建设年月	全部建成投产年月	自开始建设至建成累计投资（万元）	新增生产能力 名称	计算单位	数量
太原氮肥厂	太原	57	60	19500	合成氨 硝酸铵	万吨 万吨	5.2 9.8
吉林							
吉林染料厂	吉林	55	58	11461	合成染料及中间体	吨	7385
吉林氮肥厂	吉林	54	57	25722	合成氨 硝酸铵	万吨 万吨	5 9
吉林电石厂	吉林	55	57	4989	电石	万吨	6
甘肃							
兰州合成橡胶厂	兰州	56	60	11664	合成橡胶	万吨	1.5
兰州氮肥厂	兰州	56	59	23317	合成氨 硝酸铵	万吨 万吨	5.2 9.8
机械工业							
辽宁							
沈阳第一机床厂	沈阳	53	55	6043	车床	台	4000
沈阳风动工具厂	沈阳	52	54	1893	各种风动工具	万台/吨	2/554
沈阳电缆厂	沈阳	54	57	9031	各种电缆	万吨	3
沈阳第二机床厂	沈阳	55	58	3188	各种机床	台/万吨	4497/16
吉林							
长春第一汽车厂	长春	53	56	60871	汽车	万辆	3
黑龙江							
哈尔滨锅炉厂（一、二期）	哈尔滨	54	60	14981	高中压锅炉	吨	4080
哈尔滨量具刃具厂	哈尔滨	53	54	5565	量刃具	万付	512

（续表）

项目名称	建设地址	开始建设年月	全部建成投产年月	自开始建设至建成累计投资（万元）	新增生产能力 名称	计算单位	数量
哈尔滨仪表厂	哈尔滨	53	56	2494	电气仪表	万只	10
					汽车仪表	万套	5
					电度表	万只	60
哈尔滨汽轮机厂（一、二期）	哈尔滨	54	60	12042	汽轮机	万千瓦	60
哈尔滨电机厂汽轮发电机车间	哈尔滨	54	60	4356	汽轮发电机	万千瓦	60
富拉尔基重机厂	富拉尔基	55	59	45849	轧机、炼钢、炼铁设备	万吨	6
哈尔滨炭刷厂	哈尔滨	56	58	1662	电刷和炭素制品	吨	100
哈尔滨滚珠轴承厂	哈尔滨	57	59	3869	滚珠轴承	万套	655
河南							
洛阳拖拉机厂	洛阳	56	59	34788	拖拉机	万台	1.5
洛阳滚珠轴承厂	洛阳	54	58	11306	滚珠轴承	万套	1000
洛阳矿山机械厂	洛阳	55	58	8793	矿山机械设备	万吨	2
湖北							
武汉重型机床厂	武汉	55	59	14612	机床	台	380
湖南							
湘潭船用电机厂	湘潭	57	59	1502	电机	万千瓦	11
陕西							
西安高压电瓷厂	西安	56	62	3228	各种电瓷	万吨	1.5

（续表）

项目名称	建设地址	开始建设年月	全部建成投产年月	自开始建设至建成累计投资（万元）	新增生产能力 名称	计算单位	数量
西安开关整流器厂	西安	56	61	12164	高压开关	万套	1.3
西安绝缘材料厂	西安	56	60	2455	各种绝缘材料	吨	6000
西安电力电容器厂	西安	56	58	1510	电力电容器	万只100千伏安	6.1
甘肃							
兰州石油机械厂	兰州	56	59	14381	石油设备	万吨	1.5
兰州煤油化工机械厂	兰州	56	59	7005	化工设备	万吨	2.5
轻工业							
黑龙江							
佳木斯造纸厂	佳木斯	53	57	10199	水泥纸袋	万吨	5
					铜网	万平方米	6
医药工业							
河北							
华北制药厂	石家庄	54	58	7626	青霉素、链霉素等	吨	1.15
					淀粉	万吨	1.5
山西							
太原制药厂	太原	54	58	1916	磺胺	吨	1200